厚德博學
經濟匡時

普通高等教育“十一五”国家级规划教材

匡时 公共管理系列

第4版

投资项目评估

简德三　编著

上海财经大学出版社

图书在版编目(CIP)数据

投资项目评估 / 简德三编著. —4版. —上海：上海财经大学出版社，2023.3
（匡时·公共管理系列）
ISBN 978-7-5642-4145-2/F·4145

Ⅰ.①投… Ⅱ.①简… Ⅲ.①投资项目-项目评价 Ⅳ.①F830.59

中国国家版本馆CIP数据核字(2023)第045349号

责任编辑：廖沛昕
封面设计：张克瑶
版式设计：朱静怡

投资项目评估(第4版)

著 作 者：简德三 编著
出版发行：上海财经大学出版社有限公司
地 址：上海市中山北一路369号(邮编200083)
网 址：http://www.sufep.com
经 销：全国新华书店
印刷装订：上海新文印刷厂有限公司
开 本：787mm×1092mm 1/16
印 张：24.25(插页：2)
字 数：489千字
版 次：2023年3月第4版
印 次：2023年3月第1次印刷
印 数：96 001—101 000
定 价：56.00元

前　言

项目评估自20世纪五六十年代世界银行使用它对其贷款进行审核并且将其作为决策依据以来，至今已有数十年。经过不断发展与完善，项目评估作为一种投资决策方法，已成为项目投资决策程序中进行科学决策必不可少的工作步骤与重要组成内容。

项目评估作为应用经济学的一个分支，虽然最早主要应用于金融机构对贷款项目的评审，但现在已逐渐发展成为一种比较科学的决策方法，是投资项目决策中的一个重要环节。在国外，项目评估已经成为商学院金融学等学科的必修课程。然而从世界范围来看，项目评估仍然处于发展时期。虽然这门学科的范围、程序和方法等方面已经取得了一些成就，但它的一般理论原则和应用过程的规范化依然有限。严格地说，项目评估的理论与方法在半个多世纪的发展中，既没有形成可以普遍应用的一套准则，也没有形成一套数学公式体系，而这些都是实践所必需的。正是基于上述原因，我们认为在项目评估的每一个阶段，主观判断能力永远是重要和必须的。

投资要获取一定的预期效益且存在着风险，这是一个基本常识。投资项目作为项目的主要存在形式与载体，其效益好坏直接影响着宏观效益与微观效益水平的高低。因此，如何通过科学、规范化的投资决策，较好地控制并降低投资风险，从而提高投资及投资项目的经济效益水平和投资资金的使用效率，就成为投资者及决策者共同关心和需解决的基本问题。同时，随着我国社会主义市场经济体制的不断深化与完善、投资体制包括项目管理体制改革的不断深化，即实行投资决策责任制、投资项目审批制与核准制后，投资项目决策方法与体系的完善和决策水平的高低，就显得尤为重要。而项目评估正是适应这种需要而发展起来的决策分析与评价方法及手段，尤其是政府审批与决策投资项目的依据。

本书自2016年出版以来，承蒙各位读者的青睐与厚爱，一直比较受欢迎。但从2016年至今，我国的财税制度进行了一定程度的深层次改革，尤其是2020年新冠疫情后我国实施了大规模的减税降费政策，降低中小企业的税负水平以促进其健康发展。为此，为了适应发展变革的需要，我们对原来的书稿进行了一定幅度的修订与调整，依据最新的财税制度，修改调整了相关税收及其税率，增加了实务性例子、可行性研究的编制格式、影子价格确定方法流派介绍等内容，并对书中的部分内容、复习题及附录中的案例部分等进行了删减与调整，以使各章内容更为合理与适用并希望得到广大读者的肯定与认可。本书既可作为高等院校相关专业教材，也可作为项目分析与评估人员的参考读物。本书的特点是既有较多的定性说明，也有大量的定量分析；既结合我国目前的项目决策分析与评估的实际情况，也介绍了国际上相关方面的经验与做法。同时，本书也注意与国家最新颁布的有关经济评估方法与规定、财务会计制度与税收政策相衔接。

由于时间关系、参考资料的限制及作者水平的局限，书中难免会存在着不当与错误之处，恳请读者批评指正，以便再版时改正与修订。

简德三

2023年1月

目 录

第一章　总　论

在现代经济社会中，项目普遍存在于我们的日常生活中，且多是与投资结合在一起的，即项目是作为投资的一个主要载体而存在的。为此，要准确地理解项目评估与可行性研究的含义，应掌握投资的内涵及其性质、项目的定义及其特征、投资项目的概念及其分类、项目周期的含义及其阶段划分、项目评估及可行性研究的基本概念、项目评估及可行性研究的内容及工作程序等。

第一节　投资及项目概述

一、投资概述

（一）投资的内涵

在现代经济社会中，越来越多的人对于投资有着浓厚的兴趣并尝试进行各式各样的投资活动。对于投资这个名词，虽然一些人对它的经济含义不是很了解，但只要他们进行投资活动，就会基于这样一个出发点，即期望通过投出一部分钱物以便能在未来获取一定的回报，且此回报是具有增值性的。例如，人们把钱存入银行，是为了定期或不定期地得到一定的利息收入；将钱用于购买证券，期望能获取一定的增值收益和差价收益；把钱用于兴办工厂并生产产品，是为了得到必要的销售收益；把钱用于研发新产品，是为了抢占市场先机获取超额收益；等等。那么，投资究竟有怎样的经济含义呢？从不同的角度（如国民经济角度、投资者角度、投资的对象及投资与储蓄消费的关系）来看，投资的内涵不是完全一致的。在经济学上，投资是与储蓄相对应的，从宏观经济的角度来看，如果不考虑外资因素，则一定时期的投资总量与储蓄总量总是相等的。由于储蓄是一种延期的消费，故在西方经济学中将投资定义为，为了将来的消费或价值（可能是不确定的）而牺牲现在的消费或价值。在我国，由于投资在较长的时期仅限于资产投资的范畴，因此投资被定义为经济主体为了获取预期的效益，投入一定量货币资金而不断地转化为资产的全部经济活动。当然也有从涵盖生产资本和金融资本投资角度出发将投资定义为投资是一定的主体为了获取预期的不确定的经济利益而将现期的一定收入通过特定的方式转化为资本的行为和过程。① 不论从什么角度来理解投资的含义，它都应该包括以下几个方面的内容：

1. 投资是由投资主体进行的一种有意识的经济活动

投资活动的经济主体即是投资主体或投资者。在现实的经济活动中，投资主体呈现出多元化及多种类型的特征。它既可以是法人单位，也可以是自然人，如直接从事投资活动的各级政府部门、机构、企业、事业单位或个人等。投资就是这些投资者或人格化的社会组织进行的一种有意识的经济活动。

2. 投资活动的目的是获取一定的预期效益，且这种预期收益是不确定的

投资主体投入一定量的货币资金，旨在保证回流并实现增值。投资要获取效益尤其是经济效益，这是一种常识。因为，在进行投资或经济活动过程中，获取的成果应超过消耗，以一定的投入换取更多的产出，是任何社会形态下人类经济活动都应遵循的一条基本规律，也就是说，经济效益是投资活动的出发点和归宿点。当然，随着人类社会的发展，效益的范畴也在不断拓展延伸，即其不再是仅仅指一般意义的收入、收益或增值，而且还应包括那些不能用货币来衡量的效用，即其应是经济效益(财务效益与国民经济效益)、社会效益和环境效益(也可归入到社会效益)的统一体。同时，也应看到，由于这种收益具有预估性，是在未来一定时期内实现的，故其存在着一定的不确定性。

3. 投资需通过特定的手段和方式，且手段和方式多种多样

投资的手段包括有形资产和无形资产，如机器设备、原材料、厂房等有形资产及专利权、商标、非专利技术等无形资产。但需要说明的是，如果投资主体是以除货币以外的资产进行投资时，必须使用价值尺度将其转化为一定量的货币。因此投资的手段可以概括为一定量的货币资金投入。投资可以运用多种方式，投放于多种行业。投资主要有两种方式：一种是直接投资，主要形成实物资产；一种是间接投资，主要形成金融资产。

4. 投资是一个收益性和风险性并存的复杂的行为过程

投资的行为过程，既包括一定量货币的投入，也包括将货币转化为资产，即投资的实施、使用、回收，是资金运动的全过程。因此，无论是社会总投资或是个别投资，投入只是投资的开始，只有通过投入、实施、使用、回收的资金运动全过程，才能考察投资预期目的的实现程度，构成投资行为统一的整体。另外，由于资金的投入与回收在时间上存在差异，因此投资在具有收益性的同时，也具有不稳定性和风险性。投资的风险与收益及时间呈正相关关系，一般是时间越长、收益越高，则其风险性越大。所谓“收益是风险的补偿，风险是收益的代价”，正是说明了在投资行为过程中，收益与风险并存的道理。

---

① 杨晔、杨大楷主编：《中级投资学》，复旦大学出版社 2014 年版，第 3 页。

总之，投资主体、投资目的、投资手段与方式及投资行为过程的内在特点和相互联系，反映了投资这一经济范畴的质的规定性。需要说明的是，由于在投资活动中运用货币资金与转化为资产的经济活动是紧紧联结在一起的，故投资往往具有双重含义：既指特定的经济活动，又指特定的货币资金。

(二) 投资的类别

投资可以按其性质、对象、期限、用途等进行分类。

1. 投资按其性质的不同，可分为固定资产投资、无形资产投资和流动资金

固定资产投资是指固定资产的再生产，即建设和形成固定资产的资金。固定资产是指在再生产过程中，能在较长时期里(长于一年或一个生产周期)反复使用，并在其使用过程中保持原有物质形态，其价值逐渐地、部分地转移到产品中去的劳动资料和其他物质资料，如房屋、建筑物、机器设备、运输设备等。它是国民财产的重要组成部分，是人们从事生产和生活消费的物质基础和基本条件。构成固定资产一般需要同时具备两个条件：一是使用期限在一年以上或长于一个生产周期；二是单位价值达到规定的标准。

无形资产是指能长期地为使用者发挥作用但不具备实物形态的资产，如土地使用权、专利权、非专利技术、商标、商誉等。用于购买和形成无形资产的费用支出就称为无形资产投资。

流动资金是指在生产过程中，垫支在流动资产上的资金；而流动资产是指不断地改变其物质形态、其价值一次性转移到产品中去的资产，如原材料、燃料、在产品等。

2. 投资按其运用形式和投入行为的程度不同，可分为直接投资和间接投资

直接投资是指投资者直接将货币资金投入投资项目及资产，并拥有被投资对象的经营控制权的投资。它一般可形成新的资本，扩大生产能力和工程效益，并通过其生产活动，直接增加社会的物质财富，提供社会所必需的劳务或服务。直接投资的实质是资金所有者和使用者、资产所有权与经营权的统一。

间接投资是指投资者以其货币资金购买金融资产即有价证券，以期获取一定收益的投资。这种投资一般也可称为证券投资。其实质是资金所有者与使用者、资产所有权与经营权的分离与解体。

3. 投资按其投资期限的长短，可分为长期投资和短期投资

长期投资是指投资者的投资回收期限在一年以上的投资以及购入的在一年内不能变现或不准备变现的证券等的投资。这类投资属于非流动资产类，其投资的目的主要有积累资金、为经营获利、为将来扩大规模做准备、取得对被投资企业的控制权等。

短期投资是指投资者以暂时闲余的资金购买能够随时变现、回收的有价证券以及不超过一年的其他性质的投资。这类投资属于流动资产类。

4. 投资按其用途的不同，可分为生产性投资和非生产性投资

生产性投资是指投入生产、建设领域等物质领域中的投资，其直接成果是货币资

金转化为生产性资产，而生产、建设活动必须同时具备生产性固定资产和流动资产。因此，生产性投资又可细分为固定资产投资和流动资金。

非生产性投资是指投入非物质生产领域中的投资，其成果是转化为非生产性资产，主要用于满足人们的物质文化生活需要，如投入文化、教育、卫生、体育、政府设施等的投资。

二、项目及投资项目概述

(一) 项目及其特征

1. 项目的含义

对于什么是项目，项目具有哪些特征，目前国内外理论界的认识并不完全统一，且存在着很多种解释，以下仅列示其中比较著名的几种解释：

(1) 美国的项目管理权威机构——美国项目管理协会（The Official Project Management Institute USA，PMI）在其《项目管理知识体系》中称，“项目是可以按照明确的起点和目标进行的任务，现实中多数项目目标的完成都有明确的资源约束”，是一种被承办的旨在创造某种独特产品或服务的临时性任务。

(2) 西方权威性的管理学辞书《管理百科全书》对项目的解释为：项目是一个用于达到某一目标的组织单元，这个目标是遵守预算限额，依照预定的性能规定，准时成功地完成一件开发性的产品和任务。

(3) 美国较权威的项目管理教材《项目管理——一种计划、进度规划和控制的系统方法》中对项目的界定是：项目可以被视为具有下列特征的任何系列活动或任务，有确定的起点和终点，有一个明确的目的及详细的目标规定，有资金限定（如可能），需要资源（如货币、人员、设备等）。

(4) 美国著名的《管理手册》认为项目是有明确的目标、时间规划和预算约束的复杂活动，其特征包括：为达到一定的目标，有明确的时间和预算约束的复杂活动；是为实现一定目标的过程；是一项独特的活动，不是完全重复以前的任何活动；超越了传统的组织界限，通常需要不同组织里众多方面相互协作才能实现；有确定的生命周期，通常包括六个阶段，即构想、界定、设计、开发或者建造、应用、后评价。

(5) 世界银行的观点。世界银行是一个以项目为基本组织管理形式的实体，它对项目的界定对研究项目理论与方法体系具有特别重要的意义。总体上说，世界银行对项目做了如下的界定：项目是单次性的投资方案或规划方案；项目是一个系统的有机整体；项目是实现计划（规划、战略）的一种手段；项目是一种规范化、系统化的管理方法；项目有明确的界定、明确的起点和终点；项目有明确的目标；项目的成功并不需要一个普遍接受的规范定义；项目是主观界定的一个管理对象，应服从于主体的管理和控制。

从上述说明中，我们认为，作为项目应具有两大基本特征：一是主观方面的特征，即项目是作为一定的管理主体的被管理对象和管理手段而存在的；二是客观方面的特征，即项目在客观上必须具备单次性任务（活动）的属性。基于这一认识，项目可以定义为：项目是在规定的时间期限和预算范围内、按预设性能目标完成的一系列单次性活动或任务。

项目的两大基本特征是一个项目存在的充分必要条件。首先，从客观特征方面看，只有被管理的对象具有单次性任务这一基本属性时，我们在主观上才有可能把它作为一个项目来管理。如一栋大楼的施工任务可以作为一个项目进行组织管理；我国目前的经济体制改革是一个不断深化的探索过程，不是单次性任务，因而不能作为一个项目来组织管理。其次，从主观特征方面看，即使被管理对象在客观上具备了一次性属性，是否要作为一个项目来管理还取决于管理主体的主观意愿，即只有当某一单次性任务作为一个项目有助于管理者有效地实现任务的目标时，才可作为项目来管理，否则不必作为项目来管理。一般来说，具有下列特点的单次性任务应作为项目进行组织管理：需要投入的资金或其他资源量较大，其中包括投入的劳动力较多以及物资设备较多；任务成果的价值影响较大；对时间或质量的约束性条件的规定非常严格；任务比较复杂，涉及面广；具有典型意义的任务。

2. 项目的特征

从上述项目的基本特征，我们还可以概括出项目的一般特征：

(1) 项目的唯一性。

项目的唯一性是指从时间角度与空间范围来看，项目只出现一次或只有一项，不可能重复出现或被复制。

(2) 项目的相对性。

项目既然是作为一种组织形式和单次性任务，那么它就不是一个固定的目的物。如我们可以将正在建设中的某项道路的任务作为一个项目，而不能说已经建设好的某条道路是一个项目。项目总是相对于确定的主体而存在的，所以说项目具有相对性。

(3) 项目的临时性。

项目是一定的管理主体在一定时期里的组织形式，只在一段有限的短暂的时间内而存在，所以具有临时性，即在经过一定的生命周期之后，原来构成一个项目的各种要素就不复作为一个项目存在。如建设某建筑物的任务可能构成一个项目，它随着建设任务的开始而确立，随着建设任务的完成而终结。

(4) 项目的目标性。

项目既然作为一个任务，那么它就有明确的目标。项目的目标就是项目的管理主体在完成项目的任务时所要实现的目的。一般地，项目的最终统一目标是效益目标，而我们通常提到的项目的时间（或进度）、成本、质量目标应是服从于效益目标的项目的二级目标。

(5) 项目的生命周期性。

项目任务的单件性属性决定了项目是一个确定的起始、实施和终结的过程，且在此过程中各阶段的各任务、各项工作之间是按一定顺序进行的，这就构成了项目的生命周期。对于一般项目来说，项目的生命周期可分为三个阶段：第一阶段是项目前期阶段，一般包括项目规划、策划，即要明确项目的任务、基本要求、所需投入要素、目标及成本效益分析论证。第二阶段是项目实施阶段，即具体组织项目的实施以实现项目的目标。第三阶段是项目终结阶段，包括项目完成终结、总结、清理等。

(6) 项目的约束性。

项目是一件任务或活动，而任何任务都有其限定条件。项目有限定条件，就构成了项目的约束性。项目的限定条件一般包括项目的投入要素（人、财、物）、时间和质量等。项目的约束性为项目任务的实施和完成提供了一个最低的参考标准。

(7) 项目的系统性和整体性。

一般地，项目的各种要素之间都存在着某种联系，只有将它们有机地结合起来，才能确保项目目标的有效实现，这在客观上形成了一个系统。同时，项目只有一个最终统一目标——效益目标，项目的其他要素及其他目标都应为它服务并统一于它的要求之下。

(二) 投资项目的含义

应该说投资项目是项目的主要存在载体与表现形式，是实业投资对象的总称。我们可以这样来理解，所谓"投资项目"，是指同时具有投资属性与项目属性的活动与任务，即指投入一定量货币资金以获取预期效益的全部投资活动与任务。一方面，一个投资项目在管理上有必要作为一个单位进行立项决策、规划设计、筹集资金和组织实施；另一方面，还必须与其他的投资保持一定的独立性，即在投资目标，项目的技术、经济或管理方面，与其他投资有所区别。

需要说明的是，项目在西方是一个非常宽泛的概念，其涵盖的范围非常广，如召开一个会议、组织一次参观活动都可作为项目对待，显然，将此作为本书的研究对象是不现实的。另外，在现实中，投资项目是作为投资的主要载体而存在的，且公司、企业的投资活动也大多是以项目形式出现，为此，如没有特别说明，本书中的"项目"是指"投资项目"，且主要是指偏重于以形成固定资产为主要目标的建设项目，即主要是指以建设投资形式投资兴建的工程建设项目，也就是必须按照规划、决策、设计、施工、竣工验收及投产运营等一系列程序，在规定的建设期、投资预算限额及设定的质量标准等目标前提下完成的投资活动与任务。

(三) 投资项目的分类

投资项目可以按如下形式分类：

1. 按项目的目标分类

按项目的目标分类，可分为经营性项目和非经营性项目。经营性项目通过投资以实现所有者权益的市场价值最大化为目标，以投资谋利为行为趋向。现实中绝大多数生产或流通领域的投资项目均属此列。非经营性项目不以追求盈利为目标，其中包括本身没有经营活动与收益的项目，其投资一般由政府安排，营运资金也由政府支出；另外，还包括直接为公众提供基本生活服务，本身有经营活动与营业收入，但产品价格不由市场机制形成的项目，对于此类项目国家应有相应的配套政策予以扶持。

2. 按项目的产品(服务)属性分类

按项目的产品(服务)属性分类，可分为公共项目和非公共项目。公共项目是指为满足社会公众需要，生产或提供公共物品的项目，其特点具有非排他性或排他无效率；非公共项目是指除公共项目以外的其他项目。

3. 按项目的投资管理形式分类

按项目的投资管理形式分类，可分为政府投资项目和企业投资项目。政府投资项目是指使用政府性资金的建设项目及有关的投资活动。政府性资金包括财政预算投资资金(包括国债资金)、利用国际金融组织和外国政府贷款的主权外债资金、纳入预算管理的专项建设资金等，政府按照资金来源、项目性质和宏观调控需要，可分别采用直接投资、资本金注入、投资补助、转贷、贴息等方式进行投资。企业投资项目是指不使用政府资金的投资项目。

4. 按项目与企业原有资产的关系分类

按项目与企业原有资产的关系分类，可分为新建项目和改、扩建项目。新建项目是指新开工建设、从无到有的项目；改、扩建项目是在原有企业基础上进行的，在不同程度上利用了原有企业的资源。

5. 按项目的融资主体分类

按项目的融资主体分类，可分为新设法人项目和既有法人项目。新设法人项目是由新组建的项目法人作为项目融资主体的项目类型，在项目实践中一般是指新建项目；既有法人项目主要是依托现有企业法人作为项目融资主体的项目类型，一般包括改、扩建及更新改造项目。

6. 按项目所在行业分类

按项目所在行业分类(根据 GB/T 4754-2017)，可以分为采矿业项目、制造业项目、建筑业项目、房地产业项目、金融业项目、教育项目、国际组织项目等 20 个行业门类、97 个行业大类、473 个行业中类、1 380 个行业小类。

当然，除上述几种分类以外，项目还可以从其他角度进行分类。没有一种方法可以涵盖各种属性的项目，而在此列举的几种分类主要对后面有关项目经济评估内容、评估方法、效益与费用的估算及报表设置有着重要的影响。

三、项目周期

任何一个项目，从提出到完成都必须经过若干个工作阶段，这些阶段是相互联系并按照一定的程序进行的，这样按一定的工作程序每循环一次，就构成了一个项目进展周期。一般地，项目的周期包括项目设想、规划、决策、实施、总结等工作阶段。如世界银行将项目的周期划分为项目设想、项目初选、项目准备、项目评估、项目实施、项目投产运营和项目评价总结七个阶段(国内通常将项目周期划分为项目规划与决策阶段、项目准备阶段、项目实施阶段、项目终止与总结评价阶段)。项目周期各阶段之间的关系可见图 1-1。

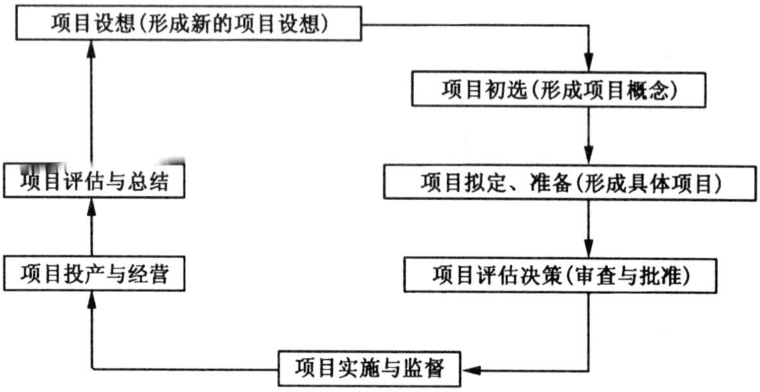

图 1-1 项目进展周期

一般地,项目周期的工作过程又可划分为三个时期,即投资前期、投资时期、投资回收期(或称投产运营期)。每个时期又可以分为若干个小的工作阶段。投资前期一般包括项目设想、项目初选、项目准备和项目评估决策四个阶段,其主要工作是进行项目的可行性研究;投资时期是指项目实施与监督阶段,其主要任务是进行谈判及签订合同、工程项目设计、施工安装和试车投产;投资回收期包括项目的投产运营和项目的总结评价工作。下面就项目周期各阶段工作的主要内容作简单的说明。

(一) 项目设想

项目设想是项目周期的第一阶段,其主要任务是鉴别项目的投资意向,制定项目应达到的目标,简单地分析项目能获得的收益,确定项目的适用性和可取性,并根据市场上的需求情况,把握时机,及时提出项目投资的设想,进行机会研究,编写项目建议书。

(二) 项目初选

在项目建议书得到批准后,应对拟建项目的各种预选的技术方案和建设方案进行筛选,并分析决定项目意向在大体上的合理性和可能性,进一步考虑拟建项目的规划方案及做出选择和建设的理由,进行项目初步决策分析,选定较好的实施方案,写出初步可行性研究报告。

(三) 项目准备

在对设想项目进行初步选定之后,就可以进行项目的准备工作。项目准备阶段的主要内容就是进行项目的可行性研究。在这个阶段的重要任务就是要明确项目应达到的目标和达到这些目标的手段。通过可行性研究,从被推选的建设方案中选择最符合要求的项目，并从技术、经济、财务和社会等各个方面论证项目的可行性和合理性，编制可行性研究报告。

（四）项目评估

项目评估是对可行性研究报告进行全面、详细的审核和估价，它应为项目的投资决策提供最终的依据并写出评估报告。

（五）项目实施

在经过评估审核并通过后，就进入具体的实施阶段。项目的实施阶段即是将项目的规划设计付诸实践阶段。这一阶段的主要工作有建立项目执行管理机构、进行项目的招投标、签订各项协议和合同、组织项目实施。

（六）项目的投产运营

项目的投产运营是项目生命期内一个非常重要的阶段。它能保证项目在整个生命期内取得预期的经济效益、财务效益和社会效益，同时，也反映出投资前期可行性研究和项目实施阶段的工作质量。另外，项目投资决策的成功与否，最终也是由投产运营阶段经济效益高低体现出来的。

（七）项目的总结评价

在经过一段时间的投产运营后，应对项目的运行做出全面而具体的审核、总结和评价，即项目的后评估。主要评估项目的实际经营业绩，说明项目是否达到了预先设计和期望的目标，从正反两方面总结经验教训，编写出“项目后评估报告”。

第二节 项目的可行性研究

一、可行性研究概述

（一）可行性研究的含义

可行性研究（Feasibility Study）是在投资决策之前，对拟建项目进行全面的技术经济分析与论证，以试图对其做出可行或不可行评价的一种科学方法。它是项目投资前期工作的重要内容，是项目投资决策中必不可少的一个工作程序。

在项目投资分析与决策过程中，可行性研究具体是指在项目投资决策之前，调查、研究与拟建项目有关的自然、社会、经济、技术资料，分析、比较可能的投资建设方案，预测、评价项目建成后的社会经济效益，并在此基础上，综合论证项目投资建设的必要性，财务上的营利性和经济上的合理性，技术上的先进性、适用性以及资源条件、建设条件的保证程度，从而为投资决策提供科学依据的工作。一个完整的可行性研究报告至少应包括三个方面的内容：一是分析论证投资项目建设的“必要性”。这主要是通过市场预测工作（即通过市场预测分析项目所生产的产品的市场需求情况）来完成的。二是项目投资建设的可行性。这主要是通过技术分析和生产工艺论证来完成的。三是项目投资建设的合理性(财务上的营利性和经济上的合理性)。这主要是通过项目的效益分析来完成的。其中,项目投资建设的合理性是可行性研究中最核心的问题。

项目可行性研究的任务就是通过对拟建项目进行投资方案规划、工程技术论证、经济效益的预测和分析,经过多个方案的比较和评价,为项目决策提供可靠的依据和可行的建议。它应该明确回答项目是否应该投资和怎样投资。

(二) 可行性研究的发展阶段

项目的可行性研究从 20 世纪初诞生以来(较早的可行性研究工作是 20 世纪 30 年代美国在开发田纳西河流域时进行的)到现在,大致经历了三个发展阶段:

第一阶段是从 20 世纪初到 20 世纪 50 年代前期。在这一阶段,项目的可行性研究主要采用财务分析方法,即从企业角度出发,通过对项目的收入与支出的比较来判断项目的优劣。

第二阶段是从 20 世纪 50 年代初到 20 世纪 60 年代末期。在这一阶段,可行性研究从侧重于财务分析发展到同时从微观和宏观角度评价项目的经济效益,费用-效益分析(或称经济分析)作为一种项目选择的方法被普遍接受。在这个时期,美国于 1950 年发表了《内河流域项目经济分析的实用方法》,规定了测算费用效益比率的原则性程序。1958 年,荷兰计量经济学家丁伯根首次提出了在经济分析中使用影子价格的主张。在这以后,世界银行和联合国工业发展组织(UNIDO)都在其贷款项目的评价中同时采用了财务分析和经济分析两种方法。

第三阶段是从 20 世纪 60 年代末到现在。在这一阶段,可行性研究的分析方法中产生了社会分析方法,即把增长目标和公平目标(两者可统称为国民福利目标)结合在一起作为选择项目的标准。自 1968 年起,可行性研究的理论不断有新的方法、观点出现,打破了传统成本效益分析法所支配的领域,在学术界和国际上掀起了方法上的激烈论战。其中最有影响的流派有 L-M 方法、UNIDO 方法、S-V-T 方法及阿拉伯方法(又称手册法)。这些方法之间的区别主要集中在国民经济评价中对投入、产出物采取什么价格、汇率及评价指标上,其核心是如何确定影子价格问题。这一阶段的主要研究成果包括:1968 年与 1974 年,英国牛津大学福利经济学教授李特尔(Little)和数学教授米尔利斯(Mirrlees)编写的《发展中国家工业项目分析手册》和《发展中国家项目评价和规划手册》,前者提出了项目评估中确定影子价格的新见解,主张以国际市场价格为基础而少用国内价格来评定各种投入、产出物价格,并且进一步将货物划分为可贸易货物及非贸易货物,将所有的价格都推算到边际价格,从而避免国内价格的失真。后者进一步阐述了影子价格的计算方法及其他问题。学术界称之为 L-M 法,又称口岸价格法。L-M 法的最大贡献是使影子价格的计算简单化,特别是在外贸发达的国家中只需对少数几种不能进行外贸交易的货物,将国内价格进行修正就可以了。1972 年、1978 年和 1980 年联合国工业发展组织编写的《项目评价准则》《工业可行性研究手册》《工业项目评价手册》等,也提出了新方法(UNIDO 方法)。该方法主张以国内市场价格为投入、产出物的计算基准。它同样将货物分为非贸易货物与贸易货物。前者的价格可以直接同国内价格政策相联系，对于后者，在贸易较发达的国家，则须将货物按边际计算出外汇值，再用影子汇率换算成国内价格。这样做有可能与政府的汇率政策相冲突，因此不太容易为政府所接受。UNIDO方法在确定影子价格时，还采用调整汇率的方法来考虑三个主要影响因素，即储蓄因素、收入的分配、产品的优质需要。该方法还分五个阶段来分析项目的社会效益。1975年，世界银行经济学家林恩·斯夸尔(Lyn Squire)和世界银行政策业务局局长赫尔曼·C.范德塔克(Herman G.vander Tak)合著的《项目经济分析》一书提出了S-V-T方法。该方法在某种程度上综合了L-M方法与UNIDO方法的优点，其主要观点与L-M方法更为接近。与L-M方法不同的是，它在计算项目收益过程中，注重考虑项目在一个国家内收入分配的影响。该方法还提出了进行社会效益评价的理论；对影子价格的本质进行了自成体系的解释，所推荐的计算方法与应用更为系统和协调一致；方法还对经济分析中的加权数值做了深入的推导和估算。斯夸尔及范德塔克的观点为L-M方法与UNIDO方法提供了一个协调的方式，把项目评估的理论更推进了一步。

1980年，联合国工业发展组织与阿拉伯国家工业发展中心(IDCAS)出版了《工业项目评价手册》，手册中所代表的观点，学术界称为阿拉伯方法。该方法强调以实际市场价格计算项目投入、产出物的价格；也就是说，凡利用国内市场的投入、产出物按国内实际市场价格计算，而利用国际市场的投入、产出物则按以调整汇率换算为国内价格的实际口岸价进行计算。阿拉伯方法与前述两种方法的主要区别在于不使用影子价格。分析者认为，发展中国家将影子价格用在项目评估中，至少在现阶段无论在概念或实践上都是不可能的。它强调评价指标以国民收入最大化为目标，同时考察一些附加指标，如就业效果、分配效果、净外汇效果、国际竞争性等。阿拉伯方法采用修正汇率，直接反映了外汇的稀缺性。

我国自1979年开始，在总结新中国成立四十多年来经济建设经验教训的基础上，引进了可行性研究方法，并将其用于项目建设前期的技术经济分析。1981年，国家计委正式发布文件，明确规定把可行性研究作为建设前期工作中一个重要技术经济论证阶段，纳入基本建设程序。1983年，国家计委又下达了《关于建设项目进行可行性研究的试行管理办法》，重申"建设项目的决策和实施必须严格遵守国家规定的基本建设程序"，"可行性研究是建设前期工作的重要内容，是基本建设程序中的组成部分"。同时，国家发展改革委(原国家计委)于1987年、1993年、2006年(其中1993年及2006年是与建设部联合颁发的)颁发了《建设项目经济评价方法与参数》第一版、第二版、第三版，并于2002年颁发了《投资项目可行性研究指南(试用版)》，为规范进行项目的经济评价及可行性研究，科学地进行项目的投资决策提供了政策依据。

二、可行性研究的阶段划分及主要内容

根据联合国工业发展组织编写的《工业可行性研究手册》的规定，投资前期的可行

性研究工作可分为机会研究、初步可行性研究、可行性研究、评估与决策四个阶段。由于项目周期的前四个阶段与广义的可行性研究的四个阶段正好是一一对应的关系，且项目评估是对项目的可行性研究报告所做的再评价工作，故在此有必要对项目可行性研究作简单的阐述。

由于基础资料的占有程度、研究深度及可靠程度要求不同，可行性研究各阶段的工作性质、工作内容、投资成本估算精度、工作时间与费用各不相同。它们之间的关系如表1-1所示。

表1-1　项目可行性研究的阶段划分及内容深度比较

工作阶段	机会研究	初步可行性研究	可行性研究	评估与决策
工作性质	项目设想	项目初选	项目拟定	项目评估
工作内容	鉴别投资方向，寻找投资机会，提出项目投资建议	对项目作专题辅助研究，广泛分析、筛选方案，确定项目的初步可行性	对项目进行深入细致的技术经济论证，重点分析财务效益和经济效益，进行多方案比较，提出结论性建议，确定项目投资的可行性	综合分析各种效益，对可行性研究报告进行评估和审核，分析项目可行性研究的可靠性和真实性，对项目做出最终决策
工作成果及费用	提出项目建议，作为编制项目建议书的基础，为初步选择投资项目提供依据	编制初步可行性研究报告，确定是否有必要进行下一步的详细可行性研究，进一步说明建设项目的生命力	编制可行性研究报告，作为项目投资决策的基础和重要依据	提出项目评估报告，为投资决策提供最后的决策依据，决定项目取舍和选择最佳投资方案
估算精度	±30%	±20%	±10%	±10%
费用占总投资的百分比(%)	0.2～1.0	0.25～1.25	大项目 0.8～1.0 中小项目 1.0～3.0	—
需要时间(月)	1～3	4～6	8～12或更长	

表1-1中的几个阶段的内容顺次由浅入深，工作量由小到大，估算精度由粗到细，因而研究工作所需的时间和费用也逐渐增加。另外，在可行性研究的任何一个阶段，只要得出“不可行”的结论，就不需再继续进行下一步的研究工作；可行性研究的工作阶段和内容也可以根据项目的规模、性质、要求和复杂程度的不同，进行适当的调整和简化。

(一) 机会研究

机会研究是可靠性研究的第一个阶段，其主要任务是捕捉投资机会，为拟建投资项目的投资方向提出轮廓性的建议。它又可以分为一般机会研究和项目机会研究。

一般机会研究是以某个地区、某个行业或部门、某种资源为基础的投资机会研究。项目机会研究是在一般机会研究基础上以项目为对象进行的机会研究，通过项目机会研究将项目设想落实到项目投资建议，以引起投资者的注意和兴趣，并引导其做出投资意向。

这一阶段的工作内容相对比较粗略，一般根据类似项目的投资额及生产成本来估算本项目的投资额与生产成本，初步分析投资效果。如果投资者对该项目感兴趣，则可转入下一步的可行性研究工作，否则，就停止研究工作。

(二) 初步可行性研究

对一般项目，仅靠机会研究尚不能决定项目的取舍，还需要进行初步可行性研究，以进一步判断生命力。初步可行性研究是介于机会研究和可行性研究的中间阶段，是在机会研究的基础上进一步弄清拟建项目的规模、场址、工艺设备、资源、组织机构和建设进度等情况，以判断是否有可能和有必要进行下一步的可行性研究工作。其研究内容与可行性研究基本相同，只是深度和广度略低。

这一阶段的主要工作是：分析投资机会研究的结论；对关键性问题进行专题的辅助性研究；论证项目的初步可行性，判定有无必要继续进行研究；编制初步可行性研究报告。

初步可行性研究对项目投资的估算，一般可采用生产能力指数法、因素法、比例法或类比法等估算方法。估算精度一般控制在±20%以内，所需时间为4～6个月，所需费用约占投资额的0.25%。

(三) 可行性研究

这一阶段的可行性研究亦称详细可行性研究，它是对项目进行详细深入的技术经济论证的阶段，是项目决策研究的关键环节。其研究内容主要有以下几个方面(以工业项目为例)：第一，实施要点，简单说明研究的结论和建议。第二，项目背景和历史。第三，市场销量和项目的生产能力，列举市场预测的数据、估算的成本、价格、销售收入及利润等。第四，原材料投入。第五，项目实施的地点或场址。第六，项目设计，说明生产工艺最优方案的选择，工厂的总体设计，建筑物的布置，建筑材料和劳动力的需要量，建筑物和工程设施的投资估算。第七，工厂的管理费用。第八，项目人员编制，根据工厂生产能力和工艺过程，得出所需劳动力的构成、数量及工资支出等。第九，项目实施设计，说明项目建设的期限和建设进度。第十，项目的财务和国民经济评价。

(四) 评估与决策

项目评估是在可行性研究报告的基础上进行的，其主要任务是对拟建项目的可行性研究报告提出评价意见，最终决策项目投资是否可行并选择满意的投资方案。

三、我国项目可行性研究的编制

(一) 项目可行性研究报告的编制依据

在实际工作中，可行性研究报告按用途可分为政府审批核准用可行性研究报告和融资用可行性研究报告。审批核准用的可行性研究报告侧重关注项目的社会经济效益和影响，融资用报告侧重关注项目在经济上是否可行。具体可以分为：政府立项审批、产业扶持、银行贷款、融资投资、投资建设、境外投资、上市融资、中外合作、股份合作、组建公司、征用土地、申请高新技术企业等各种类型的可行性研究报告。

不论何种类型的可行性研究报告都应该具有以下特点：(1)专业性。可行性研究报告在论证项目的可行性时要涉及许多专业，通常要涉及基本建设、经济分析、生态环境保护、市场预测、技术方案、规划设计、人文地理、气象水文、人员培训等方面内容，所以需要各方面专业人员分别开展深入研究，再进行科学的综合分析。(2)科学性。内容要真实、完整、准确，研究目的应明确，研究过程要客观，要应用各种科学方法、科学推理，得出明确结论。可行性研究报告的结论要建立在定量分析基础上，这些定量化数据是根据科学技术和经济学原理，在调查研究基础上计算出来的，具有科学根据，经得起时间考验。(3)时效性。可行性研究报告不论用作何种用途，都需要对现实情况做出及时真实的反映，只有这样，才能实现其价值，发挥其作用。

一般地，项目可行性研究报告的编制按项目的性质及管理要求的不同而有所不同，但总体上应取得如下依据：

(1) 国民经济发展的长远规划，部门、地区发展规划，产业政策和投资政策。

(2) 批准的项目建议书或预可行性研究报告。对采取行政审批制的项目来说，批准的项目建议书是可行性研究编制必需的依据。预可行性研究报告是建设项目投资决策前的总体设想，主要论证项目建设的必要性，同时初步分析项目建设的可行性，它是进行各项投资准备工作的主要依据，只有经有关部门同意，并列入建设前期工作计划后，才可以进行可行性研究的各项工作。

(3) 国家有关法律、法规、政策。

(4) 批准的环境影响文件。对建设项目来说，根据环境影响评估法的要求，应填制环境影响评估文件，并且只有在其审批通过后，才可进行可行性研究报告的编制工作。

(5) 国家批准的资源报告、国土开发整治规划、区域规划、工业基地规划。

(6) 有关的自然、地理、气象、水文、地质、经济、社会、环保、交通运输等基础资料。这些都是项目进行场址选择、工程设计、技术经济分析所不可缺少的基本数据。

(7) 有关行业的工程技术、经济方面的规范、标准、定额资料，以及国家正式颁发的技术法规和技术标准。它们都是进行项目技术分析的基本依据。

(8) 国家颁发的评价方法与参数，如社会折现率、行业基准收益率、影子汇率等。这些评价方法和评价参数是进行项目经济评价的基础和判别标准。

(9) 中外合资、合作项目各方签订的协议书或意向书。

(10) 编制可行性研究报告的委托合同。

(11) 其他有关依据资料。

(二) 项目可行性研究报告的主要内容

在《投资项目可行性研究指南》中，可行性研究报告的编制共分为 12 类：一般工业建设项目、水利水电项目、铁路项目、公路项目、港口项目、民航机场项目、城市轨道交通项目、城市基础设施项目、公共建筑项目、农业综合开发项目、种植业项目和畜牧养殖及畜产品加工项目。在此仅以一般工业建设项目为例,列示其可行性研究报告应包括的内容。

1. 项目兴建理由与目标

项目兴建理由与目标的研究,是根据已经确定的初步可行性研究报告(或项目建议书),从总体上进一步论证项目提出的依据、背景、理由和预期目标,即进行项目建设必要性分析;与此同时,分析论证项目建设和生产运营必备的基本条件及其获得的可能性,即进行项目建设可能性分析。对于确实必要、有可能建设的项目,继续进行可行性研究,开展技术、工程、经济、环境等方案的论证、比选和优化工作。

(1) 项目兴建理由。

拟建项目都有其特定的背景、依据和原因,一般说有以下理由:新建或者扩大企业生产能力,提供产品或服务,满足社会需求,获取经济利益的需要;进行基础设施建设,改善交通运输条件,促进地区经济和社会发展的需要;合理开发利用资源,增加社会财富,实施可持续发展的需要;发展文化、教育、卫生等公益事业,满足人民不断增长的物质文化生活的需要;增强国防和社会安全能力的需要。

在可行性研究阶段应对项目建设的依据和主要理由进行分析论证。这种分析,一般应从项目本身和国民经济两个层次进行。

① 项目层次分析。项目业主或投资人兴建项目的理由,或是为了谋求更长远的发展,或者是为了在向社会提供产品、服务的同时获取合法利润或投资回报,或者是为了促进国家、地区经济和社会发展。项目层次分析,应侧重从项目产品和投资效益角度论证建设的理由是否充分合理。

② 国民经济层次分析。有些项目兴建的理由从项目层次看是合理的、可行的,但从国民经济全局看就不一定合理、可行。因此,对那些受宏观经济条件制约较大的项目,应进行国民经济层次分析。例如,分析拟建项目是否符合合理配置和有效利用资源的要求,是否符合区域规划、行业发展规划、城市规划、水利流域开发规划、交通路网规划的要求,是否符合国家技术政策的要求,是否符合保护环境、可持续发展的要求等。

通过上述两个层次的分析,判别项目建设的理由是否充分、合理,以确定项目建设的必要性。

(2) 项目预期目标。

根据项目兴建的理由,对初步可行性研究报告提出的拟建项目的轮廓和预期达到的目标进行总体分析论证。分析论证的内容主要有:项目建设内容和建设规模,技术装备水平,产品性能和档次,成本、收益等经济目标,项目建成后在国内外同行业中所处的位置或者在经济和社会发展中的作用等。

通过分析论证,判别项目预期目标与项目兴建理由是否吻合,预期目标是否具有合理性与现实性。

(3) 项目建设基本条件。

对于确实需要建设且目标合理的项目，应分析论证其是否具备建设的条件。一般应分析市场条件、资源条件、技术条件、资金条件、环境条件、社会条件、施工条件、法律条件，以及外部协作配套条件等对拟建项目支持和满足的程度，考察项目建设和运营的可能性。

2. 市场预测

市场预测是在市场调查的基础上对项目的产出品和所需的主要投入品的市场容量、价格、竞争力，以及市场风险进行分析预测。市场预测的结果为项目建设规模与产品方案提供依据。市场预测的主要内容有：

(1) 市场现状调查。

市场现状调查是进行市场预测的基础。市场现状调查主要是调查拟建项目同类产品的市场容量、价格，以及市场竞争力现状。

(2) 产品供需预测。

产品供需预测是利用市场调查所获得的信息资料，对项目产品未来市场供应和需求的数量、品种、质量、服务进行定性与定量分析。

(3) 价格预测。

项目产品价格是测算项目投产后的销售收入、生产成本和经济效益的基础，也是考察项目产品竞争力的重要方面。预测价格时，应对影响价格形成与导致价格变化的各种因素进行分析，初步设定项目产品的销售价格和投入品的采购价格。

(4) 竞争力分析。

竞争力分析是研究拟建项目在国内外市场竞争中获胜的可能性和获胜能力。进行竞争力分析，既要研究项目自身竞争力，也要研究竞争对手的竞争力，并进行对比。进一步优化项目的技术经济方案，扬长避短，发挥竞争优势。

(5) 市场风险分析。

在可行性研究中，市场风险分析是在产品供需、价格变动趋势和竞争能力等常规分析达到一定深度的情况下，对未来国内外市场某些重大不确定因素发生的可能性，及其可能对项目造成的损失程度进行分析。市场风险分析可以定性描述，估计风险程度；也可以定量计算风险发生概率，分析对项目的影响程度。

(6) 市场调查与预测方法。

在进行市场调查与预测时，应根据项目产品特点及项目不同决策阶段对市场预测的不同深度要求，选用相应市场调查与预测方法。

3. 资源条件评价(资源开发项目)

矿产资源、水利水能资源和森林资源等是资源开发项目的物质基础，直接关系到项目开发方案和建设规模的确定。资源开发项目包括：金属矿、煤矿、石油天然气矿、建材矿、化学矿、水利水电和森林采伐等项目。在可行性研究阶段，应对资源开发利用的可能性、合理性和资源的可靠性进行研究和评价，为确定项目开发方案和建设规模提供依据。

4. 建设规模与产品方案

建设规模与产品方案研究是在市场预测和资源条件评价(资源开发项目)的基础上，论证比选拟建项目的建设规模与产品方案(包括主要产品和辅助产品及其组合)，作为确定项目技术方案、设备方案、工程方案、原材料燃料供应方案及投资估算的依据。

5. 场址选择

可行性研究阶段的场址选择，是在初步可行性研究(或者项目建议书)规划选址已确定的建设地区和地点范围内，进行具体坐落位置选择，习惯上称为工程选址。

6. 技术方案、设备方案和工程方案

项目的建设规模与产品方案确定后，应进行技术方案、设备方案和工程方案的具体研究论证工作。技术、设备与工程方案构成项目的主体，体现项目的技术和工艺水平，也是决定项目是否经济合理的重要基础。

7. 原材料、燃料等供应

在研究确定项目建设规模、产品方案、技术方案和设备方案的同时，还应对项目所需的原材料、辅助材料和燃料的品种、规格、成分、数量、价格、来源及供应方式，进行研究论证，以确保项目建成后正常生产运营，并为计算生产运营成本提供依据。

8. 总图运输与公用辅助设施

总图运输与公用辅助设施工程是在已选定的场址范围内，研究生产系统、公用工程、辅助工程及运输设施的平面和竖向布置，以及工程方案。

9. 环境影响评价

建设项目一般会引起项目所在地自然环境、社会环境和生态环境的变化，对环境状况、环境质量产生不同程度的影响。环境影响评价是在研究确定场址方案和技术方案中，调查研究环境条件，识别和分析拟建项目影响环境的因素，研究提出治理和保护环境的措施，比选和优化环境保护方案。

10. 劳动安全卫生与消防

拟建项目劳动安全卫生与消防的研究是在已确定的技术方案和工程方案的基础上，分析论证在建设和生产过程中存在的劳动者和财产可能产生的不安全因素(如工伤和职业病、火灾隐患)，并提出相应的防范措施。

(1) 劳动安全卫生。

劳动安全卫生主要通过对危害因素及危害程度的分析，提出预防及安全措施方案。其主要内容包括：

① 危害因素和危害程度分析。它主要分析在生产或者作业过程中可能对劳动者身体健康和生产安全造成危害的物品、部位、场所，以及危害范围和程度。其主要包括如下内容:第一，有毒有害物品的危害。分析生产和使用带有危害性的原料、材料和产品，包括爆炸品类，易燃、易爆、有毒气体类，易燃液体类，易燃固体类，氧化剂和过氧化物类，毒害品类，辐射物质类以及工业粉尘类等。分析有毒有害物品的物理化学性质，

引起火灾爆炸危险的条件，对人体健康的危害程度以及造成职业性疾病的可能性。第二，危险性作业的危害。分析高空、高温、高压作业，井下作业，辐射、振动、噪声等危险性作业场所，可能造成的对人身的危害。

② 安全措施方案。在可行性研究阶段，应针对不同的危害和危险性因素的场所、范围以及危害程度，研究提出相应的安全措施方案，主要内容有：在选择工艺技术方案时，应尽可能选用安全生产和无危害的生产工艺和设备；对危险部位和危险作业应提出安全防护措施方案；对危险场所，按劳动安全规范提出合理的生产工艺方案和设置安全间距。煤炭、冶金等矿井开采项目，应提出防止瓦斯爆炸、矿井涌水、塌方冒顶等技术和安全措施方案；对易生职业病的场所，应提出防护和卫生保健措施方案。

（2）消防设施。

消防设施研究，主要是分析项目在生产运营过程中存在的火灾隐患和重点消防部位，根据消防安全规范确定消防等级，并结合当地公安消防设施状况，提出消防监控报警系统和消防设施配置方案。其主要内容包括：

① 火灾危险性分析。分析生产过程中所使用的原材料、中间产品、成品的火灾危险性，包括储存物品的火灾危险性，生产过程中易燃、易爆产生的部位及火灾危险性，运输过程中的火灾危险性等。

② 调查项目场址周围消防设施情况。调查项目场址周边公安消防机构的规模、装备，所在地公安消防队与场址的距离等，确定项目对公安消防机构的依托程度。

③ 消防措施和设施。根据项目在生产运营过程中存在火灾隐患的部位、火灾危险类别以及可能波及的范围，确定应采用的消防等级，并结合项目场址周围消防设施状况，提出消防监控报警系统和消防设施配置方案。

11. 组织机构与人力资源配置

合理、科学地确定项目组织机构与人力资源配置是保证项目建设和生产运营顺利进行，提高劳动效率的重要条件。在可行性研究阶段，应对项目的组织机构设置、人力资源配置、员工培训等内容进行研究，比选和优化方案。

（1）组织机构设置及其适应性分析。

根据拟建项目的特点和生产运营的需要，应研究提出组织机构的设置方案，并对其适应性进行分析。项目建设规模和生产运营方式不同，机构设置的模式和运转方式也不相同。根据拟建项目出资者的特点，研究确定相适应的组织机构模式；根据拟建项目的规模大小，研究确定项目的管理层次，根据建设和生产运营特点和需要，设置相应的管理职能部门。

技术改造项目，应分析企业现有组织机构、管理层次、人员构成情况，结合改造项目的需要，制订组织机构设置方案。

经过比选提出推荐方案，并应进行适应性分析，主要分析项目法人的组建方案是否符合我国《公司法》和国家有关规定的要求；项目执行机构是否具备指挥能力、管理能力和组织协调能力；组织机构的层次和运作方式是否能够满足建设和生产运营管理的要求；项目法人代表及主要经营管理人员的素质能否适应项目建设和生产运营管理的要求，能否承担项目筹资建设、生产运营、偿还债务等责任。

（2）人力资源配置。

在组织机构设置方案确定后，应研究确定各类人员包括生产人员和其他人员的数量和配置方案，满足项目建设和生产运营的需要，为提高劳动生产率创造条件。

人力资源配置研究的内容包括如下几个方面：

① 人力资源配置的依据。其内容具体包括：国家有关劳动法律、法规及规章；项目建设规模，生产运营复杂程度与自动化水平，人员素质与劳动生产率要求，组织机构设置与生产管理制度，国内外同类项目的情况。

② 人力资源配置的内容。人力资源配置主要是指研究确定合理的工作制度，根据行业类型和生产过程的特点，提出工作时间、工作制度和工作班次方案。其内容具体包括：研究员工配置数量，根据精简、高效的原则和劳动定额，提出配备各职能部门、各工作岗位所需人员数量。技术改造项目，应根据改造后技术水平和自动化水平提高的情况，优化人员配置，所需人员首先由企业内部调剂解决；研究提出员工选聘方案，特别是高层管理人员和技术人员的来源和选聘方案；研究测算职工工资和福利费用；研究测算劳动生产率；研究确定各类人员应具备的劳动技能和文化素质。

③ 人力资源配置的方法。不同行业、不同岗位，人力资源配置的方法不同，具体来说，主要有如下几种方法：第一，按劳动效率计算定员，即根据生产任务和生产人员的劳动效率计算生产定员人数；第二，按设备计算定员，即根据机器设备的数量、工人操作设备定额和生产班次计算生产定员人数；第三，按劳动定额计算定员，即根据工作量或生产任务量，按劳动定额计算生产定员人数；第四，按岗位计算定员，即根据设备操作岗位和每个岗位所需的工人数计算生产定员人数；第五，按比例计算定员，即按服务人员占职工总数或者占生产人员数的比例计算所需服务人员人数；第六，按组织机构职责范围、业务分工计算管理人员的人数。

（3）员工培训。

在可行性研究阶段应提出员工培训计划，包括培训岗位、人数、培训内容、目标、方法、地点和培训费用等。另外，为保证项目建成后顺利投入生产运营，应重点培训生产线关键岗位的操作运行人员和管理人员。

对培训人员的培训时间应与项目的建设进度相衔接，如设备操作人员，应在设备安装调试前完成培训工作，以便各种人员参加设备安装、调试过程，熟悉设备性能，掌握处理事故的技能等，保证项目顺利投产。

12. 项目实施进度

项目工程建设方案确定后，应研究提出项目的建设工期和实施进度安排，科学组织建设过程中各阶段的工作，按工程进度安排建设资金，保证项目按期建成投产，发挥投资效益。

(1) 建设工期。

建设工期一般是指从拟建项目永久性工程开工之日，到项目全部建成投产或交付使用所需要的时间。建设工期主要包括土建施工、设备采购与安装、生产准备、设备调试、联合试运转、交付使用等阶段。

项目建设工期可参考有关部门或专门机构制定的建设项目工期定额和单位工程工期定额(如一般土建工程工期定额、设备安装工期定额、隧道开凿工程工期定额等)，结合项目建设内容、工程量大小、建设难易程度，以及施工条件等具体情况综合研究确定。

(2) 实施进度安排。

项目建设工期确定后，应根据工程实施各阶段工作量和所需时间，对时序做出大体安排，并使各阶段工作相互衔接。应编制项目实施进度表，具体如表 1-2 所示。

表 1-2　项目实施进度

序号	工作阶段	第一年				第二年				第 N 年			
		1	2	3	4	1	2	3	4	1	2	3	4
1	土建施工												
2	设备采购与安装												
3	生产准备												
4	设备调试												
5	联合试车运转												
6	交付使用												

注：表中代表时间的 1，2，3，4 表示季度。

大型建设项目，应根据项目总工期要求，制定主体工程和主要辅助工程的建设起止时间及时序表。

13. 投资估算

投资估算是在对项目的建设规模、技术方案、设备方案、工程方案及项目实施进度等进行研究并基本确定的基础上，估算项目投入总资金(包括建设投资和流动资金)，并测算建设期内分年资金需要量。投资估算作为制订融资方案、进行经济评价，以及编制初步设计概算的依据。

14. 融资方案

融资方案是在投资估算的基础上，研究拟建项目的资金渠道、融资形式、融资结构、融资成本、融资风险，比选推荐项目的融资方案，并以此研究资金筹措方案和财务评价。

15. 财务评估

财务评估是在国家现行财税制度和市场价格体系下，分析预测项目的财务效益与费用，计算财务评估指标，考察拟建项目的盈利能力、偿债能力及财务生存能力，据以判断项目的财务可行性。

16. 国民经济评估

国民经济评估是按合理配置资源的原则，采用影子价格等国民经济评估参数，从国民经济的角度考察投资项目所耗费的社会资源和对社会的贡献，评估投资项目的经济合理性。

17. 社会评估

社会评估是分析拟建项目对当地社会的影响和当地社会条件对项目的适应性和可接受程度，评估项目的社会可行性。

18. 风险分析

投资项目风险分析是在市场预测、技术方案、工程方案、融资方案和社会评估论证中已进行的初步风险分析的基础上，进一步综合分析识别拟建项目在建设和运营中潜在的主要风险因素，揭示风险来源，判别风险程度，提出规避风险的对策，降低风险损失。

19. 研究结论与建议

在前述各项研究论证的基础上，归纳总结，择优提出推荐方案，并对推荐方案进行总体论证。在肯定拟推荐方案优点的同时，还应指出可能存在的问题和可能遇到的主要风险，并做出项目和方案是否可行的明确结论，为决策者提供清晰的建议。

(1) 推荐方案总体描述。

推荐方案总体描述包括推荐方案的主要内容和论证结果。具体内容有：①市场预测；②资源条件评估；③建设规模与产品方案；④场址选择方案；⑤技术设备工程方案；⑥原材料、燃料供应方案；⑦环境影响评估；⑧项目投入总资金及资金筹措；⑨经济效益和社会效益；⑩方案实施的基本条件；⑪主要风险分析结论。

对推荐方案不同意见和存在问题的阐述，即要对推荐方案在论证过程中出现的不同意见进行充分、实事求是的反映，阐述推荐方案存在的、有待解决的问题。

(2) 主要比选方案描述。

在可行性研究过程中，还应对未被推荐的一些重大比选方案进行描述，阐述方案的主要内容、优缺点和未被推荐的原因，以便决策者从多方面进行思考并做出决策。

(3) 结论与建议。

通过对推荐方案的详细分析论证，明确提出项目和方案是否可行的结论意见，并对下一步工作提出建议。建议主要包括两方面的内容：第一，对项目下一步工作的重要意见和建议。例如，在技术谈判、初步设计、建设实施中需要引起重视的问题和工作安排的意见、建议。第二，项目实施中需要协调解决的问题和相应的意见、建议。

(三) 可行性研究报告的编制格式

下面仅在此列示一般工业可行性研究报告的编制大纲，其他项目的编制大纲可参照其编制。

一般工业可行性研究报告编制大纲

1. 总论

1.1 项目背景

1.1.1 项目名称

1.1.2 承办单位情况（新建项目指筹建单位情况，技术改造项目指原企业情况，合资项目指合资各方情况）

1.1.3 可行性研究报告编制依据

1.1.4 项目提出的理由与过程

1.2 项目概况

1.2.1 拟建地点

1.2.2 建设规模与目标

1.2.3 主要建设条件

1.2.4 项目投资人总资金及效益情况

1.2.5 主要技术经济指标

1.3 问题与建议

2. 市场预测

2.1 产品市场供应预测

2.1.1 国内外市场供应现状

2.1.2 国内外市场供应预测

2.2 产品市场需求预测

2.2.1 国内外市场需求现状

2.2.2 国内外市场需求预测

2.3 产品目标市场分析

2.3.1 目标市场确定

2.3.2 市场占有份额分析

2.4 价格现状与预测

2.4.1 产品国内市场销售价格

2.4.2 产品国外市场销售价格

2.5 市场竞争力分析

2.5.1 主要竞争对手情况

2.5.2 产品市场竞争力优势与劣势

2.5.3 营销策略

2.6 市场风险

3. 资源条件评价（资源开发项目）

3.1 资源可利用量

3.2 资源品质情况

3.3 资源赋存条件

3.4　资源开发价值

4. 建设规模与产品方案

4.1　建设规模

4.1.1　建设规模方案比较

4.1.2　推荐方案及其理由

4.2　产品方案

4.2.1　产品方案构成

4.2.2　产品方案比选

4.2.3　推荐方案及其理由

5. 场址选择

5.1　场址所在位置现状

5.1.1　地点与地理位置

5.1.2　场址土地权属类别及占地面积

5.1.3　土地利用现状

5.1.4　技术改造项目现有场地利用情况

5.2　场址建设情况

5.2.1　地形、地貌、地震情况

5.2.2　工程地质与水文地质

5.2.3　气候条件

5.2.4　城镇规划及社会环境条件

5.2.5　交通运输条件

5.2.6　公用设施社会依托条件(水、电、汽、生活福利)

5.2.7　防洪、防潮、排涝设施条件

5.2.8　环境保护条件

5.2.9　征地、拆迁、移民安置条件

5.2.10　法律支持条件

5.2.11　施工条件

5.3　场址条件比选

5.3.1　建设条件比选

5.3.2　建设投资比选

5.3.3　运营费用比选

5.3.4　推荐场址比选

5.3.5　场址地理位置图

6. 技术方案、设备方案和工程方案

6.1　技术方案

6.1.1　生产方法(包括原料路线)

6.1.2　工艺流程

6.1.3 工艺技术来源(需引进国外技术的,应说明理由)

6.1.4 推荐方案的主要工艺(生产装置)流程图、物料平衡图,物料消耗定额表

6.2 主要设备方案

6.2.1 主要设备选型

6.2.2 主要设备来源(进口设备应提出供应方式)

6.2.3 推荐方案的主要设备清单

6.3 工程方案

6.3.1 主要建筑物、构筑物的建筑特征、结构及面积方案

6.3.2 矿建工程方案

6.3.3 特殊基础工程方案

6.3.4 建筑安装工程量及“三材”用量估算

6.3.5 技术改造项目原有建、构筑物利用情况

6.3.6 主要建、构筑物工程一览表

7. 主要原材料、燃料供应

7.1 主要原材料供应

7.1.1 主要原材料品种、质量与年需要量

7.1.2 主要辅助材料品种、质量与年需要量

7.1.3 原材料、辅助材料来源与运输方式

7.2 燃料供应

7.2.1 主要燃料品种、质量与年需要量

7.2.2 燃料供应来源与运输方式

7.3 主要原材料、燃料价格

7.3.1 价格现状

7.3.2 主要原材料、燃料价格预测

7.3.3 编制主要原材料、燃料年需要量

8. 总图运输与公用辅助工程

8.1 总图布置

8.1.1 平面布置(列出项目主要单项工程的名称、生产能力、占地面积、外形尺寸、流程顺序和布置方案)

8.1.2 竖向布置

8.1.2.1 场区地形条件

8.1.2.2 竖向布置方案

8.1.2.3 场地标高及土石方工程量

8.1.3 技术改造项目原有建筑物、构筑物利用情况

8.1.4 总平面布置图(技术改造项目应标明新建和原有以及拆除的建筑物、构筑物的位置)

8.1.5 总平面布置主要指标表

8.2 场内外运输

8.2.1 场外运输量及运输方式

8.2.2 场内运输量及运输方式

8.2.3 场外运输设施及设备

8.3 公用辅助工程

8.3.1 给排水工程

8.3.1.1 给水工程。用水负荷、水质要求、给水方案

8.3.1.2 排水工程。排水总量、排水水质、排放方式和泵站管网设施

8.3.2 供电工程

8.3.2.1 供电负荷(年用电量、最大用电负荷)

8.3.2.2 供电回路及电压等级的确定

8.3.2.3 电源选择

8.3.2.4 场内供电输变电方式及设备设施

8.3.3 通信设施

8.3.3.1 通信方式

8.3.3.2 通信线路及设施

8.3.4 供热设施

8.3.5 空分、空压及制冷设施

8.3.6 维修设施

8.3.7 仓储设施

9. 节能措施

9.1 节能措施

9.2 能耗指标分析

10. 节水措施

10.1 节水措施

10.2 水耗指标分析

11. 环境影响评价

11.1 场址环境条件

11.2 项目建设和生产对环境的影响

11.2.1 项目建设对环境的影响

11.2.2 项目生产过程产生的污染物对环境的影响

11.3 环境保护措施方案

11.4 环境保护投资

11.5 环境影响评价

12. 劳动安全卫生与消防

12.1 危害因素和危害程度

12.1.1 有毒有害物品的危害

12.1.2 危险性作业的危害

12.2 安全措施方案

12.2.1 安全生产和无危害的工艺和设备

12.2.2 对危害部位和危险作业的保护措施

12.2.3 危险场所的防护措施

12.2.4 职业病防护和卫生保护措施

12.3 消防设施

12.3.1 火灾隐患分析

12.3.2 防火等级

12.3.3 消防设施

13. 组织机构与人力资源配置

13.1 组织机构

13.1.1 项目法人组建方案

13.1.2 管理机构组织方案和体系图

13.1.3 机构适应性分析

13.2 人力资源配置

13.2.1 生产作业班次

13.2.2 劳动定员数量及技能素质要求

13.2.3 职工工资福利

13.2.4 劳动生产率水平分析

13.2.5 员工来源及招聘方案

13.2.6 员工培训方案

14. 项目实施进度

14.1 建设工期

14.2 项目实施进度安排

14.3 项目实施进度表(横线图)

15. 投资估算

15.1 投资估算依据

15.2 建设投资估算

15.2.1 建筑工程费

15.2.2 设备及工器具购置费

15.2.3 安装工程费

15.2.4 工程建设其他费用

15.2.5 基本预备费

15.2.6 涨价预备费

15.2.7 建设期利息

15.3 流动资金估算

15.4 投资估算表

15.4.1 项目投入总资金估算汇总表

15.4.2 单项工程投资估算表

15.4.3 分年投资计划表

15.4.4 流动资金估算表

16. 融资方案

16.1 资本金筹措

16.1.1 新设法人项目资本金筹措

16.1.2 既有法人项目资本金筹措

16.2 债务资金筹措

16.3 融资方案分析

17. 财务评价

17.1 新设法人项目财务评价

17.1.1 财务评价基础数据与参数选取

17.1.1.1 财务价格

17.1.1.2 计算期与生产负荷

17.1.1.3 财务基准收益率设定

17.1.1.4 其他计算参数

17.1.2 销售收入估算(编制销售收入估算表)

17.1.3 成本费用估算(编制总成本费用估算表和分项成本估算表)

17.1.4 财务评价报表

17.1.4.1 财务现金流量表

17.1.4.2 损益和利润分配表

17.1.4.3 财务计划现金流量表

17.1.4.4 资产负债表

17.1.4.5 借款偿还计划表

17.1.5 财务评价指标

17.1.5.1 盈利能力分析

17.1.5.1.1 项目财务内部收益率

17.1.5.1.2 资本金内部收益率

17.1.5.1.3 投资各方内部收益率

17.1.5.1.4 财务净现值

17.1.5.1.5 投资回收期

17.1.5.1.6 投资利润率

17.1.5.2 偿债能力分析(借款偿还期、利息备付率、偿债备付率)

17.2 既有法人项目财务评价

17.2.1 财务评价范围确定

17.2.2 财务评价基础数据与参数选取

17.2.2.1 “有项目”数据

17.2.2.2 “无项目”数据

17.2.2.3 增量数据

17.2.2.4 其他计算参数

17.2.3 收入估算(编制销售收入估算表)

17.2.4 成本费用估算(编制总成本费用估算表和分项成本估算表)

17.2.5 财务评价报表

17.2.5.1 增量财务现金流量表

17.2.5.2 “有项目”损益和利润分配表

17.2.5.3 “有项目”计划现金流量表

17.2.5.4 借款偿还表

17.2.6 财务评价指标

17.2.6.1 盈利能力分析

17.2.6.1.1 项目财务内部收益率

17.2.6.1.2 资本金收益率

17.2.6.1.3 投资各方收益率

17.2.6.1.4 财务净现值

17.2.6.1.5 投资回收期

17.2.6.1.6 投资利润率

17.2.6.2 偿债能力分析(借款偿还期、利息备付率或偿债备付率)

17.3 不确定性分析

17.3.1 敏感性分析(编制敏感性分析表,绘制敏感性分析图)

17.3.2 盈亏平衡分析(绘制盈亏平衡分析图)

17.4 财务评价结论

18. 国民经济评价

18.1 影子价格及通用参数选取

18.2 效益费用范围调整

18.2.1 转移支付处理

18.2.2 间接效益和间接费用计算

18.3 效益费用数值调整

18.3.1 投资调整

18.3.2 流动资金调整

18.3.3 销售收入调整

18.3.4 经营费用调整

18.4 国民经济效益费用流量表

18.4.1 项目国民经济效益费用流量表

18.4.2 国内投资国民经济效益费用流量表

18.5 国民经济评价指标

18.5.1 经济内部收益率

18.5.2 经济净现值

18.6 国民经济评价结论

19. 社会评价

19.1 项目的社会影响分析

19.2 项目与所在地的相互适应性分析

19.2.1 利益群体对项目的态度及参与程度

19.2.2 各级组织对项目的态度及支持程度

19.2.3 地区文化状况对项目的适应程度

19.3 社会风险分析

19.4 社会评价结论

20. 风险分析

20.1 项目主要风险因素识别

20.2 风险程度分析

20.3 防范和降低风险的对策

21. 研究结论与建议

21.1 推荐方案的总体描述

21.2 推荐方案的优缺点描述

21.2.1 优点

21.2.2 存在的问题

21.2.3 主要争论与分歧意见

21.3 主要对比方案

21.3.1 方案描述

21.3.2 未被采纳的理由

21.4 结论与建议

(四) 项目可行性研究报告附件、附图及附表

1. 附件

(1) 项目建议书(初步可行性研究报告)的批复文件;

(2) 初步可行性研究报告;

(3) 环境保护部门对项目环境影响的批复文件;

(4) 各类批文及协议;

(5) 调查报告及资料汇编;

(6) 试验报告;

(7) 资源开发项目有关资源勘察及开发的审批文件;

(8) 主要原材料、燃料及水、电、气的意向性协议;

(9) 项目资本金的承诺证明及银行等金融机构对项目贷款的承诺函;
(10) 中外合资、合作项目各方草签的协议;
(11) 引进技术项目的考察报告、设备协议;
(12) 土地主管部门对场址的批复文件;
(13) 新技术开发的技术鉴定报告;
(14) 其他。

2. 附图

(1) 场址位置图;
(2) 工艺流程图;
(3) 总平面布置图。

3. 附表

(1) 投资估算表。
① 项目投入总资金估算汇总表;
② 主要单项工程投资估算表;
③ 流动资金估算表。
(2) 财务评估报表。
① 销售收入、销售税金及附加估算表;
② 总成本费用估算表;
③ 固定资产折旧费估算表;
④ 无形资产摊销估算表;
⑤ 项目投资现金流量表(新设法人项目、既有法人项目);
⑥ 项目资本金现金流量表(新设法人项目、既有法人项目);
⑦ 投资各方现金流量表;
⑧ 损益和利润分配表(新设法人项目、既有法人项目);
⑨ 财务计划现金流量表(新设法人项目、既有法人项目);
⑩ 借款偿还计划表。
(3) 国民经济评估报表。
① 项目国民经济费用效益流量表;
② 国内投资国民经济费用效益流量表。

(五) 项目可行性研究报告的编制步骤

项目可行性研究报告是投资项目可行性研究工作成果的体现,是投资者进行项目最终决策的重要依据。为保证其质量,可行性研究的工作者应切实做好编制前的准备工作,占有充分的信息资料,进行科学分析和比较论证,做到编制依据可靠,结构内容完整,文本格式规范,附图、附表、附件齐全,报告表述形式尽可能数字化、图表化,且在深度方面能够满足投资决策和编制项目初步设计的需要。

根据项目的投资建设程序、原国家计委颁发的《关于建设项目进行可行性研究的试行管理办法》和《投资项目可行性研究指南》,投资项目可行性研究报告的编制步骤如下:

1. 签订委托协议

可行性研究报告编制单位与委托单位,就项目可行性研究报告编制工作的范围、重点、深度要求、完成时间、费用预算和质量要求等问题交换意见,达成一致后签订委托协议,据以开展可行性研究各阶段的研究工作。

2. 组建工作小组

根据委托项目可行性研究的工作量、内容、范围、技术难度、时间要求等组建项目可行性研究小组。一般地,工业项目和交通运输项目可分为市场组、工艺技术组、设备组、工程组、总图运输及公用工程组、环保组、技术经济组等专业组。为使各专业组协调工作,保证可行性研究报告的总体质量,一般应由总工程师、总经济师负责统筹协调。

3. 制订工作计划

内容包括研究工作的范围、重点、深度、进度安排、人员配置、费用预算及可行性研究报告的编制大纲,并与委托单位交换意见。

4. 进行调查研究,收集有关资料

各专业组根据报告编制大纲并进行实地调查,收集整理有关资料,包括向市场和社会调查,向行业主管部门调查,向项目所在地调查,向项目涉及的有关企业、单位调查,收集项目建设、生产运营等各方面所必需的信息资料和数据。

5. 方案编制与优选

在调查研究收集资料的基础上,对项目的建设方案与产品方案、场址方案、技术方案、设备方案、工程方案、原材料供应方案、总图布置与运输方案、公用工程与辅助工程方案、环境保护方案、组织机构设置方案、实施进度方案以及项目投资与资金筹措方案等,研究编制备选方案。进行方案论证及比选优化后,提出推荐方案。

6. 项目评价

对推荐方案进行环境评估、财务评估、国民经济评估、社会评估及风险分析,以判别项目的环境可行性、经济可行性、社会可行性及抗风险能力。当有关评估指标不足以支持项目方案成立时,应对原设计方案进行调整或重新设计。

7. 编制可行性研究报告

项目组研究各专业方案,经过技术经济论证和优化之后,由各专业组分工编写。经项目负责人衔接协调综合汇总,提出可行性研究报告的初稿。

8. 与委托部门交换意见

项目可行性研究工作组在可行性研究报告初稿形成后,应与委托单位交换意见,在修改完善的基础上,最后形成正式的可行性研究报告。

项目可行性研究报告的编制步骤和工作程序，具体如图 1-2 所示。

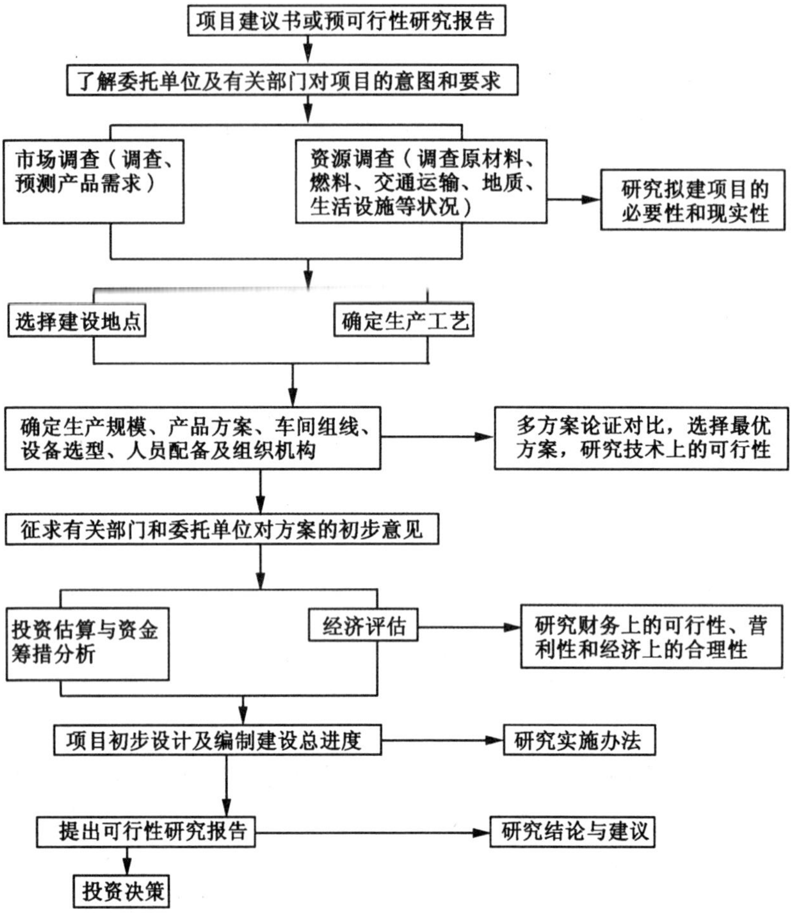

图 1-2　项目可行性研究报告的编制步骤和工作程序

第三节　项目评估概述

一、项目评估的概念及其原则

（一）项目评估的含义

项目评估是由专门机构(项目投资决策部门或项目贷款的决策机构)或具备资质的咨询机构对上报的项目可行性研究报告进行全面的审核和再评估工作，即对拟实施项目的必要性、可行性、合理性及效益、费用进行的审核和评估。从这个概念中我们可以看出，项目评估主要从两个方面对项目的必要性、可行性及其成本、效益进行分析论证：一是进行评审，主要是从质的方面或是从定性的角度进行；二是进行估价，主要是从定量的角度进行。即两者主要是从真实性、准确性、可靠性等方面对可行性研究报告的内容进行估价、审查。项目评估的结论是投资决策的重要依据。

当然，还需说明的是有关项目评估的主体问题。由于我国现在实行的是社会主义市场经济，非公有制经济已成为国民经济的重要组成部分，国家不再对所有的投资项目实施审批制，为此，现行制度规定只对实行行政审批制的投资项目由专门的项目决策部门，即国家发展改革委(按审批权限及行政隶属关系)进行项目评估，以做出科学的投资决策，而对实行核准制及登记备案制的投资项目不再强制规定实行项目评估，而是由项目的投资者自行决定。另外，不论是何种类型的投资项目，只要是向金融机构申请贷款融资，则必须向贷款机构提供可行性研究报告，由贷款机构进行项目评估，以对是否提供贷款做出决策。另外，一般投资项目的投资者也可依照自己的意愿，选择具有资质的中介机构进行项目评估。

项目评估作为分析判断可行性研究报告中所提的方案的优劣，从中遴选出最佳方案，为投资项目最终决策提供可靠、科学依据的阶段，有着重要的意义。这是因为，作为投资者，无论是直接从事投资活动的各级政府、企事业单位或者个人，还是以其他形式出现的间接投资者，都有一个共同的目的，即希望以一定的投入获取最大的效益，或以最小的投入获取一定的效益，这是在市场经济条件下，人类进行一切投资或经济活动所要遵循的一个基本经济规律。按此规律，人们进行投资活动要达到预定的投资目的，就必须进行科学的项目评估与投资决策，以求客观公正并准确地选择和确定各项投资方案。

项目评估是在可行性研究报告的基础上进行的。其主要工作任务有：(1)全面审核可行性研究报告中反映的各项情况是否属实；(2)分析项目可行性研究报告中各项指标的计算是否正确，包括各种参数、基础数据、定额费率的选择；(3)从企业、国家和社会等方面综合分析判断项目的经济效益和社会效益；(4)分析和判断项目可行性研究的可靠性、真实性和客观性，对项目做出取舍的最终投资决策；(5)完成并编写出项目评估报告。

在项目评估阶段，一般应解答三个方面的问题：(1)该项目投资是否有必要，规模应该多大？(2)项目实施应采用何种工艺、设备、设计方案和技术方案？(3)项目的财务效益、国民经济效益与社会效益如何？

项目评估旨在使所选择的项目能合理地利用有限资源和各种社会基础设施，兴建对投资者、国家和社会有较多贡献的项目，而放弃另外一些项目，使有限的资源达到最有效的分配和使用。

在项目评估过程中，依据开展评估活动的时间及所处的阶段，通常可以把项目评估分为项目前评估、项目中评估、项目后评估。项目前评估是指在项目的投资前期为项目投资决策提供依据所作的评估；项目中评估是在项目建设过程中对项目的投资效果所进行的分析；项目后评估是在项目完成后若干年依据项目实施结果而做的总结性评价。本书所讲述的内容是项目前评估(重点讲述内容)及项目后评估。

(二) 项目评估的发展阶段

项目评估作为一门当代的技术经济学科,起源于西方发达国家,并在世界范围内得到了广泛的应用,收到了显著的效果。20 世纪 30 年代,世界范围的经济大萧条使西方发达国家的经济政策产生了重大变化,随着自由放任经济体系的崩溃,一些西方发达国家的政府开始实行新经济政策,兴办公共建设工程,于是出现了公共项目评价方法,产生了现代意义的项目评估原理,1936 年,美国为了有效控制洪水,大兴水利工程,并颁布了《全国洪水控制法》,该法正式规定了运用成本效益分析方法评价洪水控制和水域资源开发项目。其中提出了这样的原则:一个项目,只有当其产生的效益(不论受益者是谁)大于其投入的成本时才被认为是可行的。此后,还公布了一系列的法规,对项目评估的原则和程序做出了规定。英国、加拿大等国政府也相继就项目评估做出了规定。现代项目评估的系统方法产生于 20 世纪 60 年代末期,在这期间一些西方发展经济学家致力于发展中国家项目评估的理论研究。英国牛津大学的里特尔教授和米尔里斯教授于 1968 年合作出版了《发展中国家工业项目分析手册》一书,第一次系统地阐述了项目评估的基本理论和方法。1975 年,世界银行的经济专家思夸尔等编著了《项目经济分析》一书,1980 年,联合国工业发展组织与阿拉伯工业发展中心联合编著了《工业项目评价手册》等,这些著作的出版标志着项目评估理论与方法的成熟发展和广泛应用。20 世纪 80 年代之后,项目评估工作越来越受到各国政府尤其是发展中国家政府的重视,成为银行贷款决策的重要依据。

项目评估自国外在 20 世纪五六十年代由世界银行使用它对其贷款进行审核并且将其作为贷款决策依据以来,至今已有 50 多年,其发展大致可分为三个阶段。

1. 1953—1960 年为项目评估发展的第一个时期

它的特点是成本-效益分析法在美国的水利和公共工程领域得到初步发展和认可。随着项目评估理论与方法的初步形成,成本-效益分析法应用到水利工程以外的其他公共项目领域成为可能,如公路、桥梁、机场、港口及国防工程等项目。在第二次世界大战期间,美国经济学家适时地把成本-效益估算的逻辑和程序应用于军事项目,取得了某些成效。在战后期间,西方各国为国民经济重建和恢复而纳入计划的公共服务和投资项目日益增多,政府干预社会经济的行为和作用逐渐增强,使得项目评估理论和方法不断得以发展。1958 年,荷兰计量经济学家丁伯根(Tinbergen)首先提出在国民经济分析中使用影子价格的主张,较之于一百多年前杜比提出的"现代成本-效益分析方法"有了更充实的内容。西方国家有关学者通常把它称之为经济费用-效益分析法。

2. 1960—1970 年是项目评估理论与方法发展的第二个时期

这一时期的特点是成本-效益分析方法的精细化,其应用范围开始从公共工程向工业、农业和其他经济部门推广;由美国向欧洲和其他发展中国家推广。

上述两个时期的项目评估工作有一个共同特点,即都是采用传统的成本-效益分析方法，而这种分析方法的基本概念、原理、目标都以福利经济学为基础。因为来源于古典学派的福利经济学关于完全竞争模式、社会效用理论、边际分析以及帕累托(Pareto)的福利改善政策，已被众多的经济学家采用，从而成为项目成本-效益分析法的奠基石。

3. 20 世纪 70 年代至今是项目评估发展的第三个时期

自 1968 年起，项目评估的理论不断有新的方法、观点出现，打破了传统成本-效益分析法所支配的这个领域，在学术界和国际上掀起了方法上的激烈论战。其中最具影响的流派有 L-M 方法、UNIDO 方法、S-V-T 方法及阿拉伯方法（又称手册法）。这些方法之间的区别主要集中在国民经济评价中对投入、产出物采取什么价格、汇率及评价指标上，其核心是如何确定影子价格问题。

项目评估作为应用经济学的一门分支，虽然最早主要应用于金融机构对贷款项目的评审，但现在已逐渐发展成为一种比较科学的决策方法，是投资项目决策中的一个重要环节。然而从世界范围来看，项目评估仍然处于发展时期。虽然这门学科的范围、程序和方法等方面已经取得了一些成就，但它的一般理论原则和应用过程的规范化依然有限。严格地说，项目评估的理论与方法在半个多世纪的发展中，既没有形成可以普遍应用的一套准则，也没有形成一套数学公式体系，而这些都是实践所必需的。正是由于上述原因，我们认为在项目评估的每一个阶段，主观判断能力永远是重要和必须的。

国内自 1979 年引进国外的可行性研究方法和项目评估理论，并将可行性研究纳入基本建设程序，用于完善项目的投资决策方法与程序。

（三）项目评估的原则

为保证项目评估的科学性、公正性及评估结果的真实有效性，一般要求项目评估工作人员在项目评估过程中坚持如下原则：

1. 分析的系统性

系统性原则就是要求在项目评估中应有系统观念。从项目的内部环境来看，产品的市场需求、建设条件、生产条件、生产工艺等，无论项目大小都存在着这样的问题；从项目的外部环境来看，有与项目的协作配套问题、行业规划问题、城市改造问题，有与项目有关的环境保护、生态平衡、综合利用等问题，还有与项目效益密切联系的市场、价格、税收、信贷、利率等问题，所以在进行项目评估时，必须全面、系统地考虑。

2. 方案的最优性

方案的最优性就是要求在项目评估中应坚持多方案选择，力求最优方案。一个投资项目，由于规模、品种、生产工艺、设备、原料供应和运输方式的不同，客观上存在着多个可行的实施方案。评估的目的就是在可行性研究的基础上，经过多方案的论证比较，选择最好的实施方案。

3. 指标的统一性

项目评估中所使用的参数及效益指标应统一标准化。国家有关部门正式颁布实施的有关项目经济评价的规定[如由国家发展改革委与原建设部联合颁布实施的《建设项目经济评价方法与参数》(第三版)和由国家发展改革委颁布实施的《投资项目可行性研究指南》等]应该成为项目评估工作及评估指标选用的基础。

4. 价格的合理性

什么是合理的价格？合理的价格就是指基本符合价值并能反映市场供求关系的价格。这就要求项目评估工作人员在进行项目评估时必须对具体问题进行具体分析，并尽量选择合理的价格。

5. 方法的科学性

在进行项目评估的过程中，不可避免地会进行大量的定性、定量分析工作，这就要求项目评估工作人员所采用的方法必须科学。

6. 工作人员立场的公正性

要求工作人员在进行项目评估时必须坚持实事求是的指导思想并有坚实的业务基础，要客观地反映出项目的本来面目，不做虚假陈述。

二、项目评估的主要内容及工作程序

(一) 项目评估工作的内容

项目评估是投资决策的必要条件，它一般应在可行性研究报告编制之后、项目审批之前进行，以便参与投资决策。虽然项目评估工作的内容是由评估的要求及项目的具体特点与性质所决定的，即不同类型的项目与不同的评估部门有着不同的评估内容，但是因项目评估是对可行性研究报告的再评价，所以，项目评估报告的内容应是与可行性研究报告的内容相符合、相对应的，即其应包括如下几个方面的内容：第一，对项目实施必要性的评估。项目实施必要性主要包括项目实施的宏观必要性与微观必要性。其中，项目实施的宏观必要性主要是指项目实施是否与国家的规划、政策相符，其对国家与社会的经济作用和意义；项目实施的微观必要性主要是通过市场调查和市场预测来进行的，即预测项目提供的产品和服务有无市场需求作保证，这是项目能否存在的前提。第二，对项目所需的资源条件和技术工艺方案的评估。主要分析论证项目实施所需的资源和技术条件的满足与保障程度，这是项目能否进行的资源和技术保证。第三，对项目实施合理性的评估。主要是对项目的经济效益、社会效益和环境效益进行的评价，这是判别项目取舍的依据。第四，对影响投资效益的经济政策和经济管理体制进行评价，为项目争取最好的经济效益而提出合理化建议。另外，根据现行的可行性研究的主要内容，一般地，项目评估的工作内容主要包括以下几个方面：

1. 项目的背景研究

项目的背景研究主要是指项目宏观背景研究和项目微观背景研究。

(1) 项目宏观背景研究。

研究项目的宏观背景主要是研究项目是否符合国家或地方一定时期的方针政策与规划等,这是项目是否可行的主要依据。首先是分析考察项目的实施是否与有关部门一定时期的方针政策相符;其次是分析考察项目的实施是否与各级政府及有关部门的长远规划相符。

(2) 项目微观背景研究。

研究项目的微观背景主要是从项目本身着手。首先考察项目投资各方的技术经济实力,分析其能否承担项目的实施,主要从投资各方的规模、管理水平、资信等级、资金技术能力、人力资源等方面进行考察。这些因素的齐备性将直接决定项目实施的成败。其次是考察项目投资实施的理由,主要是分析项目的实施能否给地方、部门和当地居民带来什么好处。如是否可以更充分地利用资源和现有的基础设施等。

2. 项目建设必要性的评估

(1) 项目是否符合国家的产业政策和行业规划。国家的产业政策与行业规划确定了整个国民经济产业发展的优先程度,对项目的投资建设与实施(尤其是国有资金投资)具有导向功能和指导作用。为此,分析、考察项目宏观上的必要性,就应深入研究国家的产业政策及其行业规划,并以此作为判断依据,即只有符合国家产业政策要求的项目,才能在宏观上被认为是必要的。

(2) 通过市场调查和市场预测,对产品,尤其是新产品的需求情况和在市场上的竞争力进行分析,对产品价格的预测,对市场风险进行分析等。

(3) 项目建设对国民经济发展的作用,及其社会经济意义。

(4) 进行最优建设规模的分析,主要是根据产品的市场需求及所需生产要素的供应情况,结合项目投资者自身条件,确定项目最优的投资规模。

3. 项目投资者(企业)资信评估

项目投资者资信评估主要是对项目投资者(企业)的资质情况与信用度进行的评估,是对企业的资质和信用度进行检验和度量,并科学、客观地对其资质信誉等级做出全面评估的过程。项目的审批者注重对投资者资质情况的评估,银行尤其注重对借款企业的信用度的评估。

4. 项目资源条件评估

项目的资源条件评估主要是针对资源开发利用项目,是对拟开发项目资源开发利用的合理性、开发资源的可利用量、自然品质、赋存条件和开发利用价值进行分析与评估,主要包括如下内容:(1) 项目所需的资源是否清楚、是否有保证;(2) 项目资源开发利用情况评估;(3) 资源评价。

5. 项目实施规模与产品方案评估

(1) 项目规模方案选择的分析与评估;

(2) 项目产品方案选择的分析与评估;

（3）项目规模与产品方案的评价。

6. 项目实施地点选择评估

（1）项目实施地点选择的基本要求；

（2）项目实施地点选择评估内容；

（3）方案比选。

7. 项目生产与建设条件评估

（1）工程地质、水文地质是否符合项目投资建设要求；

（2）项目所需的原材料、燃料、动力等是否有可靠来源；

（3）项目交通运输的保证程度；

（4）协作配套项目是否落实；

（5）项目的环境保护是否有必要的治理方案和措施；

（6）对引进的成套项目和设备，是否经过多方案的比较分析，是否选择了最优方案。

8. 项目技术评估

（1）项目采用的工艺、技术、设备在经济合理条件下是否先进、适用，是否符合国家的技术发展政策，是否注意节约能源和原材料以获取最大效益；

（2）项目引进的技术和设备是否符合我国国情，有无盲目或重复引进情况，是否经过多方案比较，是否注意了配套，以及引进技术后有无消化吸收的能力；

（3）项目所采用的新工艺、新技术、新设备是否成熟、是否安全可靠，是否经过试验的鉴定，检验原材料和测试产品质量的各种手段及其程序是否完备；

（4）产品方案和资源利用是否合理；

（5）技术方案的综合评估。

9. 项目的环境影响评估

项目的环境影响评估主要是分析与评估项目对环境和生态平衡的影响程度及种类，审查项目有关环境保护的方案、措施的可行性及环保投资费用的保证程度以及经济合理性。

10. 劳动安全卫生与消防评估

分析评估项目存在的危害因素及危害程度及可能存在的不安全因素，对制订的安全卫生措施方案与消防设施方案进行分析论证与评估。

11. 项目投资和财务基本数据评估

（1）建设投资的估算；

（2）流动资金的估算；

（3）项目融资分析与评估；

（4）项目投资贷款的借入、利率与偿还估算；

（5）项目产品价格的估算与选择；

（6）各项技术经济指标；

(7) 产品成本和项目总成本的估算；

(8) 项目年收入及税金的估算；

(9) 项目的利润预测及现金流量预测。

12. 项目的财务评估

项目的财务评估主要是分析与评估项目财务上的营利性和偿还能力，评价项目在财务上的可行性。对项目进行财务评估的主要指标有项目财务净现值、项目财务内部收益率、资本金收益率、投资各方收益率、投资利润率、借款偿还期、利息备付率、偿债备付率等。如项目涉及进出口的，还需要进行财务外汇效果分析与评估，即应计算外汇净现值、财务换汇成本与节汇成本等指标。

13. 项目的国民经济评估

项目的国民经济评估主要是从宏观方面，用影子价格、影子汇率、社会折现率、影子工资等评价参数分析与评估项目对国民经济的净贡献，评价其在经济上的合理性。项目国民经济评价所采用的主要指标有经济净现值、经济内部收益率等。

14. 项目的社会评估

项目的社会评估主要是对项目与项目所在地的相互适应性进行的分析，一方面分析评估项目的投资建设给项目所在地带来的影响，另一方面也要分析评估项目所在地对项目的参与程度和态度。

15. 项目的不确定性分析与评估

应分别从财务效益和国民经济效益两方面分析项目在不确定性因素影响下的稳定性、可靠程度。对项目进行不确定性分析的目的在于为项目的实施控制提供基础性的资料，并有利于项目方案的选择及项目投资决策。项目的不确定性分析与评估主要包括以下两方面的内容：(1) 盈亏平衡分析与评估；(2) 敏感性分析与评估。

16. 项目的风险分析与评估

项目风险分析与评估的主要内容包括风险因素的识别、风险等级划分、风险评估方法及风险防范对策与措施等。

17. 项目的总评估

(1) 投资建设项目是否必要，建多大规模较为适宜；

(2) 建设条件和生产条件是否具备；

(3) 经济上是否合理；

(4) 技术上是否先进、适用、安全可靠；

(5) 相关项目是否同步建设；

(6) 投资来源及筹措方式的建议；

(7) 关于方案选择和项目决策建议。

(二) 项目评估的工作程序

项目评估是一项时间性强、涉及面广、内容复杂的工作，因此，在开展项目评估工作时，一定要合理地组织和有计划地进行。一般地，项目评估的工作程序可分为制订评估计划、收集资料、审查分析和编写评估报告四个阶段。

1. 明确评估对象，组建评估小组，制订评估计划

明确评估对象，即要确定具体的评估项目，并根据其特点、性质，确定在评估中需着重解决的问题。组建评估小组，即是要组建进行项目评估的具体组织，因项目评估涉及市场、经济、技术、环境、风险等内容的评估，故需要众多方面的专业人员参加。制订评估计划是开展项目评估的准备阶段。项目评估部门在收到可行性研究报告后，就要组建评估小组，明确人员分工，并根据项目性质、特点、评估内容和时间要求，制订出切实可行的工作计划

2. 现场调查和收集资料

现场调查和收集资料是项目评估的重要工作阶段。它主要是收集在可行性研究报告中不可或缺的基础数据资料和对一些重要的数据资料进行重新收集。当然，现场调查和资料的收集是一项复杂、细致的工作，在收集过程中，一定要注意数据资料的可靠性、准确性。

3. 审查分析

审查分析是对拟建项目的评估向广度、深度发展的工作阶段。进行审查分析，一般应从以下几个方面进行：(1) 审查项目的必要性。从宏观上审查项目是否符合国家的产业政策，审查项目是否属于重复建设、盲目发展等。(2) 审查拟建规模和生产条件。(3) 审查设计方案和建设条件。主要是对工艺、设备选择、建筑地点、施工条件和投资来源进行审查，弄清项目建设条件是否落实，在技术上是否先进可行。(4) 审查财务效益、国民经济效益和社会效益，对各项效益指标进行逐项落实和计算。

4. 编写评估报告

编写评估报告是对拟建项目在完成上述各方面审查的基础上，根据调查研究和审查分析的结果，提出决策建议的综合性文件。

(三) 项目评估的依据

项目评估的依据主要包括以下几个方面：

(1) 正式的项目评估工作单；

(2) 有关部门颁布的项目评估办法；

(3) 有关部门颁发的项目经济评价的方法与参数；

(4) 审批的可行性研究报告、初步设计说明书；

(5) 有关的方针、政策、法规、规定、办法等。

本章小结

所谓“投资”，是指经济主体为了获取预期的收益，投入一定量货币资金而不断地转化为资产的

全部经济活动。要准确地理解投资的含义，应从投资的主体、投资的目的、投资的手段与方式、投资的过程及投资过程中收益与风险的关系等方面来加以把握。投资可按性质、对象、期限及用途等进行多种分类。

项目是指作为系统的被管理对象的单次性任务，在规定的期限内、按预定目标完成的一系列单次性活动。在现实中，项目的范围非常宽泛。一般地，项目应具有单次（件）性、相对性、临时性、周期性、目标性、约束性等特征。而投资项目则是指同时具有投资属性与项目属性的活动，即指投入一定量货币资金以获取预期效益的全部投资活动与任务。投资项目可按投资使用方向和投资主体的活动范围、规模、行业及最终成果进行分类。

项目的投资分析与决策主要是由项目的可行性研究与项目评估共同完成的。可行性研究，是指在投资决策之前，对投资对象进行全面的技术经济分析与论证，并试图对其做出可行性评价的一种科学方法。可行性研究可划分为机会研究、初步可行性研究（或称预可行性研究）、可行性研究和项目评估等研究内容与研究深度逐渐深入、依次递进的四个工作阶段，归属于项目周期中的项目前期，与项目周期中的项目设想、项目初选、项目准备及项目评估四个阶段相对应。其中，在项目机会研究阶段，主要任务是捕捉投资机会，为拟建投资项目的投资方向提出轮廓性的建议。它又可分为一般机会研究和项目机会研究。在初步可行性研究阶段，主要工作是：分析投资机会研究的结论；对关键性问题进行专题的辅助性研究；论证项目的初步可行性，判定有无必要继续进行研究；编制初步可行性研究报告；在可行性研究（亦称详细可行性研究）阶段，主要应对项目进行详细深入的技术经济论证，并编制可行性研究报告，是项目决策研究的关键环节。在评估与决策阶段，主要任务是对拟建项目的可行性研究报告提出评价意见，最终决策项目投资是否可行并选择满意的投资方案。

根据现行规定，我国工业项目可行性研究的内容主要包括项目兴建理由与目标、市场预测、资源条件评价、项目的建设规模与产品方案、项目的场址选择、技术方案与设备方案及工程方案、原材料及燃料供应、总图运输与公用辅助工程、环境影响评估、劳动安全卫生与消防、组织机构与人力资源配置、项目实施进度、项目的投资估算、项目的融资方案、项目的财务评估与国民经济评估及社会评估、项目的风险分析、研究结论与建议等。

可行性研究应按一定的编制步骤进行。可行性研究的编制步骤为：签订委托协议、组建工作小组、制订工作计划、调查研究收集资料、方案编制与优化、项目评估、编写可行性研究报告、与委托部门交换意见并最终形成正式的研究报告。

项目评估与可行性研究中的分析研究对象是指投资项目或项目投资。项目评估是指由专门机构（项目投资决策部门或项目贷款的决策机构）或具备资质的咨询机构对上报的项目可行性研究报告进行全面的审核和再评估工作，即是对待实施项目的必要性、可行性、合理性及效益、费用进行的审核和评估。项目评估的结论是投资决策的重要依据。项目评估与可行性研究作为项目投资前期的两个非常重要的工作程序，主要为项目的投资决策提供依据，尤其是项目评估，不仅可以为上级主管部门的投资决策及金融机构进行贷款决策提供依据，而且还可以为政府职能部门审批相关项目提供依据。

项目评估的主要内容包括项目的背景研究、项目的必要性评估、项目资源条件评估、项目实施规模与产品方案评估、项目实施地点评估、项目的生产建设条件评估、项目的技术评估、项目的财务评估、项目的国民经济评估、项目的社会评估、项目的环境影响评估、项目的不确定性分析与风险分析及项目的总评估等。在进行项目评估的过程中，为保证评估质量，评估工作人员应遵循一定的原则并按照一定的程序与规范进行。

项目评估的工作程序是指进行项目评估工作应顺序经过的步骤，一般可分为制订评估计划、收集资料、审查分析和编写评估报告四个阶段。

复习思考题

一、概念题

投资　投资项目　项目评估　经营性项目　项目进展周期　项目的可行性研究

二、简答题

1. 怎样理解投资的内涵？它有哪些分类？
2. 项目有哪些主要特征？
3. 项目可按哪些标准进行分类？
4. 项目周期主要可划分为哪些阶段？它们的主要内容是什么？
5. 项目的可行性研究主要可分为哪些阶段？它们的主要内容是什么？
6. 项目可行性研究的编制依据有哪些？
7. 项目可行性研究的主要内容是什么？
8. 项目可行性研究的编制步骤有哪些？
9. 项目评估的含义是什么？它在投资决策中有什么作用？
10. 项目评估的主要工作内容有哪些？
11. 在项目评估过程中，应遵循哪些基本原则？按什么程序进行？
12. 项目评估与项目可行性研究之间的关系如何？

第二章　项目的背景评估

项目的背景评估主要是解决为什么要做项目的问题,即主要是分析与评估项目建设的依据、理由、项目的预期目标及项目的投资环境等。通过项目的背景评估,解决项目提出及实施的宏观、微观依据与理由,论证其充分性与合理性,充分考虑并分析项目的投资环境等。

第一节　项目的背景分析与评估

一、项目的建设背景分析与评估

(一) 项目兴建理由

一般地,投资项目的兴建应有其特定的背景、原因和依据。现实中,由于项目目标的多样性与区位的地域性,故其兴建理由也多种多样,具体来看,项目兴建的理由主要有如下几种:

(1) 是新增或扩大企业的生产能力,为社会或市场提供所需产品与服务,以满足社会需求和提高企业经济效益的需要;

(2) 是企业实现其发展战略和实现扩大再生产的途径与需要;

(3) 是企业盈余资金寻求出路并实现增值的需要,是优化资源配置、实现企业持续生产经营的需要;

(4) 是提高产品质量、改善劳动与工作环境、扩大需求面、增加产品附加值、增强产品市场竞争力的需要;

(5) 是发展文化教育卫生等公益事业、满足人民不断增长的物质文化生活水平的需要;

(6) 是改善投资环境、合理优化利用基础设施、改善人民的生产和生活条件、促进地区经济和社会发展的需要;

(7) 是合理利用地区资源、发展区域经济的主要途径。

(二) 项目兴建理由分析

对项目兴建理由和依据进行分析与论证,主要可从国民经济和项目本身两个层次进行。

1. 国民经济层次分析

有些项目兴建的理由从项目层次看是合理的、可行的，但从国民经济全局看就不一定合理、可行。因此，对那些受宏观经济条件制约较大的项目，如影响国计民生和规模较大的大中型项目（包括资源开发、交通运输、水利水电、利用外资等项目），应进行国民经济层次分析。例如，分析拟建项目是否符合合理配置和有效利用资源的要求，是否符合国家或行业（地区）的社会经济发展规划、发展战略、产业政策、投资政策的要求，是否符合区域规划、行业发展规划、城市规划、水利流域开发规划、交通路网规划的要求，是否符合国家技术政策的要求，是否符合保护环境、生态平衡、可持续发展的要求等。分析与评估项目的目标是否符合国家宏观经济发展意图，并进一步分析与考察项目在规划中所处的地位和作用，安排投资的时机，论证项目建设内容与规划相符合的程度及其对规划的影响程度等内容。现实中，项目的宏观背景分析与评估主要可从产业背景和区域背景进行分析与评估。

（1）产业背景分析。

项目的产业背景主要是项目所处时期的产业政策及其所在行业的发展水平与发展阶段。产业政策是指政府为了实现一定的社会经济发展目标而制定的有关产业政策的总和，是政府对未来产业结构变动方向的一种政策干预，是为了弥补市场机制可能带来的缺陷而由政府采取的一些补救政策。产业政策的制定、修改与实施应适应社会经济发展目标的要求，具有一定的时效性。产业政策的主要功能是协调产业结构、均衡产业发展，如扶持与鼓励战略产业，调整和扶助弱小产业，积极培育新兴产业等，因此，产业政策在某种程度上集中反映了政府希望通过调整产业投资结构来实现社会经济目标和发展战略的强烈愿望。具体来说，如果某个行业被确定为国民经济优先发展的产业，则所处这一行业的部门就是政府鼓励发展的部门，其在整个国民经济中所占的比例就会增加，其投资规模就会扩大；反之，如果是政府限制发展的产业和部门，则其在整个国民经济中的比例将会降低，其投资规模将会被压缩。换言之，产业政策对项目的投资建设具有一种指导性意义与作用，它会引导投资者将资金投向政府鼓励发展的产业。从这个意义看，投资项目的决策与实施是实现国家产业政策目标的一个重要手段。行业的发展水平与发展阶段，则是指整个行业的总体发展状况与总规模，而这决定并影响着项目投资的规模与采用的技术装备水平。

总之，分析投资项目提出的背景，首先应深入细致地研究国家在这一时期的产业与投资政策，包括产业结构政策、产业组织政策与产业分布政策等，其次应研究并清楚行业的具体发展水平与所处阶段，并将投资项目的建设与同期的产业政策与发展状况的要求进行对比与分析，并尽量使其相一致，因为只有这样，项目的提出在宏观上才可能具有针对性与合理性，项目的投资建设在宏观上才可能被认可。

（2）区域背景分析。

经济活动的开展离不开某一特定的空间，而投资项目也是如此。根据工业区位理论，优越的、有利的区位，对项目的投资者而言，同样的投入可获得更大的产出；对消费者而言，同样的支出可获得更大的效用。

现实中，投资项目的建设与生产对生产要素、产品服务及交通运输的要求是不尽相同的，对市场、距离、资源的分布和环境等状况的要求与依赖程度也有所差异，因此投资者从自身利益最大化角度出发，总希望寻找到最有利的区域或地点进行项目的投资建设与生产。从区位角度看，项目对生产要素、市场、交通运输和环境的区位指向类型主要有如下几种：①原料指向型，是指项目选择靠近原材料产地的倾向，如钢铁、有色金属、制糖、榨油、造纸等项目。②市场指向型，是指项目选择靠近消费地布点的倾向，如食品、家具等项目。③资金指向型，是指具有靠近资金充足地区布点的倾向，如化工、机械等项目。④劳动力指向型，是指某些项目具有大规模使用廉价劳动力的倾向与愿望，如纺织、服装、食品及一些加工行业等项目。⑤技术指向型，主要是指"知识密集型""技术密集型"项目有着向文化、教育、科技等发达地区布点的倾向，如电子、信息和生物基因工程等项目。当然，随着社会经济的发展和科学技术的进步，区位指向规律也发生了一些变化。这些变化表现为：①对原料指向的依赖程度有相对降低的趋势，这主要是因为技术的进步，人造原料、替代原料的出现，导致对原料的传统上的依赖性削弱；工业产品结构的调整向高技术含量转移及节能降耗的要求，使得单位产品中的原料消耗量降低；交通运输业的发展和运输方式的改变，使得运输更为便利，运输费用更为低廉，从而可以使产业或项目远离原料产地布点；专业化协作的发展，可以使得一些企业的生产过程分阶段进行，其中半成品加工、零部件组装可以脱离原料产地。②市场依赖性程度增强，这主要是因为城市化进程的加快、基础设施的日益完善、人口密集程度的不断提升，使市场的范围不断扩大；技术进步及人们消费观念的更新导致产品更新周期及适应市场的期限缩短，其带来的结果就是越接近市场，就越便于掌握市场信息、调整产品结构、加快产品研发与更新、提高市场竞争力。③在产业集中布局的同时，分散布局倾向有上升趋势，其主要原因是由于产业集中程度过高，使得城市生态环境恶化，地价与房价上涨过快，水电等公用设施费用和排污费上涨，生活成本指数上升，工资成本增加，迫使企业或项目分布又有趋于分散化倾向。

综上所述，投资项目的提出与建设，要充分考虑并发挥项目的地区优势并结合所在地的具体的实际情况，趋利避害，只有这样，项目的提出背景才是充分合理的、有利的。

2. 项目层次分析

项目业主或投资人兴建项目的理由，或是为了谋求一种更长远的发展，或者是为了在向社会提供产品、服务的同时获取合法利润或投资回报，或者是为了促进国家、地区经济和社会发展。项目层次分析，应侧重从项目产品和投资效益角度分析与论证项目的兴建理由是否充分、合理。同时，还应进行如下两方面的分析与评估：(1)应查明项目法人(项目发起单位)的名称,考察其技术经济实力、企业规模、经营管理水平、营业状况、信誉等级、资金状况与人才素质等,并进行资信评估(具体可见本书第三章的内容)。分析该项目发起单位或发起人是否有能力承担并顺利实施该拟建项目,这是项目成败的关键。(2)分析与考察项目发起单位委托编制项目初步可行性研究报告(或项目建议书)和进行可行性研究时提出的意向和要求,如产品方案、生产建设规模、工程设计方案、原料来源、产品销售方向或服务对象、资金来源、建设地点与进度要求等。

通过上述两个层次的分析,判别项目建设的理由在宏观上及微观上是否充分、合理,以确定项目建设的必要性。

二、项目预期目标分析与评估

在对项目的兴建理由进行分析与评估后,还应对项目可行性研究报告中所提出的项目投资建设的总体预期目标进行分析与评估,具体内容主要包括:

(1) 项目的建设规模与建设内容;

(2) 项目拟采用的生产工艺及技术装备水平等的技术目标与指标;

(3) 项目的生产能力与服务总量目标;

(4) 产品的质量性能目标;

(5) 项目的效益与费用目标;

(6) 项目的总体进度或时间目标;

(7) 项目完成后在国内外同行业中的地位,或者在社会经济发展中所起的作用等。

通过分析与评估,判断项目的预期目标是否具有合理性、现实性,是否可以在规定的时间内完成。

第二节　项目投资环境分析与评估

一、投资环境的含义及其分类

(一) 投资环境的含义

投资环境是指影响和制约投资行为及投资活动全过程的外部因素和条件的总和,是影响项目投资的各种政策、自然及社会经济相互作用而形成的统一体,是投资赖以进行的前提。

投资环境一般存在着广义与狭义之分。广义的投资环境一般是指自然环境、经济环境、社会环境等,其涵盖的范围较广,是由与项目直接、间接相关的各子环境构成;狭义的投资环境一般是指经济环境,它是由与项目投资直接相关的各子环境构成。

在项目的投资过程中，投资环境对项目的影响有时会是决定性的，因为它关系到项目的顺利进行，影响着项目的经济效益状况，关系到项目的成败。为此，要对项目的投资环境进行认真细致的分析与评估。

(二) 投资环境的分类

投资环境可根据不同的标准进行分类。

1. 按构成因素分类

按构成因素，可划分为政治环境、经济环境、自然环境和社会环境四类。

(1) 政治环境，主要包括政局是否稳定、政体是否合理、政策是否具有连续性、涉外经济法律法规是否齐备与公允。

(2) 经济环境，主要包括社会基础设施(如邮电通信、交通运输、生产与生活设施等)和经营环境(如原材料的供应、产品的销售渠道、办事机构的效率、劳动力供给等)。

(3) 自然环境，主要包括地理位置、自然条件和自然资源等。

(4) 社会环境，主要包括文化教育水平、传统风俗习惯等。

2. 按投资环境的表现形态分类

按投资环境的表现形态，可分为“软环境”和“硬环境”。

(1) “软环境”，是指投资环境中无形的非物质条件，一般为吸引投资的政策、措施，政府对投资的态度，政府机构的设置与办事效率，科学文化及技术的发展与水平，以及法律、经济制度、经济结构等社会经济、政治环境。

(2) “硬环境”，是指投资环境中有形的物质条件，是投资环境的物质基础。一般是指与项目相关的交通运输条件、邮电通信及网络设施、城市基础设施、自然资源和能源的供应、资金、技术、信息等，为生产、生活服务的第三产业发展状况等。

二、项目投资环境评估的内容

项目的投资环境评估就是对影响项目投资的各种自然、经济及社会因素进行系统综合的分析与评估，为投资者提供对投资环境的总体认识和意向性的分析，其内容主要包括如下三个方面：

(一) 经济环境评估

在投资环境的众多组成因素中，经济环境是一个涵盖面最广、内容最为丰富、与项目联系最为紧密的环境因素，它广泛涉及了与项目投资相关的各种经济内容。经济环境的评估主要是对经济发展水平、经济结构、经济体制的健全完善程度和生产要素市场及其结构的评估，即是分析与考察整个国家、地区的经济发展现状与趋势、经济增长水平及趋势、物价水平、行业竞争状况、经济发展的稳定性与持续性，项目所在地的资金、人力资源、生产资料和土地供应市场机制、市场规模与发展趋势、专业化协作水平等，并且将其与交通运输条件、信贷政策与税收优惠程度等条件结合起来进行综合分析与评估。

（二）自然、技术和物质环境的评估

自然、技术和物质环境的评估主要包括对自然环境、技术环境和基础设施的分析与评估，即是分析与考察项目所在地的地理位置、气候、交通运输、通信、网络、公用设施和地质等条件；分析与考察各种可满足项目投资需要的物质资源的品种、产量与品位、分布状况、可供应期限与条件等；分析与考察人力资源的素质、文化水平、技术水平和可供应量；分析与考察科技发展水平、技术规范与政策、科技人员的素质与数量、科技结构与组织结构等。

（三）社会政治环境评估

社会政治环境是投资环境中影响项目最敏感的因素，主要包括政治环境、社会意识形态和法律建设等内容。其中，对政治环境的评估主要是分析与考察国家或地区的政局稳定性、政策的连续性和社会安定情况，政府对投资者的态度，政府及其机构的办事效率等，其中政局稳定性和政策连续性是衡量政治环境优劣的实质性因素，应重点加以评估。对社会意识形态的评估主要是分析与考察项目所在地区的风俗习惯、宗教信仰，人们的价值观、生活习惯与生活方式、社会关系和文化素质等。对法律建设的评估应分析、考察与项目实施相关的法律的完善与有效性，能否保证投资者的权益等。由于法律因素起着调整投资关系、调节投资行为、保障投资者的利益与安全的作用，所以应不断健全法律法规，并保持其相对稳定性，以期增强投资者的投资意愿，坚定其投资信心与决心，并为其提供充分的法律保护。

三、项目投资环境评估的方法

（一）多因素评分法

投资环境多因素评分法（又称投资环境等级尺度法或投资环境等级评分法）是在1986年由美国经济学家罗伯特·斯托伯提出的。多因素评分法的特点是，以东道国政府对国外投资者的鼓励与限制政策为视角，根据投资环境的八项关键项目所起的作用和影响程度的不同而确定其不同的等级分数，再按每一个因素中的有利或不利的程度给予不同的评分，最后把各因素的等级得分进行加总作为对投资环境的总体评价。总分越高表示其投资环境越好，越低则其投资环境越差。具体内容可见表2-1。

表2-1　多因素评分法评分表

投资环境因素	评分(分)
一、资本抽回	0～12
无限制	12
只有时间上的限制	8
对资本有限制	6
对资本和红利都有限制	4
限制繁多	2
禁止资本抽回	0

续表

投资环境因素	评分(分)
二、外商股权	0～12
准许并欢迎全部外商股权	12
准许全部外商股权但不欢迎	10
准许外商占大部分股权	8
外资最多不能超过股权半数	6
只准外资占小部分股权	4
外资不能超过股权的30%	2
不准外资控制任何股权	0
三、歧视与管制	0～12
对外商与本国企业一视同仁	12
对外商有限制但无管制	10
对外商有少许管制	8
对外商有限制并有管制	6
对外商有限制并严加管制	4
对外商严加限制并严加管制	2
外商禁止投资	0
四、货币稳定性	4～20
完全自由兑换	20
黑市与官方牌价差距小于1%	18
黑市与官方牌价差距在10%～24%	14
黑市与官方牌价差距在40%～100%	8
黑市与官方牌价差距在100%以上	4
五、政治稳定性	0～12
长期稳定	12
稳定但因人而治	10
内部分裂但政府掌权	8
国内有强大的反对力量	4
有政变和动荡的可能	2
不稳定，极可能政变和动荡	0
六、给予关税保护的意愿	2～8
给予充分保护	8
给予相当保护但以新工业为主	6
给予少许保护但以新工业为主	4
很少或不予保护	2

续表

投资环境因素	评分(分)
七、当地资金的可供程度	0～10
成熟的资本市场，有公开的证券交易所	10
少许当地资本，有投机性的证券交易所	8
当地资本有限、外来资本不多	6
短期资本极其有限	4
资本管制很严	2
高度的资本外流	0
八、近五年的年均通货膨胀率	2～14
小于1%	14
1%～3%	12
3%～7%	10
7%～10%	8
10%～15%	6
15%～35%	4
35%以上	2
总　计	8～100

在实践中，多因素评分法主要可从如下几个评估步骤进行：

(1) 列出八大主要因素及其分层的子因素，对每一个因素依其对项目投资环境的影响程度给定一个确定的分值。

(2) 依据对投资环境的有利程度，对每个层次的各主要因素给定相应的具体分值。

(3) 加总各因素的评分之和，得出该项目投资环境的总分。然后根据得分情况(8～100分)进行优劣评价。分值越高，表明该地区投资环境越好；反之，表明该地区的投资环境越不理想。

(二) 多因素综合评估法

多因素综合评估法是通过选取一定数量的投资环境影响因素，并赋予其一定的权数，对其进行评分，最后以综合得分情况判断某个国家或地区整体投资环境的优劣情况。目前，我国在进行投资环境综合评估时，主要选取资源状况、基础设施、利用外资政策、法律建设、经济发展水平与经济结构、市场发育程度、物价波动幅度、政府行政效率、劳动力素质与成本状况、第三产业发展状况十项因素。下面就以这十种因素为例，说明多因素综合评估法的具体步骤。

(1) 根据投资环境包含的内容，列出综合指标评分表，具体可见表2-2。

(2) 定量分析各影响因素，按一定标准(平均数或国家参数)确定每个指标应得的分值。

(3) 按照每个指标的重要程度确定权重，一般采用专家评议法，确定合理的权数结构。

(4) 计算综合评价指标(总分)，一般采用加权平均数公式进行计算。

(5) 确定综合评估指标的满意值与不允许值，以准确、实时地反映一定时期内投资环境的状况及其改善程度，同时也可进行区域对比。其中，满意值是指在投资环境的某个方面对外资具有的吸引力，不允许值是指在投资环境的某个方面对外资具有的排斥力。

表 2-2　　**综合指标评分表**

投资环境因素	评分(分)	权数	满意值(分)	不允许值(分)
一、资源状况	0～10	5	8	2
资源相当丰富，加工质量高	10			
资源比较丰富，加工质量高	8			
资源不丰富，加工质量高	7			
资源比较丰富，加工质量差	2			
资源不丰富，加工质量差	0			
二、基础设施状况(其投资额占全部固定资产投资的比例)	0～10	5	8	6
15%以上	10			
10%～15%	8			
5%～10%	6			
2%～5%	3			
2%以下	0			
三、利用外资政策情况	2～10	15	8	6
政策相当连续稳定，透明度高	10			
政策比较连续稳定，透明度高	8			
政策比较连续稳定，透明度较低	6			
政策连续稳定性差，透明度较低	2			
四、法律建设状况	0～10	15	7	4
法律完善，执法严明	10			
法律较完善，执法严明	7			
法律较完善，法制观念差	4			
法律不完善，有法不依	0			
五、经济发展水平与经济结构	2～10	5	8	4
GDP 年均增长率在 10%以上，经济结构合理	10			
GDP 年均增长率为 5%～10%，经济结构合理	8			
GDP 年均增长率在 10%以上，经济结构失调	4			
GDP 年均增长率在 5%以上，经济结构失调	2			

续表

投资环境因素	评分(分)	权数	满意值(分)	不允许值(分)
六、市场发育程度	2～10	15	6	2
已形成生产资料、劳动力、金融和房地产市场,并已发育成熟	10			
已形成生产资料、劳动力、金融和房地产市场,但不成熟	6			
已形成生产资料、劳动力市场,但金融和房地产市场尚未建立	5			
已形成生产资料、劳动力、金融和房地产市场,并已发育成熟	2			
四大市场均形成				
七、物价波动幅度(3～5 年)——通货膨胀率	2～10	5	6	2
2%以下	10			
2%～5%	8			
5%～8%	7			
8%～15%	6			
15%～25%	3			
25%以上	2			
八、政府行政效率(项目从立项到注册的平均时间)	−2～12	15	6	
10 天以内	10			
10 天至 1 个月	8			
1 个月至半年	4			
半年至 1 年	2			
1 年以上	−2			
九、劳动力素质与成本状况	1～10	10	7	1
劳动力素质较好,劳务成本较低	10			
劳动力素质较好,劳务成本较高	7			
劳动力素质相当好,劳务成本很高	5			
劳动力素质较差,劳务成本较低	2			
劳动力素质较差,劳务成本较高	1			
十、第三产业发展状况(增加值占 GDP 的比率)	3～10	10	8	3
45%以上	10			
30%～45%	8			
20%～30%	6			
20%以下	3			

当然,需要说明的是,在运用多因素综合评估法时还应注意如下问题:

(1) 各因素的权数是具有时限性与空间性的,不是一成不变的,应随着时间、空间、研究对象的不同而有所变化。

(2) 投资环境的评价指标设置应有一定的地域性，即反映具体区域内的投资环境，可以在上述指标体系的基础上增减一些指标。

(3) 指标对比应具有可比性，即在进行我国与国外其他国家的投资环境差异比较时，应考虑各指标之间的可比性。

本章小结

项目的背景评估主要是对项目的兴建理由和依据进行分析与论证，即论证项目提出与兴建的理由及依据是否充分、合理，主要可从国民经济和项目本身两个层次进行。

国民经济层次分析主要是分析拟建项目是否符合合理配置和有效利用资源的要求；是否符合国家或行业（地区）的社会经济发展规划、发展战略、产业政策、投资政策的要求；是否符合区域规划、行业发展规划、城市规划、水利流域开发规划、交通路网规划的要求；是否符合国家技术政策的要求；是否符合保护环境、生态平衡、可持续发展的要求等。具体地，可重点分析产业背景和区域背景。其中，项目的产业背景分析主要是分析项目所处时期的产业投资政策及其所在产业的发展水平与阶段。产业政策是指政府为了实现一定的社会经济发展目标而制定的有关产业政策的总和，是政府对未来产业结构变动方向的一种政策干预，是为了弥补市场机制可能带来的缺陷而由政府采取的一些补救政策。产业政策的主要功能是协调产业结构、均衡产业发展。项目的区域背景分析主要是说明项目的投资建设应充分发挥项目所在地的区位优势。从区位角度看，项目对生产要素、市场、交通运输和环境的区位指向类型主要有原料指向型、市场指向型、资金指向型、劳动力指向型、技术指向型等。

项目层次分析，应侧重从项目产品和投资效益角度论证项目的兴建理由是否充分、合理，分析评估项目兴建的理由是否充分、合理。

投资环境是指影响和制约投资行为及投资活动全过程的外部因素和条件的总和，是影响项目投资的各种政策、自然及社会经济相互作用而形成的统一体，是投资赖以进行的前提。投资环境一般存在着广义与狭义之分，并可根据不同的标准进行分类。

项目的投资环境评估就是对影响项目投资的各种自然、经济及社会因素进行系统综合的分析与评估，为投资者提供对投资环境的总体认识和意向性的分析，其内容主要包括经济环境评估、自然及技术和物质环境的评估、社会政治环境评估。其中，经济环境的评估主要是对经济发展水平、经济结构、经济体制的健全完善程度和生产要素市场及其结构的评估；自然、技术和物质环境的评估主要包括对自然环境、技术环境和基础设施的分析与评价；社会政治环境的评估主要评估政治环境、社会意识形态和法律建设等内容。

项目投资环境评估主要可通过多因素评分法和多因素综合评估法进行。

复习思考题

1. 项目的产业背景分析应包括哪些内容？
2. 项目的区域背景分析应包括哪些内容？
3. 项目投资环境的具体分类有哪几种？
4. 什么是投资环境的“硬环境”和“软环境”？它们的主要内容是什么？
5. 什么是投资环境评估？应包括哪些主要内容？
6. 投资环境评估的具体方法及其主要步骤是什么？

第三章　企业资信评估

在对项目进行背景评估的同时，还应对承担实施项目的法人即企业进行资信评估，这是因为企业资信评估是投资项目评估的重要组成部分，是项目融资尤其是银行进行贷款评估必不可少的一项内容，是保证其金融资产安全性的重要举措。本章讲述了企业资信评估的含义、目的及工作程序，重点阐述了企业资信评估的基本内容、评估指标，资信等级的划分与评定等内容。

第一节　企业资信评估概述

一、企业资信评估的含义

企业资信评估是指对企业的资质和信用度进行检验和度量，并科学、客观地对其资质信誉等级做出全面评估的过程。其中，资质是指企业的经济技术实力、经营管理能力和经营状况等基本条件与企业素质的综合体现；信用度是指企业在经营活动中履行承诺与讲求信誉的程度。企业资信是企业整体实力与素质、信誉的综合体现，是其开展经济活动的必需条件。由于项目投资者除了按规定应缴纳一定比例的资本金外，项目总投资中的大部分需向银行等金融机构进行借贷筹资，为此，银行对借款企业进行项目贷款评估时，应着重进行企业的资信评估，这是保证金融资产安全性的一项必不可少的重要措施。

资信评估的目的在于：为向企业投资、提供贷款或其他形式的信用，购买企业发行证券以及有意与企业发生其他经济往来的有关方面提供一种依据，便于对其所要进行的经济活动的风险和收益做出估计；向企业的社会投资者等系统反映企业现有资产状态和生产经营情况，为评价企业经营业绩提供依据。

银行对企业的资信评估，是对借款企业的法定代表人和领导班子的整体素质，企业的经营机制、经济地位、经济技术实力、生产经营效益、资产负债状况、偿债能力、财务生存能力，借款企业的信用程度与等级、发展前景等方面进行审查、考察、检验并进行度量，在综合论证与全面评估的基础上，判断企业的借款资格与资信优劣，从而判别企业的资信等级，其目的是优化信贷资产结构，提高借贷资产质量，防范与降低借贷风险，以此保障信贷资金的安全性、流动性与效益性。

另外，随着我国投资体制尤其是项目管理体制改革的不断深化，自1996年以来对建设项目实行“项目法人责任制”，明确规定国有单位经营性基本建设大中型项目必须组建项目法人，对项目的策划、资金筹措、建设实施、生产经营、债务偿还和资产保值增值等，实行全过程负责。项目建议书、可行性研究报告要由项目法人提出，不能依托现有企业进行的建设项目，其项目建议书、可行性研究报告可由政府部门或有关单位、项目发起人提出。因此，对承担投资项目实施全过程的企业进行资信评估，就成为投资项目评估的重要组成部分。

二、企业资信评估的内容

一般地，资信评估的内容较多，且因行业或项目的性质不同而有所差异，下面主要以工业项目为例说明企业资信评估的内容。

（一）企业素质评估

企业素质是指企业内在的质的情况，是企业生存和发展的关键和根本，是企业资信的基础和内在条件。企业素质评估是对影响项目投资或企业的根本条件的评估。投资项目成功与否，一方面取决于项目自身的经济技术条件及项目所处的区域投资环境，另一方面有赖于承办项目单位的整体素质的优劣。企业素质主要包括企业法人和领导班子的整体素质、产品素质、技术装备素质、资产素质、经营管理素质和企业行为等各种综合能力的质量。

1. 企业法人和领导班子整体素质的评估

对企业法人和领导班子整体素质的评估，应从对企业生产经营的组织者、管理者的思想觉悟、敬业精神、道德品质和行为准则等方面的评估着手，进一步对企业法人和领导班子的工作经历、文化水平和知识结构等业务素质进行分析与评估，着重考察其创新、决策、组织、指挥、控制、协调及应变等能力。除此之外，还应对其年龄结构、知识结构、职责分工、团队精神等进行分析与评估。

2. 产品素质评估

对企业产品素质的评估主要是评价产品的品质、市场销售竞争能力和产品生命期等，并判断企业产品的市场生存能力。

3. 技术装备素质评估

对企业的技术装备素质评估主要是评价其生产工艺技术与设备的先进性与适用性、生产规模的合理性与有效性、生产能力的协调性和平衡性等因素。

4. 资产素质评估

资产素质评估是对企业拥有的资产数量、质量和结构进行分析与评估，以判断企业的获利能力和抗风险能力。

5. 管理素质评估

管理素质评估是对企业的组织、协调和控制等情况进行分析与评价，以判断企业运用管理技术的能力，其主要包括组织机构的合理设置和协作配合的运行能力与效果考核，企业自主权限的运用能力，企业运行机制的正常化情况，企业管理目标、管理手段和决策方式的科学化、民主化、规范化等企业整体管理水平的考察与评估。

6. 企业行为评估

企业行为评估是对企业行为目标、行为规范、企业文化、社会责任等因素进行分析与评估，以此判断企业的内部凝聚力、团队精神等。

(二) 企业信用评估

企业信用评估是评估企业在一定资产结构下所表现出来的状况，其主要包括对企业的借贷资金信用、履行经济合同信用和产品信誉的分析与评估。

1. 企业借贷资金信用评估

企业借贷资金信用评估主要分析与评估企业借贷资金占用、使用和偿还情况及信誉状况，是反映企业经济效益水平和资信等级的重要内容。通过各项借贷资金指标的测算，了解企业历年来银行贷款和其他借款的偿还情况。

2. 企业履行经济合同信用评估

企业履行经济合同信用评估主要是了解企业的法治意识、企业与其他单位经济活动往来的信誉状况，可运用经济合同履约率指标来说明其履约情况。当然，还可对合同的数量范围、规范程度和条款的法律效力进行质量分析。

3. 企业产品信誉评估

产品信誉是企业赖以生存和发展的基本条件，是其经济效益实现的关键，对其进行评估，主要是考察企业产品的优质率、良好率和合格率，产品的市场占有率和竞争能力。同时，还要求其不仅要重视企业产品主体质量，而且还应注重产品的外包装质量和售后服务。

(三) 经营管理评估

经营管理评估主要考察企业现有产品的生产能力、销售及流动资金周转的情况，分析与测算新产品开发完成率、产品销售增长率、产品销售率、成品库存适销率及全部流动资金周转加速率等指标。

(四) 企业经济效益评估

企业经济效益评估主要是对企业的经济实力、企业生产经营情况、资产负债及偿债能力等进行的评估。

1. 企业经济实力评估

企业经济实力评估主要是了解和分析借款企业的总资产、净资产(或所有者权益)、固定资产净值及资产结构情况，主要评估指标包括总资产、净资产、固定资产净值率、长期资产与长期负债比率、存货周转率和应收账款周转率等。

2. 企业生产经营情况评估

企业生产经营情况评估主要通过调查现有产品的重量和生产能力，分析近几年来各年主要产品的产量、销售(营业)收入、销售税金及净利润总额变动情况;分析与计算生产能力利用率、销售收入利润率、利润增长率、资本金净利润率、资产报酬率、资本保值增值率、社会贡献率和社会积累率等指标,考核企业的经营水平、经营效果和获利能力,并预测其发展变化趋势。

3. 企业资产负债及偿债能力评估

企业资产负债及偿债能力评估主要分析与评价企业近三年来各年末的资产、负债、所有者权益总额指标及其变化情况;分析与计算资产负债率、流动比率、速动比率等指标。

(五) 企业发展前景评估

企业发展前景评估主要是分析与评价企业近期、远期的发展规划,目标与措施,产品的定位与市场竞争力,企业的应变能力及发展趋势。

三、企业资信评估的程序

企业资信评估一般可按如下步骤进行:

(一) 申请或委托进行资信评估

具备资信评估条件的企业,可向银行各级评估委员会申请或委托专业评估事务所对企业进行资信评估,填报"企业资信等级评估申请表"或"委托书",并提供资信评估所需的有关资料,如营业执照、公司章程、股本和董事会名册、主要负责人资料、产品质量评定资料,近三年的资产负债表、利润表、利润分配表、现金流量表,企业内部管理的有关文件和其他资料。

(二) 收集和核查资料

评估单位对企业提供的各类资料进行认真、严格、细致的实地调查和核实,并且根据资信评估内容的要求补充收集企业的历史资料和现实情况,审核资料的真实性、准确性和完整性。

(三) 计算指标,编制评分表

资信评估是一种规范化的社会行为,为此,应按一定的社会规范和方法整理所收集到的资料,从中寻找评估所需的数据,进行指标计算,填制"企业资信等级评估计分表"(以下简称"计分表"),具体可见本章第一节的相关内容。

(四) 综合评估,确定资信等级

对企业资信评估的结果是划分与评定企业的资信等级,故这一步的工作是对上述指标的计算结果进行综合分析和对比权衡,对比"计分表"中各项指标的企业实际计算值与标准参考值,得出相适应的分值;然后对比企业的实际得分总值与"企业资信等级表"规定的计分标准,确定企业相应的资信等级,作为初步意见上报评委会。

(五) 编写评估报告,审定并颁发证书

评委会对上报的材料作进一步的审核计算,确认各种资料真实可靠、计算无误后,拟定评估报告，再根据“计分表”的评审得分，做出确定企业资信等级的最终结论，最后由评估单位颁发企业资信等级证书。

一般地，企业资信评估报告的内容应包括：评估依据、企业的性质、注册资本的数额与来源、资产的结构及运行情况、在同行业所处的地位等，企业内部管理体制及经营方式、机构设置、人员结构、知识层次和隶属关系等情况，企业法定代表人和领导班子的学历结构、年龄结构、经营管理能力、绩效、社会关系、品德等，企业的履约守信记录及其社会声誉，企业的发展前景以及其他应说明的情况等。

第二节 企业资信评估指标

企业资信评估的最终结果是对其评等定级，而等级的评定离不开必要的定量分析，即需通过一系列与一整套的评估指标来进行。现实中，企业的资质等级与信用等级的评定可以结合起来进行，也可以分开进行。而企业资质等级的评定往往集中于工程建设及服务性行业与部门，如建筑、房地产、物业管理等，且内容繁多，故在此不再分别进行阐述，而只对一般性企业信用评估的指标分类进行说明。

一、企业资产结构、素质评估指标

(一) 资产负债率

资产负债率用公式表示为：

$$资产负债率=\frac{负债总额}{资产总额}\times 100\%$$

资产负债率是企业资产结构的主要指标，参照值通常为70%。如果实际值低于70%，则表明该企业的资产结构较理想；而高于或等于70%，则表明企业的资产负债率不是很合理。

(二) 固定资产净值率

固定资产净值率用公式表示为：

$$固定资产净值率=\frac{固定资产净值}{固定资产原值}\times 100\%$$

固定资产净值率是反映固定资产新旧程度和折旧提取情况的指标。对于一个经济效益好又有发展潜力的企业来说，该项指标应在65%以上。

(三) 流动比率

流动比率用公式表示为：

$$流动比率=\frac{流动资产}{流动负债}\times 100\%$$

流动比率是衡量企业流动性大小的主要评估指标，反映了企业流动资产在短期债务到期前可以变现用于偿还流动负债的能力。该比率一般应维持在130%～200%的水平，比率越高，表明其偿付流动负债的能力越强。

(四) 速动比率

速动比率用公式表示为：

$$速动比率=\frac{流动资产-存货}{流动负债}\times 100\%$$

速动比率是速动资产与流动负债的比值，反映企业偿付流动负债的快慢，衡量流动资产中可以立即用于偿还流动负债部分的比重，也反映了企业流动资产的总体变现能力或近期偿债能力，比流动比率更能精确地衡量一个企业的短期偿债能力。速动比率通常应保持稍大于100%。

(五) 长期资产与长期负债比率

长期资产与长期负债比率用公式表示为：

$$长期资产与长期负债比率=\frac{长期资产}{长期负债}\times 100\%$$

这是反映企业长期偿债能力的指标，主要衡量固定资产等长期资产偿还长期负债的程度，通常要求其在150%以上。

(六) 存货周转率

存货周转率用公式表示为：

$$存货周转率=\frac{销货成本}{平均存货}\times 100\%$$

$$平均存货=\frac{存货年初数+存货年末数}{2}$$

它反映了企业的产品销售能力和存货的周转速度，即一定时期(通常为一年)内存货周转或变现的次数。比率越高，周转的频率越快，说明销售一定产品所需的库存越少，或一定库存所实现的商品销售越多，存货的流动性越强，存货转为货币资金与应收账款的速度也越快，企业的偿债能力越强。

(七) 应收账款周转率

应收账款周转率用公式表示为：

$$应收账款周转率=\frac{销货收入或劳务收入}{平均应收账款}\times 100\%$$

$$平均应收账款=\frac{应收账款年初数+应收账款年末数}{2}$$

应收账款及时回收不仅可以增强企业的短期偿债能力，而且还可以反映出企业良好的管理效率。应收账款周转率反映了流动资产中应收账款转化为货币资金的变化速度即周转次数，反映了应收账款的流动速度。周转速度越快，说明企业销售一定产品所保持的平均应收账款的数额越少，则企业的短期偿债能力就越强。一般地，此指标应达到400％以上。

二、企业信用程度评估指标

(一) 全部资金自有率

全部资金自有率用公式表示为：

$$全部资金自有率=\frac{企业资本金}{全部资金平均余额}\times 100\%$$

该指标反映了企业自有资金占项目全部资金的百分比，其合理程度可依照国家规定的注册资本金制度进行考核。

(二) 流动资金贷款偿还率

流动资金贷款偿还率用公式表示为：

$$流动资金贷款偿还率=\left(1-\frac{逾期流动资金贷款额}{流动资金贷款总余额}\right)\times 100\%$$

该指标反映了流动资金贷款偿还能力，其理想值应接近于100％

(三) 呆滞资金占压率

呆滞资金占压率用公式表示为：

$$呆滞资金占压率=\frac{积压物资+逾期未收款+未补亏款+应摊未摊费用+待核销财产损失+挤占挪用资金}{期末全部资金占有}$$

呆滞资金占压率是指企业积压物资、财产损失、未收款等呆滞资金占全部资金的比率，反映企业资金的流动性、占有与使用情况与经营管理水平，其合理值应低于5％。

(四) 贷款支付率

货款支付率用公式表示为：

$$货款支付率=\frac{期初应付货款+本期外购货款-期末应付货款}{期初应付货款+本期外购货款}\times 100\%$$

货款支付率又称应付款清付率，反映企业对外购货物的支付能力和企业的支付信誉，是说明企业应付其他单位或个人的货款清付情况的指标。应付款包括应付票据、应付账款、预收账款和其他应付款等。该指标的合理值大于95％。

(五) 贷款按期偿还率

贷款按期偿还率用公式表示为：

$$贷款按期偿还率=\frac{报告期末按期实际偿还贷款额}{报告期末应偿还贷款总额}\times 100\%$$

该指标是指企业按期偿还银行贷款与同期到期应偿还银行贷款总额的比值，反映了企业偿还贷款的能力和企业向银行贷款的信誉，其合理值接近于1。

（六）合同履约率

合同履约率用公式表示为：

$$合同履约率=\frac{当期实际履行(或按期履行)合同份数}{当期应履行合同总份数}\times100\%$$

该指标反映了企业经营者的管理水平和履行合同的信用程度，其合理值大于95%。

（七）定额流动资金自有率

定额流动资金自有率用公式表示为：

$$定额流动资金自有率=\frac{流动资金中的资本金投入}{定额流动资金平均余额}\times100\%$$

该指标反映了自有流动资金占全部定额流动资金的百分比，按现行制度规定不应低于30%。

三、企业经营管理评估指标

（一）产品销售增长率

产品销售增长率又称销售收入增长率，用公式表示为：

$$产品销售增长率=\frac{本期产品销售收入总额-上期产品销售收入总额}{上期销售收入总额}\times100\%$$

该项指标反映了企业销售收入的变化情况，说明了企业生产经营规模扩大或缩小的程度，同时也表明了企业产品的市场竞争能力，其合理值为10%以上。

（二）一级品率

一级品率用公式表示为：

$$一级品率=\frac{一级品产品产值}{全部产品产值}\times100\%$$

该指标反映了企业产品质量和企业经营管理的整体素质，如果其能达到或超过国家或行业部门规定的目标值，说明该企业具有较好的产品质量和较高的经营管理素质，也能提升其产品在市场上的竞争力和社会对其产品的认知度与信任度。

（三）新产品开发计划完成率

新产品开发计划完成率用公式表示为：

$$新产品开发计划完成率=\frac{新产品实际值}{新产品计划值}\times100\%$$

该指标反映企业对新产品的开发能力，越接近1越好。

(四) 产品销售率

产品销售率用公式表示为：

$$产品销售率=\frac{产品销售生产成本}{全部产品生产成本}\times 100\%$$

该指标反映企业的产品销售能力和产品在市场上的竞争能力，其合理值应高于95%。

(五) 成品库存适销率

成品库存适销率用公式表示为：

$$成品库存适销率=\left(1-\frac{呆滞积压产品资金}{期末成品资金}\right)\times 100\%$$

该指标反映产品库存积压和产品适销程度，其合理值应大于95%。

(六) 全部流动资金周转加速率

全部流动资金周转加速率用公式表示为：

$$全部流动资金周转加速率=\left(1-\frac{本期全部流动资金周转天数}{上期全部流动资金周转天数}\right)\times 100\%$$

该指标反映企业全部流动资金的周转加速度，也体现了企业流动资金的运用效率，其合理值应大于4%。

四、企业经济效益评估指标

(一) 销售收入利润率

销售收入利润率用公式表示为：

$$销售收入利润率=\frac{企业全年实现利润总额}{企业全年销售收入}\times 100\%$$

该指标不仅反映了企业经营总的利润水平和经济效益，而且还体现了企业的经营管理水平。一般地，企业的销售收入应与利润同步同方向增长，且利润的增长速度应高于销售收入的增长率。其指标的合理值应大于15%。

(二) 资产报酬率

资产报酬率用公式表示为：

$$资产报酬率=\frac{企业年息税前利润}{企业资产平均余额}\times 100\%$$

该指标反映了企业资产利用的综合效果，其值越高，表明企业资产的利用效果越好，说明企业在增收节支和节约资金使用方面的效果也越好。

(三) 净利润增长率

净利润增长率用公式表示为：

$$净利润增长率=\frac{本期实现净利润额-上期实现净利润额}{上期实现净利润额}\times 100\%$$

该指标反映了企业实现净利润总额的变化情况和企业经济效益增长或降低的程度，其合理值应高于5%。

（四）资本金净利润率

资本金净利润率用公式表示为：

$$资本金净利润率=\frac{年净利润额}{资本金总额}\times 100\%$$

该指标是衡量投资者投入资本的利用效果及企业运用投资者投入资本获得效益的能力，其合理值应高于12%。

（五）资本保值增值率

资本保值增值率用公式表示为：

$$资本保值增值率=\frac{期末所有者权益总额}{期初所有者权益总额}\times 100\%$$

该指标又称权益增长率，反映了投资者投入企业的资本完整性和保全性，也反映了企业使用投资者投入资本增值的能力。一般地，此指标应大于100%，且越大越好。

（六）社会贡献率

社会贡献率用公式表示为：

$$社会贡献率=\frac{企业社会贡献总额}{平均资产总额}\times 100\%$$

企业社会贡献总额是指企业为国家或社会创造或支付的价值总额，包括工资（含奖金、津贴等工资性收入），劳保退休统筹及其他社会福利支出、利息支出净额，应交增值税、所得税及税金及附加，以及其他税收与收益等。社会贡献率主要衡量企业运用全部资产为国家或社会创造或支付价值的能力。

（七）社会积累率

社会积累率用公式表示为：

$$社会积累率=\frac{上缴国家财政总额}{企业社会贡献总额}\times 100\%$$

企业上缴国家财政总额包括应交的增值税、所得税、税金及附加与其他税收等。该指标主要衡量企业社会贡献总额中有多少用于上缴国家财政进行国民经济积累的份额。

（八）资金利税率

资金利税率用公式表示为：

$$资金利税率=\frac{企业年利税总额}{企业资金平均余额}\times 100\%$$

该指标体现了企业对国家财政所作的贡献，其合理值应大于15%。

第三节　企业资信等级的划分与评定

一、企业资信等级的划分

由于前述的说明，在此也只阐述企业资信等级的划分。按照国际惯例，结合我国具体情况，企业资信等级较多采用三等九级制，具体可见表3-1，但在资信评估机构的实际工作中，一般只对评估得分在60分以上的客户定级，故实际上是采用四级评定的办法，具体可见表3-2。

表3-1　企业资信等级表

等级与次序		计分标准(分)		级别说明
		下限	上限	
一等	AAA	90	100	信用极好
	AA	80	89	信用优良
	A	70	79	信用较好
二等	BBB	60	69	信用一般
	BB	50	59	信用欠佳
	B	40	49	信用较差
三等	CCC	30	39	信用很差
	CC	20	29	信用极差
	C	0	19	没有信用

表3-2　常用企业资信等级级别及评定标准说明

级别次序	计分标准(分)		级别含义	说明(评定标准)
	下限	上限		
AAA	90	100	信用极好	短期债务的支付能力和长期债务的偿还能力具有最大保障；经营处于良性循环状态，不确定因素对经营与发展的影响最小
AA	80	89	信用优良	短期债务的支付能力和长期债务的偿还能力很强；经营处于良性循环状态，不确定因素对经营与发展的影响很小
A	70	79	信用较好	短期债务的支付能力和长期债务的偿还能力较强；企业经营处于良性循环状态，未来经营与发展易受企业内外部不确定因素的影响，盈利能力和偿债能力会产生波动

续表

级别次序	计分标准(分)		级别含义	说明(评定标准)
	下限	上限		
BBB	60	69	信用一般	短期债务的支付能力和长期债务的偿还能力一般,目前对本息的保障尚属适当;企业经营处于良性循环状态,未来经营与发展受企业内外部不确定因素的影响,盈利能力和偿债能力会有较大波动,约定的条件可能不足以保障本息的安全

二、企业资信等级的评定

企业资信等级是衡量企业资信程度高低的尺度,在企业资信评估实践中,一般应经过一系列的定量指标与定性指标的计算分析与对比后,填制“工业企业资信等级计分标准表”,具体可见表 3-3(表 3-3 中的计分标准不具有强制性,在现实中,各商业银行、非银行性的金融机构及信用评估公司的评分指标与评分标准是不尽相同的)。按照表 3-3 中企业的实际得分情况,再参照表 3-1 中对应的等级评分标准,确定企业相应的资信等级。企业资信等级不仅反映了企业的信用状况,而且也为项目投资者和主管部门提供了投资决策的依据。

表 3-3　　工业企业资信等级计分标准表

序号	指标名称	满分(分)	标准值	实际值	得分	计分标准说明
一	企业素质	5～15				优良满分
1	领导群体素质和全体职工素质					
2	产品素质					
3	技术装备素质					
4	资产素质					
(1)	固定资产净值	1	大于 65%			达标满分,每下降 5%扣 1 分
(2)	资产负债率	4	小于 70%			达标满分,每超出 2.5%扣 1 分,扣完为止
(3)	长期资产与长期负债比率	2	大于 150%			每下降 10%扣 1 分
(4)	存货周转率	2				每下降 50%扣 1 分
(5)	应收账款周转率	2	大于 400%			每下降 60%扣 1 分
5	管理素质					
6	企业行为					

续表

序号	指标名称	满分(分)	标准值	实际值	得分	计分标准说明
二	企业信用	30～35				
1	全部资金自有率	8	大于 60%			达到标准值满分，未达标以实际值/标准值×满分为应得分值
2	定额流动资金自有率	4	大于 30%			达标满分，每降 1% 扣 0.2 分
3	流动比率	8	大于 130%			达标满分，每降 1% 扣 0.1 分
4	速动比率	4	100%			达标满分，每降 10% 扣 1 分
5	呆滞资金占压率	4	小于 5%			达标满分，每超 1% 扣 0.3 分
6	流动资金贷款偿还率	7	100%			达标满分，每降 1% 扣 0.2 分
7	贷款支付率	3(4)	95%(100%)			达标满分，每降 1% 扣 0.15 分
8	贷款按期偿还率	7	100%			达标满分，每降 2% 扣 0.1 分
9	贷款利息偿付率	7	100%			达标满分，每降 1% 扣 1 分
三	经营管理	35～40				
1	产品销售增长率	6	大于 10%			达到标准值满分，未达标以实际值/标准值×满分为应得分值
2	一级品率	5	国家目标			达到国家目标满分，每降 1% 扣 0.2分
3	新产品开发计划完成率	4	100%			达标满分，每降 1% 扣 0.2 分
4	合同履约率	4	100%			达标满分，每降 1% 扣 0.2 分
5	产品销售率	5	大于 95%			达标满分，每降 1% 扣 0.25 分
6	成品库存适销率	4	大于 95%			达标满分，每降 1% 扣 0.2 分
7	全部流动资金周转加速率	8	大于 4%			达标满分，每降 1% 扣 1 分

续表

序号	指标名称	满分(分)	标准值	实际值	得分	计分标准说明
四	经济效益	25～30				
1	资金利税率	8	大于 15%			达到标准值满分，未达标以实际值/标准值×满分为应得分值
2	销售收入增长率	7	大于 15% (20%)			达标满分，每降 1%扣 0.2 分
3	利润增长率	7	大于 5% (10%)			达到标准值满分，未达标以实际值/标准值×满分为应得分值
4	资产报酬率	6	大于 12%			达标满分，每降 1%扣 0.2 分
5	资本金净利润率	4	大于 12%			达标满分，每降 2%扣 1 分
6	资产保值增值率	3	大于 等于 100%			达标满分，每降 6%扣 1 分
7	社会贡献率					
8	社会积累率					
五	发展前景	5				
1	竞争能力，市场预测	2				优者满分，良者 1.5 分，一般 1 分
2	发展规划及措施	2				优者满分，良者 1.5 分，一般 1 分
3	管理手段	1				优者满分，一般的适度扣分

本章小结

企业资信评估是指对企业的资质和信用度进行检验和度量，并科学、客观地做出全面评价的过程。其中，资质是指企业的经济技术实力、经营管理能力和经营状况等基本条件与企业素质的综合体现；信用度是指企业在经营活动中履行承诺与讲求信誉的程度。企业进行资信评估是投资项目评估的重要组成部分，是银行保证金融资产安全性的一项重要举措。

企业资信评估的内容主要包括企业素质、企业信用、经营管理、经济效益及发展前景评估，其中，企业素质评估主要包括对企业法人和领导班子的整体素质、产品素质、技术装备素质、资产素质、经营管理素质和企业行为等的分析与评估；企业信用评估主要包括对企业的信贷资金信用、经济合同履行信用和产品信誉的分析与评估；经营管理评估主要考察企业现有产品的生产能力、销售及流动资金周转的情况；企业经济效益评估主要是对企业的经济实力、企业生产经营状况、资产负债及偿债能力等进行的评估；企业发展前景评估主要是分析与评估企业近期、远期的发展规划，目标与措施，产品的定位与市场竞争力，企业的应变能力及发展趋势。

企业资信评估的工作步骤一般为：申请或委托进行资信评估，收集和核查资料，计算指标与编制评分表，综合评估，确定资信等级，编写评估报告与审定颁发证书等。

企业资信评估的评等定级是通过一定的定量分析与定性分析进行的，而其中主要是通过定量分析，即通过各种不同指标的计算来衡量。

企业资信等级是衡量企业资信程度高低的尺度，在企业资信评估实践中，一般应经过一系列的定量指标与定性指标的计算分析与对比后，参照资信等级评级标准确定企业相应的资信等级。

复习思考题

1. 什么是企业资信评估？银行对企业进行资信评估的目的是什么？
2. 企业进行资信评估的工作步骤有哪些？
3. 企业资信评估有哪些主要内容？
4. 企业资信评估的指标有哪些？它们是如何计算的？
5. 如何划分和评定企业资信等级？

第四章　市场研究与项目生产规模的选择与评估

在市场经济条件下，一个项目的投资是否可行，首先就要看它是否存在投资建设的"必要性"，而项目的"必要性"则取决于项目产品的社会需要和市场需求，因为只有当项目所提供的产品存在着现实的社会需要和市场需求，项目才能为投资者带来实实在在的效益。所以，必须开展市场调查，进行市场预测，了解市场的供求情况，进而为拟订和论证产品方案和建设规模提供依据。

第一节　市场研究概述

一、市场调查

市场调查是获取市场信息的一种重要手段，是进行市场预测的前提和基础。尤其是在项目的可行性研究与项目评估过程中，市场调查的作用显得尤为重要。这是因为，它直接关系到项目各种效益费用指标预测的准确性与精确程度。为此，开展市场调查，一定要运用科学的方法，有目的地，系统地，准确地收集、记录、整理和分析反映市场状况的历史、现状及发展变化的资料。认识市场发展变化的规律，为市场预测、确定项目的建设规模及其他费用效益指标提供翔实可靠的依据。

(一) 市场调查的工作程序

市场调查是一项有目的、有计划、有组织的活动。它一般可以分为以下四个步骤：

1. 准备阶段

主要是根据调查目标确定调查的范围、内容和目的，确定调查对象，设计调查方案，组建调查队伍。

2. 调查阶段

通过实际的调查工作，完成与市场预测有关的资料收集工作。

3. 整理阶段

主要是对市场调查所获取的资料进行鉴别和整理，并进行统计分析。

4. 总结阶段

撰写调查报告，总结调查工作和调查成果。

（二）市场调查的类型

1. 根据调查内容及针对性分类

根据调查内容及针对性可分为市场环境调查和市场专题调查

（1）市场环境调查。

市场环境调查是对市场环境（包括政治、经济、文化、自然等各方面）进行的调查。

（2）市场专题调查。

市场专题调查是根据调查的需要进行的有选择的调查。市场专题调查主要包括：①产品调查，主要包括对该产品过去的产销情况、产品的质量与性能、消费者对现有产品的满意度和要求等进行调查。②需求调查，主要包括对市场的需求量及潜在需求量、消费者的消费心理、购买行为与习惯、产品的普及率与拥有率、产品的供求关系等进行的调查。③价格调查，主要包括对产品现在的价格、影响价格的因素、价格变化趋势、产品的生命期不同阶段的定价原则等进行的调查。④市场竞争调查，主要包括对同类产品（或互补产品）及替代产品的供求状况及变化趋势，主要厂商产品的市场占有率及其产品的性能、成本构成及营销策略，消费者可接受的价格水平等进行的调查。

2. 按调查对象范围分类

按调查对象范围可分为全面调查和抽样调查

（1）全面调查。

全面调查又称普查，是对全体调查对象进行的一种调查。在项目的可行性研究中一般不采用这种调查。

（2）抽样调查。

抽样调查是从调查对象的全体中选取具有代表性的若干个体进行调查，然后再从对“个体”的统计分析去推断“全体”的一种调查方法。它一般可分为随机抽样调查和非随机抽样调查两种。

3. 按调查途径分类

按调查途径可分为直接调查和间接调查

（1）直接调查。

直接调查法是通过书面、电话、专访等形式直接面向调查者获取所需资料的做法。它一般有观察法和实验法两种。

（2）间接调查。

间接调查是通过对相关因素的调查分析推出所需资料的做法。

二、市场预测

1. 市场预测的概念

市场预测，是指以市场调查所获取的信息资料为基础，运用科学的方法，对未来一定时期内市场发展的状况和发展趋势做出的正确估计和判断。市场预测是项目可行性研究中不可缺少的组成部分。

2. 市场预测的意义

市场调查和预测的主要作用是说明项目建设的“必要性”。因此，市场预测的结果是判断项目建设有无必要的重要依据，从而可以避免项目的重复建设和盲目建设；同时，它也是保证实现社会供需平衡、提高项目的投资效益、促进国民经济协调发展的重要措施，是项目投资效益分析指标正确与否的重要保证（这是因为效益分析的有关数据都是从市场预测的结果中得来的）。

3. 市场预测的分类

对市场预测可以从不同的角度进行分类：

（1）市场预测按预测范围分类。

按预测范围可以分为宏观预测和微观预测。

宏观预测是从国民经济角度来讲的，一般是对一个国家或一个地区的市场进行预测；微观预测则是指对一个小范围的市场进行预测。

（2）市场预测按预测时间分类。

按预测时间可以分为短期预测、近期预测、中期预测和长期预测。短期预测是指预测期限在1年以内，近期预测是指预测期限在1～2年，中期预测是指预测期限在2～5年，长期预测则是指预测期限在5年以上。

（3）市场预测按预测结果分类。

按预测结果可以分为定性预测和定量预测。定性预测主要是对市场的性质、属性等进行的预测，定量预测主要是对市场的发展状况、程度及范围等进行的数量预测。

（4）市场预测按预测内容分类。

按预测内容可以分为产品需求预测、产品供给预测、产品价格预测、产品市场占有率预测等。产品需求预测是预测在一定时期内全社会和目标市场对该产品的需求总量，包括国内需求量和出口需求量；产品供给预测是预测该产品在一定时期内全社会和目标市场的可供应总量，包括国内外现有供应量和新增供应量，以及可进口量；产品价格预测是预测该产品在一定时期内的价格走势情况；产品市场占有率预测是预测该产品在同类产品的市场销售中所占的市场销售份额情况。

（5）市场预测按预测性质分类。

按预测性质可以分为综合性预测和专项预测。综合性预测是对某地区整个市场发展趋势所作的预测；而专项预测则是对某一专项的市场变化情况所进行的预测。

4. 市场预测的内容

市场预测的内容主要是对市场的供求情况进行预测。具体如下：

（1）需求预测。

需求预测是项目可行性研究中市场预测的主要内容。这里的需求是指在一定价格水平下，在一定时间和空间范围内，消费者愿意并能够购买（消费）的某种（类）商品或劳务的数量，即对该商品有购买力的市场需要。需求预测一般有近期市场需求预测和远期市场需求预测。当然，要做好需求预测，一方面，应在先分析国内市场对产品的需求情况及变化趋势的同时，还要对国外市场对产品的需求情况及其发展趋势进行分析和预测，即要同时预测进口和出口的可能。另一方面，要将生产资料和消费资料分别进行预测，因为这两类资料的需求量变化的影响因素是不相同的。生产资料的需求除取决于生产建设规模外，还取决于相关产业的发展速度；而消费资料的需求则取决于收入水平的高低。

(2) 供应预测。

供应预测是项目可行性研究的重要内容。这里的供应是指在一定的价格水平下，生产者或供应者愿意并能够提供出售的商品数量或劳务总量。在进行供应预测时，既要进行国内市场的供给情况预测，还要进行国外市场的供应情况预测；既要预测分析产品的现有供应能力，还要预测分析现有生产企业潜在的增长趋势。

鉴于市场预测方法内容繁多，故单独作为一节阐述。

第二节 市场预测方法

一、特尔斐法

特尔斐法又称专家调查法，是以不记名方式轮番征询专家意见，最终得出预测结果的一种集体经验判断法。特尔斐法于 20 世纪 40 年代末期由美国兰德公司所创，是定性预测方法中最重要、最有效的一种方法。特尔斐法尤其适合于长期需求预测，特别是当预测时间跨度长达 30～50 年，其他定量预测方法无法做出较为精确的预测时，以及预测中缺乏历史数据，应用其他方法有较大困难时，采用特尔斐法能够得到较好的效果。

用特尔斐法进行长期市场需求预测，一般可分为三阶段进行。

(一) 准备阶段

准备阶段的主要工作是准备背景资料、设计调查表和选择专家。背景资料应使专家获得的信息系统化，配以精心设计的市场调查表(包括产品市场容量、供需变化趋势、价格走势等)，以使专家能够得出准确的预测。选择专家是特尔斐法预测的关键。特尔斐法所要求的专家应对预测的问题有深入的研究，知识渊博，经验丰富，富于创造性和洞察力。专家人数视项目的大小和对预测的要求而定，一般为 20～50 人。

(二) 征询阶段

专家选定之后，即可开始征询。征询采用函询方式进行，一般进行 3～4 轮。在进行函询的过程中，为避免专家彼此发生联系，可直接由预测人员函询或派专人与专家联系。

第一轮函询，向专家寄去预测目标的背景资料，以及所需预测的具体事项。首轮函询，任凭专家回答，不设框框。预测人员对专家的回答，进行综合整理，把相同的事件、结论统一起来，剔除次要的、分散的事件，用准确的术语进行统一的描述。然后反馈给各位专家，进行第二轮函询。

第二轮函询，要求专家对所预测目标的各种有关事件发生的时间、空间、规模大小等提出具体预测，并说明理由。预测人员对专家意见进行处理，再次反馈给各位专家。

第三轮函询，各位专家再次得到函询统计报告后，对预测人员提出的综合意见和论据进行评价，重新修订原先各自的预测值，对预测目标重新进行预测。

经过 3～4 轮函询，预测人员要求专家根据提供的全部预测资料，提出最后的预测意见，若这些意见收敛或基本一致，则以此为依据进行预测。

（三）结果最终处理阶段

结果最终处理阶段，即对最后一轮专家意见进行统计归纳处理，得出代表专家意见的预测值和离散程度，并对其做出分析评价，确定预测方案。

特尔斐法的预测程序如图 4-1 所示。

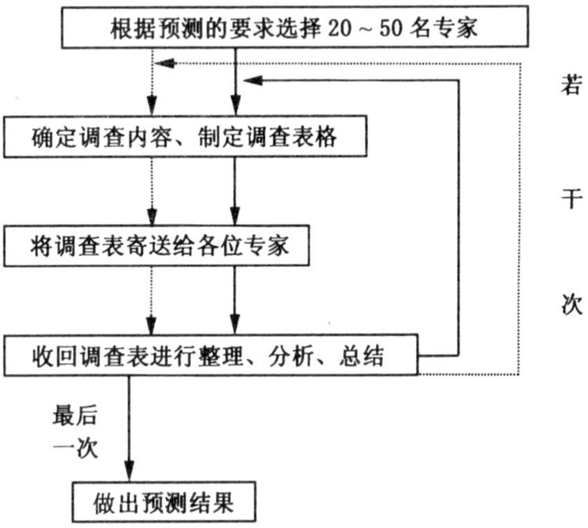

图 4-1　特尔斐法预测程序图

此种方法在进行定性预测时，可要求专家们回答可能发生的概率，然后，再求出概率的加权平均值，以此平均值来进行判断和预测。例如，40 名专家对某一产品若干年后的需求量是否有较大增长的主观概率如表 4-1 所示。

表 4-1　　**专家预测的主观概率**

某产品若干年后有较大增长的可能性	0.9	0.8	0.7	0.6	0.5	0.4
人　数(名)	8	7	12	5	5	3

根据表 4-1，则可计算出某产品若干年后有较大增长的主观概率的加权平均值=

$$\frac{(0.9\times8+0.8\times7+0.7\times12+0.6\times4+0.5\times5+0.4\times4)}{40}=0.697\,5。$$

此计算结果表明，该产品若干年后需求量增长的可能性是较大的。

二、回归分析预测法

回归分析预测法，又称因果分析法，是根据预测变量（因变量）与相关因素（自变量)之间存在的因果关系,借助数理统计中的回归分析原理,确定因果关系,建立回归模型进行预测的一种定量预测方法。应用回归分析预测法,首先应找出影响市场变化的各种因果关系,例如需求量与供应量、生产量与销售量、销售量与价格之间的因果关系。回归模型按自变量的数目来分,主要有一元回归模型,即单一变量、单一关系式;多元回归模型,即多变量、单一关系式。

(一) 一元回归模型

一元回归模型用公式表示为:

$$y=a+bx \tag{1}$$

式中:y 表示因变量,x 表示自变量,a 表示纵轴截距,b 表示直线的斜率。

运用最小二乘法和二阶导数可得下列公式,用来计算 a 与 b 的值:

$$\sum y = na + b\sum x \tag{2}$$

$$\sum xy = a\sum x + b\sum x^2 \tag{3}$$

式中:n 表示项目数。

回归分析预测法主要有以下两种用途:

1. 用于趋势预测

回归预测用于趋势预测时,其自变量代表统计资料的时间。同时,在预测过程中,式(2)、式(3)可简化为:

$$a = \frac{\sum y}{n} \tag{4}$$

$$b = \frac{\sum xy}{\sum x^2} \tag{5}$$

例如,某种产品在20×4—20×8年的实际销售量情况可见表4-2。

表4-2　某产品20×4—20×8年的实际销售量　单位:万件

年　份	销售量	年　份	销售量
20×4年	12	20×7年	14
20×5年	12.5	20×8年	15
20×6年	13.2		

运用上述资料就可预测20×9年该产品的销售量。有关回归预测数据的计算可参见表4-3。

表 4-3　　回归预测法有关数据计算

年　份	销售量 y(万件)	x	xy	x^2
20×4	12	−2	−24	4
20×5	12.5	−1	−12.5	1
20×6	13.2	0	0	0
20×7	14	1	14	1
20×8	15	2	30	4
合　计(n=5)	66.7	0	7.5	10

将表 4-3 中的有关数字代入式(4)、式(5)，即可算出 a、b 的值：

$$a=\frac{66.7}{5}=13.34$$

$$b=\frac{7.5}{10}=0.75$$

将 a、b 值代入式(1)，即可求得 20×9 年的预测销售量：

$y=a+bx=13.34+0.75\times3=15.59$(万件)

2. 用于因果分析

当自变量代表某种因素时，预测就属于因果分析。它是利用不同事物之间的因果关系来预测未来的一种方法。

假设某地区某一类商品的销售量与该地区的收入水平有关，收入水平增加，该商品的销售量就增加。表 4-4 显示了该地区在 20×4—20×8 年某商品的年销售量与人均年收入量之间的关系及有关数据的计算结果。

表 4-4　　某商品年销售量与人均年收入之间关系及有关数据计算

年　份	某商品销售额 y(万元)	人均年收入 x(万元)	xy	y^2	x^2
20×4	200	2.0	400	40 000	4.0
20×5	210	2.2	462	44 100	4.84
20×6	235	2.5	587.5	55 225	6.25
20×7	255	3.0	765	65 025	9.0
20×8	276	3.6	993.6	76 176	12.96
合　计	1 176	13.3	3 208.1	280 526	37.05

根据式(2)、式(3)可先求出 a、b 的值：

$$\boldsymbol{a}=\frac{\sum \boldsymbol{y}-\boldsymbol{b}\sum \boldsymbol{x}}{\boldsymbol{n}} \tag{6}$$

$$b=\frac{n\sum xy-\sum x\sum y}{n\sum x^2-\sum x\sum x} \tag{7}$$

将表 4-4 中的有关数字代入式(6)、式(7),可得:

$$b=\frac{5\times 3\ 208.1-13.3\times 1\ 176}{5\times 37.05-13.3\times 13.3}=47.81$$

$$a=\frac{1\ 176-47.81\times 13.3}{5}=108.025\ 4$$

若预测该地区在 20×9 年中人均年收入为 4 万元,以其代入式(1),可求得 20×9 年该商品的预测销售量为:

$y=108.025\ 4+47.81\times 4=299.265\ 4$(万元)

(二) 多元回归模型

多元回归的原理与一元回归相同,用公式表示为:

$$y_t=\beta_0+\beta_1 x_1+\beta_2 x_2+\cdots+\beta_m x_m+e \tag{8}$$

多元回归模型应根据宏观或微观经济学理论,或根据项目产品市场需求进行因素分析,找出引起变量 y 变化的各种自变量 x_1, …, x_m,来建立预测模型。不论是一元回归模型还是多元回归模型,其预测模型的建立要经过严格的统计检验,这些统计检验都是根据模型假设进行的。若不能通过统计检验,则意味着所建立的模型不能满足模型假设,模型不成立。

运用回归模型预测,不论是一元回归或是多元回归,一定要满足以下模型假设:

1. 线性关系假设

自变量与因变量之间存在着线性关系,这种线性关系可以是直接的关系或经取对数等变换得出的线性关系。

2. 零均值假设

误差项的均值必须为零,该假设表示尽管回归模型有可能未包括所有应该包括的自变量,但由于未包括自变量所导致的误差作用相互抵消,因此总体上模型不会出现偏差。

3. 恒定方差假设

模型误差项的方差必须恒定,不能随历史观测数所处时间区域而改变。

4. 正态分布假设

误差项必须是均值为零的正态分布。

5. 非自相关误差假设

误差项在序列中无自相关性。

6. 正交性假设

误差项与自变量之间不存在相关性。

三、趋势外推法

趋势外推法是根据各种预测变量的历史数据的变化规律，对未来进行预测的定量预测方法。用趋势外推法进行预测须具有以下几个条件：

（1）预测变量的过去、现在和将来的客观条件基本保持不变，历史数据揭示的规律可以延续到未来。

（2）预测变量的发展过程是渐变的，而不是跳跃式的或大起大落的。

只要符合上述条件，就可以时间为自变量，以预测对象为因变量，按照历史数据的变化规律，根据参考线型对历史数据进行拟合，从而建立模型并进行预测。

用趋势外推法预测的基本步骤是：首先对历史数据运用统计方法进行模型识别和参数估算，建立模型；其次利用模型进行预测。趋势线有多种线型，较为常见的有：

（1）多项式曲线：$y_t = a_0 + a_1 t + a_2 t^2 + \cdots + a_n t^n$；

（2）简单指数曲线：$y_t = ab^t$；

（3）修正指数曲线：$y_t = k + ab^t$；

（4）双指数曲线：$y_t = ab^{t1} c^{t2}$；

（5）威布尔分布函数曲线：$y_t = k - ke^{-(\frac{t}{\alpha})\beta}$；

（6）龚泊资曲线：$y_t = kab^t$；

（7）逻辑曲线：$y_t = \dfrac{k}{1 + ae^{-bt}}$。

不同曲线有不同的增长特征，分析这些特征是进行模型识别的先决条件。下面，仅介绍几种常用的识别方法。

（一）目估法

这种方法是将调查得到的数据绘制在以时间为横轴，预测值或其对数值为纵轴的坐标上；或利用 Excel 将历史数据绘图，并用目测的方法观察图像的特点，选择合适的曲线。一般地，若动态序列接近一条直线，则选用直线模型，若其对数在半对数坐标上构成的图像接近一直线，或用历史数据的对数做出的 Excel 图接近一直线，则选用简单指数曲线。

（二）“最小残差平方和”识别方法

这种方法是以“最小残差平方和”作为识别增长曲线模型的最优准则。残差计算的方法是，用所有的样本观测数据 y_1，y_2，…，y_n 拟合上述七种增长曲线，并计算出模拟值 y'_1，y'_2，…，y'_n，然后以实际观察值 y_i 减去模拟值 y'_i，从而得出：

$$y_i - y'_i = e_i \ (i = 1, 2, \cdots, n)$$

式中：e_i 表示残差。

$$Q = \sum_{i=1}^{n} e_i^2$$

式中：e_i^2 表示残差平方和。

不同的曲线模型有不同的残差平方和，取此平方和中最小者所对应的曲线作为所选取的趋势线模型。

(三) 增长特征法

增长特征法是以研究动态序列的增长变化特征与趋势线相应特征为基础的一种识别方法，即选择理论变化规律与历史数据实际变化规律最为接近的一种曲线作为选择的最优曲线。

四、弹性分析方法

弹性分析法是一种简单易行的定量预测方法。弹性也称弹性系数，弹性是一个相对量，可衡量某一变量的改变所引起的另一个变量的相对变化，因此，弹性总是针对两个变量而言的。例如，需求的价格弹性所考察的两个变量是某一特定商品的价格和需求量。

弹性分析法可用来研究经济联系的性质和特点。如研究市场需求和消费的特点等。也可用弹性分析方法来研究两个因素或变量之间关系的密切程度。一般地，两个变量之间的关系越密切，相应的弹性值越大；两个变量之间越是不相关，相应的弹性值越小。

某种商品需求量的大小总是取决于人们的收入水平与该商品的价格水平，也就是说，一定时期的消费水平与一定时期的居民收入水平和价格水平有着密切的联系。

(一) 需求的收入弹性

需求的收入弹性(E_i)是指由收入变化引起的需求变化程度。大量的经济现象表明，一定时期消费者的消费水平取决于其收入水平的高低，即收入水平是消费水平的主要决定因素。

需求的收入弹性是用收入弹性系数来表示的。产品需求的收入弹性系数为需求量的相对变化与收入的相对变化之比。其计算公式为：

$$E_i=\frac{(Q_1-Q_0)/(Q_1+Q_0)}{(I_1-I_0)(I_1+I_0)}$$

或：

$$E_i=\frac{(Q_1-Q_0)/Q_0}{(I_1-I_0)/I_0}$$

式中：E_i表示产品需求的收入弹性系数，Q_1 表示观察年产品的需求量，Q_0表示基期年产品需求的收入水平，I_1 表示观察年的收入水平，I_0表示基期年的收入水平。

必须指出的是，以不同年份作为观察年与基期年进行比较，往往会得到不同的收入弹性系数，而收入弹性应该是一个相对稳定的常数值。这就要求在求出不同观察年份对于基期年的收入弹性后，再求出它们的平均值，然后用此平均值预测对某种商品的需求量。预测公式为：

产品年需求量＝基期年产品需求量×(1＋产品需求的收入弹性×预测年较基期年收入的增长率)

例如，通过市场调查，得到某地在20×1—20×8年居民人均收入与某种商品的需求量的有关资料及以20×1年为基期年求得的需求的收入弹性系数(点弹性)，具体如表4-5所示。

表4-5　　需求的收入弹性系数表

年　份	需求量(千件)	人均收入(万元)	产品需求的收入弹性
20×1	2 000	1.2	—
20×2	2 400	1.4	1.20
20×3	2 900	1.7	1.08
20×4	3 600	2.0	1.20
20×5	4 400	2.4	1.20
20×6	5 400	3.0	1.133
20×7	6 600	3.8	1.062
20×8	8 000	4.7	1.029

根据表4-5计算的结果，可求得该产品需求的收入弹性的平均值：

$$\frac{1.20+1.08+1.20+1.20+1.133+1.062+1.029}{7}=1.129$$

若根据预测该地区在20×9年人均收入将达到5.4万元，即比20×1年增长3.5倍，若其他条件不变，则20×9年该地对该产品的预测需求量为：

产品的预测需求量＝2 000×(1＋1.129×3.5)＝9 903(千件)

(二) 需求的价格弹

需求的价格弹性性(E_P)，即需求的相对变化与价格相对变化的比率。在市场条件下，一般地，产品的价格水平与消费者的需求有着密切的关系，即价格上升，需求量就下降；价格下跌，需求量就会上升。需求的价格弹性可用价格弹性系数来表示。产品的价格弹性一般可以通过如下公式计算：

$$E_P=\frac{(Q_1-Q_0)(Q_1+Q_0)}{(P_1-P_0)/(P_1+P_0)}$$

或：
$$E_P=\frac{(Q_1-Q_0)/Q_0}{(P_1-P_0)/P_0}$$

式中：E_P表示产品需求的价格弹性，Q_1表示在新价格下的需求量，Q_0表示现行价格下的需求量，P_1表示新价格，P_0表示现行价格。

产品需求的价格弹性确定以后，在其他条件不变的情况下，即可以用来预测未来产品价格的变化对产品需求量的影响。

预测年产品需求量=现价的需求量×(1+产品需求的价格弹性系数×预测年价格较现行价格的变化率)

如某商品在20×7年的单件价格为100元时，销售量为15 000件，20×8年价格为95元时，销售量为15 800件，则该商品需求的价格弹性为：

$$E_P=\frac{\frac{15\,800-15\,000}{15\,000}}{\frac{100-95}{100}}=1.067$$

若该产品在20×9年的单件价格为93元时，则20×9年该商品的预测需求量为：

15 000×(1+1.067×7%)=16 120(件)

五、移动平均数法

(一) 简单移动平均法

这种方法是由于滚动引进数据而不断地改变平均值，称为简单移动平均值。移动平均值的反应速度，是由调整移动平均中所包括的周期数和对每一周期的加权所控制的。

例如，选用相邻三期的实际数 T_1，T_2，T_3，若令移动间距为3，则第四期的预测值(F_4)为：

$$F_4=\frac{T_1+T_2+T_3}{3}$$

如此往前移动，第五期的预测值(F_5)为：

$$F_5=\frac{T_2+T_3+T_4}{3}$$

依此类推。

(二) 加权移动平均法

简单移动平均法计算较为简便，但缺点是预测值总是落后于实际值，有较为明显的偏差。原因是距离预测期越近的数据，对预测期的影响越大；反之亦然。因此，加权移动平均法考虑了这种影响因素，给预测期内的数据以不同的权数来加以调整。

加权移动平均法与简单移动平均法相比，能准确地反映实际发展趋势。但是最后一期定的权数越大，风险也越大，越易受偶然因素影响。

六、投入产出分析法

投入产出分析法是通过编制投入产出表从宏观角度分析预测工业产品的供需关

系的方法。投入产出分析的原理如表 4-6 所示。

表 4-6　　具有 5 个部门的投入产出表

		中间需求					最终需求	总产出
		A	B	C	D	E	Y	X
生产部门	A	x_{11}	x_{12}	x_{13}	x_{14}	x_{15}	y_1	x_1
	B	x_{21}	x_{22}	x_{23}	x_{24}	x_{25}	y_2	x_2
	C	x_{31}	x_{32}	x_{33}	x_{34}	x_{35}	y_3	x_3
	D	x_{41}	x_{42}	x_{43}	x_{44}	x_{45}	y_4	x_4
	E	x_{51}	x_{52}	x_{53}	x_{54}	x_{55}	y_5	x_5
增加值	V	V_1	V_2	V_3	V_4	V_5		
总投入	X	X_1	X_2	X_3	X_4	X_5		

根据表 4-6，有下列平衡关系存在：

$$\sum_{i=1}^{5} X_{ij} + Y_i = X_i \quad (i = 1,\ 2,\ 3,\ 4,\ 5)$$
$$\sum_{j=1}^{5} X_{ij} + V_i = Y_j \quad (j = 1,\ 2,\ 3,\ 4,\ 5) \tag{9}$$

表 4-6 中，总投入等于总产出，即 $X_i = X_j$。应用投入产出表进行预测，首先应确定直接消耗系数矩阵，该矩阵元素 α_{ij} 的定义如下：

$$\alpha_{ij} = \frac{X_{ij}}{X_j} \tag{10}$$

将式(10)代入式(9)可以得出如下关系：

$$\sum_{j=1}^{5} \alpha_{ij} X_j + Y_i = X_i \tag{11}$$

然后，将式(11)用矩阵形式表示为：

$$AX + Y = X \tag{12}$$

或：

$$Y = (I - A)X$$

$$X = (I - A)^{-1} Y$$

式中：Y 表示最终需求向量，X 表示总产出向量，I 表示单位对角阵。

式(12)描述了最终需求 Y 与总产出 X 的关系，即是表明最终需求每增加一个 ΔY，可以引起总产出的增加，具体表达式为：

$$\Delta X = (I - A)^{-1} \Delta Y \tag{13}$$

用式(13)就可以进行投入产出预测,这种方法不仅考虑了某一工业部门对另一工业部门的直接需求,而且也考虑了间接需求。

七、简单指数平滑法

简单指数平滑法是利用历史资料进行预测的最普遍的方法,它能消除利用加权移动平均法计算的缺点。其预测的公式为:

$$F_{t+1}=F_t+a(M_t-F_t)$$

或:

$$F_{t+1}=aM_t+(1-a)F_t$$

式中:a 表示平滑系数(在 0 与 1 之间),M_t 表示上期的实际值或上期历史数据系列的观测值,F_t 表示上期预测值,F_{t+1} 表示本期预测值。

这个公式的含义:在本期预测数上加上一部分用平滑系数 a 调整过的本期实际数与本期预测数之间的差,就可以求出下期预测数。用简单指数平滑法计算出的预测数一般介于本期实际数与本期预测数之间。而平滑系数 a 的大小可根据过去的预测数与实际数的比较而定。如果两者之间的差额大,则 a 的值应取大一些;反之,则 a 的值应取小一些。a 的值越大,表示近期的倾向性变动影响越大;反之,a 的值就越小,越平滑。

用简单指数平滑法进行预测比较简便易行,只需具备本期实际数、本期预测数、平滑系数 a 即可。如某种产品的本期实际数与预测数分别为 20 万件和 19.8 万件,平滑系数 a 为 0.9,则下期预测数为:

下期预测数=19.8+0.9×(20−19.8)=19.98(万件)

简单指数平滑法是一种较为灵活的时间序列预测方法,在计算预测值时,对于历史数据的观测值(实际数)可给予不同的权重。这种方法与简单移动平均法相似,两者之间的区别在于简单指数平滑法对先前预测结果的误差进行了修正,因此这种方法和简单移动平均法一样,都能提供简单适时的预测。

八、霍特双参数线性指数平滑法

霍特双参数线性指数平滑法可以进一步消除平滑系列的滞后现象,直接对平滑值进行调整,揭示历史数据(实际值)序列的变化趋势。该方法有三个表达式,具体如下:

$$F_t=aM_t+(1-a)(F_{t-1}-b_{t-1}) \tag{14}$$

式中:b_t 表示成长因子,可以通过下列公式计算:

$$b_t=\beta(F_t-F_{t-1})+(1-\beta)b_{t-1} \tag{15}$$

式中:β 表示趋势线的平滑系数,趋势线公式为:

$$F_{t+m}=F_t+b_tm \tag{16}$$

式中:m 表示预测的时间区间数,即预测点数。

霍特双参数线性指数平滑法可以用来预测1～6个时间区间，即1～6个预测点。应用霍特双参数线性指数平滑法进行预测的基本步骤为：

(1) 选定固定的平滑系数a，一般为0～1的数，令$F_1=X_1$，$b_1=0$，利用式(14)计算$t=2$时的F_t；

(2) 选定固定的β值，一般为0～1的数，利用式(15)计算$t=2$时的b_t；

(3) 利用式(16)对未来m个时间区域的数值进行预测。

九、时间序列分解法

如果原始数据呈现季节性或周期性变化，那么再采用平滑法进行预测将会使预测精度降低，在这种情况下应采用时间序列分解法来进行预测。

时间序列分解法是对历史观测数据中所包含的趋势变化、周期性和季节性波动的变化规律进行识别。趋势变化可揭示时间序列长期变化规律，如增长、负增长或保持不变；周期波动可揭示时间序列随时间进行的周期性上下运动；季节波动可揭示时间序列随季节变化的规律。周期波动与季节波动的区别在于：季节波动是在一个固定时间中重复性的变化，这段固定的时间可以是一个月或是一个季度，而周期波动的时间较长，且每一个周期的长度不一定相等。

用时间序列分解法来进行预测的表达式为：

$$Y_t = f(S_t, T_t, C_t, E_t)$$

式中：Y_t表示时间序列Y在t时的观测数，S_t表示季节波动系数，T_t表示周期波动系数，C_t表示随机波动系数，E_t表示趋势变化系数。

上述公式的具体形式取决于分解的方法。在现实中，一般采用两种分解方法，即加和模型和乘积模型，具体用公式表示为：

$$Y = S_t + T_t + C_t + E_t$$
$$Y = S_t T_t C_t E_t$$

其中，乘积模型自出现以来，就受到普遍欢迎，得到广泛应用。

应用时间序列分解法进行预测的具体步骤为：

(1) 通过计算移动平均值，分解时间序列中的趋势分量和周期分量，得到：

$$M_t = T_t C_t$$

则：

$$\frac{Y_t}{M_t} = S_t E_t$$

(2) 通过计算季节指数分解时间序列中的随机变量；

(3) 通过一元一次回归估计时间序列总体变化趋势，其表达式为：

$$T_t = a + b_t$$

(4) 计算周期变化分量,用公式表示为:

$$C_t = \frac{M_t}{T_t}$$

(5) 利用上面的乘积模型进行预测。

需说明的是,时间序列分解法主要应用于以下几种情况:

① 时间序列明显有季节性;

② 时间序列有周期性变化;

③ 历史观测数据的数目较大,时间序列的长度足以覆盖5个季节模式。

十、产品终端消费法

产品终端消费法是按部门、行业、地区、人口、群体等对某产品的终端消费者进行统计,分析终端消费者与产品的数量关系,并据此预测出消费量,其具体预测步骤为:

(1) 调查项目产品终端消费用户及其对项目产品的消费系数;

(2) 分析终端消费用户及其产品的发展变化趋势;

(3) 预测终端用户对项目产品的需求量。

十一、马尔可夫转移概率矩阵

运用马尔可夫转移概率矩阵主要是进行市场占有率的预测,是通过由一定历史时期市场占有率的数据与现在市场占有率变化情况构造的转移概率矩阵,利用马尔可夫过程的原理进行预测。采用这种方法进行预测,需收集一个行业各个生产厂家市场占有率的历史数据及其用户的变化情况,这对市场调查所收集的资料要求很高,故在现实中较难做到。其预测原理与实例如下:

假设有A、B、C三个厂家生产同一种产品,在时间t_0时的市场占有率分别为20%、40%、40%。根据市场调查,在t_1时厂家A的客户中有20%的顾客转而购买厂家B的产品,10%的顾客转而购买厂家C的产品,余下70%的顾客继续购买厂家A的产品。厂家B的顾客中有20%的顾客转而购买厂家A的产品,10%的顾客转而购买厂家C的产品,余下70%的顾客继续购买厂家B的产品。而厂家C的顾客中,30%的顾客转向购买厂家A的产品,20%的顾客转向购买厂家B的产品,余下50%的顾客继续购买厂家C的产品。依据上述市场变化可得到这三个厂家的转移概率矩阵,具体见表4-7。

表4-7　　三个厂家在某一时刻市场变化的转移概率矩阵

	A	B	C
A	0.70	0.20	0.10
B	0.20	0.70	0.10
C	0.30	0.20	0.50

马尔可夫链所描述的性质用公式表示为：

$$P^{(k)}=P^{(k-1)}P=\cdots=P^{(k)}$$

即通过 K 次状态转移，其转移概率为 P^k，或者说第 K 次的状态只与初始状态及概率有关，而与过程无关。由此，第 K 个时间前的市场占有率可表示为：

$$S^{(k)}=S^{(0)}P^{k-}=S^{(k-1)}P$$

上式是建立在无后效性假设基础上，即第 n 个事件发生的概率仅仅与第 $n-1$ 个事件的概率有关，而与过程无关。

上例中 $t=t_0$ 时，A、B、C 三个厂家的市场占有率分别为 20%、40% 和 40%，即 $S^{(0)}=(0.2,0.4,0.4)$，则 $t=t_1$ 时的市场占有率，按前式可计算为：

$$(0.2\quad 0.4\quad 0.4)\begin{pmatrix}0.7 & 0.2 & 0.1\\ 0.2 & 0.7 & 0.1\\ 0.3 & 0.2 & 0.5\end{pmatrix}=(0.34\quad 0.4\quad 0.26)$$

即 $t=t_1$ 时，A、B、C 三个厂家的市场占有率分别为 34%、40%、26%。

如果预测 t_2 时的市场占有率，只需对 P^1 进行再次转移，即 $P^{(2)}=P^2$

$$P^2=\begin{pmatrix}0.7 & 0.2 & 0.1\\ 0.2 & 0.7 & 0.1\\ 0.3 & 0.2 & 0.5\end{pmatrix}^2=\begin{pmatrix}0.56 & 0.3 & 0.14\\ 0.31 & 0.55 & 0.14\\ 0.4 & 0.3 & 0.3\end{pmatrix}$$

t_2 时的市场占有率

$$S^{(2)}=S^{(0)}P^2=(0.2\quad 0.4\quad 0.4)\begin{pmatrix}0.56 & 0.3 & 0.14\\ 0.31 & 0.55 & 0.14\\ 0.4 & 0.3 & 0.3\end{pmatrix}$$
$$=(0.396\quad 0.4\quad 0.204)$$

即此时 A、B、C 三个厂家的市场占有率分别为 39.6%、40% 和 20.4%。

十二、比价法

比价法往往被用来预测产品的市场价格，它的原理是在市场经济条件下，根据利益均衡原则，利用产成品、半成品的价格之间，以及不同产品价格之间存在的一定的比价关系进行价格预测。如粮食与棉花的价格、不同轿车车型价格的比价、铁路运输与公路运输费用的比价等。

在用比价法进行预测时应注意价格的可比性，如果采用的价格是扭曲的价格，在用比价法预测时，比价关系也可能是扭曲的，因此要剔除价格扭曲的因素，按正常比价关系来进行预测。

十三、产品生命周期分析法

（一）产品生命周期的概念

一件产品自开发过程结束，从投入市场开始到被市场淘汰为止的一段时期就称为产品的生命周期。

产品的生命周期按其销售量趋势一般可分为导入期、成长期、成熟期和衰退期四个时期，如图 4-2 所示。

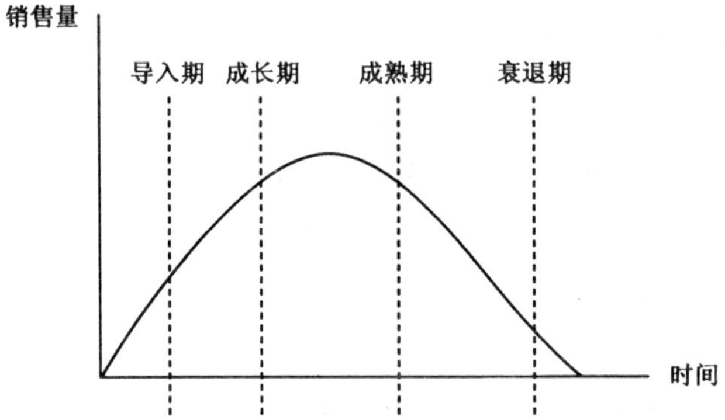

图 4-2 产品生命周期示意图

1. 导入期

新产品在刚投入市场时，因消费者还不熟悉其性能，需要经过一定时期的推广，销售量才能缓慢上升。

2. 成长期

产品已逐渐被广大消费者所熟知，销售量迅速上升。

3. 成熟期

产品已逐步满足市场需要，同时同类型竞争产品纷纷进入市场，使产品销售量趋于稳定，并在高水平上呈上下波动状态。其中，销售量稳步上升的时期称为成熟期，销售量稳定的时期称为饱和期。

4. 衰退期

产品趋于老化并逐渐被市场上出现的新产品所代替，销售量急剧下降，产品趋于淘汰。

产品生命周期只是表明了产品销售的一般趋势，并不表明各个阶段的具体时间。同时，由于产品的性质和功能的不同，使得不同产品之间的生命周期的期限也不尽相同。因此，应对不同的产品进行具体分析。

当然，在产品的生命周期分析中，产品的概念应是产品的品种或类型，而非产品的种类或产品的牌号。

(二) 产品生命周期分析的方法

产品生命周期分析一般采用下列方法：

1. 销售增长率法

判断产品处于其生命周期的哪个阶段，可以采用销售增长率法。其用公式表示为：

$$销售增长率=\frac{销售额增加量}{时间增加量}$$

当销售增长率大于10%时，产品处于成长期，说明可以投资建设生产该产品。

当销售增长率介于0～10%时，产品已进入成熟期，项目决策应慎重。

当销售增长率小于0时，产品即将或已经进入衰退期，不宜安排新建该产品项目。

2. 销售趋势分析法

销售趋势分析法主要是根据历年销售额的数据，观察其发展趋势，从而判断该产品所处的生命周期阶段，以便为确定项目的生产规模提供参考依据。

3. 产品普及率分析

在一般情况下，产品的普及率越高，其社会需求量就越低，因而考察产品的普及率可以作为产品所属生命阶段的辅助方法。常用的产品普及率有人口普及率和家庭普及率。其用公式表示为：

$$人口普及率=\frac{社会拥有量}{人口总数}$$

$$家庭普及率=\frac{社会拥有量}{家庭总数}$$

$$社会拥有量=\begin{matrix}历年生产\\累计量\end{matrix}+\begin{matrix}历年进口\\累计量\end{matrix}-\begin{matrix}历年出口\\累计量\end{matrix}-\begin{matrix}历年企事业\\单位拥有量\end{matrix}-\begin{matrix}历年报废\\数累计\end{matrix}$$

许多耐用消费品根据一般经验数据来判断其生命周期。即产品普及率在10%以下的，属于导入期；产品普及率在10%～30%，大体上处于成长期；产品普及率在50%～70%，大体上处于成熟期；产品普及率在70%以上的，处于衰退期。

另外，在项目评估与可行性研究阶段，有时也要求对市场预测综合分析，既包括对需求与供应的综合分析，又包括对现在和未来情况的综合分析。

在综合分析中，常用到的计算公式有：

$$国内总需求=国内销售量+未能满足的需求量$$

$$国内总供应量=国内现有生产能力+国内净增生产能力$$

其中，国内净增生产能力可用如下公式计算：

$$\begin{aligned}国内净增生产能力=&现有企业挖潜增加生产能力+在建项目生产能力\\&+已立项项目生产能力-关停转生产能力\end{aligned}$$

$$国内总供应缺口=国内总供应量-国内总需求量$$

$$总供应缺口=国内总供应缺口+出口量-进口量$$

预测国内总供应缺口是安排项目生产规模的基础。若根据总供应缺口来安排项目生产规模，必须综合考虑项目产品的国际市场供应状况：项目产品的竞争能力及出口的可能性。

市场预测综合分析情况可见表 4-8。

表 4-8　　某产品市场供求调查预测

序号	指标	目前情况	拟建项目投产时期	投产 5 年后	投产 10 年后	备注
1 2 3	国内销售量 未能满足需求量 国内总需求量(1+2)					
4 5 6	国内现有生产能力 国内净增生产能力 国内总供应量(4+5)					
7	国内总供应缺口(6－3)					
8 9	出口量 总需求量(3+8)					
10 11	进口量 总供应量(6+10)					
12	总供应缺口(9－11)或(7+8－10)					

第三节　项目生产规模的选择与评估

一、项目生产规模的概念及其影响因素

(一) 项目生产规模的概念

投资项目生产规模的评估与确定，是项目评估的重要组成部分。项目生产规模的选择与确定合理与否，直接关系项目建成投产后的生产经营状况的好坏和投资经济效益的高低。

工业项目的生产规模，是指劳动力、劳动手段和劳动对象等生产要素与产品在一个经济实体中的集中程度。在可行性研究中，对工业项目来说，生产规模一般是指项目的生产能力，即在正常情况下，拟建项目可能达到的最大年产量或年产值。如洗衣机生产项目是按其一年提供的洗衣机数量来确定的。而对非工业项目来说，规模则是指其提供的工程效益。如水利灌溉项目是以其灌溉受益面积来计算的，港口工程项目是以其年吞吐量来计算的。

（二）项目生产规模的影响因素

1. 项目投资者的经济实力与预期效益水平

项目投资者的经济实力与预期效益水平是影响项目生产规模的内在因素。根据国家有关规定，经营性项目的注册资本应达到其总投资额的一定比例值（具体可见第六章的有关内容），也就是说，项目的生产规模越大，投资者缴纳的资本额也应该越高。同时，在投资收益率一定的情况下，投资者期望从项目获取的效益值越大，则项目的生产规模也应越大；反之亦然。

2. 政策因素

投资项目的生产规模，尤其是一些基础性项目和公益性项目的生产建设规模，应首先根据国家、地区、行业的经济发展规划的需要，这是因为这些项目生产、建设规模的大小，往往关系着部门之间的比例关系。同时，国家的投资政策、产业政策、地区（生产力布局）政策等都会对项目的生产规模的确定产生一定程度的影响。其中，符合国家在不同时期对不同行业项目最小规模的规定是确定项目生产规模的前提。

3. 项目产品的市场需求

只有存在着对产品的市场需求，产品才能得以交换，其价值才能实现，项目才能存在现实的经济和投资效益。因此，项目的产品有无市场需求是决定项目能否存在的前提。市场需求的大小是决定项目生产规模的基础。有多大市场，才能决定安排多大的拟建生产规模，“以销定产”。如果项目产品预测的供应缺口很大，那么，项目的生产规模就可以安排得大一些；反之，则应缩小规模，以避免项目投资的浪费和低效。

4. 项目所处行业的技术经济特点

不同的部门和行业对项目生产规模有不同的要求。例如，一般地，重工业部门项目的生产规模要求大一些；采掘工业的生产规模，主要取决于矿区的地质条件和矿物的储量；冶金工业的规模，主要由高炉以及其他联动设备能力决定；以农产品为原料的加工工业的规模，主要取决于原料生产、供应能力和产品需求能力；化学工业，则要求对原材料进行综合利用且与“三废”治理相结合，在技术工艺条件具备、资源供应集中的条件下，项目的生产规模越大，经济效果越好；轻工业是生产最终产品的，其市场性较强，因此，应根据具体情况，实行大、中、小规模并举。因此，应根据项目所处行业的技术经济特点，合理确定规模，利用规模经济获取规模收益。

5. 资金、资源的供应状况及其他生产建设条件

确定项目规模应本着实事求是、量力而行的原则。因此，确定投资项目的规模，必须考虑到建设资金和资源的供应情况。如果资金并不宽裕，能源、原材料供应有限，项目的规模就不能过大。同时，土地使用权的取得，也是项目进行建设和生产的基本条件。项目要形成一定的生产能力，就必须有一定的土地面积作保证。另外，交通运输、环境保护、人员编制、设备供应等因素也制约着项目的生产规模。因此，确定项目的生产规模要考虑以上的多种因素是否具备相应条件。

6. 项目拟采用的生产技术和设备、设施状况

项目生产规模的选择并不是一项孤立的工作，而应该结合到项目的其他技术经济特征的安排综合考虑，即项目如果打算采用先进生产技术和专用设备，能够实行大批量生产，那么，项目的生产规模就可以定得大一些。

总之，确定项目的生产规模，在综合考虑以上主要制约因素后，还应研究结合到项目的规模经济问题，在若干个可行的生产规模中，按投资效益标准选择尽可能满意的生产规模。

二、项目生产规模的确定

项目生产规模按获取收益的程度划分，可分为：亏损规模，即项目在亏损状态下的规模；起始规模，即项目盈亏平衡时的临界规模；合理规模，即项目按预期投资收益率水平获取预期投资收益时的规模；经济规模，即项目获取最佳经济效益时的规模。下面主要介绍起始规模、合理规模和经济规模的确定方法。

（一）项目起始规模的确定

项目起始规模的确定主要采用盈亏平衡分析法，即计算盈亏平衡时的产销量。要计算盈亏平衡时的产销量，首先要研究项目的产销量与产品成本之间的关系。一般地，在耗用水平不变的情况下，随着生产的产品数量的增加，单位产品成本会逐渐降低。这是因为在产品成本的构成中包含着两类不同性质的费用：变动费用和固定费用。变动费用是指费用总额随着产品数量的变动而呈现同方向变动的费用，如产品成本中的材料费、燃料费、计件工资等。而固定费用则是指在一定时期和一定范围内，费用总额基本不变的费用，如固定资产折旧费、制造费用和管理费用等。

根据上面的说明，项目生产产品的总成本用公式表示为：

$$\text{产品总成本} = \text{固定费用总额} + \text{单位产品变动费用} \times \text{产品生产数量}$$

若假设：(1)项目产品的生产量等于销售量；(2)在所分析的销售量范围内，固定成本不会发生变动；(3)产品品种结构单一。另记产品的销售单价为 P，产量为 Q，固定成本为 F，单位变动成本为 V，在项目盈亏平衡时，销售收入等于产品总成本，即：

$$PQ = F + VQ$$

由上式可得，盈亏平衡时的产销量为：

$$Q_E = \frac{F}{P - V}$$

式中：Q_E 表示项目盈亏平衡时的产销量，当项目的生产能力小于 Q_E 时，项目就会发生亏损，因此它是安排项目生产规模的起始规模。

盈亏平衡分析如图 4-3 所示。

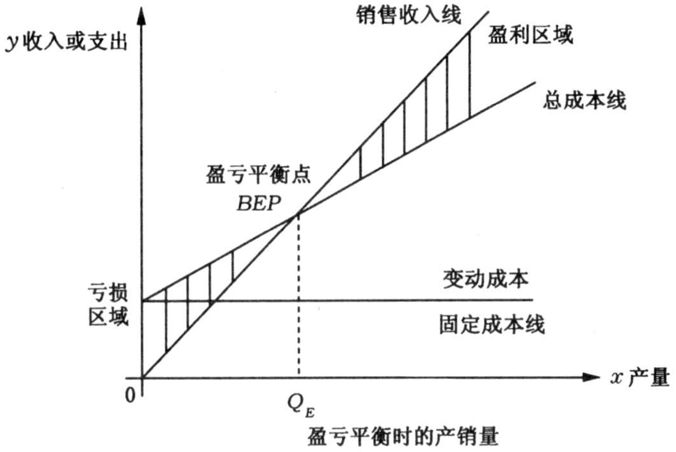

图 4-3　盈亏平衡图

(二) 项目合理规模的确定

项目合理规模的确定主要取决于项目的投资者进行该项投资时对效益的预期程度。一般地，在投资收益率水平一定及其他条件允许的情况下，投资者对效益的预期期望越高，项目的合理规模就越大。假设投资者对该投资项目的预期收益总水平为 R，则项目的合理规模为：

$$Q=\frac{F+R}{P-V}$$

（注：式中的有关符号与进行盈亏平衡分析时相同。）

(三) 项目经济规模的确定

从一般意义上来说，项目的经济规模应是项目获取最佳投资效益水平时的规模。但在现实生活中，由于种种因素的制约，项目总难以达到其经济规模，因此，在实际工作中，项目经济规模的确定并不是确定其经济意义上的最佳规模，而是在几种可行的投资实施方案中选择最好的一种。它主要采用的方法是最小费用法和投资收益率法。

1. 最小费用法

在项目的生产方案的比较中，常常把年费用最小作为判断标准。一个项目的年费用，用公式表示为：

$$A=C+S+I\times Ed$$

式中：A 表示项目的年费用，C 表示项目的年经营成本，S 表示项目的年销售费用，I 表示项目的投资规模，Ed 表示项目按设定折现率计算的资金回收系数。

在各种方案的比较中，如果其收益水平一定，则以总费用最低的方案为最优方案。

2. 投资收益率法

在进行多方案的比较时，也可以计算投资收益率水平，并把投资收益率最高的方案作为最优方案。投资收益率用公式表示为：

$$\text{投资收益率} = \frac{\text{收益额}}{\text{投资额}} \times 100\%$$

需要说明的是，在实际工作中，收益额多以项目的净利润表示，且投资收益率既可以指静态的投资收益率，也可以是以现值形式表示的比率。以静态投资收益率为判断标准举例如下：

根据对某地区进行市场预测，每年对某种产品的需求量为 120 000 件，根据建厂条件，有如下四个方案可供选择：

第一方案是在该地区建设 2 个年产 60 000 件规模的项目，其投资额为 2 000 万元，年收益额为 650 万元；

第二方案是在该地区建设 3 个年产 40 000 件规模的项目，其投资额为 2 100 万元，年收益额为 680 万元；

第三方案是在该地区建设 4 个年产 30 000 件规模的项目，其投资额为 2 200 万元，年收益额为 720 万元；

第四方案是在该地区建设 1 个年产 120 000 件规模的项目，其投资额为 1 880 万元，年收益额为 620 万元。

通过以上有关资料，我们可以分别计算出它们的投资收益率：

$$\text{第一方案的投资收益率} = \frac{650}{2\ 000} \times 100\% = 32.5\%$$

$$\text{第二方案的投资收益率} = \frac{680}{2\ 100} \times 100\% = 32.38\%$$

$$\text{第三方案的投资收益率} = \frac{720}{2\ 200} \times 100\% = 32.73\%$$

$$\text{第四方案的投资收益率} = \frac{620}{1\ 880} \times 100\% = 32.98\%$$

以上计算结果表明，第四方案的投资收益率最高，投资经济效果最好。因此，可选第四方案，建设一个年产 120 000 件规模的项目。

本章小结

在项目评估与可行性研究中，要判断一个项目是否存在着微观上的必要性，就是要看其提供的产品是否具有社会需要和市场需求，这必然要求进行项目产品的市场问题研究，即市场分析。市场分析包括市场调查和市场预测。市场调查是获取市场信息的一种重要手段，是进行市场预测的前提和基础。这是因为通过市场调查，可有目的地、系统地、准确地收集、记录、整理和分析反映市场状况的历史、现状及发展变化的资料，认识市场发展变化的规律，为市场预测、确定项目的建设规模提供翔实可靠的依据。而市场预测是指以市场调查所获取的信息资料为基础，运用科学的方法，对未来一定时期内市场发展的状况和发展趋势做出的正确估计和判断。市场预测可按多种形式分类，如可分为定性预测与定量预测、短期预测与中长期预测等。市场预测的方法主要有特尔斐法、趋势外推法（包括目估法、“最小残差平方和”识别方法、增长特征法）、回归分析预测法（包括一元回归预测与多元回归预测）、产品生命周期分析法、移动平均数法、简单指数平滑法、霍特双参数线性指数平滑法、比价法、产品终端消费法、时间序列分解法、马尔可夫转移概率矩阵法等。其中特尔斐法为定性预测方法，其他的均为定量预测方法。当然，在项目评估与可行性研究的实际中，市场预测一般应进行中长期预测，而具体的预测方法，则可由项目评价人员根据实际情况及预测的要求进行选择。

市场预测的内容主要包括产品供求预测、价格预测、竞争力分析及市场风险分析等，而其中最主要的是产品的供应与需求预测。需求是指在一定价格水平下，在一定时间和空间范围内，消费者愿意并能够购买或消费某种商品或劳务的数量，即对该商品或劳务有购买力的需要。影响需求的主要因素有价格、收入水平、人口数量等。而供应则是指在一定价格水平下，商品生产者或供应者愿意并能够提供出售的商品数量或劳务总量。

在市场调查和市场预测的基础上，即可对项目的规模进行选择与确定。在项目评估与可行性研究中，工业项目的生产规模是指劳动力、劳动手段和劳动对象等生产要素与产品在一个经济实体中的集中程度，其衡量指标主要有生产能力、产值、产量等。而非工业项目的规模主要是指其提供的工程效益。

项目的规模主要受国家的发展规划与投资产业政策、产品的市场需求情况、资源条件、项目所处行业的技术经济特点和采用的生产技术装备等影响。当然，一个项目的规模最终受制于经济效益的规模与水平。

在项目评估与可行性研究中，项目规模的确定一般可以分为起始规模、合理规模与经济规模的确定。其中，项目的起始规模主要是通过盈亏平衡分析进行确定，项目的合理规模是以投资者的合理预期收益来确定，项目的经济规模则是通过最小费用法及投资收益率法来比较确定。

复习思考题

1. 什么是市场调查？它有哪几个阶段？
2. 什么是市场预测？它有哪些分类？
3. 什么是市场的需求量和供应量？
4. 市场预测有哪些主要预测方法？它们是如何进行预测的？
5. 产品生命周期分析法对项目投资决策有何影响？
6. 项目生产规模的决定因素有哪些？
7. 项目的起始规模及经济规模是如何确定的？

第五章　项目的生产建设条件评估和技术评估

在对项目进行市场研究及规模确定选择后，即应对项目进行生产建设条件和技术分析与评估。项目的生产建设条件是项目实施和投产运营的基本物质基础和物质保证，而项目的技术条件则是项目投资建设及正常生产运营的技术保证，决定着项目的成败。项目的生产建设条件和技术条件是项目能按预期目标完成和获取预期效益的重要保证，因此，有必要对其进行分析与评估。

第一节　项目的生产建设条件评估

项目的生产建设条件既有项目自身系统内部的条件，又有为它协作配套对项目实施的可能性有较大影响的外部条件；既有可以控制的静态的稳定条件，又有较难掌握的动态的、不确定的条件。因此，必须进行深入细致的分析与评估。

一、资源条件的评估

资源是项目的物质基础，是制约项目的生产规模的重要条件。资源的概念有广义和狭义之分。广义的资源是泛指社会财富的来源，既包括自然资源，又包括人力资源、信息资源和技术资源等社会资源。狭义的资源是指人类用来创造社会财富的自然资源。本书所指的资源为自然资源，即天然存在的自然物（不包括经过人类加工过的原材料），如土地资源、矿藏资源、水利资源、生物资源、海洋资源等。在项目评估与可行性研究阶段，所谓的工业生产资源，主要是指矿产品和农副产品两大类。

对项目资源条件的评估，是项目能按正常生产能力生产和获取预测投资效益的重要保证。

(一) 资源开发利用的基本要求

这主要是指资源的开发利用应符合资源总体开发规划要求，符合资源综合利用要求，符合节约资源和可持续发展的要求等，并要求在研究资源开发项目、动用资源规模和开采强度时，应处理好远期与近期的关系，力求节约资源。

1. 符合资源总体开发规划要求

资源开发项目应在国家或地区总体开发规划的指导下进行合理开发。例如,煤炭开采项目,应符合煤矿区域开发规划;油气田开采项目,应符合油气田区域开发规划;水利水电项目,应符合流域综合开发规划和国土整治要求。

2. 符合资源综合利用要求

多金属、多有用化学元素共生矿,油气混合矿等资源开发项目,应根据资源特征提出资源综合利用方案,做到物尽其用。

3. 符合节约资源和可持续发展的要求

在研究资源开发项目、动用资源规模和开采强度时,应处理好远期与近期的关系,采取必要的节约资源的措施,体现资源利用的有效性,力求降低消耗以节约资源。

4. 符合国家保护生态环境的规定

资源的不合理或不适当开采,可能会破坏生态环境的平衡,导致生态的恶化,影响到人类赖以生存的环境。为此,在资源开发利用过程中,应按国家有关的环保规定进行,力求减少对生态环境的破坏,以实现资源的利用与环境生态协调发展。

5. 资源储量和品质的勘探深度应达到规定的要求

资源储量和品质的勘探深度应确保资源开发项目设定的生产规模和开采年限。

编制资源开发项目可行性研究报告时,矿产开采项目应附有国家矿产资源委员会批准的储量报告;水利资源开发项目应附有有关部门批准的水利资源流域开发规划;森林采伐项目应附有有关部门批准的采伐与迹地恢复规划。

(二) 资源条件评估的原则

1. 资源的开发利用要保持生态平衡,达到环境保护与环境(生态)相协调的有关要求

人类的生存和经济活动都要消费一定的资源,而在消费这些资源的同时,不可避免地会产生一定量的废弃物,从而对环境与生态产生一定的影响。因此,如何实现资源的利用与环境的协调就成为人类社会及可持续发展的重要议题。对于投资项目而言,按照资源的利用与环境生态的协调原则进行项目方案设计是十分必要的,即在合理、科学、有效地利用资源的同时,要采取有效的措施保护环境。

2. 对资源的开发利用要遵循多层次、多目标的原则,达到综合利用的要求

随着人口的增加和经济的发展,我国资源相对不足或者短缺的矛盾已日益突出,为此,我国已将资源的综合利用作为一项重大的技术经济政策,要求坚持资源开发与节约并举,把节约放在首位。这就要求在资源的综合利用过程中,应坚持"因地制宜、鼓励利用、多种途径、讲求实效、重点突破、逐步推广"的方针,遵循资源综合利用与企业发展相结合、与污染防治相结合,经济效益与环境效益、社会效益相统一的原则,积极推动资源节约与综合利用工作,努力提高资源的综合利用水平。

3. 对资源的开发利用要注意资源的供应数量、质量、服务年限、开采方式、利用条件等，达到经济开发的目的要求

投资项目的经济效益与资源利用的合理性密切相关。资源开发与利用的经济性与有效性体现在使用资源的数量、质量、开采方式及利用条件等方面。为此，在投资项目的方案设计中，应优化配置资源，采用适宜的物料供应方案和加工方案，力求达到经济开发与利用的目的。

4. 对可再生资源的开发利用要注意保证资源的再生性，达到资源连续补偿的要求

可再生资源是指能够通过人自然的作用不断地繁衍资源，包括水资源及动物、植物等生物资源等。对这些资源利用进行评价时，应注意采用合理的利用方案，在高效利用有限资源的同时，应考虑生态因素，并采取适宜的方案保护资源的再生性。

5. 要注意技术进步对资源利用的影响，达到最优利用的要求

随着人类社会的不断发展，科学技术进步对资源的开发及利用的影响作用也越来越重要，如对资源的开采方式、资源的利用效果等方面的影响。为此，在资源的开发利用过程中，应采用合理、先进的技术方案与手段，以获取最优最好的利用效果。

6. 对稀缺资源和供应紧张的资源要注意寻找替代产品，以达到项目生产的连续性要求

资源的有限性及分布的不均衡性，决定了资源的稀缺性和供求之间的矛盾。为此，对投资项目而言，为保证其生产的连续性，对其使用的资源条件、稀缺程度及供求状况进行分析，并寻找类似物及替代物，就成为一个日益突出且需解决的问题。

（三）资源评价

资源评价主要是对拟开发利用资源的合理性、可利用量、自然品质、赋存条件、开发价值进行评价。

1. 资源开发的合理性

对于不可再生的资源，特别是某些稀缺的矿产资源，在研究拟建项目开发方案时，首先应根据国家矿产资源开发利用规划，分析研究这些资源近期与远期开发量的关系，以及资源保护、储备与可持续发展的关系。

2. 资源的可利用量

根据拟建项目性质，研究矿产资源的可采储量或水利水能资源的蕴藏量或森林资源的蓄积量，提出合理的开发（开采）规模和开发（开采）年限。矿产开采项目，应根据国家矿产资源委员会批准的储量报告，在进一步勘探核查的基础上，提出项目的矿产可采储量；水利水能开发项目应根据流域开发总体规划，分析研究拟建项目河段内的年径流量、水位落差，并提出水利水能资源合理开发利用量；森林采伐项目，应根据森林蓄积量调查资料，以及有关部门批准的采伐与迹地恢复规划，研究提出项目的原木可采伐量。

3. 资源的自然品质

根据拟建项目特点研究资源品质，为制订项目技术方案提供依据。金属矿和非金属矿开采项目，应分析研究矿石品位、物理性能和化学成分；煤矿开采项目，应分析研究煤炭的热值、灰分、硫分、结焦性能等；石油天然气开采项目，应分析研究油气的化学成分、物理性能（黏度、凝固点等）；水利水能开发项目，应分析研究河床稳定性、泥沙含量，有机物含量、水体形态（水位、水温、流速）等。

4. 资源的赋存条件

研究分析资源的地质构造和开采难易程度，以便确定开采方式和设备方案。矿产开采项目，应分析地质构造、岩体性质、矿体结构、矿层厚度、倾斜度、埋藏深度、灾害因素、涌水量等；石油天然气开采项目，应分析研究油气藏压力、含油气地质构造、空隙率、渗透率等；水利水能开发项目，应分析研究拟建项目河段内地质构造、地震活动和其他危害因素，以及水能梯级分布情况。

5. 资源的开发价值

分析研究资源的开发利用价值，预测项目的经济效益。矿产开采项目，应分析计算每吨矿产品生产能力投资、每吨矿产品的开采成本等指标；森林采伐项目，应分析每立方米原木生产能力投资；水利水能开发项目，应分析每吨供水能力投资、每千瓦电力装机容量投资，以及防洪、灌溉、航运、养殖等综合利用的效益。

二、工程地质和水文地质的评估

工程地质应根据勘察的地质报告，选择合理的地质环境，避开地震强度大、断层、严重流沙等地段，以保证建筑物的稳定性，以达到延长项目使用寿命的目的。另外，项目的所有设施应避免布置在具有工业开采价值的矿床上。

水文地质要按照拟建项目用水的实际情况，对水源的可靠性做出分析，判明用水的保证程度。对水的保证程度的要求主要有两个方面：一是水的质量，二是水的数量。在项目评估中尤其要注意有些对水的质量有特殊要求的项目的水质分析与评估。另外，还要根据项目所在地全年不同时期的水位变化、流向、流速和地下水等因素，分析建设项目是否建在洪水泛滥区或已采矿坑塌陷区范围内及滑坡地区；分析场址位置的地下水位是否低于地下建筑物的基准面，如果在基准面之上，则要有可靠的措施及治理方案。

三、原材料、燃料条件的评估

在研究确定项目规模、产品方案、工艺技术方案的同时，一方面要明确项目所需的主要原材料和燃料的品种、数量、规格质量要求，另一方面也要对其价格进行分析研究，并结合场址方案的比选确定其供应方案。

（一）原材料供应方案

对于不同类型的工业项目来说，它们所需的原材料、半成品的品种、规格各异。一般地，工业项目所需的原材料和投入物可分为原材料［包括半加工和已加工的工业原料（中间产品）］、制造件（包括零配件、部件和半装配件等）、辅助材料（包装材料、涂料、油料、清洗材料、润滑油等）。对原材料条件的评估，要根据拟建项目生产的产品的品种、规格、性能、质量要求，本着既稳定又经济合理的原则（即对产品成本和质量的影响）研究供应来源、运输条件和仓储设施。

需要指出的是，在对项目的原材料条件进行评估的实际工作中，只需对关键性的、耗用量较大的原材料进行分析评价，而不必对拟建项目的全部原材料进行评价。这是因为，对项目的全部原材料进行评价，一方面，工作量大，耗费人力和物力；另一方面，也没有这个必要。所以，对原材料条件进行评估时，应重点抓住以下几个环节：

（1）供应数量应满足项目生产能力的要求；

（2）原材料的质量要适应生产工艺的要求；

（3）选用原材料时要考虑生产成本；

（4）原材料的供应应首先立足于国内市场；

（5）要考虑材料存储设施的建设；

（6）节约材料消耗与降低物料单耗的措施与方案。

（二）燃料供应方案

项目所需的燃料包括生产工艺用、公用和辅助设施用、其他设施用燃料。

1. 燃料品种、质量和数量

根据拟建项目规模和燃料消耗定额，计算所需燃料的品种、数量和质量，并应确保燃料的品种、质量和性能满足项目及生产工艺的要求。

2. 燃料来源和运输方案

要研究燃料来源、价格、运输条件（包括运输设备和运输价格等），进行方案比选。

3. 燃料的节能降耗措施与方案

要研究项目所采取的在煤、油、气等方面的节约方案与措施是否可行与合理，是否符合有关规定要求。

四、项目电力条件的评估

对项目电力条件的评估，应注重分析项目所在地及周围地区的电网分布情况和电力供应情况，并分析其对项目用电的保证程度。具体地，主要可从以下几个方面进行：

（1）供电方式；

（2）电力新装与增容；

（3）供电质量与安全；

（4）供电的合理性；

（5）项目的总用电量及保证程度分析；

（6）项目节电措施与方案分析及评估。

五、供水条件的评估

由于我国目前在许多地方尤其是在城市水资源比较缺乏，供水能力不足，用水相对偏紧，严重地影响了人民生活和工业生产。因此，在项目评估中，应对项目的供水条件进行认真的评估。

（1）要根据国家规定的各行业、产品的用水定额核定项目所增的用水量，凡高于或低于用水定额的都应找出原因。

（2）拟建项目均应选用节水型的生产工艺、设备，节约用水措施应与项目的主体工程同时设计、同时施工、同时投产。

（3）工业用水可采取循环用水，做到一水多用，对项目所产生的废水进行处理并综合利用，提高工业用水利用率。同时，减少跑、冒、滴、漏，管网损失率控制在一定幅度以内。

（4）凡使用地下水的拟建项目，应按照当地水资源管理办公室的要求做好井网布局，做到有计划地开发，利用好地下水资源。

（5）应坚持地表水和地下水结合使用的原则。

（6）使用城市自来水的项目，应取得项目所在地城市自来水公司的同意，并报请主管部门和节约用水管理部门审核批准，按规定在项目的总投资中增列水工程建设费。

（7）供水质量应符合环保及工艺要求。

（8）要保证给排水设施的投资与费用的落实。根据有关规定，新建项目的用水需要缴纳如下费用：①给水工程建设费；②排水设施有偿使用费；③地下水开采补偿费。

（9）项目节约用水的措施与方案评估。

六、环境保护的评估

项目环境保护评估的主要内容有：

（1）建设地区的环境现状；

（2）主要污染源和主要污染物；

（3）资源开发可能引起的生态和环境变化；

（4）项目设计所采用的环境保护标准；

（5）控制污染和生态变化的主要措施；

（6）环境保护投资估算与落实；

（7）环境影响评估结论分析；

（8）存在的问题及建议。

七、交通运输条件的评估

畅通的交通运输条件是保证项目正常生产和提高经济效益的关键，是项目的投入物及产品能有效地运进来和送出去的重要保证。所以，项目的交通运输应与项目的建设同步，运输条件的质和量要与生产需要相适应。一般情况下，交通运输条件包括：

(1) 项目生产区内外的运输方式和运输设备的选择；

(2) 装、卸、运、储等环节的能力协调和组织管理；

(3) 运输进出量对项目生产过程及产品成本的影响。

总之，对交通运输条件的评估，既要考虑项目所需的原料和生产的产品能及时、足量地得到供应并能尽快地送往消费地，又要考虑各种运输方式的协调组织和经济上的合理性。

八、项目选址的评估

(一) 项目选址应考虑的因素

项目选址应考虑的因素很多，主要包括：

1. 自然因素

自然因素包括自然资源和自然条件。其中，自然资源包括矿产资源、水资源、土地资源、海洋资源、气象资源等。例如，矿山采选项目的选址是矿产资源指向型的，水力发电站项目的选址是水资源指向型的。自然条件包括地形、地貌及占地面积、工程地质、水文地质等，这些自然条件对项目选址影响很大，有时甚至是决定性的。

2. 经济因素

经济因素包括拟选地的经济实力、协作条件、基础设施、技术水平、市场潜力、人口素质与数量等。它们既是工业化的结果，同时又反过来对工业发展与项目选址产生影响。

3. 运费和地理位置因素

运费是生产成本的重要组成部分，因而选址要在原料、燃料、产品销售地的关系中综合研究，寻求最小运费点。地理位置因素是指建设项目拟选地点与资源产地、经济发达地区、水陆交通干线及港口、大中城市、消费市场等的空间关系。有利的地理位置往往伴随着好的经济协作条件，能方便地获得原料、燃料、技术和信息，有利于环境保护和生态平衡。

4. 社会、政治因素

国家对经济社会发展的总体战略布局、少数民族地区和边远贫困地区的经济发展问题、生态环境的保护、国家安全、法律制度、管理及财税政策等因素都影响着一些重大项目的选址。

(二) 项目选址一般应遵循的原则

(1) 符合区域和城镇总体规划及项目投产后生产的基本要求。

(2) 符合合理布局的原则。

(3) 合理占用土地、节约用地。尽量少占和不占良田和耕地，多利用山地、空地、荒地。

(4) 注意环境保护和生态平衡。关于环境保护,有两重要求:一是项目对环境的要求,即如果周围环境不适应项目的要求,项目就有可能在投产后难以发挥预期的效用;二是环境对项目的要求,即要求拟建项目对所在地区不能造成新的污染。

(5) 有利于专业化协作。

(三) 项目选址的具体要求

(1) 对在产品生产过程中,原料失重程度较大,单位产品消耗原料数倍及以上的,则选择靠近原料产地建厂,这样,原料的外运成本比工厂建在消费地而大量运输原料要合算。

(2) 对在项目的生产过程中,原料失重小,成品不便运输或运输过程损耗大的,一般应按接近消费地建厂。

(3) 对于耗电量大的项目,一般应选择在动力基地附近建厂。

(4) 对属于劳动密集型、资金有机构成低、人工费在产品成本中占绝大部分的项目,应在劳动力供应充足的地区建厂。

(5) 对属于“知识密集型”“技术密集型”的项目应考虑技术协作条件,在靠近科技中心建厂。

此外,场址的选择还应考虑工程地质、水文地质、地形等自然条件是否符合拟建项目的建设布局和工艺要求,是否便于取得项目所需的电、热、水及其他协作条件。

(四) 场址方案的比较和选择

如何从建设项目各种可能的场址方案中选择技术上可靠、经济上合理的最优场址方案,是场址方案比较与选择的基本目标。具体比较方法有方案比较法、评分优选法、最小运输费用法。

1. 方案比较法

方案比较法的基本思路是从经济上进行分析,以年折算费用(或成本)大小作为择优标准。而费用则是由投资和经营费用组成。一般地,在利用投资费用和经营费用比较法进行对比分析时,以年折算费用最小或追加投资回收期最短的方案为最佳方案。

年折算费用的计算公式为:

$$\text{年折算费用}=\frac{\text{投资费用}}{\text{折算年限(或者考虑资金的时间价值、将投资费用折算为等额年投资成本)}}+\text{年经营费用}$$

追加投资回收期的计算公式为:

$$T=\frac{K_1-K_2}{C_1-C_2}$$

式中:T 表示追加投资回收期,K_1、K_2表示方案的投资额,C_1、C_2表示方案的经营费用。

投资费用和经营费用比较的具体内容可见表 5-1。

表 5-1　投资费用和经营费用比较

序　号	费用项目	A 方案	B 方案	C 方案
	投资费用			
	土地使用费 土石方工程 运输及设施设备 供水 排水 临时设施 建筑材料运输 住宅及文化设施 环保设施 防洪及防震设施 其他 小计			
	经营费用			
	原材料、燃料运输 产品及废料运输 给水费用 排水 动力供应 其他 小计			
	总　计			

2. 评分优选法

评分优选法是对拟议方案中的相关因素、满足程度及权重等进行打分，并进行汇总，以总分最高者为最优方案。它一般采用场址方案比较表来进行。场址方案比较情况可见表 5-2。

表 5-2　场址方案比较

指　标	权　数	基本分	A 方案积分	B 方案积分	C 方案积分	备注
场址位置 占地面积 运输条件 施工条件拆迁补偿 土石方工程量 生产条件投资回收期 与城市规划、工业区规划的关系 地形地质						
总　分						

3. 最小运输费用法

最小运输费用是把各拟议中的场址方案的运输费用作为场址选择的依据，以运输距离最短、运输费用最小的方案为优化方案。

第二节　项目的技术评估

技术评估是项目评估的重点和基本内容之一，是从技术上对项目的可行性所作的分析。技术是否可行是项目存在的前提，技术上的成功与否决定一个项目的成败，也就是说，一个项目是否可行，首先是要看其技术上是否可行，如果在技术上不安全、不可靠，项目就缺少存在的基础和前提。同时，项目的技术方案又决定项目的经济效益。因此，在项目评估中，应正确处理好技术评估与经济效益评估和项目的必要性评估之间的关系。

一、项目的技术评估概述

（一）技术评估的原则

1. 技术的先进性

对项目而言，讲究技术的先进性就是要求建设项目尽量多地采用新技术、先进工艺、节能设备，以提高项目的技术装备水平。具体来说，就是要求设计方案先进、生产工艺先进、设备先进、技术基础参数等先进。在这里需要说明的是，先进技术虽不能要求在世界上领先或是一种世界性的领先技术，但至少应领先于国内同行业现有的技术水平。当然，项目在技术上的先进性主要是通过各种技术经济指标，如劳动生产率、单位产品的原材料消耗水平、能源消耗水平、产品的质量指标、占地面积和运输能力等来体现的。另外，由于不同的行业有不同的特点，其评价技术水平的指标也就不同，所以，评估中应分行业选用适应的指标，分行业衡量项目技术的先进性。

2. 技术的适用性

适用性是指项目所采用的技术必须适应其特定的技术和经济条件，可以很快被消化利用，可以很快投产，并能取得良好的经济效益。讲求适用性就是要求实事求是、因地制宜、量力而行和注重实效，适应当时、当地的具体情况，而不能片面地追求先进性。一般地，技术的适用性应符合下列几个条件：

（1）有利于综合利用本国本地的资源；

（2）有利于提高能源和原材料的利用率；

（3）有利于维护生态平衡和环境保护；

（4）有利于充分发挥现有技术水平和技术力量；

（5）能取得良好的经济效益；

(6) 能与当地的技术水平相适应。

3. 技术的经济性

经济性是指项目所采用的技术，应能在一定的消耗水平下获取最好的经济效益，或是在一定的收益水平情况下，其消耗水平或费用最低。设备的经济性是拟建投资项目获取经济效益的基础，因此在评估中应加以重视。另外，技术的经济性在现实中往往是与合理性联系在一起的，如设备规模、产品产量的合理性，产品生产工艺流程的合理性，项目配套和协作的合理性等都是技术经济性的条件。

4. 技术的可靠性

项目所采用的技术是否可靠和成熟，是项目成败的关键。也就是说，项目所采用的先进技术必须是经过实践证明是可靠和成熟的技术，其"硬件"和"软件"的功能被证明是有效的。这就要求，项目如采用国内的科研成果和技术，必须是经过有关试验和技术鉴定的；如是引进的工艺、设备、技术，则必须符合国情，并且是成熟可靠的。

5. 技术的合规性

技术的合规性是指项目采用的技术应遵守国家有关的技术政策、法规、标准。在项目评估中，应评估项目所采用的技术是否遵守了有关国家标准、行业或地区标准及相关的政策法规。

在以上几项原则中，先进性是选择技术的前提，经济性是选择技术的目标，适用性是采用技术的条件，可靠性是选用技术的要求，国家有关的技术政策、法规、标准是对采用技术的一种规范。在项目的技术评估中必须处理好这几方面之间的关系。

(二) 项目技术评估的内容

项目技术评估主要包括以下内容：

(1) 从技术发展的角度论证项目建设的必要性。

(2) 确定产品方案，即确定产品的规格、品种、技术性能以及产品的质量。

(3) 生产工艺和技术设备选型的分析。它要求项目所采用的生产工艺和技术设备必须是先进的、可靠的、适用的和经济的。

(4) 工程设计方案的分析。

(5) 生态环境分析。

二、生产工艺方案的评估

工艺是指生产工人利用生产工具，对原材料、半成品进行加工或处理，使之成为产品的方法。生产工艺方案则是指项目采用的生产工艺流程及产品的制造方法。对项目生产工艺方案的评估是项目技术评估的核心内容。这是因为，项目采用的生产工艺，决定着项目需要的生产设备，影响着项目投资额的大小、建设期的长短、未来的产品质量、产品的生产数量及其投资经济效益。所以，项目的工艺评估在项目的技术评估中占有十分重要的地位。

生产工艺方案评估的目的是确定产品生产全过程技术方法的可行性。它一般应包括以下内容：

（一）可靠性分析评估

可靠性是指项目的设计方案所采用的生产工艺必须是成熟的，而不能是实验阶段的技术。这是因为有一些工艺，其实验可行并不等于生产可行。

（二）生产工艺对产品质量的保证程度分析评估

产品质量是产品的生命线，它直接关系到项目在投产后所生产的产品在市场上的竞争力和销售状况。因此，项目所采用的生产工艺必须保证产品的质量。一般情况下，产品质量也是由项目的生产工艺决定的。在评估中，一要看生产工艺对项目使用价值的影响，二要看检验产品的技术参数是否符合要求。

（三）经济性分析评估

对生产工艺技术方案进行经济性分析的方法主要是采用对比方法，即对其技术指标或经济指标进行的对比。一般采用较多的是工艺成本对比法。

工艺成本是项目生产成本的重要组成部分，一般包括原材料消耗费用、能源消耗费用、设备运转维护费用、工人工资、设备及厂房的折旧费。在评估工艺的经济性时，是将备选的工艺方案的各种费用（以年计）分别汇总比较，工艺成本最低或单位产品成本最低的方案即为经济性的工艺方案。

（四）生产工艺对原材料的适应性分析评估

相同的产品，可能由于采用的工艺不同，而对原材料的要求有所不同。一般地，原材料的选择性要差于工艺条件，因此，在进行评估决策时，应尽量选择适应性强的生产工艺方案，以获取更为合理的经济效益。

（五）生产工艺对实施条件的要求分析评估

有些项目的生产工艺在实施中，对温度和环境有较高的要求，在评估中应加以注意。

（六）生产工艺流程的均衡性分析评估

生产工艺流程的均衡性分析就是要注意前后工序的均衡协调性，保证项目整个工艺流程的合理性。

三、设备选型方案的评估

一般地，项目的设备按其在生产过程中发挥的作用划分，可分为生产工艺设备、辅助设备和服务设备三类。生产工艺设备是指由于改变劳动对象的形状和性能使其成为半成品或成品的那部分设备；辅助设备是指直接保证工艺设备完成工艺目标要求的各种设备；服务设备是指间接为生产服务的管理、安全、生产、生活设备。没有先进的工艺，先进的设备难以发挥其效用和功能；没有先进的设备，先进的工艺也无法实现。当然，需要特别指出的是设备是为工艺服务的，所以在设备评估时应首先明确工艺条件。

在项目的设备选型方案评估中，要求在遵循技术先进、可靠和经济合理等基本原则的前提下，注意以下几个方面的问题：

（一）项目设备应与生产能力的吻合性评估

设备与生产能力最好的吻合程度是各工序、工段设备的额定生产能力恰好等于拟建项目的设计生产能力。但在现实生活中，这种吻合程度是很难达到的。一般情况下，设备的配置是以主导或主要设备的额定生产能力为标准确定的。另外，各工序的设备配置不仅要考虑项目的设计生产能力，而且还要考虑市场的适应性及生产品种、生产能力的变化。所以，设备与生产能力很难完全吻合，只能尽量地做到提高其利用率，使生产能力的浪费减少到最低程度。

（二）项目设备与项目产品品种和质量要求的适应性评估

一般地，项目生产的产品品种越多，则所需要的设备种类也越多；项目产品的质量要求越高，则对设备质量的要求也越高；反之亦然。

（三）项目设备的配套性评估

设备的配套性是指相关联的设备器具之间数量、各种技术指标的参数的吻合程度，既包括量的吻合，也包括质的吻合。

（四）项目设备的可靠性、成熟性及对生产质量的稳定性评估

项目设备的可靠性、成熟性是项目生产产品的必需条件，是项目能实现设计生产能力的关键，应加以必要的分析评估。

（五）项目设备降低物料单耗及环境保护要求符合性评估

降低物料单耗是项目节能降耗的要求，环境保护是实现可持续发展的前提，为此，项目在选用设备时，应考虑这方面的基本要求。

（六）项目设备与政府或专门机构发布的技术标准符合性评估

国家或地方制定的一些关于机器设备的要求与标准，是项目选择设备时所需遵循的技术规范。

除了上述因素外，在评估中还要考虑设备对产品质量的保证程度、使用寿命、灵活性、安全性等。另外，还要注意设备选购的经济性和适用性。

四、工程设计方案的分析与评估

（一）工程设计方案的内容

工程设计方案一般包括如下内容：

（1）地基工程，如对项目建设场地的平整、地基的处理等。

（2）一般土建工程，一般包括厂房、仓库、生活服务设施的建筑物工程，矿井、铁路、水塔等构筑物工程，各种设备基础工程，水利工程及其他特殊工程。

（3）管道工程，如蒸汽、煤气等的管道工程。

(4) 卫生工程，主要包括排水工程、采暖工程和通风工程等。

(5) 电气及照明工程，主要包括线路架设工程、照明线路的安装工程等。

(二) 工程设计方案的分析与评估

工程设计方案的分析与评估主要包括以下内容：

1. 对项目总平面布置方案的论证

对项目总平面布置的论证主要是分析总图的合理性，即应审查如下内容：

(1) 要满足生产工艺的要求，保证工艺流程顺畅，使用方便；

(2) 符合土地管理和城市规划的要求；

(3) 布置紧凑，应满足场内外运输的需要；

(4) 注意节约用地、节约投资、经济合理。

2. 对土建工程设计方案的论证

对土建工程设计方案的分析与评估，主要是要按照经济合理的原则，经过方案比选，选用合适的建筑结构方案和建筑标准。对其建筑设计的一般规定和要求主要包括：

(1) 生产厂房平面和空间设计必须满足生产工艺要求，流程合理、方便操作、便于管理、利于设备安装维修。

(2) 在满足生产要求的基础上，应符合防火、防爆、防震、防腐等安全要求。

(3) 建筑形式的选择，应根据生产特点、建厂地区条件和其他各种因素综合考虑，并应力求外形简单、布置合理、充分利用空间和节约用地。

(4) 在满足生产要求的前提下，创造良好的劳动卫生条件。

(5) 要考虑生产车间内部对建筑的要求，为原料、半成品和成品的运输创造条件。

(6) 坚持适用、经济原则，在可能的条件下注意美观，在满足生产要求和方便使用的前提下，努力降低建筑工程造价，并尽可能满足建筑艺术和所在地城市建设的要求。

另外，在其结构设计中，结构选型应做到：根据生产工艺的特点，满足生产、采光、通风、运输等要求；保证结构有足够的强度、稳定性和耐久性；在保证适用和经济的原则下，力求经济合理，方便施工，注意结构的经常维修费用；必须因地制宜，充分考虑建厂地区的施工技术条件和建筑材料供应情况；结构布置和构造处理，必须有利于结构构件的标准化、定型化和通用化；根据需要和可能，积极合理地采用成熟可靠的新结构、新材料和新技术等。

3. 对施工组织设计的分析与评估

施工组织总设计是对工程从施工准备开始，经过工程施工、设备安装直到试生产的整个施工过程的规划与组织安排。其基本内容主要由四个部分组成：施工方案、施工进度计划、建设材料供应计划、施工总平面图。对施工组织设计的分析与评估的目的，主要是确保工程建设建立在切实可行的基础上，保证项目按期、保值、保量地完成。施工组织总设计分析的主要内容如下：

(1) 对施工方案的分析。

施工方案分析是对主要单项工程、公用设施、配套工程的施工方法和工程量的分析。在施工方法分析中，应重点对影响施工进度和工程质量的关键工程部位的施工方法进行分析。对工程量的分析应以相应的额定标准为依据来进行。

(2) 对施工顺序的分析。

一般地，投资项目可划分为很多单项工程，而单项工程也可以划分为较多的分部、分项工程，如何安排它们之间的施工顺序并在此顺序的基础上安排时间，就构成了施工进度计划的主要内容。

施工顺序安排一般应遵循如下原则：先准备，后施工；先地下工程，后地上工程；先主体工程，后装修工程；先先行工艺，后后继工艺；对给水、排水工程，先场外后场内等。

(3) 对施工进度的分析。

项目的施工进度常用网络图来表示，如图 5-1 所示。

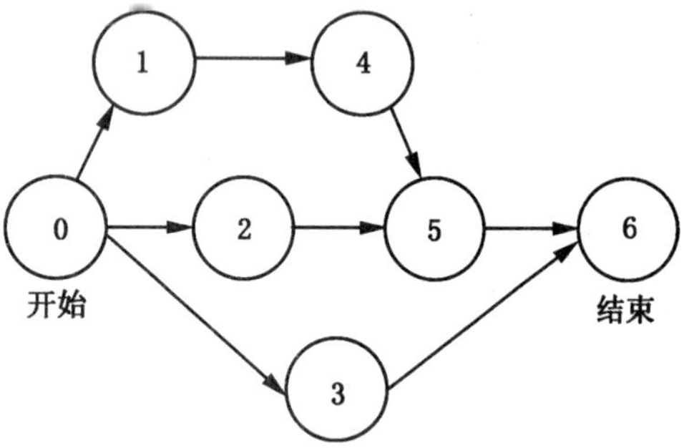

图 5-1　网络图

对施工进度的分析主要是分析各工序之间的时间安排和衔接是否合理、均衡，是否进行了相应的优化。

(4) 对建设材料供应计划的分析。

建设材料供应计划应主要根据施工进度计划的要求确定，即根据施工进度计划的要求，确定建筑材料、构配件、施工机械、设备、生产工艺设备以及各工种劳动力供应调配计划。

本章小结

项目的生产建设条件是项目基本的物质保证和物质基础，对其进行分析与评估主要是为了保证项目按预期目标完成和实现预期收益。

项目的生产建设条件评估主要是对项目投资建设及实施条件和对项目完成后的生产运营条件进行的评价。其主要内容包括资源条件评估、工程地质和水文地质条件评估、原材料条件评估、电力条件评估、供水条件评估、环境保护评估、交通运输条件评估、场址选择评价等。在进行这些生产建设条件评价时，应注意结合项目的性质、特点与具体需要等，并按照一定的要求进行具体分析。

技术评估是项目评估的重点和基本内容之一，是从技术上对项目的可行性所作的分析。技术是否可行是项目存在的前提，技术上的成功与否决定一个项目的成败。项目技术评估的原则主要有先进性、适用性、经济性、可靠性及符合国家有关法规和技术规范要求。

项目技术评估的主要内容包括生产工艺方案分析、设备选型方案分析、工程设计方案分析，其中生产工艺方案的评估是项目技术评估的核心内容。生产工艺方案评估的主要内容包括生产工艺的可靠性分析、生产工艺对产品质量的保证程度分析、经济性分析、生产工艺对原材料的适应性分析、生产工艺对实施条件的要求分析及生产工艺流程的均衡性分析。设备选型方案评估则要求在遵循先进性、可靠性和经济合理性等原则的前提下，着重对项目所采用的设备与项目生产能力的吻合程度、与生产品种及质量的适应性、对降低物料单耗与环境保护等的满足程度及配套性等方面进行分析。工程设计方案分析的主要内容包括对项目总平面布置方案的论证、土建工程设计方案论证、施工组织方案设计的分析与评估等。

复习思考题

1. 项目的生产建设条件主要有哪些？
2. 在进行项目的资源条件评价时，应坚持什么基本原则？
3. 项目的资源条件评估应包括哪些主要内容？
4. 在进行项目场址方案选择时，可采用什么方法进行？
5. 项目原材料评估主要包括哪些内容？
6. 项目技术评估的原则是什么？
7. 如何理解项目的技术评估是项目评估的重点与基本内容之一？
8. 项目的生产工艺方案评估包括哪些主要内容？
9. 项目的设备选型方案评估主要有哪些内容？
10. 项目的工程设计方案评估包括哪些主要内容？

第六章　项目投资估算与评估

在确定项目的规模之后，即应根据相关的估算方法对项目在投资建设期的总投入（即项目总投资）进行估算。项目总投资是项目投产运营的先决条件。本章主要阐述了项目总投资的概念及其构成，项目建设投资、流动资金的构成及其估算方法的分析与评估，并说明了项目总资金、分年投入资金与资金使用计划的分析评估内容。

第一节　项目总投资及其构成

投资估算是在对项目的建设规模、技术方案、设备方案、工程方案及项目实施进度等进行研究并基本确定的基础上，估算项目投入总资金（包括建设投资和流动资金），并测算建设期内分年资金需要量。投资估算作为制订融资方案、进行经济评价，以及编制初步设计概算的依据。

项目总投资是指拟建项目全部建成、投入营运所需的费用总和。在项目的可行性研究和经济评价中，对投资项目总投资进行估算，首先要明确投资估算的范围。投资估算的范围应与项目方案设计所规定的研究范围及项目工作（任务）内容保持一致。

根据《投资项目可行性研究指南》的规定，项目投入总资金由建设投资（含建设期利息）和流动资金两部分组成。其具体构成包括：(1)建筑工程费；(2)设备及工器具购置费；(3)安装工程费；(4)工程建设其他费用；(5)基本预备费；(6)涨价预备费；(7)建设期利息；(8)流动资金。

项目总投资的构成可见图 6-1。

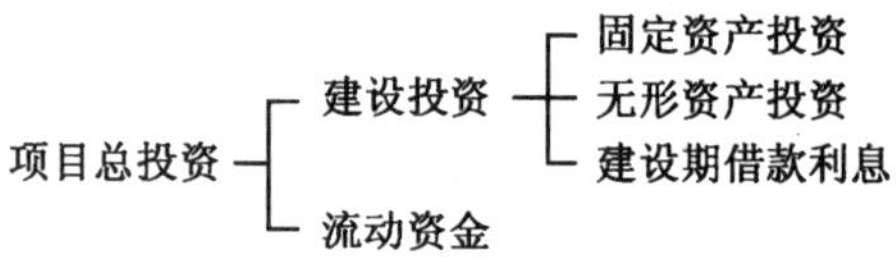

图 6-1　项目总投资的构成

需说明的是，项目经济评价中的总投资是指项目建设和投入运营所需要的全部投资（其估算范围与现行的投入总资金一致），是建设投资、建设期利息和全部流动资金之和。它区别于目前国家考核建设规模的总投资，即建设投资和 30％的流动资金（又称铺底流动资金）。

第二节　项目建设投资估算与评估

一、建设投资的构成

建设投资是项目费用的重要组成部分，是项目财务分析的基础数据。建设投资的构成可按概算法分类或按形成资产法分类。按概算法分类，可分为工程费用、工程建设其他费用和预备费三部分。其中工程费用又由建筑工程费、安装工程费、设备购置费(含工器具及生产家具购置费)构成，工程建设其他费用内容较多，且因行业和项目的不同而有所区别。预备费包括基本预备费和涨价预备费。按形成资产法分类，可分为形成固定资产费用、形成无形资产费用、形成其他资产费用和预备费四部分。固定资产费用是指项目投产时将直接形成固定资产的建设投资，包括工程费用和工程建设其他费用中按规定将形成固定资产的费用，后者被称为固定资产其他费用，主要包括建设单位管理费、可行性研究费、研究试验费、勘察设计费、环境影响评估费、场地准备及临时设施费、引进技术和引进设备费、工程保险费、联合试运转费、特殊设备安全监督检验费和市政公用设施建设及绿化费等。无形资产费用是指将直接形成无形资产的建设投资，主要包括专利权、非专利技术、土地使用权和商誉等。其他资产费用是指建设投资中除形成固定资产和无形资产以外的部分，如生产准备及开办费等。而本书中的建设投资构成主要采用概算法分类。

建设投资由建筑工程费、设备及工器具购置费、安装工程费、工程建设其他费用、基本预备费、涨价预备费、建设期利息构成。其中，建筑工程费、设备及工器具购置费、安装工程费形成固定资产；工程建设其他费用可分别形成固定资产、无形资产、递延资产。基本预备费、涨价预备费、建设期利息，在可行性研究阶段为简化计算方法，一并计入固定资产。

建设投资可分为静态投资和动态投资两部分。静态投资部分由建筑工程费、设备及工器具购置费、安装工程费、工程建设其他费用、基本预备费构成；动态投资部分由涨价预备费、建设期利息构成。

项目建设投资构成如图6-2所示。

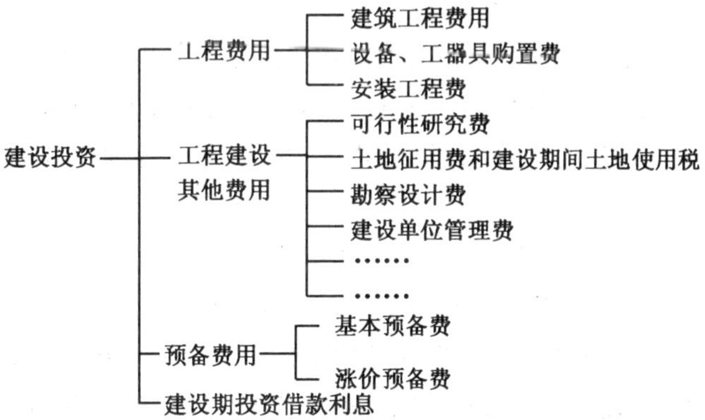

图6-2　项目建设投资构成

在投资估算的实践中，可根据需要分别估算不含建设期利息的建设投资和包含建设期利息的建设投资。

二、建设投资估算的依据与要求

（一）估算依据

投资估算应做到方法科学、依据充分。主要依据包括：

（1）专门机构发布的建设工程造价费用构成、估算指标、计算方法，以及其他有关计算工程造价的文件；

（2）专门机构发布的工程建设其他费用计算方法和费用标准，以及政府部门封闭的物价指数；

（3）拟建项目各单项工程的建设内容及工程量。

（二）估算精度要求

投资估算应达到以下要求：

（1）工程内容和费用构成齐全，计算合理，不重复计算，不提高或降低估算标准，不漏项、不少算；

（2）选用指标与具体工程之间存在标准或条件差异时，应进行必要的换算或者调整；

（3）投资估算精度应能满足控制初步设计概算的要求。

三、建设投资估算的步骤与方法

（一）估算步骤

建设投资的估算步骤主要包括：

（1）分别估算各单项工程所需的建筑工程费、设备及工器具购置费、安装工程费；

（2）在汇总各单项工程费用的基础上，估算工程建设其他费用和基本预备费；

（3）估算涨价预备费和建设期利息；

（4）加总求得建设投资总额。

（二）估算方法

1. 建筑工程费估算

建筑工程费是指为建造永久性建筑物和构筑物所需的费用，如场地平整、厂房、仓库、电站、设备基础、工业窑炉、矿井开拓、水塔、水池、环境绿化、桥梁、堤坝、隧道、涵洞、铁路、公路、管线敷设、水库、水坝、灌区等项工程的费用。建筑工程投资估算一般采用以下方法：

（1）单位建筑工程投资估算法。

以单位建筑工程投资乘以建筑工程总量计算。一般工业与民用建筑以单位建筑面积（平方米）的投资，工业窑炉砌筑以单位容积（立方米）的投资，水库以水坝单位长度（米）的投资，铁路路基以单位长度（千米）的投资，矿山掘进以单位长度（米）的投资，乘以相应的建筑工程总量计算建筑工程费。

（2）单位实物工程量投资估算法。

以单位实物工程量的投资乘以实物工程总量计算。土石方工程按每立方米投资，矿井巷道工程按每延米(即“延长米”，是用于统计或描述不规则的条状或线状工程的工程量。如管道长度、道牙长度、边坡长度、挖沟长度等，如有复线分别计算。延长米不是统一的，不同工程和规格要分别计算，作为工作量和结算工程款的依据)投资，路面铺设工程按每平方米投资，乘以相应的实物工程总量计算建筑工程费。

（3）概算指标投资估算法。

对于没有上述估算指标且建筑工程费占投资比例较大的项目，可采用概算指标估算法。采用这种估算法，应有较为详细的工程资料、建筑材料价格和工程费用指标，投入的时间和工作量较大。具体估算方法见有关专门机构发布的概算编制方法。

在按上述方法估算后，还应编制建筑工程费用估算表，如表 6-1 所示。

表 6-1　　　　建筑工程费用估算表

序号	建、构筑物名称	单位	工程量	单价(元)	费用合计(万元)

2. 设备及工器具购置费估算

设备及工器具购置费估算应根据项目主要设备表及价格、费用资料编制。工器具购置费一般按设备费的一定百分比计取。

设备及工器具购置费，包括设备的购置费、工器具购置费、现场制作非标准设备费、生产用家具购置费和相应的运杂费。对于价值较高的设备应按单台(套)估算购置费，价值较小的设备可按类估算。国内设备购置费和进口设备购置费应分别估算。

（1）国内设备购置费。

国内设备购置费为设备出厂价加运杂费。设备运杂费主要包括运输费、装卸费和仓库保管费等，运杂费可按设备出厂价的一定百分比计算。同时，应编制国内设备购置费估算表，如表 6-2 所示。

表 6-2　　　　国内设备购置费估算表

序号	设备名称	型号规格	单位	数量	设备购置费		
					出厂价(元)	运杂费(元)	总价(万元)
1							
2							
3							
…	…						
合　计							

(2) 进口设备购置费。

进口设备购置费由进口设备货价、进口从属费用及国内运杂费组成。进口设备货价按交货地点和方式的不同,分为离岸价与到岸价两种价格。进口从属费用包括国外运费、国外运输保险费、进口关税、进口环节增值税、外贸手续费、银行财务费和海关监管手续费。国内运杂费包括运输费、装卸费、运输保险费等。

进口设备按离岸价计价时,应计算设备运抵我国口岸的国外运费和国外运输保险费,得出到岸价。计算公式为:

$$\text{进口设备到岸价} = \text{离岸价} + \text{国外运费} + \text{国外运输保险费}$$

其中:

$$\text{国外运费} = \text{离岸价} \times \text{运费率}$$

或:

$$\text{国外运费} = \text{单位运价} \times \text{运量}$$

$$\text{国外运输保险费} = (\text{离岸价} + \text{国外运费}) \times \text{国外保险费率}$$

进口设备的其他几项从属费用通常按以下公式估算:

$$\text{进口关税} = \text{进口设备到岸价} \times \text{人民币外汇牌价} \times \text{进口关税率}$$

$$\text{进口环节增值税} = \left(\begin{matrix}\text{进口设备}\\\text{到岸价}\end{matrix} \times \begin{matrix}\text{人民币}\\\text{外汇牌价}\end{matrix} + \text{进口关税} + \text{消费税}\right) \times \text{增值税税率}$$

$$\text{外贸手续费} = \text{进口设备到岸价} \times \text{人民币外汇牌价} \times \text{外贸手续费率}$$

$$\text{银行财务费} = \text{进口设备到岸价} \times \text{人民币外汇牌价} \times \text{银行财务费率}$$

$$\text{海关监管手续费} = \text{进口设备到岸价} \times \text{人民币外汇牌价} \times \text{海关监管手续费率}$$

海关监管手续费是指海关对发生减免进口税或实行保税的进口设备,因实施监管和提供服务收取的手续费。对全额征收关税的设备,不收取海关监管手续费。

国内运杂费按运输方式,根据运量或者设备费金额估算。

在进行相关估算后,应编制进口设备购置费估算表,如表 6-3 所示。

表 6-3　　进口设备购置费估算表　　单位:万元、万美元

序号	设备名称	台套数	离岸价	国外运费	国外保险费	到岸价	进口关税	消费税	增值税	外贸手续费	银行手续费	海关监管手续费	国内运杂费	设备购置费总价
1	设备 A													
2	设备 B													
3	设备 C													
4	设备 D													
	…													
	合　计													

注:难以按单台(套)计算进口设备从属费用的,可按进口设备总离岸价估算。

现场制作非标准设备的费用,由材料费、人工费和管理费组成,按其占设备总费用的一定百分比估算。

3. 安装工程费估算

对需要安装的设备应估算安装工程费，包括各种机电设备装配和安装工程费用，与设备相连的工作台、梯子及其装设工程费用，附属于被安装设备的管线敷设工程费用，安装设备的绝缘、保温、防腐等工程费用，单体试运转和联动无负荷试运转费用。

安装工程费通常按行业或专门机构发布的安装工程定额、取费标准和指标估算投资。具体计算可按安装费率、每吨设备安装费或者每单位安装实物工程量的费用估算，即：

安装工程费 = 设备原价 × 安装费率

安装工程费 = 设备吨位 × 每吨安装费

安装工程费 = 安装工程实物量 × 安装费用指标

在进行相关估算后，应编制安装工程费用估算表，如表 6-4 所示。

表 6-4　　安装工程费用估算表

序号	安装工程名称	单位	数量	指标(费率)	安装费用(万元)
1	设备				
2	管线工程				
	合　计				

4. 工程建设其他费用估算

工程建设其他费用是指从项目筹建到竣工验收交付使用为止的整个建设期间，除了上述的工程费用以外的，为保证项目建设顺利完成和交付使用后能按正常功能发挥效用而发生的各项费用。它一般按各项费用科目的费率或者收费标准估算。应编制工程建设其他费用估算表，如表 6-5 所示。

表 6-5　　工程建设其他费用估算表　　单位：万元

序号	费用名称	计算依据	费率或标准	总价
1	土地使用费			
2	建设单位管理费			
3	勘察设计费			

续表

序号	费用名称	计算依据	费率或标准	总价
4	研究试验费			
5	建设单位临时设施费			
6	工程建设监理费			
7	工程保险费			
8	施工机构迁移费			
9	引进技术和进口设备其他费用			
10	联合试运转费			
11	职工培训费			
12	办公及生活家具购置费			
	…			
	合 计			

注：表中所列费用科目，仅供估算工程建设其他费用时参考。项目的其他费用，应根据拟建项目实际发生的具体情况确定。

5. 基本预备费估算

基本预备费是指在项目实施中可能发生难以预料的支出，需要事先预留的费用，又称为工程建设不可预见费，主要指设计变更及施工过程中可能增加工程量的费用。基本预备费以建筑工程费、设备及工器具购置费、安装工程费、工程建设其他费用之和为计算基数，乘以基本预备费率计算。基本预备费率按国家与部门的有关规定，一般取值为8%～15%。

6. 涨价预备费估算

涨价预备费是对建设工期较长的项目，由于在建设期内可能发生材料、设备、人工等价格上涨引起投资增加，需要事先预留的费用，亦称价格变动不可预见费，涨价预备费以建筑工程费、设备及工器具购置费、安装工程费之和为计算基数。计算公式为：

$$PC = \sum_{t=1}^{m} I_t[(1+f)^t - 1]$$

式中：PC 表示涨价预备费，I_t 表示第 t 年的建筑工程费、设备及工器具购置费、安装工程费之和，f 表示建设期价格上涨指数，m 表示项目的建设期。

建设期价格上涨指数，政府部门有规定的按规定执行，没有规定的由可行性研究人员预测。

7. 建设期利息估算

建设期利息是指项目借款在建设期内发生并计入固定资产的利息（项目在建设期一般不考虑还本付息，利息本金化）。计算建设期利息时，为了简化计算，通常假定借款均在每年的年中支用，借款第一年按半年计息，其余各年按全年计息，计算公式为：

$$各年应计利息=\left(年初借款本息累计+\frac{本年借款额}{2}\right)\times 借款年利率$$

对有多种借款资金来源、每笔借款的年利率各不相同的项目，既可分别计算每笔借款的利息，也可计算出各笔借款加权平均的年利率，并以此计算全部借款的利息。

其他融资费用是指某些债务资金发生的手续费、承诺费、管理费、信贷保险费等融资费用，原则上应按该债务资金的债权人的要求单独计算，并计入建设期利息。

在项目评价中，对于分期建成投产的项目，应注意按各期投产时间分别停止借款利息的资本化，即投产后继续发生的借款利息不能再计入固定资产原值，而是作为运营期利息计入总成本费用。

此外，对项目的建设投资还可按单位生产能力估算法或类比法、生产能力指数估算法、资金周转率法等进行简单估算，在此不再详述。

四、建设期投资借款利息的估算与借款的偿还

(一) 建设期投资借款利息的估算

本章前面的有关内容已对投资借款利息的估算公式作了介绍，下面仅结合具体估算实例对其作简单的说明。

例如，某项目的建设期为 3 年，在第一年、第二年、第三年拟分别向银行借入投资借款 400 万元、380 万元、340 万元，若假设银行贷款利率为 5%，则其投资借款各年的利息估算过程如下：

$$第一年投资借款的利息=\frac{400}{2}\times 5\%=10(万元)$$

$$第二年投资借款的利息=\left(410+\frac{380}{2}\right)\times 5\%=30(万元)$$

$$第三年投资借款的利息=\left(420+410+\frac{340}{2}\right)\times 5\%=50(万元)$$

通过上面的计算，可以得出项目在建设期发生的投资借款利息总额为 90 万元，则其在生产期初(或建设期末)的投资借款余额为 1 210 万元。

(二) 建设期投资借款的偿还方式

项目投资借款的本金、利息的偿还一般有如下方法：

1. 等额偿还本金和利息

等额偿还本金和利息法是指在还款期内，每一期所偿还的本金与利息额是一样的，其计算公式为：

$$A=I_c\left(\frac{A}{P},i,n\right)$$

式中：A 表示每年的还本付息额，I_c 表示建设期末投资借款本息和，n 表示贷款方要求的还款年数(从开始还款算起)。

2. 等额还本，利息照付

其计算公式为：

$$A_t = \frac{I_c}{n} + I_c\left[1 - \left(t - \frac{1}{n}\right)\right]i$$

式中：A_t 表示第 t 年还本付息额(其中本金为建设期末投资借款本息和除以偿还期数，每年支付利息为年初借款累计乘年利率)。

3. 以项目预测的可用于偿还投资借款本金的收益偿还本金、利息照付

可用于偿还投资借款本金的收益主要包括项目在生产期每年所实现的净利润(在进行法定的、必要的扣除后)及项目所提取的固定资产折旧及无形资产摊销，然后再加上所得税前列支的利息，可计算出项目的借款偿还期指标。项目的借款偿还期表示项目的最短还贷期限，它与利息保障倍数及偿债备付率等指标一起用来衡量项目的偿债能力。下面仅举例说明前面两种方法的关系及具体的计算方法：

例如，某大型投资项目在建设期末的投资借款累计数为 10 000 万元，要求的贷款偿还期为 5 年，假设贷款年利率为 10%(以年为计息期)，现分别要求按等额偿还法及等额还本、利息照付方法进行投资借款还本付息预测并编制投资借款还本付息表。

按等额还本付息法计算的每年偿还本息额应为：

10 000×0.263 8=2 638(万元)(注：5 年的资金回收系数为 0.263 8)

按等额还本利息照付方法计算的每年应偿还的本金额为：

$$\frac{10\,000}{5} = 2\,000(\text{万元})$$

分别列表，如表 6-6、表 6-7 所示。

表 6-6　　投资借款还本付息计算表

(按等额偿还本息法，年份从生产期第 1 年算起，下同)　　单位：万元

年份	年初借款累计	本年应计利息	本年还款额	年末借款累计
1	10 000	1 000	2 638	8 362
2	8 362	836.2	2 638	6 560.2
3	6 560.2	656.02	2 638	4 578.22
4	4 578.22	457.822	2 638	2 398.042
5	2 398.042	239.804 2	2 637.846 2	0
合　计		3 189.846 2	13 189.846 2	

注：最后一年调整计算误差 1 538 元。

表 6-7　　投资借款还本付息计算表

（按等额还本、利息照付方法）　　单位：万元

年份	年初借款累计	本年应计利息	本年还款额	年末借款累计
1	10 000	1000	3 000	8 000
2	8 000	800	2 800	6 000
3	6 000	600	2 600	4 000
4	4 000	400	2 400	2 000
5	2 000	200	2 200	0
合　计		3 000	13 000	

从表 6-6、表 6-7 计算结果，可以看出，虽然用等额还本、利息照付的方法计算出的应计利息和还款总额要比等额偿还法小，且计算也相对比较简单，但是，它是建立在前面年份（如第 1、第 2 年）支付较多金额（比等额偿还法要多）、后面年份（如在第 3、第 4、第 5 年）支付较少金额（与等额偿还法相比）的基础上。如可自由选择还款方式，则应以一定的折现率来考虑资金的时间价值，通过现值或终值比较后，在上述两种方式中做出选择。

五、建设投资估算的评估

（1）分析与评估项目建设投资的估算依据和方法是否符合国家或地区的有关规定与要求，各个具体费用科目的估算方法是否规范。

（2）分析与评估投资估算的内容是否完整准确，工程内容和费用构成是否齐全，是否存在扩大计算范围的现象和提高估算标准的情况。

（3）分析与评估投资估算中是否充分考虑了物价水平的变动因素，其涨价预备费的估算是否正确，物价指数的选择是否合理等。

（4）分析与评估建设期投资借款利息计算中借款分年用款是否符合项目的资金计划使用情况，采用的利率是否符合借款条件，利息额的估算是否准确，利息的计算期是否与项目建设期一致。

（5）分析与评估项目建设投资构成、资产划分与计算是否合理恰当。

在评估过程中，如果发现上述问题存在，应分析原因并采取相应的措施加以修改与调整。

第三节　流动资金估算与评估

一、流动资金的构成

流动资金是指生产经营性项目投产后，为进行正常生产运营，用于购买原材料、燃

料，支付工资及其他经营费用等所需的周转资金。因为项目的生产经营过程是连续不断的，流动资金就须不断地投入，所以，流动资金是项目生产经营活动正常进行必需的资金保证，是项目总投资的重要组成部分。

流动资金主要可分为生产领域的流动资金和流通领域的流动资金。其中，生产领域的流动资金包括生产储备资金和生产资金。生产储备资金是项目储备必要的材料与物资所占用的资金。它一般包括原材料、燃料、低值易耗品、包装物、外购半成品等占用的资金。生产资金则是指生产过程中占用在在产品、自制半成品及待摊费用上的资金。

流通领域中的流动资金主要包括成品资金、结算资金（各项应收、预付款项）和货币资金。

二、流动资金的估算方法

对拟建项目所需的流动资金投资进行估算，要根据项目自身的生产特点和掌握的资料数据情况来进行。在实际工作中，对流动资金的估算应做到如下几点：既要保证生产需要，又要节约使用资金；既要以项目可行性研究报告所确定的年设计生产能力为依据，又要考虑同行业先进水平和历史先进水平。一般地。其估算方法主要有以下几种。

（一）分项详细估算法

对构成流动资金的各项流动资产和流动负债分别进行估算。在可行性研究中，为简化计算，仅对存货、现金、应收账款、预付账款、应付账款和预收账款六项内容进行估算。其计算公式为：

$$\text{流动资金}=\text{流动资产}-\text{流动负债}$$

$$\text{流动资产}=\text{应收账款}+\text{预付账款}+\text{存货}+\text{现金}$$

$$\text{流动负债}=\text{应付账款}+\text{预付账款}$$

$$\text{流动资金本年增加额}=\text{本年流动资金}-\text{上年流动资金}$$

估算的具体步骤，首先计算各类流动资产和流动负债的年周转次数，然后再分项估算占用资金额。

1. 周转次数计算

周转次数等于360天除以最低周转天数。存货、现金、应收账款和应付账款的最低周转天数，可参照同类企业的平均周转天数并结合项目特点确定，或按部门（行业）规定，在确定最低周转天数时应考虑储存天数、在途天数，并考虑适当的保险系数。

2. 应收账款估算

应收账款是指企业已对外销售商品、提供劳务尚未收回的资金，包括若干科目，在进行可行性研究与项目评估时，只计算应收销售款。其计算公式为：

$$\text{应收账款}=\frac{\text{年销售收入}}{\text{应收账款周转次数}}$$

3. 预付账款估算

预付账款是指企业为购买各类材料、半成品或服务所预先支付的款项。其计算公式为：

$$预付账款=\frac{外购商品或服务年费用金额}{预付账款周转次数}$$

4. 存货估算

存货是企业为销售或者生产耗用而储备的各种货物，主要包括各类材料、商品、在产品、半成品和产成品等。为简化计算，项目评价中仅考虑外购原材料及燃料、其他材料、在产品和产成品，并分项进行计算。其计算公式为：

$$存货=外购原材料+外购燃料+在产品+产成品$$

$$外购原材料=\frac{年外购原材料}{按种类分项周转次数}$$

$$外购燃料=\frac{年外购燃料}{按种类分项周转次数}$$

$$其他材料=\frac{年其他材料费用}{其他材料周转次数}$$

$$在产品=\frac{年外购原材料费+年外购燃料费+年工资及福利费+年修理费+年其他制造费用}{在产品周转次数}$$

$$产成品=\frac{年经营成本-年其他营业费用}{产成品周转次数}$$

5. 现金需要量估算

项目流动资金中的现金是指货币资金，即企业生产运营活动中停留于货币形态的那部分资金，包括企业库存现金和银行存款。其计算公式为：

$$现金需要量=\frac{年工资及福利费+年其他费用}{现金周转次数}$$

$$年其他费用=制造费用+管理费用+销售费用-\left(\begin{array}{c}以上三项费用中所含的工资及福利费、\\折旧费、维简费、摊销费、修理费\end{array}\right)$$

6. 流动负债估算

流动负债是指在一年或者超过一年的一个营业周期内，需要偿还的各种债务。在可行性研究中，流动负债的估算只考虑应付账款一项。其计算公式为：

$$应付账款=\frac{年外购原材料+年外购燃料动力及其他材料费用}{应付账款周转次数}$$

$$预收账款=\frac{年预收营业收入额}{预收账款周转次数}$$

下面通过举例来说明分项详细估算法的具体估算过程。

例如，某项目达到设计生产能力后，项目的年产量为100万件，单位产品售价为

60元(不含增值税),项目定员为1 000人,工资及福利费按每人每年18 000元估算。项目每年的其他费用为900万元。年外购原材料、燃料动力及其他材料费估算值为18 000万元。年经营成本为19 800万元,年修理费占年经营成本的10%,项目无预收预付业务。各项流动资金的最低周转天数分别为:应收账款、应付账款为30天,现金及货币资金为40天,存货为40天。则项目所需的流动资金量的估算步骤如下:

$$应收账款=\frac{年销售收入}{年周转次数}=100\times\frac{60}{\frac{360}{30}}=500(万元)$$

$$现金=\frac{年工资福利费+年其他费用}{周转次数}=\frac{1\ 000\times1.8+900}{\frac{360}{40}}=300(万元)$$

$$外购原材料、燃料费=\frac{年外购原材料、燃料动力及其他材料费}{年周转次数}=\frac{18\ 000}{\frac{360}{40}}$$

$$=2\ 000(万元)$$

$$在产品=\frac{年工资福利费+年其他费用+年外购原材料、燃料及动力费+年修理费用}{年周转次数}$$

$$=\frac{1\ 800+720+18\ 000+1\ 980}{\frac{360}{40}}=2\ 500(万元)$$

$$产成品=\frac{年经营成本}{年周转次数}=\frac{19\ 800}{\frac{360}{40}}=2\ 200(万元)$$

存货=2 000+2 500+2 200=6 700(万元)

流动资产=应收账款+现金+存货=500+300+6 700=7 500(万元)

$$应付账款=\frac{年外购原材料、燃料及动力费}{年周转次数}=\frac{18\ 000}{\frac{360}{30}}=1\ 500(万元)$$

流动负债=应付账款=1 500(万元)

流动资金=流动资产-流动负债=7 500-1 500=6 000(万元)

根据流动资金各项估算的结果,编制流动资金估算表,如表6-8所示。

表6-8 **流动资金估算表** 单位:万元

序 号	项 目	最低周转天数	周转次数	投产期	达产期
1	流动资产				
1.1	应收账款				

续表

序　号	项　目	最低周转天数	周转次数	投产期	达产期
1.2	预付账款				
1.3	存货				
1.3.1	原材料				
1.3.2	燃料				
1.3.3	在产品				
1.3.4	产成品				
1.4	现金				
2	流动负债				
2.1	应付账款				
2.2	预收账款				
3	流动资金(1－2)				

注:原材料、燃料栏目应分别列出具体名称,分别计算。

(二) 扩大指标估算法

扩大指标估算法是一种简化的流动资金估算方法,一般可参照同类企业流动资金占销售收入、经营成本的比例,或者单位产量占用流动资金的数额估算。具体包括:

1. 销售收入资金率法

销售收入资金率法是指项目流动资金需要量与其一定时期内(通常以年为单位)的销售收入的比率。利用销售收入资金率估算项目所需流动资金的计算公式为:

流动资金需要量 = 项目年销售收入 × 销售收入资金率

式中:项目年销售收入取值为项目正常年份的数值,销售收入资金率可根据同类项目的经验数据加以确定。

2. 经营成本资金率法

经营成本资金率法是指项目流动资金需要量与其一定时期内(通常以年为单位)的经营成本的比率。利用经营成本资金率估算项目所需流动资金的公式为:

流动资金需要量 = 项目年销售收入 × 经营成本资金率

3. 单位产量资金率法

单位产量资金率法是指项目单位产量所需的流动资金量。利用单位产量资金率估算项目所需流动资金的公式为:

流动资金需要量 = 项目设计年产量 × 单位产量资金率

(三) 定额日数法

估算流动资金的定额日数法,即:

流动资金 = 以货币表现的每天平均周转额 × 定额日数

它是流动资金定额估算的基本方法。

1. 储备资金定额的估算

储备资金定额的估算公式为：

$$\text{储备材料资金耗用额}=\text{储备材料定额单价}\times\text{年耗用量}\times\frac{\text{定额日数}}{360}$$

$$\text{年耗用量}=\text{消耗定额}\times\text{设计年产量}$$

$$\text{定额日数}=\text{在途日数}+\text{验收日数}+\text{供货间隔日数}\times\text{系数}$$

在途日数，是指从支付货款之日起到材料运到项目所在地为止，在正常情况下所需的天数，如一种材料有多个供货单位，可采取加权平均法计算。验收日数，是指材料到达后，在卸车、拆包、分类、验收等方面所需要的天数。供货间隔日数，是指先后两次材料供应之间的间隔日数。在日耗用量不变的情况下，供货次数越多，间隔日数越短，占用资金越少。系数是按其供应周期确定资金需要量时应乘的折扣率，用公式表示为：

$$r=\frac{n+1}{2n}\times 100\%$$

式中：r 表示供货间隔系数，n 表示供货间隔日数。

也就是说，供货间隔日数的系数一般在 0.5～1(大于 0.5)。

储备资金定额估算可见表 6-9。

表 6-9 储备资金定额估算表

材料名称	供货地点	计量单位	单价	全年耗用		定额日数								储备资金定额
						供货间隔日数			在途日数	验收日数	整理日数	保险日数	合计	
				数量	金额	间隔日数	系数	应计日数						
原材料														
辅助材料														
燃料														
低值易耗品														
修理用备件														
包装物														
外购半成品														
合　计														

2. 生产资金定额的估算

生产资金定额的估算，原则上应按品种逐一进行估算。其估算公式为：

$$\text{生产资金定额}=\text{设计日产量}\times\text{估算单位成本}\times\text{生产周期}\times\text{在产品成本系数}$$

生产周期是指产品从投料开始到加工完成、验收入库所经历的全过程所需要的时间。

$$\text{在产品成本系数}=\frac{\text{在产品平均单位成本}}{\text{产品单位成本}}\times 100\%$$

对于待摊费用，一般数额不大，可根据具体情况进行估算。生产资金定额估算可见表6-10。

表6-10 **生产资金定额估算表**

产品名称	产量	单位成本	总成本	每日平均成本	定额天数			生产资金定额
					出厂日期（天）	在产品成本系数	应计日数	
A产品								
B产品								
C产品								
待摊费用								
合　计								

3. 产品资金定额的估算

产品资金是指从产品验收入库起到产品发出按有关结算方式收回货款或收到银行结算通知为止的一段时间所需占用的资金。产品资金应按产品品种分别估算。

$$产品资金定额 = 平均每日产量 \times 估算单位成本 \times 定额日数$$

其中，定额日数＝发货间隔日数×系数＋包装和发运日数＋结算日数，发货间隔日数$=\frac{发货定额}{平均日产量}$。结算日数取决于产品的结算方式。采用托收承付结算方式，结算日数是指取得运输凭证后到开户行办理托收承付手续所需的天数，采用托收承付以外结算方式的，是指取得运输凭证后到收到货款为止所需的时间。包装和发运日数，是指对产品进行必需的包装并运抵车站、码头直至取得运输凭证为止所需的时间。产品资金定额估算可见表6-11。

表6-11 **产品资金定额估算表**

产品名称	平均日产量	估算成本	每天资金占用额	间隔日数			发运日数	结算日数	合计	产品资金定额
				定额日数	系数	应计日数				
A产品										
B产品										
C产品										
外购商品										
合　计										

通过以上估算，就可以汇总得出拟建投资项目所需的流动资金额。

在估算好流动资金投资后，还需要考虑其资金来源。这是因为，现行制度规定，投资项目所需的流动资金投资，一般要有不少于30%的自有资金投入，其余部分才能向金融机构贷款。

（四）流动资金估算应注意的问题

在流动资金估算及其评估过程中，应重点注意以下几个方面：

（1）在项目评价中，最低周转天数的取值对流动资金估算的准确度有较大影响。为此，在确定最低周转天数时应根据项目的特点、投入和产出的性质、供应来源及各分项的属性，并考虑保险系数分项确定。

（2）当投入物和产出物采用不含税价格时，估算中应注意将销项税额和进项税额分别包括在相应的年费用金额中。

（3）流动资金一般应在项目投产前开始筹措。为了简化计算，流动资金可在投产第一年开始安排，并随投产运营计划的不同而有所不同，因此流动资金的估算应根据不同的投产运营计划分年进行。

（4）用详细估算法计算流动资金，需以经营成本及其中的某些科目为基数，也就是说，流动资金的估算应在经营成本及有关成本费用估算之后进行。

三、流动资金估算评估

流动资金估算评估主要包括：

（1）分析与评估估算的流动资金总额是否能满足项目的生产要求，审核作为未来企业维持正常生产经营所需的流动资金占用量与周转期是否符合生产要求。

（2）分析与评估流动资金估算采用的方法是否符合项目的特点与有关规定的要求。应根据评估时可能掌握的资料与评估要求确定项目流动资金的估算应采用的方法，并尽量使其与项目的实际情况相符。

（3）评估新建项目流动资金的估算是否结合了项目投产后生产经营的特点，其计算方法是否正确，重点评估各项流动资产和流动负债周转次数与周转天数的取值是否合理。

第四节　项目投入总资金及分年资金投入计划评估

一、项目投入总资金

按投资估算内容和估算方法估算各项投资并进行汇总，分别编制项目投入总资金估算汇总表（见表6-12）和主要单项工程投资估算表（见表6-13），并对项目投入总资金构成和各单项工程投资比例的合理性以及单位生产能力（使用效益）投资指标的先进性进行分析。

表 6-12　　项目投入总资金估算汇总表　　单位：万元

序号	费用名称	投资额		占项目投入总资金的比例(%)	估算说明
		合计	其中：外汇		
1	建设投资				
1.1	建设投资静态部分				
1.1.1	建筑工程费				
1.1.2	设备及工器具购置费				
1.1.3	安装工程费				
1.1.4	工程建设其他费用				
1.1.5	基本预备费				
1.2	建设投资动态部分				
1.2.1	涨价预备费				
1.2.2	建设期利息				
2	流动资金				
3	项目投入总资金(1+2)				

表 6-13　　主要单项工程投资估算表　　单位：万元

序号	工程名称	建筑工程费	设备及工器具购置费	安装工程费	工程建设其他费用	合计

二、分年资金投入计划评估

(一) 分年资金投入计划

在估算出项目投入总资金后，应根据项目实施进度的安排，编制其分年资金投入计划表，如表 6-14 所示。

表 6-14　　分年资金投入计划表

序号	名　称	人民币(万元)			外汇(万美元)		
		第一年	第二年	…	第一年	第二年	…
	分年计划(%)						
1	建设投资(不含建设期利息)						
2	建设期利息						
3	流动资金						
4	项目投入总资金(1+2+3)						

(二) 分年资金使用计划评估

对项目资金使用计划的分析与评估,应包括以下几方面:

(1) 项目的资金使用计划是否与项目的实施进度计划相吻合与衔接,是否与融资计划相适应,是否合理安排了各年的投资支出,用款计划是否与资金来源相适应,有无调整与修改的必要。

(2) 根据项目投资估算确定的资金需要量与分年投入计划,评估其资金来源及资金使用计划是否合理,是否符合国家有关政策规定。

(3) 评估投资使用计划的安排是否科学合理,是否能保证项目的顺利实施,是否满足资金有效利用的要求。

本章小结

项目的总投资是指拟建项目在投资建设期所需的费用总和。它主要包括项目的建设投资和流动资金。根据现行制度规定,项目的建设投资主要包括项目的建筑工程费用、安装工程费用、设备及工器具购置费、工程建设其他费用、基本预备费、涨价预备费、建设期利息等;项目的流动资金主要是指垫支在流动资产上的资金,主要包括生产领域的流动资金和流通领域的流动资金。

项目的建设投资估算需要在一定的依据、步骤与要求的基础上,按各自的方法对各项费用进行分项估算。其中建筑工程费用的估算方法有单位建筑工程投资、单位实物工程量投资、概算指标投资等估算方法;设备及工器具购置费按其买价加上一定比率的运杂费率进行估算;安装工程费用通常按行业或专门机构发布的安装工程定额、收费标准和指标进行估算;工程建设其他费用则按规定的计费标准与费率进行估算;基本预备费按工程费用及工程建设其他费用的一定百分比计提;涨价预备费按物价指数进行估算;建设期利息按其规定的计算公式进行估算。流动资金则可采用分项详细估算法、定额日数法和扩大指标估算法等进行估算。其中分项详细估算法是对构成流动资金的各项流动资产和流动负债分别进行估算,并以两者之间的差作为所需流动资金;扩大指标估算法是一种简便的估算方法,主要是参照同类已完成项目的数据(如销售收入资金率、经营成本资金率、单位产量资金率法等)进行类比;定额日数法则是通过估算流动资金的定额日数,并在其基础上乘以用货币表示的每天平均周转额,估算出项目所需的流动资金。

在估算好项目所需的总资金后,还应做好年度资金投入计划与资金使用计划,并进行相应的分析评估。

复习思考题

1. 项目总投资的含义是什么?它具体包括哪些内容?
2. 项目的建筑工程费是如何估算的?
3. 项目的设备及工器具购置费是如何估算的?
4. 项目的基本预备费与涨价预备费是如何估算的?
5. 项目建设期利息是如何估算的?其偿还方式有哪几种?
6. 项目流动资金估算方法中分项详细估算法是如何进行估算的?
7. 如何编制"项目投入总资金估算汇总表"与"分年资金投入计划表"?

第七章　项目融资评估

在确定了项目总投资后，就应该对其融资情况进行分析与评估。本章主要通过介绍项目融资的一些制度性规定与融资方案评估的基本原理与方法，要求掌握项目融资的概念，了解项目融资主体、项目融资组织形式，熟悉项目的资金来源与构成、项目的融资模式、项目的融资成本及融资风险的分析与评估，重点掌握项目融资方案及其优化的评估内容。

第一节　项目的融资模式与组织形式

一、项目融资概述

(一) 项目融资概念

项目融资始于20世纪30年代美国油田开发项目，后来逐渐扩大范围，广泛应用于各行各业的项目开发。项目融资，是指以项目为对象进行的所有融通资金的活动，即是指项目通过各种途径筹集和融通到项目所需投资资金的全部经济活动。它关系项目能否按预定规模与生产能力投资运营，是影响项目选择和投资决策的一个重要因素，也是关系项目能否顺利实施并达到预定目标的关键。项目融资主要是依靠项目本身未来现金形成的资产，而不是依靠项目本身或项目投资人以外的资产。主体的排他性使得债权人只关注项目的未来现金流量中用于还款的资金有多少，融资额、成本结构等与未来现金流量密切相关。

由于项目资金需求量大、融资比例高、融资风险分散、结构复杂等特点，因此参与融资的利益主体也较传统的融资方式要多。概括起来主要包括以下利益主体：项目公司、项目投资者、银行等金融机构、项目产品购买者、项目承包公司、材料供应商、融资顾问、项目管理公司等。

(二) 项目融资环境

项目融资环境主要包括法律法规、经济环境、融资渠道、税收政策和投资政策等。

1. 法律法规

一方面，融资的成功离不开健全的法律法规的保障；另一方面，项目的融资也要遵守国家与地方的各项法律法规。项目融资操作需要建立起一套完整的法律框架,包括项目投资和融资的基本法律、合同的法律效力和纠纷处理程序等。

2. 经济环境

项目融资成功需要良好的经济环境。良好的经济环境主要包括:较完善的经济与产业政策,经济又好又快地增长,配套的基础设施,完善、规范的市场体制及资本市场,良好的自然环境及生活环境等。项目在融资方案设计时需考虑这些因素对融资的限制与影响,这些影响将作用于融资方案、融资成本和融资风险。

3. 融资渠道

项目融资应充分利用现有的资金来源渠道进行,包括利用政府资金、国内外银行等金融机构的贷款、国内外证券市场等,具体可参见本章后面的相关内容。

4. 税收政策

税收政策将影响项目的融资方案。如所得税税率优惠将会使项目的收益提高,项目风险降低,从而使融资变得更为容易。

5. 投资政策

国家的投资政策对项目投资及融资有着重要影响。如国家限制的投资领域,其项目投资的风险就大,筹资成本高;国家鼓励发展领域的投资项目通常可得到政府的优惠措施扶持,项目的收益可以间接地得到保证,其投资风险就会降低。

二、项目融资主体

(一) 项目融资主体的含义

要研究项目的融资模式,分析项目的融资渠道和方式,提出项目的融资方案,应首先明确项目的融资主体。项目融资主体是指进行融资活动,并承担融资责任与风险的项目法人单位。正确确定项目融资主体,有助于顺利筹措资金并降低债务偿还风险。

(二) 项目融资主体的确定

确定项目融资主体应考虑项目投资的规模与行业特点,项目与既有法人资产、经营活动的关系与联系,既有法人财务状况及项目的自身盈利能力等因素。一般地,在以下情况,应以既有法人为融资主体:

(1) 既有法人具有为项目进行融资和承担全部融资责任的经济实力;

(2) 项目与既有法人的资产及经营活动存在着密切的联系;

(3) 项目的盈利能力较差,但项目对整个企业的持续发展具有重要作用,需要利用既有法人的整体资信获得债务资金。

而以新设法人为融资主体的情况主要包括:

(1) 拟建项目的投资规模较大,既有法人不具有为项目进行融资和承担全部融资责任的能力;

(2) 既有法人财务状况较差，难以获得债务资金，且项目与既有法人的经营活动联系不密切；

(3) 项目自身具有较强的盈利能力，依靠项目自身未来的现金流量可以按期偿还债务。

三、项目融资组织形式

按照融资主体不同，项目融资可以分为新设法人融资和既有法人融资两种形式。

(一) 新设法人融资

新设法人融资，是指以新组建的具有独立法人资格的项目公司为融资主体的融资方式。采用新设法人融资方式的投资项目，项目法人大多是企业法人。社会公益事业性项目和某些基础设施项目也可能以组建新的事业法人来实施。采用新设法人融资的投资项目，一般是新建项目，即新开工项目，但也可以是将既有法人的一部分资产剥离出去后重新组建的项目法人的改扩建项目。

新设法人融资的基本特点：(1) 由项目发起人(企业或政府部门)发起组建新的具有独立法人资格的项目公司，由新组建的项目公司承担融资责任和风险；(2) 项目投资所需的资金来源，可包括项目公司股东投入的资本金和项目承担的债务资金；(3) 从项目投产后的经济效益情况考察偿债能力，依靠项目自身的盈利能力来偿还债务；(4) 一般以项目投资形成的资产、未来收益或权益作为融资担保的基础。

在采用新设法人融资的方式下，项目发起人与新组建的项目公司分属不同的实体，项目的债务风险由新组建的项目公司承担。项目能否还贷，取决于项目自身的盈利能力，因此必须认真分析项目自身的现金流量和盈利能力，尤其是作为债权人在进行项目评估时更应对其进行重点分析。

新设法人融资又称项目融资。在项目融资方式下，为了实施新项目，由项目的发起人及其他出资人出资，组建新的独立承担民事责任的法人(公司法人或事业法人)，承担项目的投融资。以项目投资所形成的资产、未来的收益或者权益作为建立项目融资信用的基础，取得债务融资。在这种融资方式下，较易切断项目对于投资人的风险，实现所谓"无追索权"或"有追索权"借款融资，即项目的股东投资方不对项目的借款提供保证或只提供部分保证。项目负债的偿还只依靠项目本身的资产和项目未来的净现金流量来保证，这就是说债权人只能要求以项目本身的资产或盈余来清偿债务，而对项目以外的其他资产无追索权，或要求由项目以外的与项目有利害关系的第三者提供各种形式的担保，故其亦称为有限追索权融资。

当然，项目股东对项目公司借款提供多大程度的担保，也是项目融资方案研究的内容之一。对于实力雄厚的股东，为项目公司提供完全的担保，可以使项目公司取得低成本资金，从而降低项目的融资风险；但担保额度过高也会使其资信下降，损害其再融资能力，同时股东担保也可能需要支付担保费，从而也会增加项目公司的费用支出，为此，在项目本身预测的财务效益较好、投资风险可得到有效控制的前提条件下，应降低项目公司股东的担保额度。

这种形式下的项目融资通常需要按照七个阶段实施：项目投资研究、初步投资决策、融资研究、融资谈判、完善融资方案、项目最终决策、融资实施。

（二）既有法人融资

既有法人融资，是指依托现有法人进行的融资活动。既有法人融资方式是以既有法人为融资主体的融资方式。采用既有法人融资方式的投资项目，既可以是改扩建项目，也可以是非独立法人的新建项目。

既有法人融资的基本特点：(1)拟建项目不组建新的项目法人，由既有法人统一组织融资活动并承担融资责任和风险；(2)投资项目所需的资金来源于既有法人内部融资、新增资本金和新增债务资金；(3)拟建项目一般是在既有法人资产和信用的基础上进行的，并形成增量资产；(4)新增债务资金依靠既有法人整体(包括拟建项目)的盈利能力来偿还，并以既有法人整体的资产与信用承担债务担保。

以既有法人融资方式筹集的资金虽然用于项目投资，但债务人是既有法人。债权人可对既有法人的全部资产(包括拟建项目的资产)进行债务追索，因而债权人的债务风险相对较低。在这种融资方式下，不论项目未来的盈利能力如何，只要既有法人能够保证按期还本付息，银行就愿意提供信贷资金。因此，采用这种融资方式，必须充分考虑既有法人整体的盈利能力和信用状况，分析可用于偿还债务的既有法人整体(包括拟建项目)的未来的净现金流量，因此这种融资方式也称为公司(企业)融资。

第二节　资金来源分析与评估

一、资金来源渠道

项目的投资资金需求应以合适的资金来源渠道和筹措方案来满足并予以解决。项目目前的融资渠道主要包括：

(1) 政府资金，包括财政预算内及预算外资金。政府的资金可能是无偿的，也可能是作为项目资本金投资，或者是以贷款的形式出现。

(2) 国内外银行等金融机构的贷款，包括国家政策性银行、国内外商业银行、区域性及全球性国际金融机构的贷款。

(3) 国内外证券市场，可以发行股票及债券的形式进行。

(4) 国内外非银行金融机构的资金，包括信托投资公司、投资基金公司、风险投资公司、保险公司、租赁公司的资金。

(5) 外国政府的资金，包括以贷款方式或以赠款形式提供。

(6) 国内外企业、团体、个人的资金。

(7) 项目法人自有资金。

在估算出项目所需要的资金量后,应根据资金的可得性、供应的充足性、融资成本的高低,选择资金来源渠道。

资金来源,一般分为直接融资和间接融资两种方式。直接融资方式是指投资者对拟建项目的直接投资,以及项目法人通过发行(增发)股票、债券等直接筹集的资金。间接融资是指从银行及非银行金融机构借入的资金。

二、项目资本金筹措

(一) 项目资本金的特点

项目资本金(外商投资项目为注册资本)是指在项目总投资中由投资者认缴的出资额,对项目来说是非债务资金,项目法人不需承担这部分资金的任何利息和债务,投资者可按其出资的比例依法享有所有者权益,也可转让其出资,但一般不得以任何方式抽回。资本金是确定项目产权关系的依据,也是项目获得债务资金的信用基础,没有固定的按期还本付息的压力。同时股利是否支付和支付多少,可视项目投产运营后的实际经营效果而定,因此,项目法人的财务负担较小。

(二) 项目资本金的出资方式

投资者可以用货币出资,也可以用实物、工业产权、非专利技术、土地使用权和资源开采权等作价出资。作价出资的实物、工业产权、非专利技术、土地使用权和资源开采权,必须经过有资格的资产评估机构评估作价;其中以工业产权和非专利技术作价出资的比例一般不得超过项目资本金总额的20%(经特别批准,部分高新技术项目可以达到35%以上)。

为了使项目保持合理的资产结构,应根据投资各方及投资项目的具体情况选择项目资本金的出资方式,以保证项目能顺利实施并在建成后能正常投产运营。

(三) 项目资本金的来源渠道和筹措方式

1. 新设法人项目资本金的来源渠道和筹措方式

一般地,新设法人项目资本金的来源渠道和筹措方式主要有如下几种:

(1) 股东直接投资。

股东直接投资包括政府授权投资机构入股的资金、国内外企业入股的资金、社会团体和个人入股的资金以及基金会投资公司入股的资金,以上各项分别形成国家资本金、法人资本金、个人资本金和外商资本金。

新设法人融资项目,股东直接投资表现为项目投资者为项目提供资本金。合资经营公司的资本金由企业的股东按股权比例认缴,合作经营公司的资本金由合作投资方按预先约定的金额投入。

既有法人融资项目,股东直接投资表现为扩充企业现有的资本金规模,包括原有股东增资扩股和吸收新股东投资。

（2）股票融资。

不管是新设法人融资项目还是既有法人融资项目，只要是符合规定条件的，均可以通过发行股票在资本市场上募集股本资金。股票融资可以采取公募和私募两种形式。其中公募又称公开发行，是在证券市场上向不特定的社会公众公开发行股票。为了保障广大投资者的合法权益，国家对公开发行股票有非常严格的规定与要求。发行股票的公司要有较高的信用，符合证券监管部门规定的各项发行条件，并获得证券监管部门批准后方可发行。私募又称不公开发行或内部发行，是指将股票直接出售给少数特定的投资者。

股票融资一般具有如下特点：①股票融资所筹集的资金是项目的股本资金，可作为其他筹资方式的基础，并增强融资主体的举债能力；②股票融资所筹资金不存在到期偿还的问题，投资者一旦购买股票，便不得退股；③普通股股票的股利支付，可视融资主体的经营状况及经营需要而定，因而融资风险较小；④股票融资的资金成本较高，因为股利需从税后利润中支付，不具有抵税作用，而且发行费用也较高；⑤上市公开发行股票，必须履行公开披露信息的职责，并接受投资者和社会公众的监督。

（3）政府投资。

政府投资资金包括各级政府的财政预算内资金、国家批准的各种专项建设基金、统借国外借款、土地批租收入、地方政府按规定收取的各项费用及其他预算外资金等。一般地，政府投资主要用于关系国家安全和市场不能有效配置的经济和社会领域，包括加强公益性和公共基础设施建设，保护和改善生态环境，促进欠发达地区的经济和社会发展，促进科技进步和高新技术产业化。中央政府除本级政权建设外，主要安排跨地区、跨流域以及对国民经济和社会全局有重大影响的项目（如三峡工程、青藏铁路、南水北调等）。

对政府投资资金，国家根据资金来源、项目性质和调控需要，分别采取直接投资、资本金注入、投资补助、转贷和贷款贴息等方式，并按项目安排使用。

需说明的是，在项目评估中，对投入的政府投资资金，应根据资金投入的不同情况进行不同的处理：①全部使用于政府直接投资的项目，一般为非经营性项目，不需要进行融资方案分析与评估；②以资本金注入方式投入的政府投资资金，在项目评价中应视为权益资金；③以投资补贴、贷款贴息方式投入的政府投资资金，在项目评价中应视为现金流入，根据具体情况作不同的处理；④以转贷方式投入的政府投资资金（统借国外借款），在项目评价中应视为债务资金。

（4）优先股股票。

优先股股票是一种兼具资本金和全程资金特点的有价证券。从普通股股东的立场来看，优先股可视同一种负债；但从债权人的立场来看，优先股可视同资本金。

如同债券一样，优先股股息有一个固定的数额或比率，通常要大大高于银行的贷款利息，该股息不随公司业绩的好坏而波动，并且优先股股东可以先于普通股股东领取股息；如果公司破产清算，优先股股东对公司剩余财产有先于普通股股东的要求权。优先股一般不参加公司的红利分配，持股人没有表决权，也不能参与公司的经营管理。

优先股股票相对于其他债务融资，通常处于较后的受偿顺序，且股息在税后利润中支付，为此，在项目评价中应将优先股股票视为资本金。

(5) 可转换债券。

可转换债券是一种可以在特定时间、按特定条件转换为公司普通股股票的特殊企业债券，兼有债券和股票的特性。

可转换债券一般具有如下特点：①债权性。与其他债券一样，可转换债券也有规定的期限和利率，债券持有人可以选择持有债券到期，收取本金和利息。②股权性。可转换债券在转换成股票之前是纯粹的债券，但在转换成股票之后，原债券持有人就由债权人变成了公司的股东，可参与企业的经营决策和红利分配。③可转换性。债券持有人有权按照约定的条件将债券转换成股票。转股权是投资者享有的而普通企业债券持有人所没有的选择权。可转换债券在发行时就明确约定，债券持有人可按照发行时约定的价格将债券转换成公司的普通股股票。如果债券持有人不想转换，则可继续持有债券，直到偿还期满并收取本金和利息，或者在流通市场出售变现。

由于可转换债券附有普通企业债券所没有的转股权，所以可转换债券利率一般低于普通企业债券利率，企业发行可转换债券有助于降低资金成本，但可转换债券在一定条件下可转换为公司股票，故也可能造成公司股权的分散，为此，在项目评估中，可转换债券应视作项目的债务资金。

2. 既有法人项目资本金的来源渠道和筹措方式

投资项目采用既有法人融资方式，既有法人的资产也是项目投资资金的来源之一。既有法人资产在企业资产负债表中表现为企业的现金资产和非现金资产，它可能由企业的所有者权益形成，也可能由企业的负债形成。企业现有资产的形成，主要来源于以下三个方面：企业股东过去投入的资本金；企业对外负债的债务资金；企业经营所形成的净现金流量。对于企业的某一项具体资产来说，我们无法确定它是由资本金形成的，还是由债务资金形成的。当企业采用既有法人融资方式，以企业的资产或资产变现获得的资金，投资于本企业的改扩建项目时，我们同样不能确定其属性是资本金，还是债务资金。但当一个企业以现有资产投资于另一个具有独立法人资格的某项目时，则对此项目来说，该资产投资应视为资本金。

既有法人资本金融资的渠道和方式主要有如下几种：

(1) 可用于项目投资建设的货币资金。

可用于项目投资建设的货币资金包括既有法人现有的货币资金和未来经营活动中可能获得的盈余资金。其中现有的货币资金是指现有的库存现金和银行存款，扣除必要的日常经营所需的货币资金额，多余的部分可用于项目的投资建设；未来经营活动中可能获得的盈余资金是指在拟建项目的建设期内，企业在经营活动中获得的净现金节余，可以抽出一部分用于项目建设。

企业的库存现金及银行存款可以通过企业的资产负债表了解，而企业未来经营活动可能获得的盈余资金，则需要通过对企业未来现金流量的预测来进行估算。

(2) 资产变现的资金。

资产变现的资金是指既有法人将流动资产、长期投资和固定资产变现为现金的资金。企业可以通过加强财务管理，提高流动资产周转率，减少存货、应收账款等流动资产占用而取得资金，也可以出让有价证券取得资金。企业的长期投资包括长期股权投资和长期债权投资，一般都可以通过转让而变现。企业的固定资产中，有些是由于产品方案改变而被闲置，有些是由于技术更新而被替换，都可以通过出售而得以变现。

(3) 资产经营权变现的资金。

资产经营权变现的资金是指既有法人可以将其所属资产经营权的一部分转让或全部转让，从而取得的可用于项目投资建设的资金。

(4) 直接使用非现金资产。

既有法人的非现金资产(包括实物、工业产权、非专利技术、土地使用权等)适用于拟建项目的，经资产评估可直接用于项目投资。当既有法人在改扩建项目中直接使用本单位的非现金资产时，其资产价值应记入“既有项目”的项目总投资中，但不能记作新增投资。

其他还有发行股票筹集的资金、政府财政性资金、受赠与的资金、国内外法人单位的入股资金等。

(四) 项目资本金来源的评估

对项目资本金来源的评估主要是评估其可能性与可靠性，并对其各出资方及各种出资方式进行重点评估，即主要评估以下内容：

(1) 对出资方、出资方式、资本金来源与数量和资本金的认缴进度等进行评估，并审核各出资者承诺出资和资产评估证明的文件和材料。

(2) 对以货币方式投入的资本金，主要应根据出资人近 3 年的生产经营、资产负债和财务状况变动情况，重点审查其资金来源和运用与盈余情况及落实程度。

(3) 对以实物、工业产权、非专利技术、土地使用权等方式投入的，应重点审查其所有权是否归出资方所有，其估价是否符合法律、法规的要求，投入比例是否符合国家的规定等。

(4) 对以发行股票方式的筹资，应评估其是否符合国家规定，发行的方式和股票额是否经证券监管等有关部门同意，应重点审核其提交的国家有关部门的批复文件。

(5) 对于通过发行可转换债券来筹资的项目，应审核负债主体是否符合国家有关法规并经有关部门批准，审核其提交的国家有关部门的批复文件，并应审核分析转换比率、债券转换对项目法人财务状况的影响、转换前的公司债务负担及转换失败的风险与影响因素。

(6) 在评估资本金时，应防止项目法人将对外筹措的负债资金作为项目资本金，并严禁以金融机构的贷款充作资本金。

(7) 对地方承诺的项目资本金应评估其到位的可能性。

三、项目债务资金筹措

(一) 项目债务资金的特点

项目债务资金是项目投资中以负债方式从金融机构、证券市场等资本市场取得的资金。它一般具有如下特点：

(1) 资金在使用上具有时间性限制，到期必须偿还。

(2) 无论项目的融资主体未来的经营效果好坏，均需按期还本付息，从而形成项目的财务负担。

(3) 资金成本一般较权益资金低，且不会分散投资者对企业的控制权。

(二) 项目债务资金的来源渠道和筹措方式

债务资金是项目投资中除资本金外，需要从金融市场借入的资金。债务资金的来源主要有信贷融资、债券融资和融资租赁。在现实中，项目债务资金的来源渠道和筹措方式主要有如下几种：

1. 商业银行贷款

商业银行贷款是我国投资建设项目获得短期、中长期贷款的重要渠道。国内商业银行贷款手续简单、成本较低，适用于有偿债能力的投资项目。

2. 政策性银行贷款

政策性银行贷款一般期限较长、利率较低，是为配合国家产业政策等的实施，对相关的政策性项目提供的贷款。目前我国开展政策性贷款的银行主要有国家开发银行、中国进出口银行和中国农业发展银行。

3. 外国政府贷款

外国政府贷款是一国政府向另一国政府提供的具有一定援助或部分赠与性质的低息优惠贷款。目前我国可利用的外国政府贷款主要包括：日本国际协力银行贷款、日本能源贷款、美国国际开发署贷款、加拿大国际开发署贷款，以及德国、法国等国家的贷款。

一般地，外国政府贷款具有如下特点：(1)在经济上带有援助性质，期限长、利率低，有的甚至无息。一般年利率为 2%～4%，还款平均期限为 20～30 年，最长可达 50 年；(2)贷款一般以混合贷款方式提供，即在贷款总额中，政府贷款一般占$\frac{1}{3}$，其余$\frac{2}{3}$为出口信贷;(3)贷款一般都限定用途,如用于支付从贷款国进口设备,或用于某类项目的建设。

我国各级财政可以为外国政府贷款提供担保,按照财政担保方式可以分为国家财政部担保、地方财政厅(局)担保、无财政担保三种形式。

4. 国际金融组织贷款

国际金融组织贷款是国际金融组织按照章程向某成员国提供的各种贷款。目前与我国关系最为密切的国际金融组织有国际货币基金组织、世界银行和亚洲开发银行。国际金融组织一般都有自身的贷款政策,只有当这些组织认为应当支持的项目才能获得贷款。使用国际金融组织的贷款需要按照这些组织的要求提供必要的资料,并且需要按照规定的程序和方法来实施贷款。

(1) 国际货币基金组织贷款。

国际货币基金组织贷款只限于成员国财政和金融当局,不与任何企业发生业务往来,贷款用途限于弥补国际收支逆差或用于经常项目的国际支付,期限一般为1~5年。

(2) 世界银行贷款。

世界银行贷款一般具有如下特点:①贷款期限较长。一般为20年左右,最长可达30年,宽限期为5年。②贷款利率实行浮动利率,随金融市场利率的变化定期调整,但一般低于市场利率。对已订立贷款契约而未使用的部分,要按年征收0.75%的承诺费。③世界银行通常对其资助的项目只提供货物和服务所需的外汇部分,占项目总额的30%~40%,个别项目可占50%。但在某些情况下,世界银行也提供项目所需要的部分国内费用。④贷款程序严密,审批时间较长。借款国从提出申请到最终同世界银行签订贷款协议书获得资金,一般要一年半到两年时间。

(3) 亚洲开发银行贷款。

亚洲开发银行贷款分为硬贷款、软贷款和赠款。①硬贷款是由亚洲开发银行普通资金提供的贷款,此类贷款的期限一般为10~30年,含2~7年的宽限期,贷款的利率为浮动利率,每年调整一次。②软贷款又称优惠利率贷款,是由亚洲开发银行开发基金会提供的贷款,贷款的期限为40年,含10年的宽限期,不收利息,仅收1%的手续费,此种贷款只提供给还款能力有限的发展中国家。③赠款资金由技术援助特别基金提供。

5. 出口信贷

出口信贷是设备出口国政府为促进本国设备出口,鼓励本国银行向本国出口商或外国进口商(或进口方银行)提供的贷款。贷给本国出口商的称卖方信贷,贷给外国进口商或进口方银行的称买方信贷。贷款的使用条件是购买贷款国的设备。出口信贷利率通常要低于国际上商业银行的贷款利率,但需支付一定的附加费用(如管理费、承诺费、信贷保险费等)。

6. 银团贷款

银团贷款是指多家银行组成一个集团，由一家或几家银行牵头，采用同一贷款协议，按照共同约定的贷款计划，向借款人提供贷款的贷款方式。它除具有一般银行贷款的特点和要求之外，由于参加银行较多，需要多方协商，因而贷款过程周期长。使用银团贷款，除支付利息外，按照国际惯例通常还需支付管理费、承诺费、代理费等。银团贷款主要适用于资金需求量大、偿债能力较强的投资建设项目。

7. 企业债券

企业债券是企业以自身的财务状况和信用条件为基础，依照《中华人民共和国证券法》《中华人民共和国公司法》等法律法规规定的条件和程序发行的、约定在一定期限内还本付息的债券，如三峡债券、铁路建设债券等。

企业债券表明发债企业和债券投资者之间的一种债权债务关系。债券投资者是发债企业的债权人，不是所有者，无权参与或干涉企业的经营管理，但有权近期收回本息。

企业债券一般具有如下特点：(1)筹资对象广、市场面广，但发行条件严格、手续复杂；(2)其利率虽低于银行贷款利率，但发行费用较高，需支付承销费、发行手续费、兑付手续费及担保费等费用；(3)适用于资金需求量大、偿债能力较强的投资项目。

目前我国企业债券的发行总量需纳入国家信贷计划，申请发行企业债券的企业必须经过严格的审核，只有实力强、资信好的企业才有可能被批准发行企业债券，还必须有实力很强的第三方提供担保。

8. 国际债券

国际债券是一国政府、金融机构、工商企业或国际组织为筹措和融通资金，在国际金融市场上发行的、以外国货币为面值的债券。国际债券的重要特征是债券发行者和债券投资者分属不同的国家，筹集的资金来源于国际金融市场。

按照发行债券所用货币与发行地点的不同，国际债券主要有外国债券和欧洲债券两种。发行国际债券的优点是资金规模巨大、稳定，借款时间较长，可以获得外汇资金；缺点是发债条件严格、信用要求高、筹资成本高、手续复杂。这种形式适用于资金需求量巨大且能吸引外资的投资项目。

因国际债券的发行涉及国际收支管理，所以国家对企业发行国际债券进行非常严格的管理。

9. 融资租赁

融资租赁是资产拥有者在一定期限内将资产租给承租人使用，由承租人分期给付一定承租费的融资方式。它是一种以租赁物品的所有权与使用权相分离为特征的信贷方式。

融资租赁一般由出租人按承租人选定的设备，购置后出租给承租人长期使用。在租赁期内，出租人以收取租金的形式收回投资，并取得收益；承租人支付租金租用设备进行生产经营活动。租赁期满后，出租人一般将设备作价转让给承租人。

融资租赁的优点是企业可不必预先筹集一笔相当于资产买价的资金，就可以获得所需资产的使用权。这种融资方式适用于以购买设备为主的投资项目。

(三) 项目债务资金评估

(1) 对于使用银行及其他金融与非金融机构贷款的项目，应审核借款人提交的有关金融机构的借款承诺(或意向承诺)文件，了解和评估贷款条件和落实情况，包括贷款金额、利率、期限、用途及担保情况。

(2) 对利用外资的项目，应要求借款人提交国家有关部门的批复文件，重点审查和评估外资的落实情况及使用条件。

(3) 对项目生产经营所需的流动资金，应评估其落实到位情况。

(4) 对负债融资的评估，应主要对长期借款、长期债券、融资租赁等及其他短期借款的融资数额、融资方式、融资成本、计划安排等进行分析与评估。

四、项目资金来源评估的内容

1. 资金来源的可靠性评估

资金来源的可靠性评估是指要对资金来源的各种数量及渠道的可靠程度进行分析与评估，它可从不同资金来源的角度对不同性质项目的不同限制条件和优惠政策进行分析与评估，并依据资金供需双方所达成的或签订的书面协议和其他证明文件来证明资金来源的可靠性程度。

2. 资金来源渠道的合法性评估

资金来源渠道的合法性评估是评估项目各项资金来源及其渠道必须符合国家有关政策规定，其资金使用也必须合理、合法，以利于提高投资效益，避免形成投资风险。

3. 融资数量的保证性评估

每个项目的投资可以有多种资金来源，这就要求逐项落实融资金额的数量，以保证项目总投资不留缺口和全部资金的需求，以利于顺利地按预期目标实施项目并降低投资成本。

4. 外资附加条件的可接受性评估

对利用外资的项目，应特别注意在筹集外资过程中，外方提出的附加条件是否有损于我国主要的原则问题，有损于我国产业投资政策的方向问题，要坚持原则。而对外方提出的一些苛刻条件，应注意能否接受。

5. 项目所需资金的持续保障性与匹配性评估

对一般投资项目来说，其建设周期都比较长，这要求评估其所需总投资和分年投资能否得到足够和持续的资金供应，应力求使融资的数量、币种及投入时序能与项目的预期进度及投资使用计划相匹配，以确保项目的顺利进行。

第三节　资金结构分析与评估

一、资金结构的含义及其分析内容

（一）资金结构的含义

资金结构又称融资结构，是指融资方案中投资项目的总投资构成中各种资金的构成及其比例关系。它是将各种可能获得的资金来源，组成若干个由不同资金来源比例搭配的融资结构方案。在融资方案分析中，融资结构分析是一项重要内容。这是因为融资结构的变化，不仅会引起融资成本的变化，从而影响投资者的投融资决策，而且更为重要的是会直接影响项目出资人的收益与风险。为此，融资结构的分析就是对各种不同资金来源组合而成的融资方案进行的分析。

一般地，资金结构主要包括项目资本金与项目债务资金的比例、项目资本金内部结构（资本金中各出资人认缴的资金比例）和项目债务资金内部结构的比例。在上述三类结构中，项目资本金与项目债务资金的比例关系是项目融资结构中最重要的比例关系，这是因为它直接影响项目投产运营后企业的资产负债率、项目的还本付息能力及投资回收能力。

（二）资金结构的分析内容

1. 项目资本金与债务资金比例的分析

投资项目资本金，是指在投资项目总投资中，由投资者认缴的出资额，对投资项目来说是非债务性资金，项目法人不承担这部分资金的任何利息和债务；投资者可按其出资的比例依法享有所有者权益，也可转让其出资，但不得以任何方式抽回。在一般情况下，项目投资者总希望投入较少的资本金，获得更多的债务资金，以尽可能降低债权人对股东的追索；而提供债务资金的债权人则希望项目能够有较高的资本金比例，以降低债权的风险。但如果项目资本金比例过低、债务资金比例过高，不仅可能导致银行不能接受而拒绝贷款，而且还会给项目的投资建设与投产运营带来潜在的财务风险。为此，资本金与债务资金的合理比例应在国家规定的最低比例前提下，由各个参与方协商决定。

另一方面，资本金比例越高，企业的财务风险和债权人的风险就越小，也越可能获得较低资金成本的债务资金。债务资金的利息是在所得税前列支的，可以收到合理减税的效果。在项目的收益不变、项目投资收益率高于负债利率的条件下，由于财务杠杆的作用，资本金所占比例越低，资本金财务内部收益率就越高，同时企业的财务风险和债权人的风险也就越大。因此，一般认为，在符合国家有关资本金（注册资本）比例规定、金融机构信贷法规及债权人有关资产负债比例要求的前提下，既能满足权益投资者获得期望投资回报的要求，又能较好地防范财务风险的资本金与债务资金的比例是较理想的比例。

按照我国有关法律规定，从1996年开始(后又多次进行了适当调整)，国家对经营性项目试行资本金制度(公益性投资项目不实行资本金制度)，规定了经营性项目的建设都要有一定数额的资本金，并提出了各行业项目资本金的最低比例要求。2015年以后，各行业投资项目资本金占项目总投资的比例要求具体如下：(1)城市和交通基础设施项目：城市轨道交通项目由25%调整为20%，港口、沿海及内河航运、机场项目由30%调整为25%，铁路、公路项目由25%调整为20%。(2)房地产开发项目：保障性住房和普通商品住房项目维持20%不变，其他项目由30%调整为25%。(3)产能过剩行业项目：钢铁、电解铝项目维持40%不变，水泥项目维持35%不变，煤炭、电石、铁合金、烧碱、焦炭、黄磷、多晶硅项目维持30%不变。(4)其他工业项目：玉米深加工项目由30%调整为20%，化肥(钾肥除外)项目维持25%不变。(5)电力等其他项目维持20%不变。(6)城市地下综合管廊、城市停车场项目，以及经国务院批准的核电站等重大建设项目，可以在规定最低资本金比例基础上适当降低。具体的最低比例要求可见表7-1。

表7-1　项目资本金占项目总投资的比例

序号	投资项目		项目资本金占项目总投资最低比例
1	城市和交通基础设施项目	城市轨道交通项目	由25%调整为20%
		港口、沿海及内河航运、机场项目	由30%调整为25%
		铁路、公路项目	由25%调整为20%
2	房地产开发项目	保障性住房和普通商品住房项目	维持20%不变
		其他项目	由30%调整为25%
3	产能过剩行业项目	钢铁、电解铝项目	维持40%不变
		水泥项目	维持35%不变
		煤炭、电石、铁合金、烧碱、焦炭、黄磷、多晶硅项目	维持30%不变
4	其他工业项目	玉米深加工项目	由30%调整为20%
		化肥(钾肥除外)项目	维持25%不变
		电力等其他项目	维持20%不变

外商投资项目(包括外商投资、中外合资、中外合作经营项目)目前不执行上述项目资本金制度，而是按照外商投资企业的有关法规执行。其具体规定如下：投资总额在300万美元(含300万美元)以下的，其注册资本的比例不得低于70%；投资总额在300万美元以上至1 000万美元(含1 000万美元)的，其注册资本的比例不得低于50%，其中，投资总额在420万美元以下的，注册资本不得低于210万美元；投资总额

在 1 000 万美元以上至 3 000 万美元(含 3 000 万美元)的,其注册资本的比例不得低于 40%,其中投资总额在 1 250 万美元以下的,注册资本不得低于 500 万美元;投资总额在 3 000 万美元以上的,其注册资本的比例不得低于三分之一,其中投资总额在 3 600 万美元以下的,其注册资本不得低于 1 200 万美元。需要说明的是,以上作为计算基数的总投资包括建设投资、建设期利息和流动资金。

2. 项目资本金内部结构比例分析

项目资本金内部结构又称权益投资结构,是指项目投资各方的出资比例,主要包括权益投资国内与国外的出资比例、国内各出资方的出资比例等。不同的出资比例,决定了各投资方对项目投资实施和经营的决策权和承担的责任,以及项目收益的分配。

采用新设法人融资方式的项目,应根据投资各方在资金、技术和市场研发与开发方面的优势,通过协商确定各方的出资比例、出资形式和出资时间;采用既有法人融资方式的项目,项目的资本金结构要考虑既有法人的财务状况和筹资能力,合理确定既有法人内部融资与新增资本金在项目融资总额中所占的比例,分析既有法人内部融资与新增资本金的可能性与合理性。既有法人将现金资产和非现金资产投资于拟建项目,将降低企业的财务流动性,因而其投资额度受到企业自身财务资源的制约。而对于有外资参与的项目,则应按照我国有关的法律法规进行。按照我国现行规定,有些项目不允许国外资本控股,有些项目要求国内资本控股。如 2005 年 1 月 1 日施行的《外商投资产业指导目录》(2017 年修订,自 2017 年 7 月 28 日起施行)中明确规定,核电站、电网、铁路干线路网等项目,必须由中方控股。

根据投资体制改革的精神,国家放宽社会资本的投资领域,允许社会资本进入法律法规未禁止的基础设施、公用事业及其他行业和领域。按照促进和引导民间投资(指个体、私营经济以及它们之间的联营、合股等经济实体的投资)的精神,除国家有特殊规定之外,凡是鼓励和允许外商投资进入的领域,均鼓励和允许民间资本进入。因此,在进行融资方案分析与评估时,应重点关注出资人出资比例的合法性。

3. 债务资金结构比例分析

债务资金结构比例反映债权各方为项目提供债务资金的数额比例、债务期限比例、内债和外债的比例,以及外债中各币种债务的比例等。在确定项目债务资金结构比例时,可借鉴如下经验:(1)根据债权人提供债务资金的条件(包括利率、宽限期、偿还期、偿还方式及担保方式等),合理确定各类借款和债券的比例,以利于降低融资成本和融资风险。(2)合理搭配短期、中长期债务比例,适当安排一些短期负债,可以降低总的融资成本,但过多采用短期负债,会引发财务风险,而对大型基础设施项目的负债融资,应以长期债务为主。(3)合理安排债务资金的偿还次序,尽可能先偿还利率高的债务,后偿还利率低的债务。对于有外债的项目,由于存在汇率风险,通常应先偿还硬货币(汇率比较稳定且有上浮趋势的货币)的债务,后偿还软货币(汇率不稳定且有下浮趋势的货币)的债务,应使债务本身的偿还不致影响项目正常运营所需的现金量。(4)合理确定内债和外债的比例。内债和外债的比例主要取决于项目所需的外汇量。从项目本身的资金平衡考虑,产品内销的项目尽量不要借用外债,可以采用投资方注入外汇或者以人民币购汇的方式。(5)合理选择外汇币种。选择外汇币种应遵循如下原则:①尽量选择可自由兑换币种;②付汇用软货币,收汇用硬货币。(6)合理确定利率结构。当资本利率水平较低,且有上升趋势时,尽量借固定利率贷款,而当资本利率水平相对较高,且有下降趋势时,则应尽量借用浮动利率贷款。

二、资金结构的评估

资金结构的评估主要包括:

(1) 评估各种融资结构组合方案的比例是否合理、可靠与经济,是否适应项目的特点与实际情况,是否满足投资各方的意愿与要求。

(2) 评估各种融资组合方案是否符合我国的国情,能否提供最方便的资金获取方式和获得最佳的投资效益。

(3) 审查与评估国内和外商投资项目中两种资本金比例是否符合国家现行政策规定和银行借款要求。

(4) 评估项目在负债经营时,能否保证项目投资收益率高于融资的综合资金成本率。

(5) 评估项目的融资负债是否与企业资金结构及偿债能力相适应,是否依据项目的特点,合理确定了项目资本金与债务资金的比例。

(6) 评估资本金内部结构是否合理反映了各出资方的出资意愿与各出资方资金来源的合理可靠性。

(7) 评估债务资金结构是否能反映项目债权各方的要求和条件,以及是否为项目提供了合理的各种债务资金比例。

第四节　融资成本分析与评估

一、融资成本概述

(一) 融资成本的含义

融资成本是指项目为筹集和使用资金而支付的费用,包括资金筹集费和资金占用费。其中资金筹集费是指在融资过程中发生的一次性支付的费用,如承诺费、手续费、担保费、广告费、评估费、印刷费和代理费等;而资金占用费是反映资金占用和使用期内应支付的经常性费用,如利息。

融资成本是拟建项目必须获得的最低投资收益水平,以补偿投资者为取得和使用资金所付出的代价。投资者将从各个渠道筹集的资金，在各个可供选择的、有时带有竞争性的投资项目中进行分配时，应选择综合融资成本最低的融资方案的项目，也就是说，在其他条件相仿的情况下，融资成本的高低就成了选择项目时需要考虑的主要因素，这是因为融资成本最低的融资方案是资金结构最合理的融资方案。同时，对投资者来说，融资成本不仅是选择资金来源和拟订融资方案的重要依据，而且还是评估项目投资效益、决定投资方案取舍的重要标准，是判断项目融资方案合理性的重要尺度与重要因素。

(二) 融资成本计算的基本公式与计算程序

1. 融资成本计算的基本公式

项目融资成本一般采用资金成本率这一相对数来表示。资金成本率是指使用资金所负担的费用与筹集资金净额之比，其公式为：

$$\text{资金成本率}=\frac{\text{资金占用费}}{\text{筹集资金总额}-\text{资金筹集费}}\times 100\%$$

由于资金筹集费一般与筹集资金总额成正比，所以一般又用筹集费用率来表示筹集费，因此资金成本率公式也可以用如下公式表示：

$$\text{资金成本率}=\frac{\text{资金占用费}}{\text{筹集资金总额}}\times(1-\text{筹集费用率})\times 100\%$$

2. 融资成本的计算程序

(1) 首先应分别计算各种融资方式下的资金成本率，如发行债券、融资租赁、银行借款和发行股票等；

(2) 计算各种融资方式的融资规模占项目融资总规模的比重，并以此作为计算项目综合资金成本的权重；

(3) 根据各种不同融资方式的资金成本及融资比重，采用加权移动平均方法，计算出各融资方案的加权平均资金成本，即项目综合资金成本。

通过分析比较各种融资方案的资金成本，合理调整资金结构，就可以达到以最低的资金成本筹集到项目所需全部资金的目的，从而也完成了最佳融资方案的选择与决策。

二、债务资金融资成本分析

(一) 银行借款的资金成本

银行借款的资金成本(K_1)主要包括借款利息和筹资费用。由于按我国现行制度规定，企业借款利息在所得税税前列支，所以使企业少缴了一笔所得税，其实际负担的借款利息费用应扣除相应的所得税税额，而起到了抵税的作用。借款资金成本率的计算公式为：

$$K_1=\frac{I_1(1-T)}{L(1-f_1)}=\frac{R_1(1-T)}{(1-f_1)}$$

$$R_1=\frac{I_1}{L}$$

式中：I_1 表示银行借款年利息（按有效年利率计算），R_1 表示银行借款利率，T 表示所得税税率，L 表示银行借款融资额（借款本金），f_1 表示银行贷款融资费率。

（二）债券资金成本

债券资金成本（K_2）主要包括债券利息和筹资费用，而债券利息与长期借款利息处理相同，故其表达式与银行借款资金成本的计算公式基本一致，用公式表示为：

$$K_2=\frac{I_2(1-T)}{L(1-f_2)}=\frac{R_2(1-T)}{(1-f_2)}$$

$$R_2=\frac{I_2}{L}$$

式中：I_2表示债券年利息，R_2表示债券年利率，T 表示所得税税率，L 表示债券融资额，f_2表示债券融资费率。

（三）融资租赁成本

项目通过融资租赁租入某项资产设备，获得其使用权，应定期支付租金，并将其列入项目成本，可以抵免所得税税额。因此，融资成本计算公式为：

$$K_3=\frac{E}{P(1-T)}$$

式中：K_3表示租赁成本，P 表示租赁资产价值，E 表示年租金额，T 表示所得税税率。

根据上述债务资金各种融资方式资金成本的计算，在比选融资方案时，应分析各种债务资金融资方式的利率水平、计息和付息方式，以及偿还期限和宽限期限，计算债务资金的综合利率，以进行不同方案的比较与选择。

三、权益资金融资成本分析

权益资金融资成本分析主要是计算分析资本金融资成本和企业利润留存的资金成本。从企业角度来讲，资本金融资成本（包括普通股、优先股、未上市公司和非股份制企业的资本金）是由资本金筹集费和资本金占用费组成。其中资本金占用费一般应按照机会成本的原则计算，当机会成本难以计算时，可参照银行存款利率或按投资者期望的最低收益率计算。但从项目角度来看，项目的权益资金成本的估算比较困难。这是因为很难对项目未来的收益及股东对未来风险所要求的风险溢价做出准确的测定。所以其可采用的计算方法主要有资本资产定价模型法、税前债务成本加风险溢价法和股利增长模型法。

(一) 资本资产定价模型法

采用资本资产定价模型法，权益资金成本的计算公式为：

$$K_s = R_f + \beta(R_m - R_f)$$

式中：K_s表示权益资金成本，R_f表示社会无风险投资收益率，β 表示项目的投资风险系数，R_m表示市场投资组合预期收益率。

(二) 税前债务成本加风险溢价法

采用税前债务成本加风险溢价法，计算公式为：

$$K_s = K_b + RP_c$$

式中：K_s表示权益资金成本，K_b表示所得税前的债务资金成本，RP_c表示投资者承担更大风险所要求的风险溢价。

(三) 股利增长模型法

采用股利增长模型法，计算公式为：

$$K_s = \frac{D_1}{P_0 + G}$$

式中：K_s表示权益资金成本，D_1 表示预期年股利额，P_0表示普通股市价，G 表示普通股利年增长率。

四、综合资金成本分析

为了比较不同融资方案的资金成本，需要计算加权平均资金成本。加权平均资金成本一般是以各种资金占全部融资资金的比重为权数，对个别资金成本进行加权平均确定的，计算公式为：

$$K_w = \sum_{j=1}^{n} K_j W_j$$

式中：K_w表示综合平均资金成本，K_j表示第 j 种资金来源的资金成本率，W_j表示第 j 种资金来源占全部资金的比重。

第五节　融资风险分析与评估

融资风险是指融资活动中的预期结果与实际结果之间存在的差异程度及不确定性。项目的融资过程中常常因资金结构的变动、融资结构变动等而带来各种风险。融资风险有可能使投资者、项目法人、债权人等各方蒙受损失。

一般地，项目的融资风险因融资方式的不同而不同。权益资金(即资本金)属于项目长期占用资金，不存在还本付息的偿债负担和风险，但是要确保投资者的股本收益率达到预期目标；而债务资金则需要还本付息，并依债务金额与数量、用途和期限的不同而承担不同的偿债压力。所以,对融资方案进行风险分析与评估时,应注意分析融资方案存在着哪些潜在的风险,对于不同债务资金的融资方式的融资风险进行识别、评估与比较,并对最终推荐的融资方案提出风险防范的措施与方案。

融资方案的实施者经常受到各种风险的影响。为了使融资方案稳妥可靠,需要对下列可能发生的风险因素进行识别、预测。融资风险分析主要包括资金供应风险、利率风险和汇率风险。

(一) 资金供应风险

资金供应风险是指融资方案在实施过程中,可能出现资金不落实,导致建设工期拖长,工程造价升高,使原定投资效益目标难以实现的可能性。导致资金不落实的原因有许多,主要包括:(1)原定筹资额全部或部分落空。例如,已承诺出资的投资者由于出资能力有限(或者由于拟建项目的投资效益缺乏足够的吸引力)而中途变故,不能兑现承诺。(2)原定发行股票、债券计划不能实现。(3)既有法人融资项目由于企业经营状况恶化,无力按原计划出资。(4)其他资金不能按建设进度足额及时到位。

为防范资金供应风险,必须认真做好资金来源可靠性分析,并在选择投资者时,应选择资金实力强、信用好、风险承受能力强的投资者。

(二) 利率风险

利率风险是指由于利率变动导致资金成本上升,给项目造成损失的可能性。利率水平随着金融市场情况而变动,未来市场利率的变动会引起项目资金成本发生变动。如果融资方案中采用浮动计息,则项目的资金成本会随利率的上升而上升,随利率的下降而下降。而如果项目采用固定利率,则未来利率下降,项目的资金成本不能相应下降,相对资金成本将上升。因此,无论采用浮动利率还是固定利率,都存在利率风险。为了防范利率风险,应对未来利率的走势进行分析,以确定采用何种利率,应分析贷款利率变动的可能性及其对项目造成的风险和损失。

(三) 汇率风险

汇率风险是指由于汇率变动给项目造成损失的可能性。国际金融市场上各国货币的比价时时刻刻都在发生变化,为此,对使用外汇贷款的项目,未来汇率的变动会引起项目资金成本发生变动以及未来还本付息费用支出的变动。如某些硬货币贷款利率较低,但汇率风险较高;软货币则相反,汇率风险较低,但贷款利率较高。为了防范汇率风险,利用外资数额较大的投资项目,应对外汇汇率的走势、所利用外汇币种的汇率走势进行分析,以确定借用何种外汇币种以及采用何种币种结算,测算汇率发生较大变动时,对项目造成的风险和损失。一般情况下应尽量借用软货币。

本章小结

项目融资,是指以项目为对象进行的所有融通资金的活动,即是指投资项目通过各种途径筹集和融通到项目所需投资资金的全部经济活动。

项目的融资环境主要包括法律法规、经济环境、融资渠道、税收政策和投资政策等。按照融资主体不同,项目融资可以分为新设法人融资和既有法人融资两种形式。新设法人融资是指以新组建的具有独立法人资格的项目公司为融资主体的融资方式;既有法人融资是指依托现有法人进行的融资活动。

项目的资金来源分析主要分析项目资金来源的渠道、项目资本金的筹措、项目债务资金的筹措。项目资金来源评估的内容主要包括资金来源的可靠性评估、资金来源渠道的合法性评估、融资数量的保证性评估、外资附加条件的可接受性评估、项目所需资金的持续保障性与匹配性评估。

资金结构又称融资结构,是指融资方案中投资项目的总投资构成中各种资金的构成及其比例关系。一般地,资金结构主要包括项目资本金与项目债务资金的比例、项目资本金内部结构(资本金中各出资人认缴的资金比例)和项目债务资金内部结构的比例。

融资成本是指项目为筹集和使用资金而支付的费用,包括资金筹集费和资金占用费。融资成本是拟建项目必须获得的最低投资收益水平,以补偿投资者为取得和使用资金所付出的代价。一般情况下,融资成本的高低就成了选择项目时需要考虑的主要因素,这是因为融资成本最低的融资方案是资金结构最合理的融资方案。

融资风险是指融资活动中的预期结果与实际结果之间存在的差异程度及不确定性。项目的融资风险评估主要包括资金供应风险评估、利率风险评估及汇率风险评估等。

复习思考题

1. 何为项目融资?项目融资的主要来源渠道有哪些?
2. 项目融资要考虑哪些环境因素?
3. 项目融资的组织形式主要有哪些?它们各自的特点是什么?
4. 项目资金来源评估应包括哪些内容?
5. 各种资金来源的融资成本与综合资金成本是如何计算的?
6. 何为融资结构?融资结构分析包括哪些内容?
7. 在项目融资方案中有可能遇到或产生哪些风险?如何进行分析与评估?

第八章　项目财务基础数据估算与财务报表评估

在项目评估的实际工作中，项目的经济评价是一项极其重要的内容，因为它关系到项目建成后投产运营的经济效益。对一般项目而言，项目的经济评价主要是进行财务评估，即财务评估是必不可少的。而财务评估的进行则有赖于一些财务基础数据的估算和基本财务状况的分析与评价，为此，本章主要讲述项目财务基础数据的估算和反映项目财务状况报表的编制。

第一节　项目经济评价概述

一、项目经济评价的含义

项目的经济评价是指采用一定的方法和经济参数，对项目投入产出的各种因素进行研究、分析计算和对比论证，为项目的投资决策提供量化指标依据的工作。

经济评价是项目可行性研究的核心，是项目前期诸多研究内容中的重要内容和组成部分。经济评价的目的是根据国民经济和社会发展战略及各行业、各地区发展规划的要求，在做好产品（服务或劳务）市场需求预测及场址选择、工艺技术选择等工程技术研究的基础上，计算项目的效益和费用，通过多方案比较，对拟建项目的财务可行性和经济合理性进行分析论证，做出全面的经济评价，为项目的投资决策提供科学的依据。另外，国家投资体制改革决定明确规定，对属于核准制和备案制的企业投资项目，都要求在行业规划的范围内进行评审，这是国家宏观调控的重要措施之一。

经济评价的内容、深度和侧重点，是由项目决策工作不同阶段的要求所决定的。项目建议书阶段的经济评价，重点是围绕项目立项建设的必要性和可能性，分析论证项目的经济条件及经济状况，内容可适当简化，深度可相对较浅；可行性研究报告阶段的经济评价则必须按照统一的评价方法和评价参数的要求，对项目建设的必要性和可行性做出全面、详细、完整的分析与论证。

投资项目的经济评价主要可以分为财务评估和国民经济评估两个层次（项目评估除包括财务评估、国民经济评估外，还包括社会评估），包括财务评估、国民经济评估、不确定性分析、方案比较四个方面的工作。其目的是从多个方案中推荐出最优方案。

具体可见图 8-1。

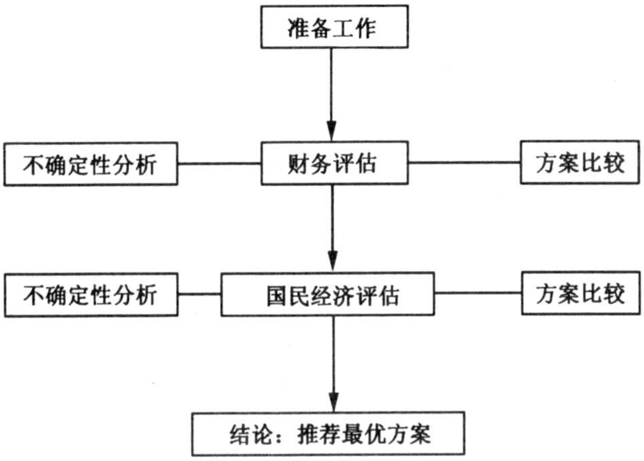

图 8-1　经济评价的内容结构

财务评估是指在国家现行财税制度和价格体系的条件下，从项目财务角度分析、计算项目的财务盈利能力和清偿能力，据以判断项目的财务可行性；国民经济评估是从国家整体角度分析，计算项目对国民经济的净贡献，据以判断项目的经济合理性。

二、项目经济评价的特点和要求

（一）项目经济评价的特点

项目的经济评价为项目或方案取舍提供重要依据，是项目决策科学化的重要手段。项目经济评价一般具有以下特点：

1. 动态分析方法与静态分析方法相结合，以动态分析方法为主

经济评价强调考虑时间因素，利用复利、现值等计算方法进行等值计算，为不同方案和不同项目的经济比较提供相同的基础。

2. 定量分析方法与定性分析方法相结合，以定量分析方法为主

定量分析结论明确，并能提供多种效益指标，具有较强的说服力。

3. 宏观效益分析与微观效益分析相结合，在有必要必须同时进行宏观效益和微观效益分析时，以宏观效益分析为主

对项目进行经济评价，并不只考虑项目本身的盈利和财务状况，还要运用经济费用效益分析方法考察项目的投资和经营对国民经济的贡献程度。

4. 价值量分析与实物量分析相结合，以价值量分析为主

在经济评价中应将各种因素价值化，使各个项目（方案）在可比的同一价值量基础上进行比较，并据以判断项目（方案）的可行性及作为选择项目的依据。

5. 预测分析与统计分析相结合，以预测分析为主

可行性研究的经济评价只是一种预测分析，而不是对实际情况的反映。

6. 全过程经济效益分析与阶段性效益分析相结合，以全过程分析为主

这是因为，只有全面考察项目全过程的经济效益，方能真实、全面地揭示项目的经济合理性。

（二）项目经济评价的要求

项目经济评价的目的主要是为项目决策提供科学、可靠的依据。因此，项目经济评价的结果与结论就显得尤为重要，也就是说，对项目经济评价的要求就非常严格。

（1）项目经济评价应持公正、科学的态度，对基础数据的估算要科学合理并要做到准确可靠。

（2）效益与费用计算口径要对应一致。将效益与费用限定在同一个范围内，才有可能进行比较，计算的净效益才有可能是项目投入的净回报。

（3）收益应与风险相权衡。对一般项目投资者来说，其关心的是效益指标，但其可能对于给项目带来风险的因素考虑得不全面，对风险可能造成的损失估计不足，结果往往导致项目失败的后果。收益与风险相权衡是提示投资者在进行投资决策时，不仅要注重效益，也要关注风险，权衡得失利弊后再进行决策。

（4）经济评价工作应遵循国家有关部门统一发布的评价方法及评价参数。

（5）经济评价要与项目的具体特点相吻合。

一般地，项目经济评价应进行财务分析、经济费用效益分析，并进行相应的不确定性分析与风险分析，但应说明的是，项目的性质及管理要求不同，则项目经济评价在内容的选择上也不尽相同，具体可见表 8-1。

表 8-1　项目经济评价内容选择参考表

<table>
<tr><th colspan="3" rowspan="2">分析内容
项目类型</th><th colspan="3">财务分析</th><th rowspan="2">经济费用效益分析</th><th rowspan="2">费用效果分析</th><th rowspan="2">不确定性分析</th><th rowspan="2">风险分析</th><th rowspan="2">区域经济与宏观经济影响分析</th></tr>
<tr><th>生存能力</th><th>偿债能力</th><th>盈利能力</th></tr>
<tr><td rowspan="10">政府投资（审批制）</td><td rowspan="2">直接投资</td><td>经营</td><td>√</td><td>√</td><td>√</td><td>√</td><td>△</td><td>√</td><td>△</td><td>△</td></tr>
<tr><td>非经营</td><td>√</td><td>△</td><td></td><td>√</td><td>√</td><td>△</td><td>△</td><td>△</td></tr>
<tr><td rowspan="2">资本金</td><td>经营</td><td>√</td><td>√</td><td>√</td><td>√</td><td>△</td><td>√</td><td>△</td><td>△</td></tr>
<tr><td>非经营</td><td>√</td><td>△</td><td></td><td>√</td><td>√</td><td>△</td><td>△</td><td>△</td></tr>
<tr><td rowspan="2">转贷</td><td>经营</td><td>√</td><td>√</td><td>√</td><td>√</td><td>△</td><td>√</td><td>△</td><td>△</td></tr>
<tr><td>非经营</td><td>√</td><td>√</td><td></td><td>√</td><td>√</td><td>△</td><td>△</td><td>△</td></tr>
<tr><td rowspan="2">补助</td><td>经营</td><td>√</td><td>√</td><td>√</td><td>√</td><td>△</td><td>√</td><td>△</td><td>△</td></tr>
<tr><td>非经营</td><td>√</td><td>√</td><td></td><td>√</td><td>√</td><td>△</td><td>△</td><td>△</td></tr>
<tr><td rowspan="2">贴息</td><td>经营</td><td>√</td><td>√</td><td>√</td><td>√</td><td>△</td><td>√</td><td>△</td><td>△</td></tr>
<tr><td>非经营</td><td></td><td></td><td></td><td></td><td></td><td></td><td></td><td></td></tr>
</table>

续表

项目类型＼分析内容		财务分析：生存能力	财务分析：偿债能力	财务分析：盈利能力	经济费用效益分析	费用效果分析	不确定性分析	风险分析	区域经济与宏观经济影响分析
企业投资（核准制）	经营	√	√	√	△	△	√	△	△
政府投资（备案制）	经营	√	√	√	△	△	√	△	

注：(1) 表中“√”代表要做，“Δ”代表根据项目的特点，有要求时要做，无要求时可以不做；
(2) 企业投资项目的经济评价内容可根据规定要求进行，一般按经营性项目选用，非经营性项目可参照政府投资项目选取评价内容。

三、项目的财务评估与国民经济评估

财务评估与国民经济评估作为项目经济评价的两个层次，因其作用与任务不同，两者之间存在着如下区别：

(一) 评价角度不同

财务评估是从项目财务角度（或称微观角度）考察项目的盈利状况及偿还能力，以确定项目投资行为的财务可行性。国民经济评估是从国家整体角度考察项目对国民经济的贡献以及需要国民经济付出的代价，借以确定项目投资行为的经济合理性。

(二) 效益和费用的含义及划分范围不同

财务评估是根据项目自身的实际收支确定项目的效益与费用。国民经济评估是着眼于项目对社会提供的有用产品和服务及项目所耗费的社会资源，来考察项目的效益与费用，不计国内转移支付部分，即补贴不能计为项目的效益，税金和国内借款利息不作为项目的费用。财务效益只计算项目直接发生的效益与费用，而国民经济效益分析对项目引起的间接效益与费用（即外部效果）也要进行计算和分析。

(三) 评价采用的价格不同

财务评估对投入物和产出物采用财务价格，国民经济评估采用影子价格。财务价格是以现行价格为基础的预测价格，它要考虑价格的变动因素。而国民经济效益评估使用影子价格，在计算期内各年均不考虑物价水平上涨因素（即通货膨胀）。

(四) 评价所采用的参数不同

财务评估使用的是行业基准投资收益率、基准投资回收期等财务评价参数；而国民经济评估则是采用影子汇率、影子工资、社会折现率等经济评价参数。

(五) 在项目投资决策中的地位不同

由于上述区别，两者的评价结论也就会产生差异，在项目投资决策中的地位也不相同。一般地，项目所必须进行的是财务评价，而国民经济评估只是在认为有必要时方才需要进行，且多数的国民经济评估可以在财务评估的基础上进行。财务评估是国民经济评估的基础，国民经济评估是财务评估的前提。虽然，两者都可以作为项目投资决策的依据，但它们的地位却不同。具体体现为：在需要同时进行国民经济评估和财务评估时，应以项目国民经济评估的结论作为项目最终的决策依据，即财务评估与国民经济评估均可行的项目，应予通过。国民经济评估结论不可行的项目，一般应予否定。对某些影响国计民生的重要项目，如国民经济评估可行，但财务评估不可行的，可以重新考虑，并可提出某些优惠措施建议，使项目具有财务可行性。

两者的主要区别可见表 8-2。

表 8-2　　财务评估与国民经济评估的关系

类　别	财务评估	国民经济评估
评价角度	从企业角度	从国家与社会角度
费用和效益的范围	根据项目的实际收支确定效益与费用，只计算项目的直接效果	根据项目为社会提供的产品和服务及所耗费的有用资源计算项目的效益与费用，包括直接效果和间接效果，并不计转移支付
评估价格	现行市价及趋势	影子价格
主要参数	行业财务基准收益率或设定的折现率、投资回收期等	影子工资、影子汇率、社会折现率等

四、项目经济评价指标和基本报表

评价项目的财务可行性和经济上的合理性，主要通过各种数据和指标及一些基本报表反映出来。表 8-3 列示了项目经济评价所采用的指标和基本报表。

表 8-3　　项目经济评价的指标和基本报表

评价内容	基本报表	财务评估指标		国民经济评估指标	
		静态指标	动态指标	静态指标	动态指标
盈利能力分析	项目财务现金流量表	投资回收期	财务内部收益率财务净现值	—	—
	资本金财务现金流量表	—	资本金收益率	—	—
	投资各方财务现金流量表	—	投资各方收益率		
	项目国民经济效益费用流量表	—	—	—	经济内部收益率 经济净现值
	国内投资国民经济效益费用流量表	—	—	—	经济内部收益率 经济净现值
	利润和利润分配表	总资产收益率 资本金净利润率 投资利润率 销售利润率	—	—	—

续表

评价内容	基本报表	财务评估指标		国民经济评估指标	
		静态指标	动态指标	静态指标	动态指标
清偿能力分析	借款偿还计划表 资产负债表	借款偿还期 利息备付率 偿债备付率 资产负债率 流动比率 速动比率	—	—	—
财务生存能力	财务计划现金流量表	—	—	—	—
外汇效果分析	财务外汇平衡表	—	—	—	—
	经济外汇流量表	—	—	—	经济外汇净现值 经济节汇成本 经济换汇成本
其他	—	价值指标或实物指标	—	价值指标或实物指标	—

五、项目经济评价中的时间因素

（一）资金的时间价值

资金的时间价值是指资金随着时间的推移而逐渐增值的现象。它是投资项目的经济评价中必须考虑的一个重要概念，是进行投资和进行效益分析必须认真考虑的一个因素和标准。根据马克思经济学中的劳动价值原理，资金增值只能在生产领域产生并借助于流通领域来实现，且资金的增值程度可用利润率或利息率来表示。而在项目的可行性研究及经济评价中，则常用年利息率（简称利率）来表示。

（二）资金时间价值的等值计算

资金具有时间价值要求。在经济评价中，要考虑资金流入或流出的时间因素，是由于资金项目具有较长的生命期，项目资金的流入和流出是在不同的时点上发生的。所以，为了正确评价项目的经济效果，就需要把在不同时点上发生的资金流量换算为同一时点上资金流量的等价数额，这种考虑时间因素的资金换算，就称为资金的等值计算。

1. 几个基本概念

（1）单利与复利。

单利是指资金只按利息率或利润率计算出其在一定时期内的增值额，而增值额不再作为本金计算以后各期的增值部分。

复利是指资金在按利息率或利润率计算出其在一定时期内的增值额后，其增值额也作为本金来计算以后各期的增值额的方法，俗称“利滚利”。复利可分为“普通复利”和“连续复利”。普通复利也称“间断复利”，是指按一定的计息周期如年、月、日等来计息；连续复利则是指瞬时计息。本书中所指的复利是一种“普通复利”。

如设本金为 P，期限为 n，利率为 i，则按单利法计算的在期末时的收益值为 Pin，按复利法计算的在期末时的收益值为 $p[(1+i)^n-1]$。

(2) 现在值和将来值。

现在值(又称现值)是指将未来不同时点收支的货币资金换算为计算期初的等值资金，一般称为 P。

将来值(又称终值)是指将各期收支的货币资金换算为计算期末的等值资金，一般称为 F。

(3) 年金。

年金是指在间隔相等的时期里发生的等额收支的金额。如折旧、利息、租金等通常表现为年金的形式。年金按付款方式可分为普通年金(在每期期末发生的等额收付款项，它在现实生活中最为常见)、预付年金(在一定时期内各期期初发生的等额收付款项)、延期年金(它是指在最初若干期没有收付款项，而在后面若干期有一系列等额的收付款项)、永续年金(是一种无限期支付的年金)。在本书中所提到的年金是指普通年金，并将其记为 A。

(4) 名义利率和实际利率。

在实际计算资金的时间价值的过程中，往往会产生这样一种情况，即由于计息期并不恒定为一年(可以为半年、一个月等)，会造成同一笔资金在占用的总时间相等的情况下，因计息期的不同，其所支付的利息有明显的差别。所以资金时间价值计算过程中的利率存在着“名义利率”和“实际利率”之分。

所谓“名义利率”，就是我们通常所说的年利率。而“实际利率”则是资金在计息期里使用的利率。它们之间的差异取决于实际计息期与名义计息期的不同，但两者之间可通过一定的换算公式进行转换。其计算公式为：

$$\boldsymbol{i=\left(1+\frac{r}{m}\right)^m-1}$$

式中：i 表示实际利率，r 表示名义利率，m 表示一年中的计息期数。

如年利率为 12%，分别以月、半年为计息期，则它们的实际年利率分别为：

以月为计息时的实际年利率 $i=\left(1+\frac{12\%}{12}\right)^{12}-1=12.682\ 5\%$，以半年为计息期的实际年利率 $i=\left(1+\frac{12\%}{2}\right)^{2}-1=12.36\%$。

2. 资金时间价值的等值计算

在资金时间价值的等值计算中，最常见的基本公式主要有如下六种：

(1) 一次性支付终值公式。

复利终值又称本利和或到期值。它是指资金在规定期限内按一定利率或投资收益率计算的到期值。其计算公式为：

$$F = P(1+i)^n$$

式中：F 表示资金终值，P 表示资金现值，i 表示利率或投资收益，n 表示期限，$(1+i)^n$ 表示复本利系数。

例如，某投资项目从银行贷款 1 000 万元，贷款期为 6 年，年利率为 10%，那么，在 5 年后应偿还的本利和为：

$1\,000 \times (1+10\%)^5 = 1\,000 \times 1.610\,5 = 1\,610.5$(万元)

(2) 一次性支付复利现值公式。

一次性支付资金的复利现值是指未来某一特定资金的现在价值。它的意义正好与终值相反。其计算公式如下：

$$P = F(1+i)^{-n}$$

式中：$(1+i)^{-n}$ 表示折现系数。

例如，某项目在项目结束时收回 1 000 万元的余值，项目的生命期为 10 年，项目的折现率为 10%，则其折算到项目期初的现值为：

$1\,000 \times (1+10\%)^{-10} = 1\,000 \times 0.385\,5 = 388.5$(万元)

(3) 等额收付系列年金终值公式。

年金终值是指各期收支资金复利累积的总和。其计算公式如下：

$$F = \frac{A[(1+i)^n - 1]}{i}$$

式中：A 表示年金，$\frac{[(1+i)^n - 1]}{i}$ 表示年金终值系数。

例如，某项目在建设期里每年年末向银行借款 100 万元，如果建设期为 3 年，贷款年利率为 10%，则到第三年年末贷款的本利和就可用年金终值系数来计算：

$100 \times \frac{[(1+10\%)^{3-1}]}{10\%} = 100 \times 3.31 = 331$(万元)

(4) 资金存储值公式。

资金存储值公式又称偿债基金。它是指为偿还在若干年后需归还的债务，或者指在若干年后的一笔投资，现在每年必须提存的资金，也就是求已知年金的分次提存款。其计算公式为：

$$A = F\left[\frac{i}{(1+i)^n} - 1\right]$$

式中：$\frac{i}{(1+i)^n} - 1$ 表示资金年存系数。

例如，某项目期望在 5 年后获得一笔 300 万元的投资款，在年利率为 10%的情况下，每年年末应提存的金额为：

$$300 \times \left[\frac{0.1}{(1+10\%)^{5-1}}\right] = 300 \times 0.163\ 8 = 49.14(万元)$$

(5) 年金现值公式。

年金现值是指若干期内，等额年金的复利现值的总和，也就是已知年金，求它的现值。其计算公式为：

$$P = A\frac{[(1+i)^n - 1]}{i(1+i)^n}$$

式中：$\frac{[(1+i)^n - 1]}{i(1+i)^n}$ 表示年金现值系数。

例如，某项目在投产后，每年可获取收益 100 万元，在年利率为 10%，项目的生产经营期为 10 年的情况下，项目所获取的现值之和就可以用年金现值系数来计算。即该项目的收益现值为：

$100 \times 6.144\ 6 = 614.46$(万元)

(6) 资金回收值公式。

资金回收值又称投资回收值。它是指在一定期限内，分次偿还或收回一笔固定的资金额，也就是已知现值，求年金。其计算公式为：

$$A = P\frac{i(1+i)^n}{[(1+i)^n - 1]}$$

式中：$\frac{i(1+i)^n}{[(1+i)^n - 1]}$ 表示资金回收系数。

例如，某项目的期初投资额为 1 000 万元，项目的估计生产期为 10 年，在折现率为 10%的情况下，项目在生产期里每年应收回的投资额为：

$1\ 000 \times 0.162\ 7 = 162.7$(万元)

从上面的说明可以看出，各种复利系数之间存在着一定的换算关系，例如，复利终值系数与复利现值系数、年金终值系数与资金存储值系数、年金现值系数与资金回收系数之间互为倒数，具体可见表 8-4。

表 8-4　　各种复利系数名称、符号及换算关系

系数名称	符　号	系　数	已知值	所求值
复本利系数	$(F/P,i,n)$	$(1+i)^n$	现值 P	将来值 F
折现系数	$(P/F,i,n)$	$(1+i)^{-n}$	将来值 F	现值 P
年金终值系数	$(F/A,i,n)$	$[(1+i)^n-1]/i$	年金 A	将来值 F
资金年存系数	$(A/F,i,n)$	$i/[(1+i)^n-1]$	将来值 F	年金 A
年金现值系数	$(P/A,i,n)$	$[(1+i)^n-1]/i(1+i)^n$	年金 A	现值 P
资金回收系数	$(A/P,i,n)$	$i(1+i)^n/[(1+i)^n-1]$	现值 P	年金 A

第二节　项目年收入和年税金的估算

一、项目建成后年收入的估算

对拟建项目建成后年收入的估算，主要是对项目年营业收入的估算。营业收入是指销售产品或者提供服务所获得的收入，是利润表的主要科目，也是现金流量表中现金流入的主体。营业收入是财务分析的重要数据，其估算的准确程度极大地影响着项目财务效益的估计。营业收入估算的基础数据，包括产品或服务的数量与价格，均与市场预测密切相关。在估算营业收入时，应对市场预测的相关结果、建设规模、产品或服务方案进行概括性的描述或确认，特别是应对采用价格的合理性进行说明。

工业项目经济评价中营业收入的估算基于一项重要假设，即当期产量等于当期销售量或产销率为100%。主副产品(或不同等级产品)的销售收入应全部计入营业收入。为此，可根据项目的年设计生产能力、生产能力利用率、产品销售价格及生产产品的种数来进行估算。即：

项目的年营业收入 = 项目的设计生产能力 × 生产能力利用率 × 产品销售价格

例如，某项目(假设为单一产品生产)的年设计生产能力为50万单位，其在某一年的生产能力利用率为80%，产品销售价格为50元(不含增值税)，则项目在该年的营业收入为：

年营业收入 =50 × 80% × 50 =2 000(万元)

二、项目年税金的估算

项目年税金主要包括项目销售产品或提供劳务应负担的各种流转税金和对经营所得及其他所得征收的所得税。根据我国现行税法，国家向企业征收的税收主要有增值税、消费税、城市建设维护税、土地增值税、关税、资源税、企业所得税、城镇土地使用

税、房产税、车船使用税等。当然，对一般项目来说，以上各种税收并不是全部都要缴纳，而只是缴纳与自身经营有关的若干种税收。

(一) 增值税

1. 增值税的税率

增值税是以商品(含应税劳务)在流转过程中产生的增值额作为计税依据而征收的一种流转税。从计税原理上说，增值税是对商品生产、流通、劳务服务中多个环节的新增价值或商品的附加值征收的一种流转税。实行价外税，也就是由消费者负担，有增值才征税，无增值不征税。

增值税是对销售货物或者提供加工、修理修配劳务以及进口货物的单位和个人就其实现的增值额征收的一个税种。增值税已经成为我国最主要的税种之一，增值税的收入占中国全部税收的60%以上，是最大的税种。

根据2009年1月1日起施行的《中华人民共和国增值税暂行条例(2016修订)》第二条的规定，增值税税率具体如下：

(1) 纳税人销售或者进口货物，除本条第(2)项、第(3)项规定外，税率为17%。

(2) 纳税人销售或者进口下列货物，税率为13%：①粮食、食用植物油；②自来水、暖气、冷气、热水、煤气、石油液化气、天然气、沼气、居民用煤炭制品；③图书、报纸、杂志；④饲料、化肥、农药、农机、农膜；⑤国务院规定的其他货物。

(3) 纳税人出口货物，税率为零；但是，国务院另有规定的除外。

(4) 纳税人提供加工、修理修配劳务(以下称应税劳务)，税率为17%。

税率的调整，由国务院决定。

当然，增值税税率应根据经济形势及社会经济发展的需要进行相应的调整。2020年5月1日至2023年12月31日，从事二手车经销的纳税人销售其收购的二手车，由原按照简易办法依3%征收率减按2%征收增值税，改为减按0.5%征收增值税。并修改了之前发布的增值税税率，具体如下：

销售或者进口货物(另有列举的货物除外)，销售劳务，税率为13%。

销售或者进口货物适用税率9%的情形如下：(1)粮食等农产品、食用植物油、食用盐；(2)自来水、暖气、冷气、热水、煤气、石油液化气、天然气、二甲醚、沼气、居民用煤炭制品；(3)图书、报纸、杂志、音像制品、电子出版物；(4)饲料、化肥、农药、农机、农膜；(5)国务院规定的其他货物。

一般纳税人营改增项目最新税率：交通运输服务9%，邮政服务9%，基础电信服务9%，增值电信服务6%，建筑服务9%，销售不动产9%，金融服务6%，研发技术服务6%，信息技术服务6%，文化创意服务6%，物流辅助服务6%，鉴证咨询服务6%，广播影视服务6%，商务辅助服务6%，其他现代服务6%，有形动产租赁服务13%，不动产租赁服务9%，文化体育服务6%，教育医疗服务6%，旅游娱乐服务6%，餐饮住宿服务6%，居民日常服务6%，其他生活服务6%，转让技术，商标，著作权，商誉，自然资源和其他权益性无形资产使用权或所有权6%，转让土地使用权9%。

纳税人出口货物，税率为零。但是国务院另有规定的除外。

一般纳税人有关购进农产品进项税额扣除率主要包括：

(1) 对增值税一般纳税人购进农产品，原适用10%扣除率的，扣除率调整为9%。

(2) 对增值税一般纳税人购进并用于生产或者委托加工13%税率货物的农产品，按照10%扣除率计算进项税额。

小规模纳税人增值税征收率为3%。小规模纳税人的标准为：从事货物生产或者提供应税劳务的纳税人，以及以从事货物生产或者提供应税劳务为主，并兼营货物批发或者零售的纳税人，年应征增值税销售额(以下简称"应税销售额")在50万元以下(含本数，下同)的；除此规定以外的纳税人，年应税销售额在80万元以下的。

2. *应纳税额的计算*

应纳税额的计算主要包括：

(1) 一般纳税人销售货物、劳务、服务、无形资产、不动产，应纳税额为当期销项税额抵扣当期进项税额后的余额。其计算公式为：

$$\text{应纳税额} = \text{当期销项税额} - \text{当期进项税额}$$

(2) 小规模纳税人销售货物、劳务、服务、无形资产、不动产，按销售额和规定的征收率计算应纳税额，不得抵扣进项税额。其计算公式为：

$$\text{应纳税额} = \text{销售额} \times \text{征收率}$$

(3) 纳税人进口货物，按照组成计税价格和规定的税率计算应纳税额，不得抵扣任何税额。组成计税价格和应纳税额的计算公式为：

$$\text{组成计税价格} = \text{关税完税价格(即到岸价格)} + \text{关税} + \text{消费税}$$

$$\text{应纳税额} = \text{组成计税价格} \times \text{税率}$$

3. *增值税的简易方法计税*

适用范围：小规模纳税人以及允许适用简易计税方式计税的一般纳税人。

(1) 小规模纳税人销售货物或者加工、修理修配劳务，销售应税服务、无形资产；一般纳税人发生按规定适用或者可以选择适用简易计税方法计税的特定应税行为，但适用5%征收率的除外。目前征收税率为3%。

(2) 销售不动产；符合条件的经营租赁不动产(土地使用权)，转让营改增前取得的土地使用权，房地产开发企业销售、出租自行开发的房地产老项目，符合条件的不动产融资租赁，选择差额纳税的劳务派遣、安全保护服务，一般纳税人提供人力资源外包服务。目前征收税率为5%。

(3) 个人出租住房，按照5%的征收率减按1.5%计算应纳税额。目前征收税率：5%减按1.5%。

(4) 纳税人销售旧货；小规模纳税人(不含其他个人)以及符合规定情形的一般纳

税人销售自己使用过的固定资产，可依3%征收率减按2%征收增值税。目前征收税率：3%减按2%。

截至2022年，各行业一般纳税人及小规模纳税人增值税税率情况可分别见表8-5、表8-6、表8-7所示。

表8-5　一般纳税人增值税项目税率

	增值税项目	税率
一般纳税人	销售或者进口货物（另有列举的货物除外），销售劳务	13%
	销售或者进口：(1)粮食等农产品、食用植物油、食用盐；(2)自来水、暖气、冷气、热水、煤气、石油液化气、天然气、二甲醚、沼气、居民用煤炭制品；(3)图书、报纸、杂志、音像制品、电子出版物；(4)饲料、化肥、农药、农机、农膜；(5)国务院规定的其他货物	9%

表8-6　一般纳税人营改增项目增值税税率

	营改增项目		税率
一般纳税人	交通运输服务	陆路运输服务、水路运输服务、航空（航天）运输服务等	9%
	邮政服务	基础电信服务	9%
		增值电信服务	6%
	建筑服务	工程服务、安装服务、修缮服务、装饰服务、其他建筑服务	9%
	销售不动产	转让建筑物、构筑物等不动产所有权	9%
	金融服务	贷款服务、直接收费金融服务、保险服务和金融商铺转让	6%
	现代服务业	研发与技术服务、信息技术服务、文化创意服务、物流辅助服务、鉴证咨询服务、广播影视服务、商务辅助服务、其他现代服务	6%
		有形动产租赁服务	13%
		不动产租赁服务	9%
	生活服务	文化体育服务、教育医疗服务、旅游娱乐服务、餐饮住宿服务、居民日常服务、其他生活服务	6%
	销售无形资产	转让技术、商标、著作权、商誉、自然资源和其他权益性资产使用权或所有权	6%
		转让土地使用权	9%
纳税人	纳税人出口货物（国务院另有规定的除外）		0
	境内单位和个人跨境销售国务院规定范围内的服务、无形资产		0
	销售货物、劳务，提供的跨境应税行为，符合免税条件的		免税

表 8-7　　小规模纳税人增值税征收率

	简易计税	征收率
小规模纳税人以及允许适用简易计税方式计税的一般纳税人	小规模纳税人销售货物或者加工、修理修配劳务，销售应税服务、无形资产；一般纳税人发生按规定适用或者可以选择适用简易计税方法计税的特定应税行为，但适用5%征收率的除外	3%
	销售不动产，符合条件的经营租赁不动产(土地使用权)，转让营改增前取得的土地使用权，房地产开发企业销售、出租自行开发的房地产老项目，符合条件的不动产融资租赁，选择差额纳税的劳务派遣、安全保护服务，一般纳税人提供人力资源外包服务	5%
	个人出租住房，按照5%的征收率减按1.5%计算应纳税额	5%减按1.5%
	纳税人销售旧货，小规模纳税人(不含其他个人)以及符合规定情形的一般纳税人销售自己使用过的固定资产，可依3%征收率减按2%征收增值税	3%减按2%

（二）消费税

消费税是对特定的消费品和消费行为征收的一种价内流转税。根据2009年1月1日正式施行的《中华人民共和国消费税暂行条例》的规定，消费税是从原来的产品税、增值税中分离出来的，属于新老税制收入的转换。它的特征：只对一部分消费品和消费行为征税；只在消费品生产、流通或消费的某一环节征税；根据不同消费品的种类、档次、结构、功能等情况，制定不同的税率；税负最终要转嫁到消费者身上，由消费者负担。

消费税的税目有烟、酒及酒精、化妆品、贵重首饰及珠宝玉石、鞭炮焰火、成品油、汽车轮胎、摩托车、小汽车、高尔夫球及球具、高档手表、游艇、木制一次性筷子、实木地板等14类。消费税一般实行从价定率、从量定额，或者从价定率和从量定额复合计税的办法计算应纳税额：

实行从价定率办法计算的应纳税额＝销售额×税率

实行从量定额办法计算的应纳税额＝销售数量×单位税额

实行复合计税办法计算的应纳税额＝销售额×比例税率＋销售数量×定额税率

消费税的税目与税率(税额)具体情况可见表8-8。

表 8-8　　消费税的税目与税率(税额)

税　目	税　率
一、烟	
1. 卷烟	
(1) 甲类卷烟	56%加0.003元/支
(2) 乙类卷烟	36%加0.003元/支

续表

税　目	税　率
(3) 批发环节	11%+0.005 元/支
2. 雪茄烟	36%
3. 烟丝	30%
4. 电子烟	
(1) 生产(进口)环节	36%
(2) 批发环节	11%
二、酒及酒精	
1. 白酒	20%加 0.5 元/500 克(或者 500 毫升)
2. 黄酒	240 元/吨
3. 啤酒	
(1) 甲类啤酒	250 元/吨
(2) 乙类啤酒	220 元/吨
4. 其他酒	10%
三、高档化妆品	15%
四、贵重首饰及珠宝玉石	
1. 金银首饰、铂金首饰和钻石及钻石饰品	5%
2. 其他贵重首饰和珠宝玉石	10%
五、鞭炮、焰火	15%
六、成品油	
1. 汽油	1.52 元/升
2. 柴油	1.2 元/升
3. 航空煤油	1.2 元/升
4. 石脑油	1.52 元/升
5. 溶剂油	1.52 元/升
6. 润滑油	1.52 元/升
7. 燃料油	1.2 元/升
七、摩托车	
1. 气缸容量在 250 毫升(含 250 毫升)以下的	3%
2. 气缸容量在 250 毫升(不含 250 毫升)以上的	10%
八、小汽车	
1. 乘用车	

续表

税　目	税　率
(1) 气缸容量(排气量,下同)在 1.0 升(含 1.0 升)以下的	1%
(2) 气缸容量在 1.0 升以上至 1.5 升(含 1.5 升)的	3%
(3) 气缸容量在 1.5 升以上至 2.0 升(含 2.0 升)的	5%
(4) 气缸容量在 2.0 升以上至 2.5 升(含 2.5 升)的	9%
(5) 气缸容量在 2.5 升以上至 3.0 升(含 3.0 升)的	12%
(6) 气缸容量在 3.0 升以上至 4.0 升(含 4.0 升)的	25%
(7) 气缸容量在 4.0 升以上的	40%
2. 中轻型商用客车	5%
3. 超豪华小汽车[每辆零售价格 130 万元(不含增值税)及以上的乘用车和中轻型商用客车]	10%
九、高尔夫球及球具	10%
十、高档手表	20%
十一、游艇	10%
十二、木制一次性筷子	5%
十三、实木地板	5%
十四、涂料	4%
十五、电池	4%

(三) 城市维护建设税

城市维护建设税,又称城建税,是以纳税人实际缴纳的增值税、消费税税额为计税依据,依法计征的一种税。城市维护建设税的特征:(1)以纳税人实际缴纳的产品税、增值税税额为计税依据,分别与产品税、增值税同时缴纳;(2)加强城市的维护建设,扩大和稳定城市维护建设资金的来源。根据《中华人民共和国城市维护建设税法》(本法 2020 年 8 月 11 日,第十三届全国人民代表大会常务委员会第二十一次会议通过,自 2021 年 9 月 1 日起施行)。

城市建设维护税是为了加强城市的维护建设、扩大和稳定城市维护建设资金来源而征收的一种税。它是以在中华人民共和国境内有生产经营收入的单位和个人为纳税人而征收的一种税。根据《中华人民共和国城市维护建设税条例》的规定,城市维护建设税,以纳税人实际缴纳的增值税税额为计税依据,与增值税同时缴纳。城市维护建设税税率为:(1)纳税人所在地在市区的,税率为 7%;(2)纳税人所在地在县城、镇的,税率为 5%;这里所称的“县城、镇”是指经省人民政府批准的县城、县属镇(区级镇),县城、县属镇的范围按县人民政府批准的城镇区域范围。(3)纳税人所在地不在市区、县城、县属镇的,税率为 1%。

城市维护建设税的征税范围包括城市、县城、建制镇以及税法规定征税的其他地区。城市、县城、建制镇的范围应根据行政区划作为划分标准，不得随意扩大或缩小各行政区域的管辖范围。

城市维护建设税与其他税种不同，没有独立的征税对象或税基，而是以增值税、消费税"二税"实际缴纳的税额之和为计税依据，随"二税"同时附征，本质上属于一种附加税。

城市维护建设税应纳税额的计算比较简单，计算公式为：

应纳税额 ＝（增值税 ＋ 消费税）× 适用税率

（四）城镇土地使用税

城镇土地使用税是对在城市、县城、建制镇和工矿区范围内使用土地的单位和个人，以其实际占用的土地面积为计税依据，按照纳税规定的税额征收的一种税。城镇土地使用税就其性质而言，是一种级差资源税，旨在保护土地资源、调节土地级差收入、促进土地的合理开发和利用。

根据《中华人民共和国城镇土地使用税暂行条例》(简称《条例》，1988 年 9 月 27 日中华人民共和国国务院令第 17 号发布，后经 2006 年 12 月 30 日国务院第 163 次常务会议通过，自 2007 年 1 月 1 日起施行。)的规定，城镇土地使用税税额是采用有幅度的差别税额，其计税标准是土地的平方米，实行从量计征，其计税依据是纳税人实际占用的土地面积。城镇土地使用税每平方米的年税额为：大城市 1.5～30 元，中等城市 1.2～24 元，小城市 0.9～18 元，县城、建制镇和工矿区 0.6～12 元。具体税额的确定由各省、市、自治区人民政府在《条例》规定的税额幅度内，根据城市建设状况、经济繁荣程度等条件，确定所在地区的适用税额幅度。同时，为了满足某些特殊用地的需要，照顾某些特殊情况，下列土地免缴土地使用税：(1)国家机关、人民团体、军队自用的土地；(2)由国家财政部门拨付事业经费的单位自用的土地；(3)宗教寺庙、公园、名胜古迹自用的土地；(4)市政街道、广场、绿化地带等公共用地；(5)直接用于农、林、牧、渔业的生产用地；(6)经批准开山填海整治的土地和改造的废弃土地，从使用的月份起免缴土地使用税 5～10 年；(7)由财政部另行规定免税的能源、交通、水利设施用地和其他用地。其应纳税额以实际占用的土地面积为计税依据，具体的计算公式为：

应纳税额 ＝ 实际占用的土地面积 × 适用税额

（五）资源税

《中华人民共和国资源税法》规定，在中华人民共和国领域和中华人民共和国管辖的其他海域开发应税资源的单位和个人，为资源税的纳税人，应当依照本法规定缴纳资源税。《中华人民共和国资源税法》由中华人民共和国第十三届全国人民代表大会常务委员会第十二次会议于 2019 年 8 月 26 日通过，自 2020 年 9 月 1 日起施行。开发利用国有资源的单位和个人为纳税人，以重要资源品为课税对象，旨在消除资源条件优劣对纳税人经营所得利益影响的税类，包括矿产资源税和城镇土地使用税等。资源税是以各种应税自然资源为课税对象、为了调节资源级差收入并体现国有资源有偿使用而征收的一种税。资源税在理论上可区分为对绝对矿租课征的一般资源税和对级差矿租课征的级差资源税，体现在税收政策上称“普遍征收，级差调节”，即所有开采者开采的所有应税资源都应缴纳资源税；同时，开采中、优等资源的纳税人还要相应多缴纳一部分资源税。

资源税按照《税目税率表》实行从价计征或者从量计征。

资源税税目及税率情况可见表 8-9。

表 8-9　　资源税税目及税率表

	税目		征税对象	税率
能源矿产	原油		原矿	6%
	天然气、页岩气、天然气水合物		原矿	6%
	煤		原矿或者选矿	2%～10%
	煤成(层)气		原矿	1%～2%
	铀、钍		原矿	4%
	油页岩、油砂、天然沥青、石煤		原矿或者选矿	1%～4%
	地热		原矿	1%～20%或每平方米 1～30 元
金属矿产	黑色金属	铁、锰、铬、钒、钛	原矿或者选矿	1%～9%
	有色金属	铜、铅、锌、锡、镍、锑、镁、钴、铋、汞	原矿或者选矿	2%～10%
		铝土矿	原矿或者选矿	2%～9%
		钨	选矿	6.5%
		钼	选矿	8%
		金、银	原矿或者选矿	2%～6%
金属矿产	有色金属	铂、钯、钌、锇、铱、铑	原矿或者选矿	5%～10%
		轻稀土	选矿	7%～12%
		中重稀土	选矿	20%
		铍、锂、锆、锶、铷、铯、铌、钽、锗、镓、铟、铊、铪、铼、镉、硒、碲	原矿或者选矿	2%～10%
非金属矿产	矿物类	高岭土	原矿或者选矿	1%～6%
		石灰岩	原矿或者选矿	1%～6%或者每吨(或者每立方米)1～10 元
		磷	原矿或者选矿	3%～8%

续表

	税目		征税对象	税率
非金属矿产	矿物类	石墨	原矿或者选矿	3%～12%
		萤石、硫铁矿、自然硫	原矿或者选矿	1%～8%
		天然石英砂、脉石英、粉石英、水晶、工业用金刚石、冰洲石、蓝晶石、硅线石（矽线石）、长石、滑石、刚玉、菱镁矿、颜料矿物、天然碱、芒硝、钠硝石、明矾石、砷、硼、碘、溴、膨润土、硅藻土、陶瓷土、耐火黏土、铁矾土、凹凸棒石黏土、海泡石黏土、伊利石黏土、累托石黏土	原矿或者选矿	1%～12%
		叶蜡石、硅灰石、透辉石、珍珠岩、云母、沸石、重晶石、毒重石、方解石、蛭石、透闪石、工业用电气石、白垩、石棉、蓝石棉、红柱石、石榴子石、石膏	原矿或者选矿	2%～12%
		其他黏土（铸型用黏土、砖瓦用黏土、陶粒用黏土、水泥配料用红土、水泥配料用黄土、水泥配料用泥岩、保温材料用黏土）	原矿或者选矿	1%～5%或者每吨（或者每立方米）0.1～5元
	岩石类	大理岩、花岗岩、白云岩、石英岩、砂岩、辉绿岩、安山岩、闪长岩、板岩、玄武岩、片麻岩、角闪岩、页岩、浮石、凝灰岩、黑曜岩、霞石正长岩、蛇纹岩、麦饭石、泥灰岩、含钾岩石、含钾砂页岩、天然油石、橄榄岩、松脂岩、粗面岩、辉石岩、正长岩、火山灰、火山渣、泥炭	原矿或者选矿	1%～10%
		砂石	原矿或者选矿	1%～5%或者每吨（或者每立方米）0.1～5元
	宝玉石类	宝石、玉石、宝石级金刚石、玛瑙、黄玉、碧玺	原矿或者选矿	4%～20%
水气矿产	二氧化碳气、硫化氢气、氦气、氡气		原矿	2%～5%
	矿泉水		原矿	1%～20%或者每立方米1～30元
盐	钠盐、钾盐、镁盐、锂盐		选矿	3%～15%
	天然卤水		原矿	3%～15%或者每吨（或者每立方米）1～10元
	海盐			2%～5%

（六）土地增值税

土地增值税是对以转让国有土地使用权地上建筑物及其附着物的单位和个人取得的土地增值额为课税对象，依照超额累进税率征收的一种增值税。根据 1994 年 1 月 1 日正式施行的《中华人民共和国土地增值税暂行条例》的规定，土地增值税是以纳税人转让房地产所取得的土地增值额为计税依据。土地增值额为纳税人转让房地产所取得的收入减去规定的扣除项目金额后的余额。土地增值税的扣除项目包括：(1)转让土地使用权的，取得土地使用权时所支付的金额，对土地进行开发的成本、费用，转让时所支付的有关税金。(2)建造商品房出售的，取得土地使用权时所支付的金额，新建房及配套设施的成本、费用，转让房地产时所支付的有关税金。(3)转让旧房及建筑物的，取得土地使用权时所支付的金额，房屋及建筑物的评估价格，销售税金。另外还包括财政部规定的其他扣除项目。土地增值税实行四级超额累进税率，即土地增值额未超过扣除项目金额 50%的部分，税率为 30%；土地增值额超过扣除项目金额 50%、未超过 100%的部分，税率为 40%；土地增值额超过扣除项目金额 100%、未超过 200%的部分，税率为 50%；土地增值额超过扣除项目金额 200%以上的部分，税率为 60%。对土地增值税的适用税率，是根据转让增值比例的大小来确定的。增值比例大的，适用高税率，增值比例小的，适用低税率。这样，有利于对房地产开发经营过程中出现的高收入起到一定的调节作用。土地增值税应纳税额的计算公式为：

应纳税额 = 土地增值额 × 适用税率

土地增值额 = 出售(或转让)房地产的总收入 − 扣除项目金额

（七）企业所得税

企业所得税是对我国境内的企业在我国境内的生产经营所得和其他所得所征收的一种税。它是国家调节企业利润水平的一个税种。根据《中华人民共和国企业所得税法》(中华人民共和国第十届全国人民代表大会第五次会议于 2007 年 3 月 16 日通过，自 2008 年 1 月 1 日起施行，后根据 2017 年 2 月 24 日第十二届全国人民代表大会常务委员会第二十六次会议《关于修改〈中华人民共和国企业所得税法〉的决定》第一次修正，根据 2018 年 12 月 29 日第十三届全国人民代表大会常务委员会第七次会议《关于修改〈中华人民共和国电力法〉等四部法律的决定》第二次修正)的规定，企业应纳所得税，按应纳税所得额计算，税率为 25%。应纳税所得额为企业每一纳税年度的收入总额减去准予扣除项目后的余额。纳税人的总收入包括：(1)销售货物收入；(2)提供劳务收入；(3)转让财产收入；(4)股息、红利等权益性投资收益；(5)利息收入；(6)租金收入；(7)特许权使用费收入；(8)接受捐赠收入；(9)其他收入。准予扣除项目是指与企业实际发生的与取得收入有关的、合理的支出，包括成本、费用、税金、损失和其他支出，准予在计算应纳税所得额时扣除。但对向非金融机构借款的利息支出，用于公益、救济性的捐赠，支付职工工资及福利费等应按规定的范围、标准扣除。向投资者支付的股息、红利等权益性投资收益款项，企业所得税税款，税收滞纳金，罚金、罚款和被没收财物的损失，赞助支出，未经核定的准备金支出，与取得收入无关的其他支出，对超过国家规定允许扣除公益、救济性的捐赠及非公益救济性的捐赠，各种赞助支出，一律不得在计算应税所得额时扣除。对企业发生年度亏损的，可用下一纳税年度的所得弥补；下一纳税年度的所得不足以弥补的，可以逐年延续弥补，但是延续弥补的期限最长不得超过5年。

企业的下列所得，可以免征、减征企业所得税：

从事农、林、牧、渔业项目的所得，从事国家重点扶持的公共基础设施项目投资经营的所得，从事符合条件的环境保护、节能节水项目的所得，符合条件的技术转让所得。

符合条件的小型微利企业，减按20%的税率征收企业所得税；国家需要重点扶持的高新技术企业，减按15%的税率征收企业所得税；民族自治地方的自治机关对本民族自治地方的企业应缴纳的企业所得税中属于地方分享的部分，可以决定减征或者免征。自治州、自治县决定减征或者免征的，须报省、自治区、直辖市人民政府批准。

企业的下列支出，可以在计算应纳税所得额时加计扣除：开发新技术、新产品、新工艺发生的研究开发费用，安置残疾人员及国家鼓励安置的其他就业人员所支付的工资。

创业投资企业从事国家需要重点扶持和鼓励的创业投资，可以按投资额的一定比例抵扣应纳税所得额。企业的固定资产由于技术进步等原因，确需加速折旧的，可以缩短折旧年限或者采取加速折旧的方法；企业综合利用资源，生产符合国家产业政策规定的产品所取得的收入，可以在计算应纳税所得额时减计收入；企业购置用于环境保护、节能节水、安全生产等专用设备的投资额，可以按一定比例实行税额抵免。

企业所得税税收优惠的具体办法，由国务院规定。根据国民经济和社会发展的需要，或者由于突发事件等原因对企业经营活动产生重大影响的，国务院可以制定企业所得税专项优惠政策，报全国人民代表大会常务委员会备案。

企业所得税的计算公式为：

$$\text{应纳所得税税额} = \text{应纳税所得额} \times \text{比例税率}$$

$$\text{应纳税所得额} = \text{利润总额} \pm \text{税收调整项目}$$

在分别估算好项目的营业收入、税金及附加和增值税后，可编制项目营业收入、税金及附加和增值税估算表，具体可见表8-10。

表 8-10　　营业收入、税金及附加和增值税估算表　　单位:万元

序　号	项　目	合　计	计算期				
			1	2	3	…	n
1	营业收入						
	产品 A 营业收入						
	单价						
	数量						
	销项税额						
	…						
2	税金及附加						
2.1	消费税						
2.2	城市维护建设税						
2.3	教育费附加						
3	增值税						
	销项税额						
	进项税额						

注:(1) 表适用于新设法人项目工资及福利费的估算,以及既有法人项目的“有项目”、“无项目”和增量的营业收入、税金及附加和增值税的估算;

(2) 根据行业或产品的不同可增减相应税收科目。

第三节　项目成本费用的估算

一、项目总成本费用

项目总成本费用是指在项目的运营期内为生产产品或提供服务所发生的全部费用,等于经营成本与折旧费、摊销费和财务费用之和。即:

总成本费用 ＝ 制造成本 ＋ 管理费用 ＋ 财务费用 ＋ 销售费用

根据上述公式和会计制度规定的要求,总成本费用实际上包括产品的制造成本和期间费用两部分。产品制造成本包括产品在生产过程中耗费的直接材料费、直接燃料和动力费、直接人工、其他直接支出和制造费用;期间费用包括管理费用、财务费用和销售费用。

二、项目成本费用的估算

项目总成本费用的估算具有很强的行业性，故估算时应注意反映行业特点，或服从行业规定。以下所述的总成本费用估算方法与注意事项适用于工业项目，而在折旧、摊销、利息和某些费用估算方面也基本适用于其他行业。一般地，项目经济评价中通常采用生产要素法估算项目的总成本费用，当然也采用制造成本加上期间费用法进行估算。下面对这两种方法分别进行说明。

(一) 生产要素估算法

按生产要素估算法进行估算时，其总成本费用为：

$$\text{总成本费用} = \text{外购原材料、燃料及动力费} + \text{工资及福利费} + \text{折旧费} + \text{摊销费} + \text{修理费} + \text{财务费用(利息支出)} + \text{其他费用}$$

其中，其他费用同经营成本中的其他费用。

1. 外购原材料、燃料及动力费的估算

外购原材料、燃料及动力费的估算需要先估算出外购原材料、燃料及动力的年耗用量，以及在选定价格体系下的预测价格，该价格应按入库价格计算，即到厂价格并考虑途中及入库损耗。采用的价格时点和价格体系应与营业收入的估算一致。需说明的是，其估算应能充分体现行业特点及项目具体情况。

2. 工资及福利费的估算

财务分析中的工资及福利费是指企业为获得职工提供的服务而给予的各种形式的报酬，通常包括职工工资、奖金、津贴、补贴以及职工福利费。按生产要素法估算总成本费用时，工资及福利费须按项目全部人员数量估算。确定工资及福利费时需考虑项目性质、地点、行业特点等因素。

3. 固定资产折旧的估算

财务分析中，按生产要素法估算总成本费用时，固定资产折旧可直接列支于总成本费用。固定资产的折旧方法可在税法允许的范围内自行确定，一般采用直线法，包括年限平均法和工作量法。固定资产折旧年限、预计净残值率可在税法允许的范围内自行确定。采用年限平均法时，固定资产折旧的估算公式为：

$$\text{固定资产年折旧} = \text{固定资产原值} \times \frac{1 - \text{预计净残值率}}{\text{折旧年限}}$$

4. 固定资产修理费的估算

修理费是指为保持固定资产的正常运转和使用、充分发挥使用效能，而对其进行的必要修理所发生的费用。对其进行估算时，可按固定资产原值(扣除所含的建设期利息)的一定百分数计提。百分数的选取应考虑行业和项目特点。在生产运营的各年中，修理费率的取值，一般采用固定值。

5. 摊销费的估算

按照有关规定，无形资产从开始使用之日起，在有效使用期限内平均摊入成本。法律和合同规定了法定有效期限或者受益年限的，摊销年限从其规定，否则摊销年限应注意符合税法的要求。无形资产的摊销一般采用平均年限法，不计残值。其他资产的摊销也可以采用平均年限法，不计残值，摊销年限应注意符合税法的规定。

6. 其他费用的估算

其他费用包括其他制造费用、其他管理费用和其他营业费用三项，是指由制造费用、管理费用和营业费用中分别扣除工资及福利费、折旧费、摊销费、修理费以后的其余部分。其中，其他制造费用可按固定资产的原值（扣除建设期利息）的百分数估算，也可按人员定额估算；其他管理费用可按人员定额或取工资及福利费总额的倍数估算；其他营业费用可按营业收入的百分比估算。

7. 利息支出

利息支出的估算包括长期借款利息、流动资金借款利息和短期借款利息三部分。其中，长期借款利息是指对建设期借款余额（含未支付的建设期利息）应在生产运营期支付的利息，项目评价中可以选择等额还本付息方式或者等额还本利息照付方式来估算长期借款利息，具体可见第六章的相关内容。流动资金借款（期末偿还、期初再借）利息可直接按年初流动资金借款余额与其借款年利率的乘积估算。短期借款利息的估算同流动资金借款利息估算。

（二）制造成本加期间费用法

1. 直接材料费用的估算

直接材料是指项目在生产经营过程中消耗的原材料和有助于产品形成的辅助材料、备品配件、外购半成品、燃料、动力、包装物以及其他直接材料。在对产品的直接材料费用进行估算的过程中，应重点核对占产品制造成本比重较大的直接材料来源的可靠性和价格的合理性。由于市场上的材料价格变化较大，因此，可行性研究及经济评价报告的使用应有一定的期限，最长不能超过半年，否则需要重新核查直接材料价格的实用性。

直接材料费用的估算是否准确，关键是确定合理的材料单价和消耗定额。直接材料单价的确定一般可以采用该产品前三年（或两年）的平均价格，再考虑一定的物价上涨因素。因为这样做可以减少市场价格变动的影响，使直接材料的价格趋于合理。原料消耗定额则要按主管部门确定的有关参数进行估算，如果主管部门没有规定具体的参数，可参照同类型项目的消耗情况进行估算。主管部门确定的消耗定额一般有一定的幅度和一定的限制条件，因此，在估算中，可根据拟建项目的规模、技术装备水平等因素确定消耗水平的上、下限。对于建设规模较大、技术装备水平先进的项目的材料消耗定额可采用下限；反之，则相反。

综上所述，项目生产产品的直接材料费用可以用如下公式进行估算：

直接材料费用 = 单位产品材料耗用量 × 产品年产量 × 材料单价

另外，辅助材料、备品备件、外购半成品以及其他直接材料费用的估算方法与直接材料费用的估算方法相同。上述费用如果耗用量较大，则可与直接材料费用一样进行估算，如果耗用量不大，则可粗略估算。

2. 燃料及动力费用的估算

按财务会计制度的规定和要求，燃料、动力费的核算应在直接费用中进行。在可行性研究的经济评价中，如果燃料、动力费消耗量不大时，可以在直接材料中进行估算，如果耗用量很大或是产品生产过程中消耗的主体时，则应对燃料、动力费进行单独估算。

燃料，是指直接用于产品生产，为生产提供各种热能的各种燃料，如煤、油、天然气等。动力则是指直接用于生产的水、电、气、风等。燃料动力费的估算应是在确定燃料、动力的合理单价及单耗量的基础上进行，其估算方法与直接材料费用的估算方法相似，公式表示为：

燃料动力费 = 单耗量 × 年产量 × 燃料、动力单价
　　　　　 = 全年耗用量 × 燃料、动力单价

3. 职工工资的估算

职工工资包括项目所有职工的工资、奖金、津贴和补贴。它的估算一般采用同类型项目人均年工资水平来进行推算。即：

职工工资 = 同类型项目人均年工资 × 本项目设计定员

4. 职工福利费的估算

在成本估算中，职工福利费的计算公式为：

职工福利费 = 职工工资总额 × 14%

或：　职工福利费 = 同类型项目人均年工资 × 14%

由于职工工资和职工福利费的估算是全口径的，因此，在估算制造费用、管理费用、销售费用时，应扣除职工工资、职工福利费等已估算的因素，以避免重复估算。

5. 制造费用的估算

制造费用包括项目各个生产单位（分厂、车间）为组织和管理生产所发生的有关费用。在项目可行性研究的经济评价中，不可能也没有必要对所有的制造费用进行逐项估算，因此，一般采用简便的估算方法，即：

制造费用 = 折旧费 + 修理费 + 其他制造费用

折旧费即固定资产折旧费，一般可以根据固定资产原值及估计残值、使用年限等按直线法计算，即：

$$折旧费 = \frac{固定资产原值 - 预计净残值}{使用年限}$$

$$修理费 = 固定资产原值 \times 修理费综合费率$$

$$其他制造费用 = \left(\begin{matrix}直接\\材料费\end{matrix} + \begin{matrix}燃料\\及动力费\end{matrix} + \begin{matrix}职工\\工资\end{matrix} + \begin{matrix}职工\\福利费\end{matrix}\right) \times 综合费率$$

6. 管理费用的估算

管理费用是指项目行政管理部门为管理和组织生产经营活动所发生的各项费用。它的估算主要视项目的具体情况和项目的建设规模而定。

7. 财务费用的估算

财务费用在项目的经济评价中主要是指项目在生产经营过程中所发生的借款利息支出。它的估算主要根据项目的投资借款在生产期各年的期初余额及贷款利率进行计算。

8. 销售费用的估算

销售费用主要是指项目产品在销售过程中所发生的有关费用以及专设销售机构所发生的各项费用。在项目的经济评价中,其估算方法主要有两种:一是用销售收入乘以销售费用率;二是用单位产品销售费用乘以项目的年产量。销售费用率和单位产品销售费用可参照同类型项目的同期水平确定,也可以由主管部门确定。

通过上述逐项估算,项目的成本费用就可以得到确定,同时也可以看出:

总成本 = 生产成本(也可称为产品的销售成本) + 销售费用

生产成本 = 制造成本 + 管理费用 + 财务费用

制造成本 = 直接材料费 + 燃料及动力费 + 职工工资 + 职工福利费 + 制造费用

制造费用 = 折旧费 + 修理费 + 其他制造费

经营成本 = 总成本费用 − 折旧费 − 摊销费 − 借款利息

或: 经营成本 = 外购原材料、燃料及动力费 + 工资及福利费 + 修理费 + 其他费用

式中:其他费用是指从制造费用、管理费用和营业费用中扣除了折旧费、摊销费、修理费、工资及福利费以后的其余部分。

需说明的是,经营成本是项目经济评价、财务评估中现金流量分析所使用的特定概念,是项目从事主要业务活动而发生的成本,是项目现金流量表中运营期现金流出的主体部分。经营成本与融资方案无关,故可在完成建设投资、营业收入后,在成本费用估算时加以估算,为项目融资前分析提供依据。同时,经营成本估算的行业性较强,不同行业在成本构成科目和名称上可能存在较大区别,所以对其估算时,应按行业规定进行,对没有行业规定的也应反映其行业特点。

另外,项目的总成本费用也可按生产要素估算法进行估算,即可采用如下公式进行:

总成本费用 = 外购原材料、燃料及动力费 + 工资及福利费 + 折旧费
+ 摊销费 + 修理费 + 财务费用(利息支出) + 其他费用

总之，项目的成本费用估算应遵循国家现行的企业财务会计制度规定的成本和费用核算方法，同时应遵循有关税收制度中准予在所得税前列支科目的规定，而当两者发生矛盾时，一般应按从税的原则处理。同时，由于各行业成本费用的构成各不相同，故在进行项目成本费用估算时应结合行业特点并按行业规定来进行处理，而制造业则可直接采用上述方法来进行估算。

另外，为了便于进行项目的盈亏平衡分析，也可以将总成本划分为固定成本（或不变成本）和可变成本。固定成本是指在一定限度内不随产量变化而变化的那部分费用，一般包括职工工资（计时工资）、职工福利费、折旧费、摊销费、修理费和其他费用等，通常也将项目运营期发生的全部利息作为固定成本；可变成本一般是指随产量变化而发生变化的那部分费用，一般包括直接材料费、燃料及动力费、计件工资等。同时，将总成本划分为固定成本和变动成本，也为估算各个年度产品总成本提供了方便。即：

$$\begin{matrix}\text{未达到设计生产能力}\\\text{年度产品总成本}\end{matrix}=\text{固定成本}+\text{变动成本}\times\text{达到设计生产能力的百分比}$$

在分别估算上述各种成本费用后，即可编制相应的成本费用估算表（包括总成本费用估算表和各分项成本估算表），具体见表 8-11 至表 8-17。

表 8-11　　总成本费用估算表（生产要素法）　　单位：万元

序　号	项　目	合　计	计算期				
			1	2	3	…	n
1	外购原材料费						
2	外购燃料及动力费						
3	工资及福利费						
4	修理费						
5	其他费用						
6	经营成本(1+2+3+4+5)						
7	折旧费						
8	摊销费						
9	利息支出						
10	总成本费用(6+7+8+9)						
	其中：可变成本 　　　固定成本						

注：本表适用于新设法人项目与既有法人项目的“有项目”“无项目”和增量成本费用的估算。

表 8-12　　**总成本费用估算表（制造成本加期间费用法）**　　单位：万元

序　号	项　目	合　计	计算期				
			1	2	3	…	n
1	制造成本						
1.1	直接材料费						
1.2	直接燃料及动力费						
1.3	直接工资及福利费						
1.4	制造费用						
1.4.1	折旧费						
1.4.2	修理费						
1.4.3	其他制造费						
2	管理费用						
2.1	无形资产摊销						
2.2	其他资产摊销						
2.3	其他管理费						
3	财务费用						
3.1	借款利息支出						
3.1.1	长期借款利息						
3.1.2	流动资金借款利息						
3.1.3	短期借款利息						
4	营业费用						
5	总成本费用合计(1＋2＋3＋4)						
	其中：可变成本 　　　固定成本						
6	经营成本(5－1.4.1－2.1－2.2－3.1)						

注：(1) 本表适用于新设法人项目成本费用的估算，以及既有法人项目的“有项目”“无项目”和增量成本费用的估算。

(2) 生产成本中的折旧费、修理费是指生产性设施的固定资产折旧费和修理费。

(3) 生产成本中的工资和福利费是指生产性人员的工资和福利费。车间或分厂管理人员的工资和福利费可在制造费用中单独列项或含在其他制造费用中。

(4) 本表其他管理费用中含有管理设施的折旧费、修理费以及其他管理人员的工资和福利费。

表 8-13　　**外购原材料费用估算表**　　单位：万元

序　号	项　目	合　计	计算期				
			1	2	3	…	n
1	外购原材料费用						
1.1	原材料 A						

续表

序　号	项　目	合　计	计算期				
			1	2	3	…	n
	单价						
	数量						
	进项税额						
1.2	原材料 B						
	单价						
	数量						
	进项税额						
	…						
2	辅助材料费用						
3	其他材料费用						
4	外购原材料费用合计						

注：本表适用于新设法人项目外购原材料费用的估算，以及既有法人项目的“有项目”“无项目”和增量外购原材料费用的估算。

表 8-14　　外购燃料、动力费用估算表　　单位：万元

序　号	项　目	合　计	计算期				
			1	2	3	…	n
1	燃料费用						
1.1	燃料 A						
	单价						
	数量						
	进项税额						
1.2	燃料 B						
	单价						
	数量						
	进项税额						
	…						
2	动力费用						
2.1	动力 A						
	单价						
	数量						
	…						
3	外购燃料及动力费用合计						

注：本表适用于新设法人项目外购燃料动力费用估算、原材料费用的估算，以及既有法人项目的“有项目”“无项目”和增量外购燃料动力费用的估算。

表 8-15 **固定资产折旧费估算表** 单位:万元

序号	项目	合计	计算期				
			1	2	3	…	n
1	房屋、建筑物						
	原值						
	当期折旧费						
	净值						
2	机器设备						
	原值						
	当期折旧费						
	净值						
	…						
3	合计						
	原值						
	当期折旧费						
	净值						

注:本表适用于新设法人项目固定资产折旧费的估算,以及既有法人项目的"有项目""无项目"和增量固定资产折旧费的估算。

表 8-16 **无形资产及其他资产摊销费估算表** 单位:万元

序号	项目	合计	计算期				
			1	2	3	…	n
1	无形资产						
	原值						
	当期摊销费						
	净值						
2	其他资产						
	原值						
	当期摊销费						
	净值						
	…						
3	合计						
	原值						
	当期摊销费						
	净值						

注:本表适用于新设法人项目摊销费的估算,以及既有法人项目的"有项目""无项目"和增量摊销费的估算。当估算既有法人项目的"有项目"摊销费时,应将新增和利用原有部分的资产分别列出,并分别计算摊销费。

表 8-17　　工资及福利费估算表　　单位:万元

序号	项目	合计	计算期				
			1	2	3	…	n
1	工人						
	人数						
	人均年工资						
	工资额						
2	技术工人						
	人数						
	人均年工资						
	工资额						
3	管理人员						
	人数						
	人均年工资						
	工资额						
4	工资总额(1+2+3)						
5	福利费						
6	合计(4+5)						

注:(1) 本表适用于新设法人项目工资及福利费的估算,以及既有法人项目的“有项目”“无项目”和增量工资及福利费的估算;
(2) 外商投资项目取消福利费科目。

第四节　项目财务报表的编制与分析

一、项目财务报表的编制

在通过以上的营业收入、成本费用及税金及附加的估算后,就可以计算出项目的年净利额并在此基础上编制反映项目财务状况的基本报表,以分析项目的盈利能力、清偿能力和财务生存能力。

(一) 利润的测算及利润和利润分配表的编制

$$\text{项目的税前利润} = \text{年营业收入} - \text{年销售成本} - \text{年税金及附加} - \text{管理费用} - \text{财务费用} - \text{销售费用}$$

$$\text{项目的税后利润} = \text{税前利润} - \text{应纳所得税}$$

利润和利润分配表,用于计算项目投资利润率。表中利润栏目反映项目计算期内各年的营业收入、总成本费用支出、利润总额情况,利润分配栏目反映所得税税后利润以及利润分配情况，具体见表 8-18。

表 8-18 **利润和利润分配表** 单位：万元

序号	项目	合计	计算期				
			1	2	3	…	n
1	营业收入						
2	税金及附加						
3	总成本费用						
4	补贴收入						
5	利润总额(1－2－3＋4)						
6	弥补以前年度亏损						
7	应纳税所得额(5－6)						
8	所得税						
9	税后利润(5－8)						
10	偿还投资借款本金						
11	期初未分配利润						
12	可供分配的利润(9－10＋11)						
13	提取法定盈余公积						
14	可供投资者分配的利润(12－13)						
15	应付优先股股利						
16	提取任意盈余公积金						
17	应付普通股股利(14－15－16)						
18	各投资方利润分配						
19	未分配利润(14－15－16－17－18)						
20	息税前利润(利润总额＋利息支出)						
21	息税折旧摊销前利润(息税前利润＋折旧＋摊销)						

注：(1) 对于外商投资项目由第十一项减去储备基金、职工奖励与福利基金和企业发展基金(外商独资项目可不列入企业发展基金)后，得出可供投资者分配的利润。

(2) 法定盈余公积金按净利润计提。

(3) 补贴收入是指项目按有关规定可能获得的补贴收入(仅指与收益相关的政府补助，与资产相关的政府补助不在此处核算，与资产相关的政府补助是指企业取得的、用于购建或以其他方式形成长期资产的政府补助)，包括先征后返的增值税、按销量或工作量等依据国家规定的补助定额计算并按期给予的定额补贴，以及属于财政扶持而给予的其他形式的补贴等。对于这几类补贴收入，应根据财政、税收部门的规定，分别计入或不计入应税收入。

(二) 财务计划现金流量表的编制

财务计划现金流量表主要是通过考察项目计算期内的投资、融资和经营活动所产生的各项现金流入和流出情况，计算净现金流量和累计盈余资金，分析项目是否具有足够的净现金流量维持正常运营，以实现其财务可持续性，其具体编制格式如表 8-19 所示。

表 8-19　财务计划现金流量表　单位：万元

序　号	项　目	合　计	计算期				
			1	2	3	…	n
1	经营活动净现金流量(1.1－1.2)						
1.1	现金流入						
1.1.1	营业收入						
1.1.2	增值税销项税额						
1.1.3	补贴收入						
1.1.4	其他流入						
1.2	现金流出						
1.2.1	经营成本						
1.2.2	增值税进项税额						
1.2.3	税金及附加						
1.2.4	增值税						
1.2.5	所得税						
1.2.6	其他流出						
2	投资活动净现金流量(2.1－2.2)						
2.1	现金流入						
2.2	现金流出						
2.2.1	建设投资						
2.2.2	维持运营投资						
2.2.3	流动资金						
2.2.4	其他流出						
3	筹资活动净现金流量(3.1－3.2)						
3.1	现金流入						
3.1.1	项目资本金投入						
3.1.2	建设投资借款						
3.1.3	流动资金借款						
3.1.4	债券						
3.1.5	短期借款						

续表

序 号	项 目	合 计	计算期				
			1	2	3	…	n
3.1.6	其他流入						
3.2	现金流出						
3.2.1	各种利息支出						
3.2.2	偿还债务本金						
3.2.3	应付利润(股利分配)						
3.2.4	其他流出						
4	净现金流量						
5	累计盈余资金						

注:(1) 对于新设法人项目,本表投资活动的现金流入为零。
(2) 对于既有法人项目,可适当增加科目。
(3) 必要时,现金流出中可增加应付优先股股利科目。
(4) 对外商投资项目应将职工奖励与福利基金作为经营活动现金流出。
(5) 维持运营投资是指某些项目在运营期内需要投入一定的固定资产投资才能得以维持正常运营,如设备更新费用、油田的开发费用、矿山的井巷开拓延伸费用等。在项目的运营期内,如发生此类费用,一方面应将其列入现金流量表作为现金流出,参与内部收益率及净现值等指标的计算,另一方面还应列入财务计划现金流量表中,参与财务生存能力分析。

(三) 资产负债表的编制

企业资产负债表是国际上通用的财务报表,它反映某一特定日期的财务状况。项目资产负债表的编制格式见表 8-20。

表 8-20 **资产负债表** 单位:万元

序 号	项 目	合 计	计算期				
			1	2	3	…	n
1	资产						
1.1	流动资产总额						
1.1.1	货币资金						
1.1.2	应收账款						
1.1.3	预付账款						
1.1.4	存货						
1.1.5	其他						
1.2	在建工程						
1.3	固定资产净值						
1.4	无形及其他资产净值						

续表

序 号	项 目	合 计	计算期				
			1	2	3	…	n
2	负债及所有者权益(2.4+2.5)						
2.1	流动负债总额						
2.1.1	应付账款						
2.1.2	短期借款						
2.1.3	预收账款						
2.1.4	其他						
2.2	建设投资借款						
2.3	流动资金借款						
2.4	负债小计(2.1+2.2+2.3)						
2.5	所有者权益						
2.5.1	资本金						
2.5.2	资本公积						
2.5.3	累计盈余公积金						
2.5.4	累计未分配利润						
计算指标: 资产负债率							

注:(1) 对外商投资项目,将2.5.3项改为累计储备基金和企业发展基金。

(2) 对既有法人项目,一般只针对法人编制,可按需要增加科目,此时表中资本金是指企业全部实收资本,包括原有和新增的实收资本。必要时,也可针对"有项目"范围编制,此时表中资本金仅指"有项目"范围的对应数据。

(3) 货币资金包括现金和累计盈余资金。

(四) 借款还本付息计划表

借款还本付息计划表,用于反映项目建设期内各年借款的使用、还本付息以及偿债资金来源,计算借款偿还期或者偿债备付率、利息备付率等指标,具体见表8-21。

表8-21 **借款偿还计划表** 单位:万元

序 号	项 目	合 计	计算期				
			1	2	3	…	n
1	借款						
1.1	年初本息余额						
1.2	本年借款						
1.3	本年应计利息						

续表

序　号	项　目	合　计	计算期				
			1	2	3	…	n
1.4	本年还本付息						
	其中：还本 付息						
1.5	年末本息余额						
2	债券						
2.1	年初债务余额						
2.2	本年发行债券						
2.3	本年应计利息						
2.4	本年还本付息						
	其中：还本 付息						
2.5	年末本息余额						
3	借款和债券合计						
3.1	年初本息余额						
3.2	本年借款						
3.3	本年应计利息						
3.4	本年还本付息						
	其中：还本 付息						
3.5	年末本息余额						
计算指标	利息备付率						
	偿债备付率						

注：(1) 本表直接适用于新设法人项目，如有多种借款和债券，必要时应分别列出。
(2) 对于既有法人项目，在按"有项目"范围进行计算时，可根据需要增加项目范围内原有借款的还本付息计算；在计算企业层次的还本付息时，可根据需要增加项目范围外借款的还本付息计算；当简化直接进行项目层次新增借款还本付息计算时，可直接按新增数据进行计算。
(3) 本表可另增加流动资金借款的还本付息计算。

二、项目盈利能力的简单分析

投资项目的盈利能力可简单通过总投资收益率和项目资本金净利润率等指标来进行分析。总投资收益率和项目资本金净利润率是采用非折现方法判断项目盈利能力的指标。

(一) 总投资收益率

总投资收益率（ROI）反映总投资的盈利水平，是指项目达到设计生产能力后正常年份的年息税前利润或运营期内年平均息税前利润（$EBIT$）与项目总投资（TI）的比率。其计算公式为：

$$ROI = \frac{EBIT}{TI} \times 100\%$$

（二）项目资本金净利润率

项目资本金净利润率（ROE）是表示项目资本金盈利水平的指标，是指项目达到设计生产能力后正常年份的年净利润或运营期内年平均净利润（NP）与项目资本金（EC）的比率。其计算公式为：

$$ROE = \frac{NP}{EC} \times 100\%$$

三、项目偿债能力的分析

对使用债务性资金的项目，应进行偿债能力分析，以考察法人能否按期偿还借款。一般地，项目偿债能力分析主要通过以下指标进行。

（一）利息备付率

利息备付率（ICR）是指在借款偿还期内的息税前利润（$EBIT$）与应付利息（PI）的比值，它是从付息资金来源的充裕性角度反映项目偿付债务利息的保障程度和支付能力。其计算公式为：

$$ICR = \frac{EBIT}{PI}$$

（二）偿债备付率

偿债备付率（$DSCR$）是指在贷款偿还期内，用于计算还本付息的资金（$EBITDA - T$）与应还本付息金额（PD）的比值，它是从还本付息资金来源后的充裕性角度反映项目偿付债务本息的保障程度和支付能力。其计算公式为：

$$DSCR = \frac{EBITDA - T}{PD}$$

式中：$EBITDA$ 表示息税前利润加折旧与摊销，T 表示所得税，PD 表示应还本付息金额，包括还本金额、计入总成本费用的全部利息，融资租赁费用可视同借款偿还。

（三）资产负债率

资产负债率（$LOAR$）是指各期末负债总额（TL）与资产总额（TA）的比率。其计算公式为：

$$LOAR = \frac{TL}{TA} \times 100\%$$

（四）流动比率

流动比率是流动资产与流动负债之比，反映法人偿还流动负债的能力。其计算公式为：

$$流动比率=\frac{流动资产}{流动负债}\times 100\%$$

（五）速动比率

速动比率是速动资产与流动负债之比，反映法人在短时间内偿还流动负债的能力。其计算公式为：

$$速动比率=\frac{速动资产}{流动负债}\times 100\%$$

式中：速动资产＝流动资产－存货

四、项目财务生存能力的分析

项目的运营需要一定数量的现金作保证，这是一个基本前提，为此，在项目运营期间，确保从各项经济活动中得到足够的净现金流量是项目能够持续生存的条件。财务分析中应根据财务计划现金流量表，综合考虑项目计算期内各年的投资活动、融资活动和经营活动所产生的各项现金流入流出情况，计算其净现金流量和累计盈余资金，分析项目是否有足够的净现金流量以维持正常运营。项目的财务生存能力分析又可称为资金平衡分析。

财务生存能力分析应结合偿债能力分析进行，如果拟安排的还款期过短，则可能出现因还款负担过重而导致维持资金平衡必须筹借的短期借款过多，在这种情况下，应调整还款期以减轻各年的还款负担。一般地，项目在运营期前期的还本付息负担较重，故应特别关注运营期前期的财务生存能力分析。

项目的财务生存能力分析主要通过以下相辅相成的两个方面来进行分析与判断：

（1）拥有足够的经营净现金流量是财务可持续的基本条件，特别是在项目运营初期。这是因为，一个项目如果具有数量较大的经营净现金流量，那么就表明项目的方案比较合理，实现自身资金平衡的可能性就大，从而不会过分依赖短期融资来维持运营。反之，一个项目如果不能产生足够的经营净现金流量，或者净现金流量为负值，说明维持项目正常运行会遇到财务上的困难，项目方案缺乏合理性，实现自身资金平衡的可能性就小，有可能需要靠短期融资来维持运营，或者是非经营性项目本身无能力实现自身资金平衡，要靠政府补贴来加以解决。

（2）各年累计的盈余资金不能出现负值是财务生存的必要条件。项目在整个运营期间，可以允许个别年份的净现金流量出现负值，但不能允许任一年份的累计盈余资金出现负值。这是因为一旦出现负值时要适时进行短期融资，且该短期融资应体现在财务计划现金流量表中，同时短期融资的利息也应纳入成本费用和其后的计算，而较大的或较频繁的短期融资有可能导致以后的累计盈余资金无法实现正值，致使项目难以持续运营。

本章小结

项目的经济评价是指采用一定的方法和评价参数，对项目投入产出的各种因素进行研究、分析计算和对比论证，为项目投资决策提供量化指标的工作。它是项目可行性研究及评估工作的重要内容，主要包括财务评估和国民经济评估两个层次，包括财务评估、国民经济评估、不确定性分析和方案比选四个方面的工作。项目的财务评估与国民经济评估在评估角度、评价价格、评价参数、费用和效益的划分及确定、在决策中的地位等方面存在着明显的区别。

对一般项目来说，项目的经济评价是从财务评估开始的，而项目的财务评估首先应对一些财务基础数据进行合理、正确的估算。项目的财务基础数据主要包括项目的成本费用、收入、税金及利润等。

项目建成后年营业收入的估算主要可以通过项目投产后的年生产能力（产量）与相应的销售单价计算求得。

项目年税金主要包括对增值税、消费税、城市建设维护税、资源税、所得税等税金的估算。对这些税金的估算主要可根据相应税法及暂行条例等规定进行。

项目的成本费用是指项目生产运营支出的各种费用。按成本计算范围，分为单位产品成本和总成本费用；按成本与产量的关系，分为固定成本和可变成本；按财务评估的特定要求，分为总成本费用和经营成本。项目总成本费用可按生产要素估算法或生产成本加上期间费用法进行估算，其估算应与营业收入的计算口径对应一致，各项费用应划分清楚，防止重复计算或者低估费用支出。

在估算出项目的年收入、年成本费用及税金后，即可计算出项目的年利润总额及税后利润额，并在此基础上编制利润和利润分配表、资产负债表、财务计划现金流量表及借款还本付息计划表等基本财务报表，并根据这些报表计算项目总投资利润率、项目资本金净利润率、借款偿还期、利息备付率及偿债备付率等指标，进行相应的盈利能力和偿还能力等财务状况的分析。根据项目财务计划现金流量表分析财务生存能力。

复习思考题

一、简答题

1. 什么是项目的经济评价？它有哪些主要特点？

2. 项目经济评价中包括哪几个层次？它们之间的关系是怎样的？

3. 项目的成本费用主要可以分为哪几类？

4. 项目经营成本的含义是什么？它包括哪些内容？

5. 项目的营业收入是如何估算的？

6. 在分析项目财务状况时，怎样编制利润与利润分配表、财务计划现金流量表及借款偿还计划表？

7. 如何根据项目财务表格的数据资料来分析项目的盈利能力、偿还能力和财务生存能力？

二、计算分析题

1. 目的：熟悉项目财务状况分析方法。

2. 资料：

(1) 某新设法人项目预计总投资额为 8 100 万元，其中建设投资、流动资金投资分别为 7 100 万元、1 000 万元。

(2) 在项目投入的总资金中，项目的资本金为 3 100 万元，由万能实业有限公司和百惠实业有限公司各按 60%和 40%的出资比例共同出资。

(3) 该项目预计建设期为 2 年，预计在第一年投入建设资金 3 100 万元，在第二年投入建设资金 4 000 万元，在第三年投入流动资金 1 000 万元。其中，在第一年初投入建设资金 600 万元，其他建设投资均在年中均匀投入，流动资金是在年初投入。

(4) 该项目投资额中第二年投入的建设资金和第三年投入的流动资金均为银行借款，银行借款年利率为 10%，以年为计息期。并与银行商定，建设投资借款在投产后分 4 年等额偿还$\left(\left[\frac{A}{P},10\%,4\right]=0.3155\right)$，流动资金在项目结束后偿还。其中，在偿还投资借款时可先用固定资产折旧和无形资产摊销，不够部分以净利润(在进行必要的扣除后)弥补。

(5) 该项目估计年生产能力为 50 万件，其中在投产后第一年的达产率为 80%，以后各年均为 100%，销售单价为 100 元(不含增值税)、单位变动费用为 30 元，不包括固定资产折旧、无形资产摊销及投资借款利息的年固定费用为 500 万元。假定项目的产销率为 100%，项目投产后为一般纳税人，税金及附加费率为营业收入的 6%。

(6) 该项目的经济生命期为 10 年。在项目结束时可回收固定资产净残值 300 万元，项目的折旧及摊销按直线法计提。

(7) 项目所得税税率为 25%，项目融资前所得税前的基准投资收益率为 12%，融资前所得税后的基准投资收益率为 9%，项目资本金的期望收益率为 15%。税后利润在提取 10%的法定盈余公积金后，可在用提取的折旧和无形资产摊销不够偿还固定资产投资借款本金时进行弥补。另外，如项目有可供分配利润时，每年均以年度可供分配利润的 100%按投资比例进行利润分配，而项目的盈余资金则到项目结束时全部按投资比例进行一次性分配。假设本项目无其他投资收益和其他业务。

3. 要求

根据以上资料，为该项目进行下列计算(为简化起见，可以万元为计算单位，在计算过程中保留 4 位小数，计算结果保留 3 位小数)：

(1) 计算建设期各年投资借款的利息；

(2) 计算投产后各年偿还的投资借款本息，并用表列示；

(3) 计算投产后各年计提的折旧摊销；

(4) 计算投产后各年的营业收入、销售成本、税金及附加、税前利润、所得税、税后利润、提取的法定盈余公积金、偿还投资借款本金的利润、可供分配利润及利润分配数；

(5) 编制利润和利润分配表、财务计划现金流量表；

(6) 进行简单的项目盈利能力分析、偿债能力及财务生存能力分析。

第九章 项目的财务评估

项目的财务评估作为项目经济评价中重要的组成部分，在项目决策分析与评价工作中占有非常重要的地位。这是因为，对一般项目来说，尤其是对那些由市场调控的竞争性项目，财务评估是必不可少的评价内容和工作程序，其结论是项目投资决策的直接依据。对项目进行财务评估主要是评价其在财务上的营利性、偿债能力和财务生存能力，考察项目的财务状况。项目财务评估结果及其评价结论准确与否，一方面取决于基础数据的可靠性。另一方面取决于所选取指标体系的合理性。选取了正确的指标体系并进行科学的分析，财务效益分析的结果才能与客观实际情况相符合。财务效益指标是用于衡量和比较投资项目财务效益的优劣、从而据以进行方案决策的定量化标准与尺度。它是由一系列综合反映长期投资财务效益和项目投入产出关系的量化指标构成的指标体系。

第一节 项目财务评估概述

一、项目财务评估的含义及意义

(一) 财务评估的含义

财务评估是在国家现行财税制度和市场价格体系下，分析预测项目的财务效益与费用，计算财务评估指标，考察拟建项目的盈利能力、偿债能力，据以判断项目的财务可行性。项目的财务效益主要表现为项目的营业收入，财务支出主要表现为建设项目总投资、经营成本和税金等各项支出。

(二) 财务评估的意义

财务评估对项目(企业)投资决策、银行提供贷款及有关部门审批项目均具有非常重要的意义。

1. 财务评估是项目投资决策的重要依据

进行项目投资的目的主要是为了获取收益。通过财务评估，可以比较科学地分析拟建项目的盈利能力，从而可做出是否进行投资的决策。

2. 财务评估是银行发放贷款的重要依据

银行是以货币为经营对象的实体，其流动性、安全性、增值性的“三性”原则要求其经营活动的主要目标是增值、盈利。一般地，项目的投资借款尤其是固定资产投资借款具有数额大、风险大、周期长等特点，稍有不慎，就有可能不能按期收回贷款本息。通过财务评估，银行可以科学地分析拟建项目的贷款偿还能力，进而可确定是否给予贷款。

3. 财务评估是有关部门审批拟建项目的重要依据

在现阶段，我国国有经济占主导地位，国有企业投资项目的效益如何，不仅与企业自身的生存和发展息息相关，而且对整个国民经济的发展水平及国家的财政收支状况产生影响。因此，有关部门在审批拟建项目时，应将财务评估的结论作为重要依据。

二、项目财务评估的步骤及财务评估基础数据的选取

（一）财务评估的内容与步骤

财务评估是在确定的建设方案、投资估算和融资方案的基础上进行财务可行性研究。财务评估的主要内容与步骤如下：

（1）选取财务评估基础数据与参数。包括主要投入品和产出品的财务价格、税率、利率、汇率、计算期、固定资产折旧率、无形资产和递延资产摊销年限、生产负荷及基准收益率等基础数据与参数。

（2）计算营业收入，估算成本费用。

（3）编制财务评估报表。财务评估报表主要包括财务现金流量表、利润和利润分配表、资金来源与运用表、借款偿还计划表。

（4）计算财务评估指标，进行盈利能力分析和偿债能力分析。

（5）进行不确定性分析，包括敏感性分析和盈亏平衡分析。

（6）编写财务评估报告。

（二）财务评估的基础数据与参数选取

财务评估的基础数据与参数选取是否合理，直接影响财务评估的结论，在进行财务分析计算之前，应做好这项基础工作。

1. 财务价格

财务评估是对拟建项目未来的效益与费用进行分析，而效益与费用的计量必然要涉及价格的使用。项目投入物和产出物的价格，是影响方案比选和经济评价结果最重要的、最敏感的因素之一。因为项目评价都是对未来活动的估计，投入与产出、效益与费用都是在未来一段时间发生，故要采用预测价格来进行估算。

财务评估应采用以市场价格体系为基础的预测价格。影响市场价格变动的因素有很多，也比较复杂，但归纳起来不外乎如下两类：一是由于供需量的变化、价格政策的变化、劳动生产率的变化等可能引起商品间比价的改变，产生相对价格变化；二是由于通货膨胀或通货紧缩而引起的商品价格总水平的变化，产生绝对价格变动。

在市场经济条件下，货物的价格因地、因时而异，要准确预测货物在项目计算期中的价格是很困难的。为此，在不影响评价结论的前提下，可采取如下简便方法：(1)对

项目建设期的投入物,由于需要预测的年限较短,可既考虑相对价格变化,又考虑价格总水平的变动;又由于建设期投入物品种多,分别预测难度大,且可能还增大不确定性,所以,在实践中一般以涨价预备费(价差预备费)的形式综合计算。(2)对运营期的投入物和产出物的价格,由于运营期一般比较长,在前期研究阶段对将来的物价上涨水平较难预测,且预测结果的可靠性也难以保证,所以一般只需预测到运营期初的价格,且运营期各年均采用同一的不变价格。

同时,考虑到项目可能有多种投入和产出,在不影响评价结论的前提下,只需对在生产成本中影响特别大的货物和主要产出物的价格进行预测。一般情况下,根据市场预测的结果和销售策略确定主要产出物的价格。当然,如果在对未来市场价格信息有着充分可靠判断的情况下,本着客观、谨慎的原则,也可以采用相对价格变动的价格,甚至可考虑通货膨胀因素。在这种情况下,财务分析采用的财务基准收益率也应考虑通货膨胀因素。

项目运营期内,一般情况下,盈利能力分析和偿债能力分析可以采用同一套价格,即预测的运营期价格,但如果价格总水平变动较大或有要求量,项目偿债能力分析采用的价格应考虑价格总水平变动因素。

另外,在财务评估中计算销售(营业)收入及生产成本所采用的价格,可以是含增值税的价格,也可以是不含增值税的价格,应在评价时说明采用何种计价方法。本书财务评估报表均是按不含增值税的价格设计的。

2. 税费

合理计算各种税费,是财务评估中正确计算项目效益与费用的重要基础。财务评估涉及的税费主要有增值税、消费税、城市建设维护税和教育费附加、资源税、所得税等。进行评估时应说明税种、税基、税率、计税额等。如果有减免税费优惠,应说明政策依据以及减免方式和减免金额。

(1) 增值税是一种对纳税人在生产、经营过程中实际发生的增值额征税的税种。它实行抵扣原则。

(2) 消费税是以消费品(或者消费行为)的流转额为课税对象的税种。在财务评估中,一般按销售额乘以消费税税率计算。

(3) 城市建设维护税和教育费附加是以增值税、消费税为税基乘以相应的税率计算。

(4) 资源税是对开采自然资源的纳税人征税的税种。资源税按照《资源税税目税率表》实行从价计征或者从量计征。

(5) 所得税是按应税所得额乘以所得税税率计算。

以上各项税收的估算具体可参见本书第八章的相关内容。

3. 利率

借款利率是项目财务评估的重要基础数据,用以计算借款利息。采用固定利率的借款项目，财务评估直接采用约定的利率计算利息。采用浮动利率的借款项目，财务评估时应对借款期内的平均利率进行预测，采用预测的平均利率计算利息。

4. 汇率

财务评估汇率的取值，一般采用国家外汇管理部门公布的当期外汇牌价的卖出、买入的中间价。

5. 项目计算期

项目计算期是指经济评价中为进行动态分析所设定的期限，包括建设期和运营期。建设期是指项目资金正式投入开始到项目建成投产为止所需要的时间，可按合理工期或预计的建设进度确定；运营期可分为投产期和达产期两个阶段。投产期是指项目投入生产，但生产能力尚未完全达到设计能力时的过渡阶段。达产期是指生产运营达到设计预期水平后的时间。运营期一般应以项目主要设备的经济生命期确定。项目计算期应根据多种因素综合确定，包括行业特点、主要装备（或设备）的经济生命期等。行业有规定时，应从其规定。

项目计算期的长短主要取决于项目本身的特性，因此无法对项目的计算期做出统一规定。但一般地，项目的计算期不宜定得过长，这是因为：一方面按照现金流量折现的方法，把后期的净现金流量折为现值的数值相对较小，很难对财务评估结论产生有决定性的影响；另一方面，时间越长，预测数据的准确性程度就会越低。财务评估的计算期一般不超过 20 年。

有些项目的运营寿命很长，如水利枢纽，其主体工程是永久性工程，其计算期应根据评价要求确定。对设定计算期短于运营生命期较多的项目，计算内部收益率、净现值等指标时，为避免计算误差，可采用年金折现、未来值折现等方法，将计算期结束以后的现金流入和现金流出折现到计算期末。

计算期长的项目多以年为时间单位。对于计算期较短的行业项目，在较短的时间间隔内（如月、季、半年或其他非日历时间间隔）现金流水平有较大变化，如油田钻井开发项目、高科技产业项目等，这类项目不宜以“年”为计算现金流量的时间单位，而是应根据项日的具体情况选择合适的计算现金流量的时间单位。

由于折现评价指标受计算时间的影响，为此，对需要比较的项日或方案应取相同的计算期。

6. 生产负荷

生产负荷是指项目生产运营期内生产能力的发挥程度，也称生产能力利用率，以百分比表示。生产负荷是计算销售收入和经营成本的依据之一，一般应按项目投产期和投产后正常生产年份分别设定生产负荷。

7. 财务基准收益率设定

作为项目投资判别基准的财务基准收益率或计算项目投资净现值的折现率，应主要依据“机会成本”和“资金成本”确定，并充分考虑项目可能面临的风险。项目的投资目标、投资人的偏好、项目隶属的行业对确定基准收益率或折现率有重要影响。财务基准收益率是项目财务设定内部收益率指标的基准和判据，也是项目在财务上是否可行的最低要求。实际工作中，政府投资项目的财务评估必须采用国家行政主管部门发布的行业财务基准收益率。企业投资等其他各类项目的财务评估中所采用的行业基准收益率，既可使用由投资者自行测定的项目最低可接受财务收益率，也可选用国家或行业主管部门发布的行业财务基准收益率。如果有行业发布的本行业的基准收益率，即以其作为项目的基准收益率；如果没有行业规定，则由项目评价人员设定。自行设定的方法包括：一是参考本行业一定时期的平均收益水平并考虑项目的风险因素确定，二是按项目占用的资金成本加一定的风险系数确定。设定财务基准收益率时，应与财务评估采用的价格一致，如果财务评估采用变动价格，设定财务基准收益率则应考虑通货膨胀因素。

三、项目财务评估参数

项目的财务评估参数包括计算、衡量项目的财务费用效益的各类计算参数和判定项目财务合理性的判据参数。其中计算参数主要包括项目计算期、利率、汇率、折旧年限、有关费率等；而判据参数则包括行业财务基准收益率、投资回收期等。财务评估判据参数主要包括如下判断项目盈利能力的参数和判断项目偿债能力的参数：(1)判断项目盈利能力的参数主要包括财务内部收益率、总投资收益率、项目资本金净利润率等指标的基准值或参考值；(2)判断项目偿债能力的参数主要包括利息备付率、偿债备付率、资产负债率、流动比率、速动比率等指标的基准值或参考值。由国家行政主管部门统一测定并发布的行业财务基准收益率，在政府投资项目以及按政府要求进行经济评价的项目中必须采用，在企业投资等其他各类项目的经济评价中可参考使用。财务基准收益率是指项目财务评估中对可货币化的项目费用与效益采用折现方法计算财务净现值的基准折现率，是衡量项目财务内部收益率的基准值，是项目财务可行性和方案比选的主要判据。财务基准收益率反映投资者对相应项目占用资金的时间价值的判断，应是投资者在相应项目上可接受的最低财务收益率。

财务基准收益率的测定应符合如下规定：

(1) 在政府投资项目以及按政府要求进行经济评价的项目中采用的行业财务基准收益率，应根据政府的政策导向进行确定。如项目产出物(或服务)价格由政府进行控制和干预的项目，其行业财务基准收益率需要结合国家一定时期的发展战略、发展规划、产业政策、投资管理规定、社会经济发展水平和公众承受能力等因素，权衡效率与公平、局部与整体、受益群体与受损群体、当前与未来等因素，区分不同行业项目的实际情况，结合政府资源、宏观调控意图、履行政府职能等因素综合测定。

(2) 在企业投资等其他各类项目的经济评价中参考选用的行业财务基准收益率，应在分析一定时期内国家和行业发展战略、发展规划、产业政策、资源供给、市场需求、资金时间价值、项目目标等情况的基础上，结合行业特点、行业资本构成情况等因素综合测定。

(3) 对如下风险较大的项目，在确定最低可接受财务收益率时可适当提高其取值：①项目投入物属紧缺资源的项目；②项目投入物大部分需进口的项目；③项目产出物大部分用于出口的项目；④国家限制或可能限制的项目；⑤国家优惠政策可能终止的项目；⑥建设周期长的项目；⑦市场需求变化较快的项目；⑧竞争激烈领域的项目；⑨技术寿命较短的项目；⑩债务资金比例高的项目；⑪资金来源单一且存在资金提供不稳定性因素的项目；⑫在国外投资的项目；⑬自然灾害频发地区的项目；⑭研发新技术的项目。

财务基准收益率的测定可采用资本资产定价模型(CAPM)、加权平均资金成本法(WACC)、典型项目模拟法等方法，也可同时采用多种方法进行测算，将不同方法测算的结果互相验证，经协调后确定。

国家有关部门(行业)发布的可供项目财务分析使用的总投资收益率、项目资本金净利润率(即权益资金净利润率，下同)、利息备付率、偿债备付率、资产负债率等指标的基准值或参考值，在各类项目的经济评价中可参考使用。

四、项目财务评估的程序与分类

(一) 财务评估的程序

一般地，项目财务评估可按如下程序进行：

1. 分析、估算项目的财务基础数据

主要是对项目总投资、资金筹措方案、产品成本、销售收入、销售税金和利润，以及其他与项目有关的财务基础数据进行分析、估算。

2. 填制财务基本报表

财务基本报表是根据财务数据填列的，它是计算反映项目盈利能力、偿还能力等经济指标的基础。所以，在分析、估算财务数据后，需要编制各种财务基本报表，即主要对财务现金流量表、利润表、资产负债表、财务平衡表等进行编制。在编制时要注意：一是基本报表的格式应符合规范要求；二是要填列的数据应准确无误。

3. 计算财务效益指标

反映项目财务效益的指标主要包括静态指标(投资回收期、投资利润率或投资收益率)、动态指标(财务内部收益率、财务净现值、财务净现值率、等年值、投资回收期)。反映项目资金结构和流动性的指标主要有资产负债率、流动比率、速动比率等。对上述指标进行计算与评价时，应注意：一是计算方法应正确，二是计算结果应准确无误。如果计算方法和计算结果不准确，则需要对其进行重新计算。

(二) 财务评估的分类

投资项目的财务评估按照是否考虑时间价值因素，可分为静态分析法和动态分析法。所谓“静态分析法”是指在进行财务评估时,不考虑时间因素、不考虑货币时间价值的方法。而动态分析法则是在进行财务评估时考虑时间因素及资金时间价值的方法。项目的财务评估按照项目是否为新设项目法人,可分为新设法人项目财务评估和既有法人项目财务评估。

第二节 新设法人项目的财务评估

所谓“新设法人项目”,是指由新组建的项目法人来负责项目的资金融通,进行项目的投资,并承担项目的投融资责任与风险。现实中的新建项目一般应归入新设法人项目。

一、财务评估的静态分析法

(一) 投资收益率法

投资收益率法是将项目在典型年度的收益额与项目的总投资进行比较求得投资收益率,并与项目的待业基准投资收益率对比,以评价投资财务效益的一种分析方法。其计算公式为:

$$\text{投资收益率} = \frac{\text{年收益额}}{\text{项目总投资}} \times 100\%$$

式中的投资总额是指包括固定资产投资、无形资产投资、流动资金及建设期间长期投资借款的利息。年收益额一般是指正常年度下获得的收益额,通常指项目所获取的年净利润总额,也可以定义为其他收益指标。对投资者来说,这个指标的值越大越好。如某项目的投资总额为500万元,典型年度的年净利润为100万元,则其投资收益率(投资净利润率)为:

$$\text{投资收益率} = \frac{100}{500} \times 100\% = 20\%$$

用投资收益率法来判断项目的投资财务效益,有计算简便、易于理解的优点,但是,它对那些年收益额在各个年度变动幅度较大的项目进行计算时,则比较难以选择具有代表性的典型年度。所以鉴于它的局限性,它只能用于项目的初选阶段。

(二) 投资回收期(Period of Time)法

投资回收期(P_t)法也称为投资返本年限法。它是测算拟建项目在正常的生产经营条件下以其年收益额和提取的折旧、摊销的无形资产收回项目总投资所需的时间,并与行业基准投资回收期对比来评价项目投资效益的一种静态分析法。它是考察项目在财务上的投资回收能力的主要静态指标。投资回收期(以年表示)一般从建设开始年算起,如果从投产年算起时,应予说明。其用公式表示为:

$$\sum_{t=1}^{n}(CI-CO)_t=0$$

式中：CI 表示项目的现金流入量，CO 表示项目的现金流出量，P_t 表示项目的投资回收期。

投资回收期可根据项目财务现金流量表（全部投资）中累计净资金流量计算求得。其用公式表示为：

$$投资回收期(P_t)=累计净现金流量开始为正值年份数-1+\frac{上年累计净现金流量的绝对值}{当年净现金流量}$$

在财务评估中，求出的投资回收期（P_t）与设定的行业财务基准投资回收期（P_c）比较，当 P_t 小于或等于 P_c 时，表明项目投资能在规定的时间内收回。也就是说，对投资者来讲，在一般情况下，项目的投资回收期越短越好。

需说明的是，依现行规定，投资回收期主要是通过项目财务现金流量表来计算的，而项目财务现金流量表计算的有融资前所得税前净现金流量和融资前所得税后净现金流量两种。现以某项目的具体实例来说明投资回收期的计算。如果项目的年融资前所得税后净现金流量累计情况如表 9-1 所示，则通过上述公式可计算其投资回收期为 7.83 年$\left(8-1+\frac{1\ 000}{1\ 200}\right)$。

表 9-1　某项目所得税后净现金流量累计表　单位：万元

年份	所得税后净现金流量	所得税后净现金流量累计
1	3 000	−3 000
2	3 500	−6 500
3	800	−5 700
4	900	−4 600
5	1 200	−3 400
6	1 200	−2 200
7	1 200	−1 000
8	1 200	+200

投资回收期法的特点是计算简便，也容易理解，只需求得项目的投资回收期小于行业基准投资回收期，就可以考虑接受该项目。但是它的缺点也是显而易见的，即它不仅没有考虑资金的时间价值，也没有考虑项目的盈利能力和项目在整个生命期内的盈利水平，所以，它一般只能用于项目的初选。

二、财务评估的动态分析法

对投资项目进行财务评估时考虑时间因素即考虑资金时间价值的方法，就是动态分析法。它主要有财务净现值法、财务内部收益率法、财务净现值率法等。

(一) 项目的现金流量与企业现金流量的关系

现金流量是现金流入和现金流出的统称。项目的现金流量是把项目作为一个独立系统,反映项目在其计算期内"实际"(只是一种预测数,下同)发生的现金流入和现金流出的数量。它的计算与一般的会计核算不同,它只反映项目在计算期内的现金收支,而不反映非现金收支活动。如项目的固定资产折旧、无形资产的摊销、应收应付款等就不属于现金流量的计算范围。这是因为,固定资产的折旧和无形资产的摊销只是一种资产的补偿费用,应收应付则是一种债权、债务关系,它们都没有形成货币资金的真正流出。所以,在分析计算项目的现金流量时,只是将固定资产的投资支出和无形资产的投资支出作为一次性的流出量,而作为其补偿和回收性质的固定资产折旧、无形资产摊销就不能作为现金流出量。至于应收应付款,由于项目的现金流量属于一种预测性质,无法知道应收应付的具体发生时间和具体数额,所以,在计算时,也不予考虑。当然,还有一点需要说明的是,对项目在建设过程中发生的固定资产投资借款、无形资产投资借款的利息,也不能作为项目的现金流出量,这是因为,这部分利息只是按会计制度的规定需要计入资产的成本,即计入项目的总投资,但没有形成真正的现金流出。另外需要强调的是,项目的现金流量的计算、现金流量表的编制与企业现金流量的计算、现金流量表的编制也是有所不同的。它们的不同主要表现在以下几个方面:

1. 在计算现金流量时现金流量的划分种类不同

根据现行规定,企业在计算现金流量时须将企业的现金流量分为三大类:经营活动产生的现金流量、投资活动产生的现金流量及筹资活动产生的现金流量。而项目在计算现金流量时,不可能也不必要将现金流量进行分类,因此,项目的现金流量的计算是将所有发生现金收支的活动放在一起进行考虑和计算的。

2. 现金流量计算、表格编制的基础不同

根据现行规定,企业在编制现金流量表和计算现金流量时,以收付实现制作为编制、计算的基础,即只有当期实际收到的现金(或现金等价物)收入,才列入本期的收入,作为现金流入量;只有当期实际支付了的现金,才列入本期的支出,作为现金流出量。而项目在计算现金流量时,其基础则类似于权责发生制,不考虑收付与应收应付之间的时间差(因无法估计其时间上的差别)。

3. 现金流量的计算方法也不尽相同

根据现行规定,新的现金流量的计算和现金流量表的编制应采用直接法进行(即企业的净现金流量应等于现金流入量合计数与现金流出量合计数的差额),同时,也要补充间接法(即以净利润为基础进行调整)。而项目的现金流量只进行简单的直接法计算。

4. 现金流量包括的内容及范围不同

会计准则规定了企业现金流量计算时的总体范围及所有内容,它比项目现金流量计算的内容和范围要宽得多、广得多。

5. 现金流量表编制的期间和反映的内容不同

企业现金流量表一般是一个会计年度编制一次，所反映的是企业在一个会计期间里的现金流量情况；而项目的现金流量表则是不管项目的期限有多长，只编制一份现金流量表，所反映的是整个项目在其生命期内的现金流量情况。

另外，企业现金流量表只需编制一份表格，反映企业在一个会计期间里的现金收付情况。而项目的现金流量表则需分别以全部投资和自有资金为基础进行编制，以分别考察项目全部资金和自有资金的盈利能力。企业现金流量表的编制格式可见表 9-2。

表 9-2　　**企业现金流量表**

编制单位：　　年　月　　单位：元

项　目	本　期	上　期
一、经营活动产生的现金流量：		
销售商品、提供劳务收到的现金		
收到的税费返还		
收到的其他与经营活动有关的现金		
经营活动现金流入小计		
购买商品、接受劳务支付的现金		
支付给职工以及为职工支付的现金		
支付的各项税费		
支付其他与经营活动有关的现金		
经营活动现金流出小计		
经营活动产生的现金流量净额		
二、投资活动产生的现金流量：		
收回投资所收到的现金		
取得投资收益收到的现金		
处置固定资产、无形资产和其他长期资产而收到的现金净额		
处置子公司及其他营业单位收到的现金净额		
收到其他与投资活动有关的现金		
投资活动现金流入小计		
购建固定资产、无形资产和其他长期资产所支付的现金		
投资所支付的现金		
取得子公司及其他营业单位支付的现金净额		
支付其他与投资活动有关的现金		

续表

项 目	本 期	上 期
投资活动现金流出小计		
投资活动产生的现金流量净额		
三、筹资活动所产生的现金流量：		
吸收投资所收到的现金		
借款收到的现金		
收到其他与筹资活动有关的现金		
筹资活动现金流入小计		
偿还债务所支付的现金		
分配股利、利润或偿付利息所支付的现金		
支付其他与筹资活动有关的现金		
筹资活动现金流出小计		
筹资活动产生的现金流量净额		
四、汇率变动对现金及现金等价物的影响		
五、现金及现金等价物净增加额		
加：期初现金及现金等价物余额		
六、期末现金及现金等价物余额		
补充资料		
1. 将净利润调节为经营活动的现金流量：		
净利润		
加：资产减值准备		
固定资产折旧、油气资产折耗、生产性生物资产折旧		
无形资产摊销		
长期待摊费用摊销		
处置固定资产、无形资产和其他长期资产的损失（收益以"－"号填列）		
固定资产报废损失（收益以"－"号填列）		
公允价值变动损失（收益以"－"号填列）		
财务费用（收益以"－"号填列）		
投资损失（收益以"－"号填列）		
递延所得税资产减少（增加以"－"号填列）		
递延所得税负债增加（减少以"－"号填列）		

续表

项　目	本　期	上　期
存货的减少(增加以"－"号填列)		
经营性应收项目的减少(增加以"－"号填列)		
经营性应付项目的增加(减少以"－"号填列)		
其他		
经营活动产生的现金流量净额		
2. 不涉及现金收支的重大投资和筹资活动:		
债务转为资本		
一年内到期的可转换公司债券		
融资租入固定资产		
3. 现金及现金等价物净变动情况:		
现金的期末余额		
减:现金的期初余额		
加:现金等价物的期末余额		
减:现金等价物的期初余额		
现金及现金等价物净增加额		

(二) 项目现金流量的计算

项目决策在项目前期可分为投资决策和融资决策两个层次。投资决策重在考察项目净现金流量的价值是否大于其投资成本,而融资决策重在考察资金筹措方案能否满足要求。严格来说,项目的投资决策在前,而融资决策在后。根据不同决策的需要,可分为融资前决策和融资后决策。财务分析一般宜进行融资前分析。融资前分析是指在考虑融资方案前就可以开始进行的财务分析,即不考虑债务融资条件下进行的财务分析。在融资前分析结论满足要求的情况下,初步设定融资方案,再进行融资后分析,融资后分析是指以设定的融资方案为基础进行的财务分析。

融资前分析一般在项目的初期研究阶段进行,只进行盈利能力分析,并以项目投资折现现金流量分析为主,计算项目投资内部收益率和净现值指标,也可计算投资回收期指标。融资后分析主要是针对项目资本金折现现金流量和投资各方折现现金流量进行分析,既包括盈利能力分析,又包括偿债能力分析和财务生存能力分析等内容。

1. 融资前分析的现金流量

融资前项目投资现金流量分析,是从项目投资总获利能力角度,考察项目方案设计的合理流动性。根据需要,可从所得税前和所得税后两个角度进行考察,选择计算所得税前和所得税后指标。计算所得税前指标的融资前分析是从息前税前角度进行的分析;计算所得税后指标的融资前分析是从息前税后角度进行的分析。

因融资前分析是在融资方案设定前进行的，故其现金流量与融资方案无关。从该原则出发，融资前项目投资现金流量的估算应剔除利息的影响，主要包括营业收入、建设投资、流动资金、经营成本、税金及附加和所得税等。

所得税前分析的现金流入主要是营业收入，还可能包括补贴收入，在计算期的最后一年，还包括回收的固定资产余值及回收的流动资金；现金流出主要包括建设投资、流动资金、经营成本、税金及附加，如果运营期内需要发生设备或设施的更新费用（维持运营投资）等，也应视作现金流出。净现金流量（现金流入与现金流出之差）是计算分析指标的基础。

根据上述现金流入与现金流出可编制项目投资财务现金流量表，并根据该表计算项目投资所得税前财务内部收益率和项目投资所得税税前财务净现值指标。

按所得税前的净现金流量计算的指标，是投资盈利能力的完整体现，用以考察项目方案设计本身所决定的财务盈利能力，它不受融资方案和所得税政策变化的影响，仅仅体现项目方案本身的合理性。应说明的是，融资前所得税前指标一方面可以作为项目初步决策的主要指标，用于考察项目是否基本可行，并值得去为之融资。另一方面还特别适用于建设方案设计中的方案比选。

所得税后分析是所得税前分析的延伸。在所得税后分析中，由于所得税作为现金流出，可用于非融资的条件下判断项目投资对企业价值的贡献，是企业投资决策依据的主要指标。需说明的是，项目投资财务现金流量表中的“所得税”应根据息税前（EBIT）乘以所得税率计算（还应剔除借款利息资本化部分），称为“调整所得税”。原则上，息税前利润的计算完全不受融资方案变动的影响，即不受利息多少的影响，包括建设期利息对折旧的影响。

进行财务分析首先要进行融资前分析。它与融资条件无关，其依赖数据少，报表编制简单，但其分析结论可满足方案比选和初步投资决策的需要。如果分析结果表明项目效益符合要求，再考虑融资方案，继续进行融资后分析；如果分析结果不能满足要求，可以通过修改以完善项目方案，必要时甚至可据此做出放弃项目的建议。融资前分析应广泛应用于项目各阶段的财务分析。在规划和机会研究阶段，可以只进行融资前分析，此时也可只选取所得税前指标。只有通过了融资前分析，才有必要进一步进行融资后分析。

2. 融资后分析的现金流量

在融资前分析结果可以接受的前提下，可以开始考虑融资方案，进行融资后分析。融资后分析包括项目的盈利能力分析、偿债能力分析以及财务生存能力分析，进而判断项目方案在融资条件下的合理性。融资后分析是比选融资方案，进行融资决策的投资者最终决定出资的依据。可行性研究和项目评估阶段必须进行融资后分析，但只是阶段性的。实践中，在可行性研究报告完成之后，还需进一步深化融资后分析，才能完成最终融资决策。

融资后分析要考虑融资方案中融资结构的影响，项目的借款额与利息的多少影响项目的现金流量，这是因为融资后分析必须考虑项目借款的还本付息问题。

融资后分析的现金流入量与融资前分析一致，而现金流出量包括项目的资本金、投资运营期的经营成本、税金及附加、所得税及还本付息等。

3. 现金流量表(财务)

现金流量表是指反映项目在计算期内各年的现金流入、现金流出和净现金流量情况的计算表格。在财务评估的分析与评估中称作财务现金流量表，是因为它是根据估算的财务数据编制的，并且也可以区别于国民经济评估中所用的经济现金流量表。财务现金流量表一般要求分别按项目全部投资、资本金和投资各方出资情况进行编制。它们包括的具体内容和编制格式见表 9-3、表 9-4、表 9-5。

表 9-3　　项目投资现金流量表　　单位:元

序号	项目	合计	计算期				
			1	2	3	…	n
1	现金流入						
1.1	营业收入						
1.2	补贴收入						
1.3	回收固定资产余值						
1.4	回收流动资金						
1.5	其他现金流入						
2	现金流出						
2.1	建设投资(不含建设期利息)						
2.2	流动资金						
2.3	经营成本						
2.4	税金及附加						
2.5	维持运营投资						
2.6	其他现金流出						
3	所得税前净现金流量(1－2)						
4	累计所得税前净现金流量						
5	调整所得税						
6	所得税后净现金流量(3－5)						
7	累计所得税后净现金流量						

计算指标:项目财务内部收益率(%)(所得税前);项目财务内部收益率(%)(所得税后);项目财务净现值(万元)(所得税前);项目财务净现值(万元)(所得税后);投资回收期(年)(所得税前);投资回收期(年)(所得税后)。

注:(1) 如预测的销售单价中包含增值税，则在现金流出栏中增加“增值税”项;

(2) 本表适用于新设法人项目与既有法人项目的增量和“有项目”的现金流量分析;

(3) 调整所得税为以息税前利润为基数计算的所得税，区别于“利润与利润分配表”“项目资本金现金流量表”中的所得税。

项目财务现金流量表分析是针对设定的项目基本方案进行的一种现金流量分析。项目现金流量表的设置是建立在融资前分析的基础之上，因而在国外称其为融资前分析(Before Funding)。项目现金流量表分析只选择所得税前净现金流量进行计算，其目的是考察项目的基本面，即项目方案设计本身的财务可行性，它不受融资方案和所得税优惠政策改变的影响，可以供决策者对项目的可行性做出基本判断，并作为方案(项目)比选的依据，同时也为债权人进行信贷决策提供参考。项目财务现金流量表应作为项目财务盈利能力分析依据的主要报表。

表 9-4　　项目资本金现金流量表　　单位：元

序　号	项　目	合　计	计算期				
			1	2	3	…	n
1	现金流入						
1.1	营业收入						
1.2	补贴收入						
1.3	回收固定资产余值						
1.4	回收流动资金						
1.5	其他现金流入						
2	现金流出						
2.1	项目资本金						
2.2	借款本金偿还						
2.3	借款利息支付						
2.4	经营成本						
2.5	税金及附加						
2.6	所得税						
2.7	维持运营投资						
2.8	其他现金流出						
3	净现金流量(1－2)						

计算指标：资本金财务内部收益率(%)。

注：(1) 项目资本金包括用于建设投资和流动资金的资金；

(2) 对外商投资项目，现金流出中应增加职工奖励及福利基金科目；

(3) 本表适用于新设法人项目与既有法人项目“有项目”的现金流量分析。

为全面考察盈利能力，除融资前的项目现金流量分析外，还需要进行项目资本金现金流量分析，其实质是项目融资后分析(After Funding)，财务评估除进行融资前分析外，也要进行融资后分析。

项目资本金现金流量分析是从项目权益投资者整体的角度，考察项目给项目权益投资者带来的收益水平。它是在拟定的融资方案基础上进行的息税后分析，依据的报表是项目资本金财务现金流量表。

市场经济条件下，在对项目基本获利能力有所判断的基础上，项目资本金盈利能力指标是投资者最终决策的最重要的指标，也是比较和取舍融资方案的重要依据。

项目资本金财务现金流量表中的净现金流量包括了项目(企业)在缴税和还本付息之后所剩余的收益(含投资者应分得的利润，也即项目的净收益，又是投资者的权益性收益)。根据这种净现金流量计算得到的资本金内部收益率指标应能反映从投资者整体角度考察盈利能力的要求，也就是从企业角度对盈利能力进行判断的要求。该指标可用来对融资方案进行比较和取舍，是投资者整体做出最终融资决策的依据，也可进一步帮助投资者最终决策出资。

表 9-5　　　　投资各方现金流量表　　　　单位：元

序　号	项　目	合　计	计算期				
			1	2	3	…	n
1	现金流入						
1.1	实分利润						
1.2	资产处置收益分配						
1.3	租赁费收入						
1.4	技术转让或使用收入						
1.5	其他现金流入						
2	现金流出						
2.1	实缴资本						
2.2	租赁资产支出						
2.3	其他现金流出						
3	净现金流量(1－2)						

计算指标：投资各方财务内部收益率(%)。

注：本表可按不同投资方分别编制：

(1) 投资各方财务现金流量表既适用于内资企业，也适用于外商投资企业；既适用于合资企业，也适用于合作企业。

(2) 投资各方财务现金流量表中的现金流入是指出资方因该项目的实施将实际获得的各种收入；现金流出是指出资方因该项目的实施将实际投入的各种支出。表中科目应根据项目具体情况进行调整：

① 实分利润是指投资者由项目获得的利润；

② 资产处置收益分配是指对有明确的合营期限或合资期限的项目，在期满时对资产余值按股比或约定比例进行分配；

③ 租赁费收入是指出资方将自己的资产租赁给项目使用人所获得的收入，此时应将资产价值作为现金流出；

④ 技术转让或使用收入是指出资方将专利或专有技术转让或允许该项目使用所获得的收入。

(三) 财务净现值法

财务净现值(FNPV)是指按行业财务基准投资收益率或商定的折现率，将项目计算期各年净现金流量折现到建设期初的现值之和，以评价项目投资效益的动态分析方法。它是考察项目在计算期内盈利能力的动态指标。其用公式表示为：

$$FNPV = \sum_{t=1}^{n} (CI - CO)_t \times (1 + i_c)^{-t}$$

式中：CI 表示项目的现金流入量；CO 表示项目的现金流出量；i_c 表示基准投资收益率或设定的折现率；n 表示项目的计算期(包括建设期和投产运营期)。

财务净现值可根据项目的财务现金流量表计算求得，即用计算期内各年的净现金流量(现金流入量减现金流出量)乘以其折现系数，然后汇总求得。当净现值大于零时，表明该项目有投资净收益并在财务上是可行的；当净现值小于零时，则表明该项目没有投资收益并在财务上是不可行的。如果项目的财务净现值等于零，要判断项目是否可行，还需要考虑所选用的折现率并与行业基准投资收益率对比之后确定。

例如，某项目的净现金流量情况如表 9-6 所示，则可计算出其在折现率为 10%时的财务净现值为：

$$\begin{aligned} FNPV &= 1\,500 \times 4.355\,3 - 5\,000 \\ &= 6\,532.95 - 5\,000 \\ &= 1\,532.95 (万元) \end{aligned}$$

如果项目要求的折现率小于等于 10%，则上述拟建项目的财务净现值都大于零，说明它在财务上都是可行的。

表 9-6　　某项目的净现金流量表　　单位：万元

	0	1	2	3	4	5	6	合计
项目的净现金流量	−5 000	1 500	1 500	1 500	1 500	1 500	1 500	4 000

(四) 财务净现值率

财务净现值率($FNPVR$)是指项目的财务净现值与投资现值之比。其计算公式为：

$$FNPVR = \frac{FNPV}{I_P}$$

式中：I_P 为投资现值。

财务净现值率一般不单独使用，而是同财务净现值指标一起使用，从投资额不同的可行方案中选择最好的方案。

如沿用前财务净现值计算例子中的有关数据，则项目的财务净现值率为：

$$FNPVR = \frac{1\,532.95}{5\,000} \times 100\% = 30.66\%$$

(五) 财务内部收益率法

财务内部收益率是一个非常重要的动态评价指标，它是当项目计算期内各年净现值之和等于零时的折现率(也即收益现值等于成本现值)。内部收益率反映了拟建投资项目的实际投资收益水平。其用公式表示为：

$$\sum_{t=1}^{n}(CI-CO)_t(1+FIRR)^{-t}=0$$

式中：$FIRR$ 为财务内部收益率。

财务内部收益率可以根据财务现金流量表中的净现金流量，用试差法计算，也可采用专用软件的财务函数计算。

按分析范围和对象的不同，财务内部收益率分为项目财务内部收益率（税前、税后）、资本金收益率（即资本金财务内部收益率）和投资各方收益率（即投资各方财务内部收益率）。

项目财务内部收益率，是考察项目融资方案确定前（未计算借款利息）且在所得税前整个项目的盈利能力，供决策者进行项目方案比选和银行金融机构进行信贷决策时参考。

由于项目各融资方案的利率不尽相同，所得税税率与享受的优惠政策也可能不同，所以，在计算项目财务内部收益率时，不考虑利息支出和所得税，是为了保持项目方案的可比性。

资本金财务内部收益率，是以项目资本金为计算基础，考察所得税税后资本金可能获得的收益水平。

投资各方财务内部收益率，是以投资各方出资额为计算基础，考察投资各方可能获得的收益水平。投资各方财务内部收益率，实际上是一个相对次要的指标。在普遍按照投资比例分配利润和分担风险的原则下，投资各方的利益一般是均等的。只有投资者中的各方有股权之外的不对等的利益分配时，投资各方的收益率才会有差异。比如，其中一方有技术转让方面的收益，或一方有租赁设施的收益，或一方有土地使用权收益的情况。另外，不按比例出资和进行分配的合作经营项目，投资各方的收益率也可能会有差异。计算投资各方的内部收益率可以发现各方收益的非均衡性是否在一个合理的水平上，这有助于促成投资各方在合作谈判中达成平等互利的协议。

项目财务内部收益率的判别依据，应采用行业发布的或者评价人员设定的财务基准收益率，当所求得的内部收益率高于基准收益率或设定的折现率时，即认为项目的盈利水平能够满足要求。资本金财务内部和投资各方财务内部收益率应与出资方最低期望收益率对比，判断投资方收益水平。

财务内部收益率与财务净现值的计算过程全然不同。在计算净现值时，是预先设定折现率，并根据此折现率将各年的净现金流量折算为现值，然后累计求得净现值。而内部收益率的计算，则是当净现值等于零时的折现率，即求此高次方程的解，其计算过程较为复杂。

一般地，在项目财务评估的工作中，对内部收益率的计算是先采用试算法，后采用插入法求得。其基本步骤是：

(1) 当项目在设定的折现率下，其财务净现值为正时，可选用更高的折现率来测算，直到财务净现值正值接近于零。

(2) 再继续提高折现率，直到测算出项目的净现值为接近零的负值为止。

(3) 根据接近于零的相邻两个正负净现值的折现率，用插入法求得精确的财务内部收益率。需注意的是，两个相邻的折现率的间距不能相差太大（一般不能超过5%），否则，就不够准确。

用插入法来计算内部收益率时，其公式推导过程如下：

设：折现率为 i_1 时，$FNPV_1>0$；折现率为 i_2 时，$FNPV_2<0$。

将 i_1、i_2、$FNPV_1$、$FNPV_2$ 表示在直角坐标系中，连接 AB（实际上不是一条直线，而是一条曲线）与横轴相交于 C 点，在这一点上，$FNPV=0$，即在此点的折现率就是所求的财务内部收益率，用 $FIRR$ 表示。过 A、B 两点分别引一条平行于纵轴的直线，它们分别与横轴相交于 D 点和 E 点（见图 9-1）。

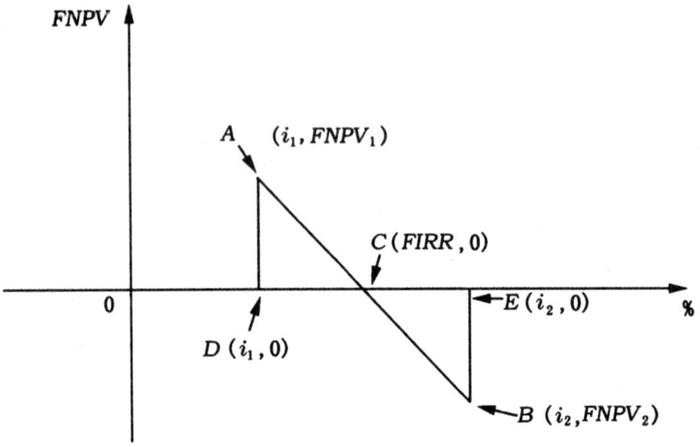

图 9-1 内部收益率计算示意图

$\triangle ACD$ 与 $\triangle BCE$ 是两个相似三角形，其对应边成比例，即：

$$\frac{FIRR-i_1}{i_2-i_1}=\frac{FNPV_1}{FNPV_1+|FNPV_2|}$$

将上式整理得：

$$FIRR=i_1+(i_2-i_1)\frac{FNPV_1}{FNPV_1+|FNPV_2|}$$

式中：i_1 表示低折现率，i_2 表示高折现率，$FNPV_1$ 表示正净现值，$FNPV_2$ 表示负净现值。

计算出的财务内部收益率可与行业基准投资收益率或项目所有投资者对投资获利的最低期望收益率值进行比较，如果前者大于后者，则表明项目的盈利能力在财务上是可行的。否则，就不可行。

如果以表9-6中的有关数据来计算项目的内部收益率时，其计算过程如下：

因项目在折现率为10%时，其净现值为正，故需提高折现率。设折现率为12%，项目的财务净现值为：

$FNPV=(-5\ 000)+1\ 500\times 4.111\ 4=1\ 167.1$（万元）

当折现率为15%时，$FNPV=676.75$（万元）

当折现率为20%时，$FNPV=-11.75$（万元）

则项目的内部收益率为：

$$FIRR=15\%+\frac{676.75}{676.75+11.75}\times 10\%=19.915\%$$

如果行业的基准投资收益率为10%，则项目B的内部收益率是较高的。项目B就可以被认为在财务上是可行的、是可以接受的。

财务内部收益率表明了项目自身的实际盈利能力或所能承受的最高折现率，是一个较为可靠的评估指标，一般可以作为项目投资收益的主要评估指标。但是，需要指出的是，内部收益率是由高次方程求得的，所以它可能出现这样几种情况：内部收益率只有一个，内部收益率有多个，内部收益率无实数解。因此，使用内部收益率时应做具体分析，以免导致错误的选择和结论。如某项目的生命期为3年，各年的净现金流量分别为−4万元、25万元、−25万元。通过计算，该项目的内部收益率分别为25%和400%。根据内部收益率决策标准，如果折现率（或基准投资收益率）小于25%或400%，则该项目在财务上都是可行的。但是，当基准投资收益率为10%时，因项目的财务净现值为$FNPV=25\times 0.826\ 4-4\times 0.909\ 1-25\times 0.751\ 3=-1.756$（万元），小于零。根据净现值决策标准，说明在基准投资收益率为10%时，该项目在财务上是不可行的。也就是说，两者之间的结论存在着矛盾。

内部收益率有多个解或无解的情况，一般出现在非常规项目中。所谓"非常规项目"是指在项目的生命期内各年净现金流量的正负符号的变化超过一次的项目。而与之相对应的常规项目则是指在项目生命期内各年净现金流量开始一年或几年为负值，以后各年恒为正，即净现金流量正负符号变换的次数只有一次的项目。一般地，常规项目的内部收益率只有一个。

在项目的财务分析中，一般将内部收益率的判别基准（i_c）和计算净现值的折现率采用同一数值，可使$FIRR\geqslant i_c$对项目效益的判断与采用i_c计算的$FNPV\geqslant 0$对项目效益的判断结果一致。

（六）投资回收期

在前面，我们已经计算过静态的投资回收期并对它的局限性作过说明。而如果我们采用动态的投资回收期来说明项目投资回收速度的快慢，则可以弥补这方面的局限性。所谓"动态的投资回收期"是指在考虑资金的时间价值情况下，收回项目的投资额所需的时间。用公式表示为：

$$\sum_{t=1}^{P_t}(CI-CO)_t(1+i_c)^{-t}=0$$

式中：P_t 为投资项目的动态投资回收期。

动态的投资回收期，是表示项目在设定的折现率情况下，收回项目投资额所需要的时间，即项目的净现值累计为零时的期限。如果计算出的动态投资回收期较短，则表明项目的投资回收能力较强。否则，投资回收能力就差。如以表 9-6 中的有关数据，设折现率为 10%时，则可将投资回收期的计算过程用表 9-7 表示。

表 9-7　动态投资回收期计算表　单位：万元

年　份	净现金流量	净现值	累计净现值
0	−5 000	−5 000	−5 000
1	1 500	1 363.636	−3 636.364
2	1 500	1 239.669	−2 396.695
3	1 500	1 126.972	−1 269.723
4	1 500	1 024.520	−245.203
5	1 500	931.382	686.179

项目的动态投资回收期为：

$$5-1+\frac{245.203}{931.382}=4.26(\text{年})$$

一般地，有如下关系存在：当项目在设定的折现率下的财务净现值大于零时，项目的动态投资回收期一定存在，且其小于项目的生命期；当项目的财务净现值等于零时，项目的投资回收期等于项目的生命期；当项目的财务净现值小于零时，项目的动态投资回收期不存在。另外，以动态投资回收期作为指标来判断并选择可选投资方案时，应以动态投资回收期最短的为准。

（七）净年值法(Net Annual Value)

净年值(NAV)是指通过资金等值换算将拟建项目的净现值分摊到项目生命期内各年（从第一年到项目结束年）的等额年收益值。净年值法就是根据投资项目的净年值的正负来判断和评价投资项目是否可行的方法。在财务评价中，净年值法与净现值法是等效的评价方法，两者在评价结论上是一致的。净现值法给出的是项目在整个生命期内获取的超出基准投资收益率（折现率）的超额收益现值；而净年值指的是项目生命期内每年的等额超额收益。一般地，当被比较方案的生命期不同时，为了使方案之间具有可比性，通常采用净年值法。净年值的计算公式为：

$$NAV=FNPV\left(\frac{A}{P},i_c,n\right)=\sum_{t=1}^{n}(CI-CO)_t\left(\frac{P}{F},i_c,n\right)\left(\frac{A}{P},i_c,n\right)$$

式中：$\left(\frac{P}{F},i_c,n\right)$表示折现系数，$\left(\frac{A}{P},i_c,n\right)$表示资金回收系数。

通常地，当两个方案进行比较时，以净年值大的方案为优。

（八）增量投资内部收益率法

上述投资项目财务评价的例子，只是说明在一个方案情况下的评价与决策分析，要么可行（值得投资建设）、要么不可行（不值得投资建设）。然而，在大多数情况下，一个投资项目往往有几个不同的建设方案，而且各个方案的投资支出、经营成本及销售收入都不尽相同。在这种情况下，就需要从中选择一个最好的方案。

在一般情况下，用财务净现值法、财务内部收益率法等判断投资方案的结果，其结论是一致的。但在各方案彼此可以相互替代的互斥方案中，用财务净现值法、财务内部收益率法来评价投资方案所得出的结论，往往会有所不同。也就是说，财务内部收益率高的方案，其净现值不一定大。下面举例加以说明。

如某投资项目有 A、B、C、D 四个建设方案，各个方案的期初投资支出及净现金流量、计算期、折现率、财务净现值、财务内部收益率等指标（为简化起见，表中的期初投资支出假定为项目在第零年的投资，项目的经济生命期即为计算期）分别见表 9-8。

从表 9-8 中可以看出，A 方案的内部收益率及财务净现值率最高，而 C 方案的财务净现值最高。那么，我们是选择 A 方案，还是选择 C 方案呢？这时我们就可以采用增量投资内部收益率法来进行判断和进行优选。

表 9-8　　**各投资方案有关指标**　　单位：万元

项　目	A 方案	B 方案	C 方案	D 方案
期初投资支出	3 400	5 200	6 000	6 600
年净现金流量	880	980	1 320	1 360
计算期（年）	10	10	10	10
财务净现值（10%）	2 007.25	821.71	2 110.87	1 756.66
财务内部收益率	0.224 7	0.135 6	0.176 8	0.158 9
财务净现值率	0.590 4	0.158 0	0.351 8	0.266 2

增量投资内部收益率法也称作差额投资内部收益率法。它是将增量投资部分所带来的增量净现金流量作为一个假设计算单位，以计算其内部收益率，并与基准投资收益率进行比较，用以判断方案优劣的一种方法（它也可以用于国民经济评估中多方案的比较选择，在国民经济评估中，其计算出的差额投资内部收益率应与社会折现率进行比较，并以此来判断项目的优劣）。增量投资收益率也就是当增量投资和增量净现金流量的净现值等于零时的折现率。其计算公式为：

$$\sum_{t=1}^{n}[(CI-CO)_A-(CI-CO)_B]_t\times(1+\Delta IRR)^{-t}=0$$

式中：$(CI-CO)_A$表示投资额大的方案的净现金流量，$(CI-CO)_B$表示投资额小的方案的净现金流量，ΔIRR 表示差额投资内部收益率。

当计算出的增量投资收益率大于基准投资收益率时，说明增量投资部分是有效的，是有经济效益的，应选择投资额大的方案；反之，就说明投资增量是无效的，是没有经济效益的，应该选择投资额小的方案。如我们仍以表 9-8 中的有关数据，计算 A 方案与 C 方案之间的增量投资收益率：

增量投资支出＝6 000－3 400＝2 600(万元)

年增量净现金流量＝1 320－880＝440(万元)

下面通过表 9-9，列示增量投资内部收益率的计算过程。

表 9-9　　增量投资内部收益率计算　　单位：万元

年份	增量投资部分及其净资金流量	折现系数(10%)	净现值	折现系数(12%)	净现值
0	－2 600	1	－2 600	1	－2 600
1～10	440	6.144 6	2 703.62	5.650 2	2 486.09
合　计			103.52		－113.91

根据上述的计算结果，用插入法可求得差额投资部分的内部收益率为：

$$10\%+2\%\times\frac{103.52}{103.52+113.91}=10.95\%$$

当基准收益率为 10%，由于 10.95%大于 10%，且其净现值为 103.52 万元，大于零，说明增量投资部分作为一个项目来看是可行的和有效的，是有经济效益的，故应该采用 C 方案。也就是说，当基准收益率小于 10%时，我们可选择 C 方案。但如果我们采用的基准收益率高于 11%(即比 10.95%要大)时，则增量投资部分是无效的，是没有经济效益的，也就是说应该选择 A 方案而放弃 C 方案。

第三节　既有法人项目的财务评估

一、既有法人项目财务评估的特点

(一) 既有法人项目概述、特点及目标

1. 项目概述

既有法人项目是指不新设项目法人，而是由现有企业法人负责项目的资金筹集，进行项目投资，并承担项目投融资责任与风险。既有法人项目大多是依托现有企业进行建设，项目完成后仍由现有企业进行管理。现实中，依托现有企业进行的改建扩建和技术改造项目均属此类。而更新改造项目是指企业在保证实现简单再生产的前提

下，对原有的技术装备和工程设施进行设备更新和技术改造的投资项目，其目的是以技术进步为基础对原有企业进行挖潜、革新和改造，通过采用新技术、新工艺、新设备、新材料及其他国内外先进、适用的技术成果，不断改进企业现有的技术装备和生产技术，提高技术水平，以增加产量、增加品种、提高原有产品质量、降低能耗、合理利用资源、提高技术装备水平、改善劳动条件、减轻劳动强度、保护环境、提高社会经济效益。

2. 项目特点

从一般意义上来说，此类项目属于内涵型的扩大再生产，与属外延型扩大再生产的新建项目相比，它具有以下特点：

(1) 项目是既有企业的有机组成部分，同企业的活动在一定程度上是有区别的；

(2) 建设期内项目建设与企业的生产经营同时进行；

(3) 项目的融资主体是既有企业，项目的还款主体也是既有企业；

(4) 项目一般要利用既有企业的部分或全部资产与资源，且不发生资产与资源的产权转移；

(5) 项目的目标具有多样性，即其目标可以是提高产品的质量和数量、促进产品的升级换代、降低能源和物资消耗、提高技术装备水平、合理利用资源、改善劳动条件、环境保护等其中的一个或多个。

3. 项目目标

(1) 增加生产能力、提高产量。

既有法人项目是扩大产品的生产能力和提高产量的一种比较经济的途径。因为，它是在原有企业的基础上进行，能较为充分地利用企业原有场所、厂房及辅助设施，依托已有的技术力量，收到投资省、见效快、经济效益好的效果。但是，也应考虑到此类投资项目对原有企业的挖潜和改造是有一定限度的、易受原有一些条件（如场地、技术装备等）的限制，所以应在充分考虑增量部分和更新改造后的投资财务效益，并将增量部分的投资财务效益指标与类似新建项目的投资财务效益指标进行对比后，才能做出是否进行此类项目的结论。

(2) 提高企业的技术装备水平，改善产品的质量，降低产品的原材料消耗和生产经营成本。

此类项目大多是通过采用新设备、新的生产工艺来进行的，所以，在一定程度和一定范围内能提高原企业的技术装备水平，促进劳动生产率的提高，改进产品的质量，节约并降低产品的原材料消耗和生产经营成本。

(3) 改善环境保护和劳动条件。

此类项目一方面有节约能源消耗、改善环境保护的目标，另一方面也有保护劳动力资源和以保护劳动者的身心健康为职责的目的。

(4) 合理利用原有企业的资源，提高综合利用率。

在原有企业的资源闲置或没有得到充分利用的情况下，对原有企业进行更新改造，不但能达到投资省、见效快的目的，而且还能够使原有资源得到更充分的利用，从而提高其综合利用率。

（二）既有法人项目财务评估的特点

1. 项目效益和费用的增量性

与新设法人项目不同，既有法人项目是在原有企业的基础上进行追加投资的一种方式。一般情况下，它能获取比新建项目更好的新增经济效益，因而，对其效益和费用应进行增量计算，并通过增量部分的经济效益指标，来判断项目投资的可行性。

2. 增量投资部分（或是指“有项目”时）的费用和效益识别的复杂性、困难性

这是因为，既有法人项目是在原有企业的基础上进行的，且当项目完成后与原有企业合为一体，所以，不可能将更新改造项目部分所带来的效益和费用与原有企业的效益和费用截然分开。这就带来了增量投资部分费用和效益识别的困难性和复杂性。

3. 财务评估的多层次性（或多步性）

在进行既有法人项目的财务评估时，不能像新设法人项目那样只计算新的（或增量）投资部分的效益、费用，而是要将“无项目”时的效益、费用，“有项目”后（即项目完成后与原有企业结合在一起后的整体）的效益、费用，增量投资部分（即“有项目”时）的效益、费用结合在一起进行考虑。即在评价既有法人项目的财务效益时，必须同时计算“有项目”后的财务效益、增量投资部分的财务效益和“无项目”时的财务效益。一方面要求“有项目”后的投资财务效益及增量投资部分的投资财务效益都在财务上是可行的，即要求在以基准投资收益率进行折现时的净现值累计值应大于零，或其计算出的内部收益率要超过基准投资收益率；另一方面也要求将“有项目”后的财务效益与“无项目”时的财务效益进行比较，并要求“有项目”后的财务效益要好于“无项目”时的财务效益。因为，只有这样，才能对更新改造项目的财务效益做出正确的、完整的评价和分析，否则，就不应该对现有企业（或项目）进行更新改造。当然，在对既有法人项目进行财务效益评价时，主要还是应评价增量部分的财务效益，并且应该与项目的目的结合起来考虑。这是因为，项目的目标不同，项目的经济效益也会有所不同：有的是直接的，有的是间接的；有的是可用货币来衡量的，有的是不可用货币来衡量的。

二、既有法人项目财务评估的步骤与内容

既有法人项目财务评估与新设法人项目财务评估的主要区别在于盈利能力评价指标，前者是按“有项目”和“无项目”对比，采用增量分析方法计算。偿债能力评价指标，一般按“有项目”后项目的偿债能力计算，必要时也可按“有项目”后既有法人整体的偿债能力计算。其评价步骤与内容如下：

（一）确定财务评估范围

一般地，拟建项目是在现有企业基础上进行的，涉及范围可能是企业整体改造，也可能是部分改建，或者扩建、新建项目。因此，应科学划分和界定效益与费用的计算范

围。如果拟建项目建成后能够独立经营，形成相对独立的核算单位，项目所涉及的范围就是财务评估的对象；如果项目投产后的生产运营与现有企业无法分开，也不能单独计算项目发生的效益与费用，则应将整个企业作为项目财务评估的对象。

（二）选取财务评估数据

对既有法人项目的财务评估，采用“有无对比”进行增量分析，主要涉及下列五种数据：

（1）“有项目”数据，是预测项目实施后各年的效益与费用状况的数据，是指既有企业进行投资活动后，在项目的经济生命期内，在项目范围内可能发生的效益与费用流量。“有项目”的流量是时间序列的数据。

（2）“无项目”数据，是指既有企业利用拟建项目范围内的部分或全部原有生产设施或资产，在项目计算期内可能发生的效益与费用流量。“无项目”的流量是时间序列的数据。

（3）“增量”数据，是指“有项目”流量减“无项目”流量的差额，是时间序列的数据。“有项目”投资减“无项目”的投资就是增量投资，“有项目”效益减“无项目”的效益就是增量效益，“有项目”费用减“无项目”的费用就是增量费用。它主要用于增量分析。

（4）“现状”数据，是指项目实施前的资产与资源、效益与费用数据，也可称基本值，是一个时点数。“现状”数据对于比较“项目前”与“项目后”的效果有重要作用。现状数据也是预测“有项目”和“无项目”的基础。现状数据一般可用实施前一年的数据，当该年数据不具代表性时，可选用有代表性年份的数据或近几年的平均值。其中，特别是对生产能力的估计，应慎重对待。

（5）“新增”数据，是指项目实施过程各时点“有项目”的流量与“现状”数据之差，也是时间序列的数据。新增投资不但包括建设投资和流动资金，而且还应包括原有资产的改良支出、拆除、运输和重新安装费用，是扩建项目融资的依据。

“无项目”时的效益由“老产品”产生，费用是为“老产品”投入；“有项目”时的效益一般由“新产品”与“老产品”共同产生，“有项目”时的费用包含为“新产品”的投入和为“老产品”的投入。“老产品”的效益与费用在“有项目”与“无项目”时可能存在较大差异。

进行“有项目”与“无项目”对比时，效益与费用的计算范围、计算期应保持一致，具有可比性。为使计算期保持一致，应以“有项目”的计算期为基准，对“无项目”的计算期进行调整。在一般情况下，可假设通过追加投资（局部更新或全部更新）使“无项目”时的生产运营期，延长到与“有项目”的计算期相同，并在计算期末将固定资产余值回收。在某些情况下，假设通过追加投资延长其生命期，在技术上不可行或者经济上明显不合理时，应设定“无项目”的生产运营适时终止，其后各年的现金流量为零。

（三）编制财务报表

既有法人项目财务评估，应按增量效益与增量费用的数据，编制项目增量财务现金流量表、资本金增量财务现金流量表。按“有项目”的效益与费用数据编制项目损益和利润分配表、财务计划现金流量表、借款偿还计划表。各种报表的编制原理和科目设置与新设法人项目的财务报表基本相同，不同之处是表中有关数据的计算口径有所区别。

(四) 盈利能力分析

盈利能力分析指标、表达式与新设法人项目基本相同。

(五) 偿债能力分析

根据财务评估报表，计算借款偿还期或者偿债备付率、利息备付率等指标，分析拟建项目自身的偿债能力。

计算出的项目偿债能力指标，表示项目用自身的各项收益(包括折旧)抵偿债务的最大能力，显示项目对企业整体财务状况的影响。项目最大抵偿债务的能力与项目实际还款方式和责任不同。可以给既有法人两种提示：一是靠拟建项目自身收益可以偿还债务，不需要另筹资金偿还；二是拟建项目自身收益不能偿还债务，需要另筹资金偿还债务。

同样道理，计算出的拟建项目偿债能力指标，对银行等金融机构也显示两种情况：一是拟建项目自身有偿债能力；二是拟建项目自身无偿债能力，需要企业另外筹资偿还债务。由于银行贷款是贷给企业法人的而不是贷给项目的，银行评审时，一般是根据企业的整体资产负债结构和偿债能力决定是否贷款。有的时候，虽然项目自身无偿债能力，但是整个企业信誉好，偿债能力强，银行也可能给予贷款；有的时候，虽然项目自身有偿债能力，但整个企业信誉差，负债高，偿债能力弱，银行也可能不予贷款。银行等金融机构决定是否贷款，需要考察企业的整体财务状况，评价企业既有的财务状况和各笔借款的综合偿债能力。为了满足债权人要求，企业不仅需要提供项目建设前3～5年企业的主要财务报表，还要编制企业在拟建项目建设期和投产后3～5年内的损益和利润分配表、资金来源与运用表、资产负债表、借款偿还计划表，以分析企业的偿债能力。

三、既有法人项目财务评估的方法

既有法人项目财务评估的方法主要有“前后对比法”和“有无对比法”。

(一) 前后对比法

前后对比法是对项目完成后的经济效益状况进行预测，并与未开始项目前的某一特定时点(如前一年)的效益状况进行对比分析，以评估项目必要性和预期的经济效果增量的一种评价方法。前后对比法采用的数据主要是“有项目”“现状”与“增量”数据。

(二) 有无对比法

有无对比法是对进行项目(“有项目”)和不进行项目(“无项目”)这两种方案在未来同一时点(按项目生命期或计算期)的经济效益进行预测和比较分析，将两个方案的效益差额作为增量效益进行比较和判断，以衡量项目的必要性以及在经济上的合理性的一种评价方法。有无对比法采用的数据主要是“有项目”“无项目”与“增量”数据。

在对既有法人项目进行增量部分投资财务效益评价时，用“有无对比法”和“前后对比法”会产生不同的结果。这是因为，两者在评价时点上有所差异。“有无对比法”评价的时点是在未来同一时点，它考虑了无项目时的发展趋势（即增长趋势和下降趋势），而“前后对比法”因其评价的时点是在项目进行前的某一特定时间，故其没有考虑无项目时的发展趋势而会产生对增量部分的效益高估（在“无项目”时原有企业本身存在着一种增长的发展趋势）或低估（在“无项目”时原有企业本身存在着下降的趋势）的情况。也就是说，“有无对比法”更能真实地反映项目增量部分的投资经济效益。所以，一般地，在进行既有法人项目增量部分投资财务效益评价时应采用“有无对比法”，因为它比“前后对比法”更合理可靠。

四、既有法人项目增量部分投资财务效益的计算

（一）增量投资部分营业收入的计算

增量投资部分的营业收入，可能来自扩大生产规模、增加产品数量；也可能来自改善产品质量、提高产品销售单价；或改变产品结构的一种情况或几种情况混在一起。这就给增量投资部分营业收入的计算增加了困难。一般情况下，增量投资部分的营业收入的计算方法有如下两种：

（1）增量投资部分营业收入可以与原有营业收入分开计算的，新增的营业收入可直接作为增量部分的营业收入。如扩建独立的生产车间，生产与老产品无关的新产品所增加的产销量带来的营业收入等。

（2）增量投资部分营业收入与原有营业收入难以分开计算的，可分别估算“有项目”与“无项目”在将来时点上的营业收入，并以两者之差作为增量投资部分的营业收入。

（二）增量投资部分投资支出的计算

在计算既有法人项目增量部分投资支出时，既要考虑新增的固定资产投资支出，又要考虑新增的无形资产、流动资金、其他一次性投资支出及进行更新改造时造成原有企业停工停产所带来的损失。

新增固定资产投资支出，可按“有项目”与“无项目”的固定资产总投资额之差计算，也可按直接新增加的投资计算。但在计算新增加的投资支出时，应扣除因更新改造而拆除原有旧设备旧厂房所得的变价净收入。

新增的无形资产投资应以在进行更新改造项目时以一次性支付方式取得土地使用权和专利权、非专利技术的费用额为准。

新增的流动资金投资应以在进行更新改造项目后所新增加的流动资金数额为计算依据。

总之，增量部分的投资支出一般可按“有项目”与“无项目”的投资的差额计算，其计算公式为：

$$“有项目”的投资支出 = 新增投资 + \frac{可利用的}{原有投资支出} - \frac{拆除原资产(旧设备)}{回收的净价值}$$

$$“无项目”的投资 = 原有投资支出的重估值(或账面值)$$

$$增量投资 = “有项目”的投资支出 - “无项目”的投资支出$$
$$= 新增投资 - 拆除原资产(旧设备)回收的净价值$$

(三) 对沉没成本(或沉没费用)的处理

沉没成本(或沉没费用)也称旁置成本。它是指那些由于过去决策所引起并已经支付因而无法由现在或将来任何决策所能改变的成本(或费用)。在进行既有法人项目财务评估时，应要注意沉没费用。这是因为改建扩建的改造投资项目增量部分的财务效益，并不完全来源于新增投资，其中一部分可能来自原有资产潜力的发挥。那么，是否应将原有资产的一部分价值加入新增投资支出计算呢？回答是否定的。因为从“有项目”和“无项目”的对比观点来看，没有进行增量投资部分，原有资产的潜力并不能产生增量部分的财务效益。既有法人项目的特点就在于它能较充分地利用原有资产的潜力，并使之转变为效益。所以说，沉没费用起源于过去的决策行为，与现在的决策无关。也就是说，在计算增量部分投资支出时，不能计算沉没费用。

一般地，企业的沉没费用有如下几种：(1)停建项目的已建设施。项目曾经进行建设，并已建设了一部分，后因种种原因停建，现在又打算重新建设。原来已耗费的投资就属沉没费用，不能计入增量投资部分，而只计算已有资产现时尚可变现的价值扣除拆除费用后的净价值。(2)过去预留发展的设施。(3)利用旧有设施的潜在能力。既有法人项目大多是在原有设施基础上进行的，不可避免地会利用旧设施，不论其潜力有多大，原有投资均属沉没费用。因为没有进行本项目，这些旧设施的投资也是无法收回和产生经济效益的。(4)用于新项目的已提完折旧的资产。用于新项目的已提完折旧的资产，应作为沉没费用，不计入增量投资部分。只是在计算项目完成后的总投资支出时应计算其重估价值。

(四) 增量部分经营成本的计算

增量部分经营成本的计算与增量部分销售收入的计算相同，即凡是能将新增产品经营成本与企业原有经营成本分开的，可单独计算增量部分经营成本。对难以分开计算的，可分别估算“有项目”与“无项目”时的经营成本，其增量部分经营成本为两者之差。

(五) 增量效益的识别与计算

1. 增量效益的识别

增量效益是指“有项目”与“无项目”相比所增加的效益，即是这两种情况在同一时点的效益差额。它一般包括有形增量效益与无形增量效益。

(1) 有形增量效益。它通常表现为扩大产量、提高产品质量、降低成本和减少损失等几个方面,更多情况下是几种因素综合产生的经济效益。

(2) 无形增量效益。它通常表现为收入分配、地区发展、就业、教育、卫生保健、生态平衡等效果。这些效果一般难以用货币来进行估价和衡量,而只可作定性分析。

2. 增量效益的计算

(1) 增量效益能与原有企业的效益分开的,可采用直接划分法,并用增量效益指标直接计算其更新改造部分的新增效益。

(2) 如果与原有企业的效益难以分开计算的,则需用"有无对比法",分别估算"有项目"与"无项目"时的总效益,两者之间的差额即为项目的新增效益。

例如,某企业拟进行更新改造,通过预测,在进行更新改造(有项目)后和不进行更新改造(无项目)时,其产品销售单价由 10 元上升到 12 元,经营成本由 7 元/件降到 6 元/件,除经营成本之外的固定资产折旧、无形资产摊销、利息等由 100 万元增加到 150 万元,产品产量也发生了如表 9-10 所示的变化,在所得税税率为 25%、其他条件不变的情况下,可以把在进行更新改造后前三年的增量效益估算结果也列于表 9-10 中。

表 9-10 **增量效益估算**

科目 \ 年份	有项目时			无项目时		
	1	2	3	1	2	3
年产量(万件)	160	150	140	100	90	80
营业收入(万元)	1 920	1 800	1 680	1 000	900	800
经营成本(万元)	960	900	840	700	630	560
折旧、摊销等(万元)	150	150	150	100	100	100
所得税(万元)	202.5	187.5	172.5	50	42.5	35
财务净效益(万元)	607.5	562.5	517.5	150	127.5	105
增量效益(万元)	457.5	435	412.5			

五、既有法人项目投资财务效益的计算与评估

(一) 既有法人项目财务评估的基本报表(按"有无法"设置)

既有法人项目财务评估主要有如下几种:

(1) 项目增量财务现金流量表;

(2) 资本金增量财务现金流量表;

(3) 利润和利润分配表;

(4) 财务计划现金流量表;

(5) 资产负债表。

项目增量财务现金流量表、资本金增量财务现金流量表的编制格式可参见表9-11和表9-12，其他表格可参照新设法人项目的相关表格编制。

表9-11 **项目增量财务现金流量表(既有法人项目)** 单位：元

序号	项目	合计	计算期				
			1	2	3	…	n
1	有项目现金流入						
1.1	营业收入						
1.2	回收固定资产余值						
1.3	回收流动资金						
1.4	其他现金流入						
2	有项目现金流出						
2.1	建设投资(不含建设期利息)						
2.2	流动资金						
2.3	经营成本						
2.4	税金及附加						
2.5	其他现金流出						
3	有项目净现金流量(1－2)						
4	无项目净现金流量						
5	增量净现金流量(3－4)						
6	累计增量净现金流量						

计算指标：项目财务内部收益率(%)；项目财务净现值(元)；投资回收期(年)。

表9-12 **资本金增量财务现金流量表(既有法人项目)** 单位：元

序号	项目	合计	计算期				
			1	2	3	…	n
1	有项目现金流入						
1.1	营业收入						
1.2	回收固定资产余值						
1.3	回收流动资金						
1.4	其他现金流入						
2	有项目现金流出						
2.1	资本金						
2.2	借款本金偿还						
2.3	借款利息支付						

续表

序　号	项　目	合　计	计算期				
			1	2	3	…	n
2.4	经营成本						
2.5	税金及附加						
2.6	所得税						
2.7	其他现金流出						
3	有项目净现金流量(1—2)						
4	无项目净现金流量						
5	增量净现金流量(3—4)						

计算指标：资本金收益率(%)。

(二) 财务效益指标的计算与评价

1. 财务内部收益率

在进行增量部分投资财务效益分析与评价时，所计算的内部收益率有两个：一是项目财务内部收益率，为了与新设法人项目财务评价的相关指标区分，又可称其为项目增量财务内部收益率($\Delta FIRR$)。二是资本金收益率。两者分别是根据项目增量财务现金流量表和资本金增量财务现金流量表计算出来的内部收益率。当计算出来的内部收益率大于基准投资收益率(也应高于银行贷款利率)或投资者的期望收益率时，该项目被认为是可以考虑接受的。增量财务内部收益率的表达式为：

$$\sum_{t=1}^{n}(\Delta CI-\Delta CO)_t(1+\Delta FIRR)^{-t}=0$$

式中：ΔCI 表示增量现金流入，ΔCO 表示增量现金流出，n 表示项目的计算期，$\Delta FIRR$ 表示增量财务内部收益率。

2. 财务净现值

增量财务净现值($\Delta FNPV$)是根据项目增量财务现金流量表计算的各年增量净现金流量用基准投资收益率(i_c)折现到建设起点的现值之和。当增量财务净现值大于零时，项目被认为是可接受的。增量财务净现值的表达式为：

$$\Delta FNPV=\sum_{t=1}^{n}(\Delta CI-\Delta CO)_t(1+i_c)^{-t}$$

(三) 项目完成后与企业相结合的投资财务效益的计算与评价

既有法人项目完成后，投资财务效益计算与评价中的主要问题是如何计算项目完成后整个企业的投资支出。既然既有法人项目完成后投资财务效益应按“有项目”后的整个企业规模计算，那么总的投资支出就应包括在进行项目过程中增加的投资支出的同时，还应包括原有正在发挥作用的投资支出。因此，对原有正在发挥作用的投资支出的估算就成为整个企业投资支出计算的难点和关键。原有正在发挥作用的投资支出包括固定资产投资、无形资产投资、流动资金。一般地，对原有投资中的固定资产投资支出所形成的固定资产价值应按其重估价值或尚可变现的净价值计算。如果其固定资产账面净值符合实际情况并能反映现时固定资产的实际价值的情况，也可以按固定资产的账面净值计算，但不可以按固定资产的账面原值计算。对无形资产的投资支出和流动资金的投资支出，一般仍可按其账面余值(或可利用价值)进行计算。

另外，在进行"有项目"后的投资财务效益评价时，还应注意某些项目的发展趋势并在计算过程中予以考虑。

此外，既有法人项目在完成财务费用效益识别与估算后，还应进行融资分析、盈利能力分析、项目层次的偿债能力分析、企业层次的偿债能力分析以及财务生存能力分析。其具体内容主要包括：

1. 融资分析

既有法人项目的资金筹措是比较复杂的。从法律上讲，项目的所有资金都来源于既有企业，这是因为项目要用的债务资金是以既有企业的名义去进行的，且项目的权益资金也全部来源于既有企业。既有企业的债务资金包括既有企业自身运营和发展所需的贷款，也包括为项目实施所需的贷款。银行在为项目贷款时，一方面要考虑项目未来的现金流量，项目是否有可能盈利；另一方面也要考虑企业的信用与还款能力，而且后者的影响可能重于前者的影响。项目的权益资金由两部分组成：一是既有企业资产，如既有企业的土地或现金盈余；二是既有企业定向募集的股本，这部分股本对于既有企业和项目来说都是增量股本。

2. 盈利能力分析

项目经济评价的基本原则是利用时间价值的原理，通过比较"有项目"与"无项目"的净现金流量，求出增量净现金流量，并依此计算内部收益率，考察项目实施的效果。由于既有企业不实施项目的"无项目"的数据是固有的且是非零的，故在进行既有法人项目的盈利能力分析时，要将"有项目"现金流量减去"无项目"的现金流量，得出"增量"现金流量，依"增量"现金流量判别项目的盈利能力。增量现金流量包括"增量权益资金""增量借贷资金""增量营业收入""增量补贴收入""增量所得税""增量经营成本"等。既有法人项目的盈利能力分析是"增量分析"的最好体现。

3. 偿债能力分析

从法律上讲，既有法人项目是由既有企业出面向银行借款，理所当然还款的主体是既有企业，似乎只应考虑既有企业的偿债能力。然而，既有企业的借款是为了项目，不管项目将来是否独立核算，都应当考察项目本身的还款能力，这是企业财务管理本身的需要，为此，既有法人项目的偿债能力分析应包括既有企业的偿债能力分析，也包括项目层次的偿债能力分析。其中，项目层次的偿债能力分析主要是通过编制借款还本付息计划表分析拟建项目"有项目"时的收益偿还新增债务的能力，计算利息备付率和偿债备付率，考察还款资金来源是否能按期足额偿还借款本金和利息；企业层次的偿债能力分析是由项目决策人（既有企业）根据企业的经营与债务状况，在计入项目借贷及还款计划后，估算既有企业总体的偿债能力。

第四节　非营利性项目的财务评估

一、非营利性项目财务评估的目的与要求

非营利性项目是指为社会公众提供服务或者产品，不以营利为主要目标的投资项目。它包括公益事业项目、行政事业项目和某些基础设施项目。这些项目经济上的显著特点是为社会提供的服务或者使用功能，不收取费用或者只收取少量费用，因而不具有或只具有非常低的盈利能力。由于投资建设这类项目的目的只是发挥其使用功能，服务于社会，所以对其进行财务评估的目的不是为了作为投资决策的依据，而是为了考察项目的财务状况，了解其盈利还是亏损，以便采取措施使其能维持运营，发挥正常功能。另外，对大多数非营利性项目来说，对其进行财务评估的实质是在进行方案比选，以使所选方案能在满足项目目标的前提下，耗费的费用最少。

非营利性项目的财务评估的要求相对简单，只需对投资、成本费用和收入进行估算，并进行简单的比较，必要时也可编制借款偿还计划表和损益表。它与营利性项目有所不同，一般不计算项目的财务内部收益率、财务净现值、投资回收期，对于使用借款又有收入的项目，可计算借款偿还期指标。

二、非营利性项目财务评估的方法和指标

非营利性项目财务评估与营利性项目有所不同，一般不计算项目的财务内部收益率、财务净现值、投资回收期，对于使用借款又有收入的项目，可计算借款偿还期指标。

非营利性项目财务评估内容与指标如下：

(一) 单位功能(或者单位使用效益)投资

该项指标是指每单位使用功能所需的投资，如医院每张病床的投资，学校每个就学学生的投资，办公用房每个工作人员占用面积的投资。

$$\text{单位功能(或者单位使用效益)投资} = \frac{\text{建设投资}}{\text{年服务量}}$$

进行方案比较时，在功能相同的情况下，一般以单位投资小的方案为优。

(二) 单位功能运营成本

这项指标是指项目的年运营费用与年服务量之比，如污水处理厂处理每吨污水的运营费用，以此考察项目运营期间的财务状况。

$$单位运营成本 = \frac{年运营费用}{年服务总量}$$

其中:

$$运营费用 = 运营直接费用 + 管理费用 + 财务费用 + 折旧费用$$

年服务总量是指拟建项目建设规模中设定的年服务量。

(三) 运营和服务收费价格

这项指标是指向服务对象提供每单位服务收取的服务费用,以此评价收费的合理性。评价方法一般是将预测的服务价格与消费者承受能力和支付意愿,以及政府发布的指导价格进行对比。

(四) 借款偿还期

对于那些负债建设且有经营收入的非营利性项目,应编制损益表和借款偿还计划表,计算借款偿还期,考核项目的偿债能力,必要时提出需要政府支持的政策建议。

由于非营利性项目种类繁多,情况各异,上述评价方法和指标仅供参考。在实际生活中,应根据项目性质、类别和具体情况加以调整。如行业另有规定的,可按其规定进行。

本章小结

财务评估是指在国家现行财税制度和市场价格体系下,分析预测项目的财务效益与费用,计算财务评估指标,考察拟建项目的盈利能力、偿债能力,据以判断项目的财务可行性。它是项目经济评价中的重要组成部分,是竞争性项目(或称由市场调节的项目)投资决策的直接依据。

项目的财务评估一般要求按一定的程序来进行,并要选取有关评价参数。选取的财务评估参数包括财务价格、税费、利率、汇率、项目的计算期和财务基准收益率等。项目的财务评估按是否考虑时间价值,可分为静态分析法和动态分析法,其中静态分析法主要包括投资收益率法和投资回收期法。动态分析法主要包括财务净现值法、财务内部收益率法和投资回收期法等。当然,现实中经济评价工作应以动态分析为重点。按是否新设法人,可分为新设法人项目财务评估和既有法人项目财务评估。

新设法人项目是指新设法人,并由其负责项目的融资与投资,承担项目的责任与风险。它类似于现实中的新建项目。新设法人项目的财务评估主要可以从三个不同的角度来进行,即项目整体角度(融资前分析)、项目资本金角度和项目投资各方角度。

项目整体角度的盈利能力分析主要是通过项目财务现金流量表的分析来进行的。项目财务现金流量表分析是针对设定的项目基本方案进行的一种现金流量分析。项目现金流量表的设置是建立在融资前分析的基础上,并只选择所得税前净现金流量进行计算,其目的是考察项目的基本面,即项目方案设计本身的财务可行性,它不受融资方案和所得税优惠政策改变的影响,可以供决策者对项目的可行性做出基本判断,并作为方案(或项目)比选的依据,同时也为债权人进行信贷决策提供参考。根据项目财务现金流量表计算的指标主要有投资回收期、财务净现值、财务内部收益率等。项目财务现金流量表应作为项目财务盈利能力分析依据的主要报表。

项目资本金盈利能力分析主要是通过项目资本金现金流量分析进行的。项目资本金现金流量分析，其实质是项目融资后分析。在市场经济条件下，在对项目基本获利能力有所判断的基础上，项目资本金盈利能力指标是投资者最终决策的最重要的指标，也是比较和取舍融资方案的重要依据。

对某些项目，还需要对投资各方的具体收益情况进行考察，编制投资各方财务现金流量表，以计算投资各方收益率。

既有法人项目财务评估是指不新设法人，而是由原有企业法人负责项目资金的筹集，进行项目的投资，承担项目的责任与风险。它在现实中类似于更新改造项目与改建扩建项目。既有法人项目财务评估也要求按一定的程序进行。与新设法人项目的财务评估相比，既有法人项目的财务评估比较复杂。既有法人项目财务评估的主要内容是进行增量部分的效益分析。增量部分财务效益分析一般按"有无法原则"进行识别和计算，并通过编制一些基本报表(包括项目增量财务现金流量表、资本金增量财务现金流量表、利润和利润分配表、资金来源与运用表等)，来进行相应的盈利能力指标计算，包括投资回收期(增量)、财务净现值(增量)、财务内部收益率(增量)、资本金收益率(增量)等指标。

非营利性项目的财务评估主要是对那些为社会公众提供服务或者产品，不以营利为主要目标的投资项目(包括公益事业项目、行政事业项目和某些基础设施项目)进行的财务评估。对大多数非营利性项目来说，对其进行财务评估的实质是在进行方案比选，以使所选方案能在满足项目目标的前提下，耗费的费用最小。

非营利性项目财务评估的要求相对简单，只需要对投资、成本费用和收入进行估算，并进行简单的比较。

复习思考题

一、简答题

1. 项目的财务评估有哪些意义？新设法人项目和既有法人项目的财务评估各是按什么程序或步骤进行的？

2. 新设法人项目财务评估中静态分析法有哪些主要指标？它们各有什么优缺点？

3. 项目的现金流量与企业的现金流量之间有什么关系？

4. 新设法人项目的现金流入量、现金流出量及净现金流量是如何计算的？其现金流量表有几种？它们分别是如何编制的？为什么新设法人项目的现金流量表要进行这样的分类？

5. 新设法人项目财务评估中动态分析法是通过哪些主要指标进行的？如何运用这些指标对项目的财务效益进行评价？它们各有哪些优缺点？

6. 差额投资(或增量投资)内部收益率的适用范围是什么？

7. 既有法人项目与新设法人项目相比有哪些主要目标和特点？

8. 既有法人项目的财务评估有哪些主要特点？

9. 在评价既有法人项目财务效益时，应怎样确定增量部分的投资支出、费用、收入及效益？

10. 沉没费用有哪些主要表现形式？在计算既有法人项目增量部分投资支出时，是否应包括沉没费用？为什么？

11. 如何进行项目的财务生存能力分析？

二、计算分析题

习题一

1. 目的：练习新设法人项目财务评估的静态分析法。

2. 资料：

(1) 见第八章计算分析题；

(2) 该项目的行业财务基准收益率为12%(融资前税前)、9%(融资前税后)。

3. 要求:

根据上述资料,为该拟建项目:

(1) 计算正常年份的投资收益率;

(2) 项目的投资回收期;

(3) 初步评价该项目的可行性。

习题二

1. 目的:练习新设法人项目的动态分析法。

2. 资料:见第八章计算分析题。

3. 要求:

根据上述资料,为该拟建项目(为计算方便,可以用万元为计算单位,其他要求与第八章计算分析题的要求相同):

(1) 编制项目的现金流量表(包括项目财务现金流量表、项目资本金财务现金流量表、投资各方财务现金流量表);

(2) 计算项目的财务净现值及净现值率;

(3) 计算项目的财务内部收益率、资本金收益率和投资各方收益率;

(4) 计算项目的投资回收期(动态);

(5) 计算项目的净年值;

(6) 根据计算结果对该项目的财务评估结果作简单的说明。

第十章　项目国民经济评估

由于现阶段，我国市场经济体制还不是十分健全，产品（服务）价格体系还不能真实地反映其经济价值，且企业的利益也不是完全与国家和社会的利益一致，项目的财务评估不能够全面反映项目对于国民经济的贡献和代价，故应对不能由市场力量自行调节的行业投资项目进行国民经济评估即经济费用效益分析，对其在经济上的合理性进行科学计算、分析、论证，以利于做出全面科学的经济评价。

第一节　项目国民经济评估概述

一、项目国民经济评估的含义和目的

（一）国民经济评估的含义

项目国民经济评估是按照资源合理配置的原则，从国家整体角度和社会需要出发，采用影子价格、影子汇率、影子工资、社会折现率等经济评价参数（或称国家参数），计算和分析国民经济为投资项目所付出的代价（费用）以及项目对国民经济所做出的贡献（效益），以评价投资项目在经济上的合理性。

国民经济评估主要运用经济费用效益分析方法来进行，其理论基础是新古典经济学有关资源优化配置的理论，强调应从资源合理配置的角度，分析项目投资的效率和对社会福利所做出的贡献，评价项目的经济合理性。对于财务现金流量不能全面、真实地反映其经济价值，需要进行经济费用效益分析的项目，应将经济费用效益分析的结论作为项目决策的主要依据之一。

在加强和完善宏观调控、建立社会主义市场经济体制的过程中，应重视项目的经济费用效益分析，这是因为：(1)它是项目评估方法体系中的重要组成部分，其他分析如财务分析、市场分析、社会分析、技术经济分析都不能代替其功能与作用；(2)它是市场经济体制下政府对公共投资项目进行分析评估的重要方法，是市场经济体制下政府部门干预投资活动的重要手段；(3)在新的投资体制下，国家对项目的审批与核准重点是放在项目的外部效果、公共性方面，经济费用效益分析强调从资源配置经济效率的角度分析与评估项目的外部效果，通过费用效益分析方法判断项目投资建设的经济合

理性，是政府审批和核准项目的重要依据。

从国家经济发展和社会利益角度，在经济计划中面临着一个基本的经济课题，即如何把有限的资源有效地分配给各种不同的经济用途，包括如何控制工程项目投资等。有限的资源包括劳动力、土地、各种自然资源、资金等。资源的不同用途包括第一产业、第二产业、第三产业的生产及服务供给，包括消费品、中间产品、服务业务、基础设施、社会福利事业等各行业的投资及生产。在非完全的市场经济中，政府在资源配置中应发挥一定的作用，而项目的国民经济评估即可为政府在资源配置中的决策提供参考依据。

同时，项目的财务营利性评价是站在企业投资者的立场考察项目的经济效益，企业与国家处于不同的立场，因而企业的利益不总是与国家和社会的利益完全一致。项目的财务营利性不一定能够全面反映项目对于国民经济的贡献和代价，至少在国家对于项目实施的征税及财务补贴、市场价格的扭曲及项目的外部效果三个方面，项目对于社会的影响可能没有被正确反映。当然，在市场经济充分发达的条件下，依赖市场调节的行业项目，投资通常由投资者自行决策，政府不必参与具体的项目决策。这类项目政府调节的主要作用发挥在构建有效的市场机制，而不在具体的项目投资决策。因此，这类项目不必进行国民经济评估，而是由市场竞争决定其生存，由市场竞争优胜劣汰机制促进生产力的不断发展和进步。为此，在现行经济体制下，对不能由市场力量自行调节的行业投资项目，应根据社会发展的长远规划和战略目标、地区规划、部门及行业规划的要求，结合产品需求预测、工程技术研究及投资项目的具体情况，计算项目投入、产出的费用和效益，进行国民经济评估，并在多方案比较论证的情况下，对拟建投资项目在经济上的合理性及可行性进行科学计算、分析、论证，做出全面科学的经济评价。

国民经济评估是项目经济评价的关键，是经济评价的主要组成部分，也是项目投资决策的重要依据。因此，在进行项目的经济评价时，必须十分注重国民经济评估。

（二）国民经济评估的基本原理

项目的国民经济评估使用基本的经济评价理论，采用费用-效益分析方法，即费用与效益比较的理论方法，寻求以一定的投入（费用）获取最大的产出（效益）。国民经济评估采取“有无对比法”识别项目的费用与效益；采用影子价格理论方法估算各项费用与效益；采用现金流量分析方法，使用报表分析；采用内部收益率、净现值等经济营利性指标进行定量的经济效益分析。

国民经济评估的主要工作包括：识别国民经济的费用与效益，测算和选取影子价格，编制国民经济评估报表，计算国民经济评估指标并进行方案比选。

“有无对比法”是经济评价的基本方法，在项目的国民经济评估中，采取将“有项目”与“无项目”两种不同条件下国民经济的不同情况对比，识别项目的费用与效益。对比方法是经济学中一般的方法，项目的不同方案之间的对比，是两种方案费用与效益识别的基本方法。实践中，也可采用将比较方案分别与“无”方案对比，再进行结果比较，以识别和计算两个方案的差别费用效益。

影子价格理论最初来源于求解数学规划，在求解一个“目标”最大化数学规划的过程中，发现每种“资源”对于“目标”有着边际贡献，即这种“资源”每增加一个单位，“目标”就会增加一定的单位，不同的“资源”有着不同的边际贡献。这种“资源”对于目标的边际贡献被定义为“资源”的影子价格。国民经济评估中采用了这种影子价格的基本思想，采取不同于财务价格的一种理论上的影子价格来衡量项目耗用资源及产出贡献的真实价值。理论上，如果将国民经济归纳为一个数学规划，各种资源及产品的影子价格就可以由规划中求解统一确定，但实践中目前还不具备这样做的能力及条件。实践中是采取替代用途、替代方案分析来估算项目的各种投入和产出的影子价格。对于项目的投入物，影子价格是其所有用途中价值最高的价格。对于项目的产出物，影子价格采用替代供给产品的最低成本用户的支付意愿中较低者。

国民经济评估需要遵循费用和效益的计算范围对应一致的基本原则。国民经济评估中，需要计算项目的外部费用与外部效益。外部费用与外部效益计算中，计算范围的确定需要仔细分析，容易出现的一种偏差是效益的扩大化。一种谨慎的解决方法是，在衡量一项效益是否应当计入本项目的外部效益时，要分析其带来这种效益是否还需要本项目以外其他的投入（费用）。

国民经济评估中，方案优化遵循基本的经济分析法则。国民经济评估目标是资源的最优配置，资源使用获得最大的经济效益。实践中通常采取总量效益最大化或者单位效益最大化两种方法。从资源最有效利用考虑，总量效益最大化是基本原则。在使用单位效益最大化方法时，需要分析是否会与总量效益最大化的原则相冲突。

二、项目国民经济评估的对象和目标

（一）国民经济评估的对象

财务评估是从项目角度考察项目的盈利能力和偿债能力。在市场经济条件下，大部分项目财务评估结论可以满足投资决策的要求，但有些项目需要进行国民经济评估，从国民经济角度评价项目是否可行。需要进行国民经济评估的项目主要包括：

（1）具有垄断特征的项目；

（2）产出具有公共产品特征的项目；

（3）外部效果显著的项目；

（4）资源开发项目；

（5）涉及国家经济安全的项目；

（6）受过度行政干预的项目。

现阶段，从投资管理的角度来看，需要进行经济费用效益分析（或国民经济评估）的项目主要有如下几类：(1)政府预算内投资（包括国债资金）的用于关系国家安全、国土开发和市场不能有效配置资源的公益性项目和公共基础设施建设项目，保护和改善生态环境、重大战略性资源开发项目；(2)政府各类专项建设基金投资的用于交通运输、农林水利等基础产业建设项目；(3)利用国际金融组织和外国政府贷款，需要政府主权信用担保的建设项目；(4)法律、法规规定的其他政府性资金投资的建设项目；(5)企业投资建设的涉及国家经济安全、影响环境资源、公共利益、可能出现垄断、涉及整体布局等公共性问题，需要政府核准的项目。

对于上述类型的项目，国民经济评估在决策中有着重要的作用。首先，国民经济评估是项目决策的重要依据，国民经济评估结论不可行的项目，一般应予否定。国民经济评估的另一个重要作用是对项目进行优化。当一个项目有多种实施方案时，应采取哪种方案，就应当根据国民经济评估的分析结论，依据国民经济评估提供的价值信息进行优化。而对一些国计民生亟须的项目，如国民经济评估合理，而财务评估不可行时，应重新考虑方案，必要时可提出相应的财务政策方面的建议，调整项目的财务条件，使项目在财务上也可行。比如放松价格管制，允许部分产品以较高价格出售，或者给予税收优惠，减免部分税收，或者给予项目优惠贷款或增加直接投资减轻项目负债，等等。为此，当前应当特别强调从国民经济角度来评价和考察项目，要支持和发展对国民经济贡献大的产业项目，要特别注意制止和限制对国民经济贡献不大的项目。

（二）国民经济评估的基本目标

国民经济评估主要是评价投资项目对国民经济的贡献程度，所以，它的评价目标应是宏观经济效果。

投资项目的宏观经济效果主要体现在国民经济增长目标上，即要求项目投资所增加的国民收入净增值和社会净效益最大化。它是评价项目宏观经济效益可行性的基本目标，一般可从下面几个方面进行：

(1) 在项目达到设计生产能力的正常年份所获得的国民收入净增值和社会净效益及其与整个投资额的比率。这些指标表明项目对国家和社会的实际贡献。

(2) 在项目整个生命期内获得的总国民收入净增值和社会净收益及其与总投资的比率，以衡量投资项目对国家和社会的总贡献。

(3) 回收项目投资的时间（即投资回收期）。可用国民收入净增值和社会净收益分别计算总投资的回收期，以考察项目的投资回收能力。

(4) 由于客观因素的变化对项目获取净收益能力的影响。它一般通过不确定性分析来加以说明。

三、项目国民经济评估的步骤

在前面第五章的有关内容中，已经说明了项目的财务评估与国民经济评估之间的关系，其中有一点是投资项目的国民经济评估可在财务评估的基础上进行。因此，国民经济评估的步骤可以从下面两个方面进行：

(一) 在财务评估基础上进行国民经济评估的步骤

投资项目的国民经济评估在财务评估基础上进行，主要是将财务评估中的财务费用和财务效益调整为经济费用和经济效益，即调整不属于国民经济效益和费用的内容；剔除国民经济内部的转移支付；计算和分析项目的间接费用和效益（即外部效果）；按投入物和产出物的影子价格及其他经济评价参数（如影子汇率、影子工资、社会折现率等）对有关经济数据进行调整。具体来说，可以采取如下步骤：

1. 对有关的费用和效益进行调整

(1) 剔除已计入财务效益和费用中的转移支付。

包括支付给国内银行的借款利息、缴纳的各种税金（销售税金和所得税）及对项目的补贴等；剔除财务现金流量中的通货膨胀因素，得到以实价表示的财务现金流量。

(2) 识别和计算项目的间接费用和间接效益。

对凡是能定量计算的应进行定量计算，对不能定量的，应作定性描述。

2. 效益和费用数据的调整

(1) 建设投资的调整。

用影子价格、影子汇率逐项调整构成投资的各项费用，剔除涨价预备费、税金、国内借款建设期利息等转移支付项目。

进口设备价格调整通常要剔除进口关税、增值税等转移支付；建筑工程费和安装工程费按材料费、劳动力的影子价格进行调整；土地费用按土地影子价格进行调整。

(2) 流动资金的调整。

财务账目中的应收、应付款项及现金并没有实际耗用国民经济资源，在国民经济评估中应将其从流动资金中剔除。如果财务评估中的流动资金是采用扩大指标法估算的，国民经济评估仍应按扩大指标法，以调整后的销售收入、经营费用等乘以相应的流动资金指标系数进行估算；如果财务评估中的流动资金是采用分项详细估算法估算的，则应用影子价格重新分项估算。

根据建设投资和流动资金调整结果，编制经济费用效益分析投资费用估算调整表，具体见表10-1。

表10-1　　经济费用效益分析投资费用估算调整表　　单位：万元

序　号	项　目	财务评估	国民经济评估	国民经济评估比财务评估增减(%)
1	建设投资			
1.1	建筑工程费			
1.2	设备购置费			
1.3	安装工程费			
1.4	工器具购置费			
1.5	工程建设其他费用			

续表

序号	项目	财务评估	国民经济评估	国民经济评估比财务评估增减(%)
1.5.1	其中:土地费用			
1.5.2	专利及专有技术费			
1.6	基本预备费			
1.7	涨价预备费			
1.8	建设期利息			
2	流动资金			
	项目投入总资金(1+2)			

(3) 调整经营费用。

用影子价格调整各项经营费用,对主要原材料、燃料及动力费用用影子价格进行调整;对劳动工资及福利费,用影子工资进行调整。编制经济费用效益分析经营费用估算调整表,具体见表10-2。

表10-2　　经济费用效益分析经营费用估算调整表　　单位:万元

序号	项目	单位	年耗量	财务评估		国民经济评估	
				单价	年费用	单价	年费用
1	外购原材料						
1.1	原材料						
1.2	原材料						
1.3	原材料						
1.4	…						
2	外购燃料及动力						
2.1	煤						
2.2	水						
2.3	电						
2.4	重油						
2.5	…						
3	工资及福利费						
4	修理费						
5	其他费用						
	合　计						

(4) 调整营业收入。

对于具有市场价格的产出物,以市场价格为基础调整其影子价格;对于没有市场价格的产出物，以支付意愿或接受补偿意愿的原则计算其影子价格。然后，调整计算项目产出物的营业收入。编制经济费用效益分析估算调整表，具体见表 10-3。

表 10-3　　**经济费用效益分析估算调整表**　　单位：万元

<table>
<tr><th rowspan="3">序号</th><th rowspan="3">产品名称</th><th colspan="4">年销售量</th><th colspan="4">财务评估</th><th colspan="5">国民经济评估</th></tr>
<tr><th rowspan="2">计算单位</th><th rowspan="2">内销</th><th rowspan="2">外销</th><th rowspan="2">合计</th><th colspan="2">内销</th><th colspan="2">外销</th><th colspan="2">内销</th><th colspan="2">外销</th><th rowspan="2">合计（万元）</th></tr>
<tr><th>单价</th><th>销售收入</th><th>单价</th><th>销售收入</th><th>单价</th><th>销售收入</th><th>单价</th><th>销售收入</th></tr>
<tr><td>1</td><td>投产第一年负荷（%）
A 产品
B 产品
小计</td><td></td><td></td><td></td><td></td><td></td><td></td><td></td><td></td><td></td><td></td><td></td><td></td><td></td></tr>
<tr><td>2</td><td>投产第二年负荷（%）
A 产品
B 产品
小计</td><td></td><td></td><td></td><td></td><td></td><td></td><td></td><td></td><td></td><td></td><td></td><td></td><td></td></tr>
<tr><td>3</td><td>正常生产年份（%）
A 产品
B 产品
小计</td><td></td><td></td><td></td><td></td><td></td><td></td><td></td><td></td><td></td><td></td><td></td><td></td><td></td></tr>
</table>

3. 对有关经济效益指标的计算

编制项目国民经济效益费用流量表和国内投资国民经济效益费用流量表，并据此计算项目经济内部收益率、经济净现值及国内投资经济净现值及经济内部收益率等指标。

4. 对出口或替代进口项目指标的计算

对于产出物涉及出口或替代进口的项目，还可以根据需要编制经济外汇流量表、国内效益流量表，计算经济净现值、经济换汇成本或经济节汇成本。

（二）直接进行国民经济评估的步骤

1. 对于项目的各种投入物，应按照机会成本的原则或影子价格计算其经济价值

按照机会成本的原则即是指某种投入物的经济价值等于其机会成本加上新增资源消耗；当然也可用货物的影子价格、土地的影子费用、影子工资、影子汇率、社会折现率等参数直接进行项目的投资、经营费用等的计算。

2. 计算项目产出物的经济价值

对于具有市场价格的产出物，应以市场价格为基础计算其经济价值；而对于没有市场价格的产出物，应按照支付意愿及接受补偿意愿的原则计算其经济价值。

3. 识别和计算项目的间接效益和费用

项目的外部效果是项目国民经济效果的必要组成部分，因此，对能定量计算的，应定量计算；对难以定量的，应作定性描述。

4. 编制有关报表，并计算相应的评价指标

编制项目投资经济费用效益流量表、国内投资经济费用效益流量表，计算经济净

现值、经济内部收益率等指标。

四、项目国民经济评估的内容

国民经济评估一般包括如下内容：

1. 对项目的经济效益和费用的划分、识别进行鉴定分析与评价

在这一部分，应重点注意对转移支付的处理和对外部效果的计算。

2. 对计算费用和效益所采用的影子价格及其国家参数进行鉴定分析与评价

投资项目的费用和效益的计算是否正确，关系到项目在经济上是否合理可行，而费用和效益的计算则涉及所采用的有关评价参数（影子价格、影子汇率、影子工资等）是否合理。因此，对有关评价参数的分析与评估是国民经济评价的主要内容。

3. 对项目的经济效益和费用数值的调整进行分析与评价

可按照已经选定的评价参数，计算项目的销售收入、投资和生产成本的支出，并分析与评估调整的内容是否齐全、合理，调整的方法是否正确，是否符合有关规定。

4. 对项目的国民经济评估报表进行分析与评价

对投资项目的国民经济评估报表进行分析与评估，主要是对所编制的有关报表进行核对，保证其符合规定及正确性。

5. 进行国民经济效益指标的评价

对国民经济效益指标的评价就是从国民经济整体角度出发，考察项目给国民经济带来的净贡献，即是对项目国民经济盈利能力、外汇效果等进行评价。

6. 进行项目不确定性与风险分析的评价

对投资项目不确定性分析的评价，一般包括对盈亏平衡分析、敏感性分析及概率分析所做出的分析与评价，以确定投资项目在经济上的可靠性。

7. 对方案经济效益比选的评价

在国民经济评估中，方案比选一般采用净现值法和差额收益率法，而对于效益相同和效益基本相同又难以具体估算的方案，可采用最小费用法（总费用现值比较和年费用现值比较）。

8. 综合评估与结论建议

在对主要评估指标进行综合分析后，就可以做出评估结论，并对在评估中所出现和反映的问题、对投资项目需要说明的问题以及有关建议作简要的说明。

第二节　项目经济费用和效益的划分

一、项目费用和效益的识别

项目的国民经济效益是指项目对国民经济所做的贡献，即项目的投资建设和投产

为国民经济提供的所有经济效益，它一般包括直接效益和间接效益。

（一）直接效益和间接效益

直接效益是指由项目产出物产生或直接生成，并在项目范围内用影子价格计算出的经济效益。一般表现为：增加该产出物或者服务的数量以满足国内需求的效益；替代效益较低的相同或类似企业的产出物或者服务，使被替代企业减产（停产）以致减少国家有用资源耗费或者损失的效益；增加出口或减少进口从而增加或者节支的外汇等。

间接效益是指由项目引起而在直接效益中未得到反映的那部分效益，是由于项目的投资兴建、经营，使配套项目和相关部门因增加产量和劳务量而获得的效益。如水利工程，除了发电外，还可以为当地农田灌溉、防洪、农产品加工等带来好处和收益。

（二）直接费用和间接费用

项目的费用是指国民经济为项目所付出的代价，它分为直接费用和间接费用。

直接费用是指项目使用投入物所产生的并在项目范围内用影子价格计算的经济费用。一般有：其他部门为供应本项目投入物而扩大生产规模所耗用的资源费用，减少对其他项目（或最终消费者）投入物的供应而放弃的效益，增加进口（或减少出口）所耗用（或减收）的外汇等。

间接费用是指由项目引起而在直接费用中未得到反映的那部分费用。如项目产生的环境污染及造成的生态平衡破坏所需治理的费用；为新建投资项目的服务配套、附属工程所需的投资支出和其他费用，为新建项目配套的邮政、水、电、气、道路、港口码头等公用基础设施的投资支出和费用，商业、教育、文化、卫生、住宅和公共建筑等生产福利设施的投资费用。如果这些设施是专门和全部为本项目服务的，则应作为项目的组成部分，其所有费用都应包括在项目总投资之内；如果这些设施不是全部为本项目服务（即同时为多个项目提供服务），则应根据本项目所享受的服务量的大小、程度来进行分摊，并把这部分费用计入项目的总费用中。

需要说明的是，在全面识别项目的经济效益与费用时，应注意如下几点要求：

（1）对项目所涉及的所有社会成员的有关费用与效益进行识别与计算，应全面分析项目投资及运营活动耗用资源的真实价值，以及项目为社会成员福利的实际增加所做的贡献。具体有：①分析体现在项目实体本身的直接效益与费用，以及项目引起的其他组织、机构或个人发生的各种外部费用与效益；②分析项目的近期影响，以及项目可能带来的中期、远期影响；③分析与项目主要目标直接联系的直接费用与效益，以及各种间接费用与效益；④分析具有实物形态的有形费用与效益，以及各种无形费用与效益。

（2）效益与费用识别应遵循如下原则：①增量分析的原则，即项目经济费用效益应建立在增量效益与增量费用识别和计算的基础之上，不应考虑沉没成本和已实现的效益。应按照“有无对比法”增量分析的原则，通过项目的实施效果与无项目情况下可能发生的情况进行对比分析，作为计算机会成本和增量效益的依据。②考虑关联效果原则，即应考虑项目投资能力产生的其他关联效应。③以本国居民作为分析对象的原则，即对于跨越国界对本国之外的其他社会成员产生影响的项目，应重点分析对本国公民新增的效益与费用，项目对本国之外的社会群体所产生的效果，应单独进行描述。④剔除转移支付的原则。转移支付代表购买力的转移行为，接受转移支付的一方所获得的效益与付出方所产生的费用相等，没有导致新增资源的发生，故在经济费用效益分析中，税赋、补贴、借款与利息均属于转移支付，一般不予以考虑。

(3) 项目费用与效益识别的时间范围应足以包含项目所产生的全部重要费用与效益，而不应仅根据有关财务核算的规定确定。如财务分析中的计算期可根据投资各方的合作期进行计算，而经济费用效益分析则不受此限制。

(4) 应对项目外部效果的识别是否适当进行评估，防止漏算与重复计算。对于项目的投入或产出可能产生的第二级乘数波及效应，在经济费用效益分析中，一般不予以考虑。

(三) 项目经济效益和经济费用的计算

项目投资所造成的经济费用或效益的计算，应在利益相关者分析的基础上，研究在特定的社会经济背景条件下，相关利益主体获得的收益及付出的代价，按照一定的原则，计算项目相关的费用和效益，具体原则如下：

1. 支付意愿原则

项目产出物的正面效果的计算遵循支付意愿（WTP）原则，用于分析社会成员为项目所产出的效益愿意支付的价值。

2. 受偿意愿原则

项目产出物的负面效果的计算遵循受偿意愿（WTA）原则，用于分析社会成员为接受这种不利影响所得到补偿的价值。

3. 机会成本原则

项目投入的经济费用的计算应遵循机会成本原则，用于分析项目所占用的所有资源的机会成本。机会成本应按资源的其他最有效利用所产生的效益进行计算。

4. 实际价值计算原则

项目经济费用效益分析应对所有费用和效益采用反映资源真实价值的实际价格进行计算，不考虑通货膨胀因素的影响，但应考虑相对价格变动。

(四) 项目外部效果的计算

项目的间接效益和间接费用统称为项目的外部效果。外部效果计算的范围应考虑环境及生态影响效果、技术扩散效果和产业关联效果等，通常是难以计算和测算的，为减少计量上的困难，首先应力求合理确定项目范围的“边界”。一般情况下，是合理确定项目扩展的边界与范围，把一些相互关联的项目合在一起作为“联合体”进行评价。另外，采用影子价格计算效益和费用，在很大程度上使项目的外部效果在项目内部得到了体现。因此，通过扩大计算范围和调整价格两步工作，实际上已将很多“外部效果”内部化了。这样处理后，在考虑某些外部效果时，还应注意如下问题：

1. 产业关联效果

它是指由于拟建项目的投入使其上、下游项目原来闲置的生产能力得以发挥或达到经济规模所产生的效果。为防止外部效果扩大化，计算时需注意，随着时间的推移，如果没有该拟建项目，上、下游项目生产能力的利用能力也可能发生变化。因此，应按照有无对比原则计算增量效果，并需注意其他拟建项目是否也有类似的效果。如果存在类似效果，就不应把上、下游项目闲置生产能力的利用都归功于该项目，以免引起外部效果的重复计算。

2. 技术扩散的效果

建设先进技术的项目，由于技术培训、人才流动、技术推广和扩散，整个社会都将受益，这种效果通常都未在影子价格得到反映，不过由于计量上的困难，一般只作定性说明。

3. 环境与生态效果

项目建成后对环境与生态的影响，应纳入整个项目的经济费用效益分析的框架体系中，应从社会整体角度对项目环境影响的经济费用和效益进行识别，应尽可能地对环境成本与效益进行量化，在可能与可行的情况下赋予其经济价值。若难以计算的，应作定性描述。

4. 降价效果

这种降价效果主要体现在拟建项目的产出增加了国内市场供应量，导致产品价格下降，可以使原用户或消费者从中得到产品降价的好处。这种好处一般不应作为项目的间接效益，这是因为产品降价将使原生产厂家的效益减少，即用户和消费者所得到的降价好处是通过原生产厂家的效益减少而转移的，从整个国民经济的角度来看，效益并未增加或减少。但如该拟建项目的产出增加了出口量，导致原出口产品价格下降，减少了创汇的效益，则应计为该项目的费用。

二、对转移支付的处理

在国民经济评估的步骤中，有一点要求是在计算拟建项目的费用和效益时，要剔除转移支付。转移支付是指在国民经济内部各部门发生的、没有造成国内资源的真正增加或耗费的支付行为，即直接与项目有关而支付的国内各种税金、职工工资、国内借款利息、土地费用等。

（一）税金

项目为获得某种投入物，需要缴纳一定的税金（如进口关税），企业要销售某种产品或提供某种劳务，也要缴纳一部分税金（如消费税、所得税等）。税收是由国家凭借政治权力，强制、无偿、固定地参与企业收益分配和再分配而取得一部分收入的行为，是一种财务上的“转移性”支出，即是由企业转移给国家的支付行为，没有造成国民经济上的损失。因此，在国民经济评估时，应将其从“成本费用”中剔除。

（二）工资

工资也是一种财务上的转移支出。这是因为工资是作为国民收入的一部分而由企业支付给职工以体现项目占用劳动力的财务代价，所以在国民经济效益评估中，工资不能作为费用，作为费用的应是影子工资（包括劳动力的机会成本和国家为安排劳动力而新增的资源耗费）。另外，项目的建设投资和其他物料投入中包含的工资，应看作其他行业和项目对国民经济的贡献，在国民经济评估时可不予调整扣除。

（三）国内借款利息

项目在使用国内贷款时所支付的利息，它是由企业转移给国家的一种转移性支出。因此，在计算时，也应从“成本”中剔除，不应作为项目的费用。但项目使用国外借款支付的利息则不属于国内转移支付，应作为国民经济的代价，作为项目的费用。

（四）土地费用

为项目建设征用土地（主要是可耕地或已开垦土地）而支付的费用，是由项目转移给地方、集体或个人的一种支付行为，故在国民经济效益评价时不列作费用。应列为费用的是被占用土地的机会成本和使国家新增的资源消耗（如拆迁费用等）。

在进行国民经济评估时，应认真地复核是否已从项目效益和费用中剔除了这些转移支付及以影子费用（价格）形式作为项目费用的计算过程是否正确。

第三节　项目国民经济评估参数

国民经济评估参数是国民经济评估的基础。正确理解和使用评估参数，对正确计算项目的效益、费用和评价指标，以及比选优化方案具有重要作用。国民经济评估参数包括计算、衡量项目的经济费用效益的各类计算参数和判定项目经济合理性的判据参数。它主要可分为两大类：一类是通用参数，如影子汇率（口岸价综合转换系数）、社会折现率等，由国家行政主管部门统一测定并发布，在各类投资项目的国民经济评估中必须使用。另一类是货物影子价格等一般参数，如影子工资换算系数和土地影子价格等，由行业或者项目评价人员测定，在各类投资项目的国民经济评估中可参考使用。需要说明的是，这些参数仅仅供投资项目国民经济评价及决策使用，并不在任何意义上暗示现行价格、汇率及利率的变动趋势，也不作为国家分配投资、企业间商品交换的依据。另外，由于在现实经济生活中，各方面的经济情况是在发展变化的，所以从理论上讲，参数具有一定的时效性，应根据具体情况随时调整，但是在实践过程中只能做到阶段性调整。

国民经济评估参数，是用来计算和衡量项目投入费用和产出效益并判断项目宏观经济合理性的一系列数值依据。其目的是保证各类项目评价标准的统一性和评价结论的可比性。所以,要求项目评估工作人员在评价参数的取值时一定要注意其合理性,并能反映、符合客观实际情况。

一、社会折现率

(一) 社会折现率的含义

项目的国民经济评估,主要采用费用-效益分析方法或者费用效果分析方法。在费用-效益分析方法中,主要采用动态计算方法,计算经济净现值或者经济内部收益率指标。在计算项目的经济净现值指标时,需要使用一个事先确定的折现率,而在使用经济内部收益率指标时,需要用一个事先确定的基准收益率做对比,以判定项目的经济效益是否达到了标准。为此,现实中通常将经济净现值计算中的折现率和经济内部收益率判据的基准收益率统一起来,规定为社会折现率。社会折现率(Social Discount Rate)是投资项目国民经济评估的重要参数,是项目经济评价的通用参数,在国民经济评估中作为计算经济净现值的折现率,并作为衡量投资项目经济内部收益率的基准值。它是投资项目经济可行性和方案比选的主要依据。

社会折现率是从国家角度对资金机会成本和资金时间价值的估量。它是从社会的观点反映出最佳的资源分配和社会可接受的最低投资收益率的限度,即是投资项目可能使社会得到收益的最低标准。社会折现率是社会对资金时间价值的估算,是从整个国民经济角度所要求的资金投资收益率标准,代表占用社会资金所应获得的最低收益率。资金的机会成本,又称资金的影子价格,单位资金的影子价格就称影子利率。因此国民经济评价中所用的社会折现率就是资金的影子利率。社会折现率在项目国民经济评估中的使用具有双重职能:一是作为项目费用效益的不同时间价值之间的折现率,二是作为项目经济效益要求的最低经济收益率。社会折现率作为折现率时反映了对于社会费用效益价值的时间偏好程度。社会费用或效益的时间偏好代表了人们对于现在的社会价值与未来价值之间的权衡,在一定程度上受社会经济增长的影响,但并非完全由经济增长所决定。社会折现率作为项目经济效益要求的最低经济收益率,代表着社会投资所要求的最低收益率水平。社会投资要求的最低收益率,理论上认为应当由社会投资的机会成本决定,也就是由社会投资的边际收益率决定。当然,由社会资本投资的机会成本所决定的社会折现率,并不一定等于由社会时间偏好所决定的社会折现率。一般认为,社会时间偏好所决定的折现率应当低于社会资本投资的机会成本所决定的折现率。正是由于这种偏差的存在,及社会折现率在项目国民经济评估中的双重职能作用,而使得评估结果不可避免地存在一定的偏差。这是评价方法本身的局限性所决定的。

作为基准收益率,社会折现率的取值高低直接影响项目经济可行性的判断结果。如果其取值过低,将会使一些经济效益不好的项目投资得以通过,经济评价不能起到应有的作用。而将其取值提高,会使一些可以通过评价的项目因达不到判别标准而被舍弃,从而可间接起到调控投资规模的作用。为此,采用适当的社会折现率进行项目国民经济评估,有助于合理使用建设资金,引导投资方向,调控投资规模,促进资金在短期投资项目和长期投资项目之间的合理配置。

(二) 社会折现率的测定

社会折现率是投资项目经济评价中重要的通用参数,是各类投资项目进行国民经济效益评价的收益率标准,是资金的影子价格,代表了占用资金所应获得的最低的投资收益率。要制定适当的社会折现率,必须先对社会折现率进行测定。社会折现率的测定主要有以下两种方法:

1. 用投资项目经济内部收益率排队的方法测定

用投资项目内部收益率排队的方法来制定社会折现率的原理:在一定的时期内,国家和社会可用来投资的资金总额是一定的,而投资项目的数量则是不定的。将可供选择的投资项目按其经济内部收益率高低依次累计其项目投资额之和,直到累计投资额等于预计可供筹集的投资总额为止。则最后一个投资项目的经济内部收益率即为社会折现率。从这种意义上讲,社会折现率的高低取决于一个国家资金供应总量和社会资源量的多少。一般地,投资资金供应量越多,社会折现率就越低;反之,社会折现率就越高。社会折现率与投资总量之间的关系可以用图 10-1 表示。

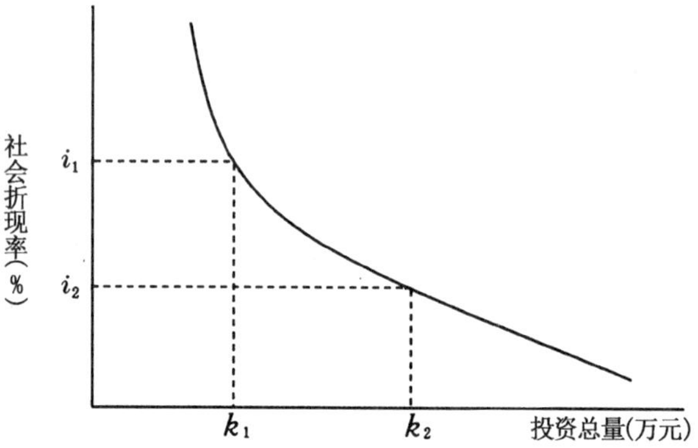

图 10-1 社会折现率与投资总量之间的关系

但是,需要提出的是,这种方法从理论上讲是成立的,但在实际中却是很难计算的。这是因为:(1)现实中,投资项目的可行性研究、安排及决策是分别进行的,并不具备这样测定社会折现率的条件;(2)若能有效地按这种方式进行投资项目的排队并进行决策,就没有必要再测定社会折现率;(3)现阶段,我国的市场经济还不完善,各行业之间的收益水平也很不平衡,考虑到国民经济综合平衡的要求,也不可能按照这种方式来安排投资项目并分配投资资金。因为,如果这样的话,那么投资收益水平较低的基础性投资项目和公益性投资项目的投资资金就没有保证。

2. 根据现行价格下的投资收益率的统计数据测定

这是一种根据投资收益率的统计值来测定社会折现率的方法,即是利用国家统计局公开发布的有关统计资料,用一种简化的方法来测算社会平均投资收益率,从而确定社会折现率取值的方法。它的原理是在考虑资金时间价值的情况下,一定时期内的投资支出与可收回投资的收益额相等时的折现率。其计算公式为：

$$(B+D)(P/A, i, n-m)=\frac{I}{m}(F/A, i, m)$$

式中：B 表示年收益额，D 表示每年提取的折旧额和无形资产摊销额，I 表示总投资额，m 表示所有项目的平均建设期，n 表示项目的平均计算期，i 表示平均投资收益率（即所求的社会折现率）。

总之，社会折现率表示社会对资金时间价值的估量，适当的社会折现率有助于合理分配投资资金，引导资金投向对国民经济贡献大的项目，调节资金供需关系，促进资金在短期和长期项目间的合理配置。社会折现率应根据国家的社会经济发展目标、发展战略、发展优先顺序、发展水平、宏观调控意图、社会成员的费用效益偏好、社会投资收益水平、资金供给状况、资金机会成本等因素综合测定。根据上述要求，结合当前的实际情况，我国在现阶段的社会折现率的取值为 8%，供各类建设项目评价时的统一采用。对于受益期长的建设项目，如果远期效益较大，效益实现的风险较小，社会折现率可适当降低，但不应低于 6%。

二、影子汇率

（一）影子汇率及其换算系数的概念

1. 影子汇率

影子汇率（Shadow Exchange Rate）是指单位外汇的经济价值，依照影子价格的基本理论，就是指外汇的影子价格，应当等于外汇的社会边际成本或边际贡献，是国家每增加或减少一个单位的外汇收入所需付出或节约的社会成本，或者是增加的这一单位外汇收入对社会的边际贡献。它是国民经济评估的重要通用参数，应能准确反映国家外汇的经济价值。它体现从国家角度对外汇价值的估量，在项目国民经济评估中用于外汇与人民币之间的换算。同时，它又是经济换汇成本及节汇成本的判断依据。影子汇率取值的高低，直接影响项目（方案）比选中的进出口抉择，影响着产品进口替代型项目和产品出口型项目的决策。

2. 影子汇率换算系数

影子汇率换算系数是影子汇率与国家外汇牌价的比值系数，可以直观反映外汇影子价格相对于官方汇率的溢价比例，反映国家外汇牌价对于外汇经济价值的低估比率。在项目的经济评价中，常用国家外汇牌价乘以影子汇率换算系数得到影子汇率。即：

$$\text{影子汇率}=\text{官方汇率}\times\text{影子汇率换算系数}$$

影子汇率换算系数在项目国民经济评估中用于计算外汇影子价格，直接或间接地影响项目的进出口货物价值。

（二）影子汇率的测定

在现有的外汇收支状况下，国家在现有水平上增加一个单位的外汇收入，可以用于增加进口或者减少出口。一般认为，在边际上，这一单位外汇中将有一部分用于增加进口，另一部分用于减少出口。有多少用于进口、多少用于减少出口，取决于国家外贸的进出口弹性。用于增加进口，可以增加国内消费或投资，获得社会经济效益；用于减少出口，可以减少国内生产出口产品的资源消耗，减少社会资源消耗费用。一个单位外汇的社会经济价值，取决于其用于增加进口而获得的社会经济效益与减少出口获得的社会资源消耗费用节省两部分之和。增加进口的社会经济效益应当以使用者的支付意愿定价。减少出口节省的社会资源消耗费用由这些社会资源的社会经济价值决定，应当也决定于这些资源的社会使用者的支付意愿。基于这种理论，影子汇率可通过如下公式测算：

$$SER = \frac{\sum_{i=1}^{n} f_i PD_i}{PC_i} + \frac{\sum_{i-1}^{m} x_i PD_i}{PF_i}$$

式中：SER 表示影子汇率，f_i 表示边际上增加单位外汇时将用于进口 i 货物的那部分外汇，x_i 表示边际上增加单位外汇时将导致减少出口 i 货物的那部分外汇，PD_i 表示 i 货物的国内市场价格（人民币计价），PC_i 表示 i 货物的进口到岸价格（人民币计价），PF_i 表示 i 货物的出口离岸价格（人民币计价）。

f_i 与 x_i 代表边际上单位外汇使用与各种进出口货物的分配权重，其总和为 1。

如果外汇的边际成本等于边际贡献，那么国家的外汇收支应当处于可以由市场自动均衡的状态，即外汇收支处于均衡状态，这种可以使外汇收支平衡的汇率称为均衡汇率。影子汇率的一种理论上的确定方法是以均衡汇率为基础的。由于国家的外汇收支并没有被市场自动平衡的状态，国家外汇牌价相对于影子汇率存在着差异。外汇牌价与影子汇率之间的差异，一方面来自外汇牌价对均衡汇率的扭曲，一方面来自进出口关税带来的扭曲。采用均衡汇率理论测定影子汇率的方法可以用如下公式表示：

$$SER = W_s \times BER(1+T_0) + W_d \times BER(1+T_I)$$

$$W_s + W_d = 1$$

$$W_s = \frac{-U_i^*\left(\frac{Q_i}{Q_0}\right)}{\left\{U_0 - \left[U_i^*\left(\frac{Q_i}{Q_0}\right)\right]\right\}} \text{（外汇需求权重）}$$

$$W_d = \frac{U_0}{\left\{U_0 - \left[U_i^*\left(\frac{Q_i}{Q_0}\right)\right]\right\}} \text{（外汇供给权重）}$$

式中：BER 表示均衡汇率，T_0 表示出口补贴率，T_I 表示出口税率，U_i 表示进口价格弹性，U_0 表示出口价格弹性，Q_i 表示进口总额，Q_0 表示出口总额。

均衡汇率需要通过一定的模型估算。实践中，影子汇率的测定还存在多种实用的简化方法，如采用进出口平均关税税率确定影子汇率，采用进出口贸易逆差确定影子汇率，以出口换汇成本确定影子汇率等。

现阶段根据我国的外汇收支、外汇供求、进出口结构、换汇成本、进出口关税、进出口增值税及出口退税补贴等情况与因素，确定影子汇率的换算系数为1.08。如某项目在进行经济评价时的官方汇率为6.90，则其影子汇率为7.452。

三、贸易费用率

在国民经济评估中，贸易费用主要是指物资系统、外贸公司和各级商业批发站等部门花费在货物流通过程中以影子价格计算的费用（长途运输费用除外）。贸易费用率是反映这部分费用相对于影子价格的一个综合比率。贸易费用率用以计算货物的贸易费用。

一般地，贸易费用率取值为6%。对于少数价格高、体积与重量相对较小的货物，可适当降低贸易费用率。以贸易费用率计算货物的贸易费用时，可以使用以下公式：

$$\text{进口货物的贸易费用} = \text{到岸价} \times \text{影子汇率} \times \text{贸易费用率}$$

$$\text{出口货物的贸易费用} = \frac{\text{离岸价} \times \text{影子汇率} - \text{国内长途运费}}{(1 + \text{贸易费用率}) \times \text{贸易费用率}}$$

$$\text{非外贸货物的贸易费用} = \text{出厂影子价格} \times \text{贸易费用率}$$

不经商贸部门流转而由生产厂家直接提供的货物，不计算贸易费用。

第四节　影子价格及其调整计算

一、影子价格的含义及其理论计算

（一）影子价格的含义

影子价格（Shadow Price），从理论上来说，是指资源在最优利用情况下，单位（资源的利用单位）效益增量价值。影子价格又称“最优计划价格”。它是为实现一定的经济发展目标而人为确定的，比交换价格更能反映出合理利用资源的效率价格。从定价原则来看，它不仅能更合理地反映出产品价值，而且还能反映社会劳动消耗、市场的供求关系以及资源的稀缺程度。从其产生的效果来看，它有利于资源的优化配置。因此，影子价格是人们对所利用的资源的一种评价，而不是一种真正意义上的商品价格。由于我国的市场经济是不完全和不充分的，一些商品的价格不能反映真正的社会价值，所以，在项目的国民经济评价中必须采用影子价格。最优价格又称“计算价格”“影子价格”“预测价格”。影子价格的概念是20世纪30年代末由荷兰数理经济学、计量经济学创始人之一詹恩·丁伯根提出来的。它最初来自求解一个目标最大化的线性规划问题。当某种资源每增加一个单位，目标增加一定的单位，不同的资源有不同的边际贡献，这种资源的边际贡献就定义为该资源的影子价格。他认为影子价格是对“劳动、资本和为获得稀缺资源而进口商品的合理评价”。1954 年，他将影子价格定义为“在均衡价格的意义上表示生产要素或产品内在的或真正的价格”。萨缪尔森进一步作了发挥，认为影子价格是一种以数学形式表述的，反映资源在得到最佳使用时的价格。联合国把影子价格定义为“一种投入（比如资本、劳动力和外汇）的机会成本或它的供应量减少一个单位给整个经济带来的损失”。苏联经济学家列·维·康特罗维奇根据当时苏联经济发展状况和商品合理计价的要求，提出了最优价格理论。其主要观点是以资源的有限性为出发点，以资源最佳配置作为价格形成的基础，即最优价格不取决于部门的平均消耗，而是在最劣等生产条件下的个别消耗（边际消耗）决定的。这种最优价格被美籍荷兰经济学家库普曼和苏联经济学界视为影子价格。列·维·康特罗维奇的最优价格与丁伯根的影子价格，其内容基本是相同的，都是运用线性规划把资源和价格联系起来。但由于各自所处的社会制度不同，出发点亦不同，因此两者又有差异：丁伯根的理论是以主观的边际效用价值论为基础的，而列·维·康特罗维奇的理论是同劳动价值论相联系的；前者的理论被人们看成一种经营管理方法，后者则作为一种价格形成理论；前者的理论主要用于自由经济中的分散决策，而后者的理论主要用于计划经济中的集中决策。

（二）影子价格的理论计算

理想的影子价格，对于静态离散型的，可用最优线性规划的对偶解求得；对于动态连续性的，可用拉格朗日乘数计算。运用线性规划对偶解计算“最优计划价格”。从数学角度来看，影子价格就是线性对偶规划的最优解，是目标函数极值对约束条件常数项的一阶偏导数，或称资源的边际价值。用线性规划方法计算出来的反映资源最优使用效果的价格。用微积分描述资源的影子价格，即当资源增加一个数量而得到目标函数新的最大值时，目标函数最大值的增量与资源的增量的比值，就是目标函数对约束条件（即资源）的一阶偏导数。用线性规划方法求解资源最优利用时，即在解决如何使有限资源的总产出最大的过程中，得出相应的极小值，其解就是对偶解，极小值作为对资源的经济评价，表现为影子价格。这种影子价格反映劳动产品、自然资源、劳动力的最优使用效果。另外一种影子价格用于效用与费用分析，广泛地被用于投资项目和进出口活动的经济评价。例如，把投资的影子价格理解为资本的边际生产率与社会贴现率的比值时，用来评价一笔资金用于投资还是用于消费的利亏；把外汇的影子价格理解为使市场供求均衡价格与官方到岸价格的比率，用来评价用外汇购买商品的利亏，使有限外汇进口值最大。因此，这种影子价格含有机会成本即替代比较的意思，一般人们称为广义的影子价格。关于影子价格，国内外有着不同的论述。国内一些项目分析类书籍中，认为影子价格是资源和产品在完全自由竞争市场中的供求均衡价格。国外有学者认为，影子价格是没有市场价格的商品或服务的推算价格。它代表着生产或消费某种商品的机会成本.还有学者将影子价格定义为商品或生产要素的边际增量所引起的社会福利的增加值。

影子价格又称阴影价格。简单来说，影子价格就是在最优化问题当中，当限制条件放宽一个单位之后，最适解决方案的真实价值的变化。在商业活动中，影子价格是管理层愿意为获取额外一个单位的既定资源，而多付出的最大价格。正式来说，影子价格是拉格朗日乘数在最优化时的值。意思是在限制条件无限微分的情况下，所导致的方程的无限微分。拉格朗日乘数是一种新的标量未知数，即约束方程的斜率的线性组合里每个向量的系数。每一个最优化限制条件都有一个影子价格或者是二元变量。

影子价格反映在项目的产出上是一种消费者的“支付意愿”。只有在供求完全均衡时，市场价格才代表愿付价格。影子价格反映在项目的投入上是资源不投入该项目，而投在其他经济活动中所能带来的效益，也就是项目的投入是以放弃了本来可以得到的效益为代价的。西方经济学家称其为“机会成本”。根据“支付意愿”或者“机会成本”的原则确定影子价格后，就可以测算出拟建项目要求经济整体支付的代价和为经济整体提供的效益。从而得出拟建项目的投资真正能给社会带来多少国民收入增加额或纯收入增加额。

运用线性规划对偶解计算“最优计划价格”。从数学角度来看，影子价格就是线性对偶规划的最优解，是目标函数极值对约束条件常数项的一阶偏导数，或称资源的边际价值。国外的一些专家用线性规划证明资源的最优利用是与影子价格密切相关的，即任何一个使目标函数最大化的线性规划问题，都有唯一的使目标函数最小化的对偶的线性规划问题；反之亦然。

二、影子价格的调整计算

当然，用线性规划数学方法计算出来的影子价格，是一种反映资源最优利用的重拟价格。在项目的经济评价中，没有必要也不可能按这种方法去计算资源的影子价格，所采用的是一种近似的影子价格的计算方法。具体可见下面的有关内容。

影子价格是投资项目经济评价的重要参数，它是指社会处于某种最优状态下，能够反映社会劳动消耗、资源稀缺程度和最终产品需求状况的价格。影子价格是社会对货物真实价值的度量，只有在完善的市场条件下才会出现。然而这种完善的市场条件是不存在的，因此现成的影子价格也是不存在的，只有通过对现行价格的调整，才能求得它的近似值。

20 世纪 70 年代至今，在国民经济评价中对投入、产出物采取什么价格即关于如何确定影子价格的问题，在学术界和国际上引起了方法上的激烈论战。其中最具影响的流派有 L-M 方法、UNIDO 方法、S-V-T 方法及阿拉伯方法（又称手册法）。英国牛津大学福利经济学教授李特尔（Little）和数学教授米尔利斯（Mirrlees）联合在经济合作和发展组织（OECD）刊物上出版的《工业项目分析手册》中，提出了项目评估中确定影子价格的新见解，主张以国际市场价格为基础而少用国内价格来评定各种投入、产出物价格，并且进一步将货物划分为可贸易货物及非贸易货物，将所有的价格都推算到边际价格，从而避免国内价格的失真。1974 年作者又对原著进行修订，出版了《项目评价与规划手册》，进一步阐述了影子价格的计算方法及其他问题。学术界称之为 L-M 方法，又叫口岸价格法。L-M 方法的最大贡献是使影子价格的计算简单化，特别是在外贸发达的国家中只需对少数几种不能外贸交易的货物，将国内价格进行修正就可以了。

随后，联合国工业发展组织(UNIDO)于 1971 年发表的《项目评估准则》也提出了新方法(UNIDO 方法)。该方法主张以国内市场价格为投入、产出物的计算基准。它同样将货物分为非贸易货物与贸易货物。前者的价格可以直接同国内价格政策相联系，对于后者，在贸易较发达的国家，则须将货物按边际计算出外汇值，再用影子汇率换算成国内价格。这样做有可能与政府的汇率政策相冲突，因此不太容易为政府所接受。UNIDO 方法在确定影子价格时，还采用调整汇率的方法来考虑三个主要影响因素，即储蓄因素、收入的分配、产品的优质需要。该方法还分五个阶段来分析项目的社会效益。1978 年、1980 年联合国工业发展组织编写的《工业可行性研究手册》《工业项目评价手册》等，为项目的可行性研究及项目评估提供了理论基础和实践依据。

1975 年，世界银行的经济学家林恩・斯夸尔(Lyn Squire)和世界银行政策业务局局长赫尔曼・C.范德塔克(Herman G.vander Tak)合著的《项目经济分析》一书提出了 S-V-T 方法。该方法在某种程度上综合了 L-M 方法与 UNIDO 方法的优点，其主要观点与 L-M 方法更为接近。与 L-M 方法不同的是，它在计算项目收益过程中，注重考虑项目在一个国家内收入分配的影响。该方法还提出了进行社会效益评价的理论；对影子价格的本质进行了自成体系的解释，所推荐的计算方法与应用更为系统和协调一致；方法还对经济分析中的加权数值作了深入的推导和估算。斯夸尔及范德塔克的观点为 L-M 方法与 UNIDO 方法提供了一个协调的方式，把项目评估的理论更推进了一步。

1980 年，联合国工业发展组织与阿拉伯国家工业发展中心(IDCAS)出版了《工业项目评价手册》，手册中所代表的观点，学术界称为阿拉伯方法。该方法强调以实际市场价格计算项目投入、产出物的价格；也就是说，凡利用国内市场的投入、产出物按国内实际市场价格计算，而利用国际市场的投入、产出物则按以调整汇率换算为国内价格的实际口岸价进行计算。

阿拉伯方法与前述两种方法的主要区别在于不使用影子价格。分析者认为，发展中国家将影子价格用在项目评估中，至少在现阶段无论在概念或实践上都是不可能的。它强调评价指标以国民收入最大化为目标，同时考察一些附加指标，如就业效果、分配效果、净外汇效果、国际竞争性等。阿拉伯方法采用修正汇率，直接反映了国家外汇的稀缺性。

国民经济评价虽然不能简单地采用交换价格，但是现实经济中的交换价格毕竟是对资源价值的一种估价，而且这种价格信息又大量存在于现实经济之中，所以获得影子价格的基本途径是以交换价格为起点，将交换价格调整为影子价格。影子价格的类型在确定某种货物的影子价格之前，应先区分该货物的类型。根据项目投入和产出类型，可将货物分为外贸货物、非外贸货物和特殊投入物(资金、外汇等)。一种货物的投入或产出，如果主要影响国家进出口水平，应划为外贸货物；如果主要影响国内供求关系，则应划分为非外贸货物。根据我国的具体情况，区分外贸货物和非外贸货物，宜采取以下原则：其生产和使用将直接影响国家出口、进口的货物，按外贸货物处理。一般包括：项目产出物中直接出口的货物，间接出口的货物，替代进口的货物；项目投入物中直接进口的货物，间接进口的货物，占用原可用于出口的货物。非外贸货物是指其生产或使用不影响国家进出口的货物。符合下列情况的货物应视为非外贸货物：天然非外贸货物，如国内施工和商业以及国内运输和其他国内服务。由于国家政策和法令限制不能进行外贸的货物。国内生产成本加上到岸的运费和贸易费用后，其总成本高于离岸价格，致使出口得不偿失而不能出口；反之则不能进口。特殊投入物一般指劳动力、自然资源和土地的投入。

影子价格有三种理论：一是资源最优配置理论，二是机会成本和福利经济学理论，三是全部效益和全部费用理论。影子价格的计算方法有两种：一是整体算法，二是分解算法。全部效益和全部费用理论以及分解算法是中国技术经济学提出的。根据这个理论和方法，影子价格(指国内影子价格)由生产价格和经济效果系数两部分组成。生产价格反映直接成本，经济效果系数反映与供求效应有关的间接成本。比如，一吨煤炭的生产价格为 100 元，利用 1 吨煤炭所产生的经济效益，即经济效果系数为 200 元，那么煤炭的影子价格等于 300 元。影子价格有国际影子价格和国内影子价格两种，国际影子价格等于国际市场价格乘以合理汇率。在社会主义市场经济条件下，价格放开不等于价格完全自由，最高价格不能超过生产价格和影子价格水平，否则，就是暴利行为。

影子价格是进行项目国民经济评估，计算国民经济效益与费用时专用的价格，它是指依据一定原则确定的，能够反映投入物和产出物的真实经济价值，反映市场供求状况，反映资源稀缺程度，使资源得到合理配置的价格。进行国民经济评估时，项目的主要投入物和产出物价格，原则上都应采用影子价格。

(一) 市场定价货物的影子价格

随着我国市场经济的发展和贸易范围的扩大，大部分货物的价格由市场形成，价格可以近似反映其真实价值。进行国民经济评估可将这些货物的市场价格加上或者减去国内运杂费等，作为投入物和产出物的影子价格。

1. 外贸货物影子价格的调整确定

外贸货物是指其生产、使用将直接或间接影响国家进出口的货物。外贸货物包括：项目产出物中的直接出口（增加出口）、间接出口（替代其他项目产品使其增加出口）和替代进口（以产顶进，减少进口）；项目投入物中的直接进口（增加进口）、间接进口（占用其他项目的投入物使其增加进口）和减少出口（占用原可以用于出口的国内产品）。

外贸货物影子价格的计算以实际可能发生的口岸价格为基础确定，具体定价方法如下：

第一，产出物。一般要求在离岸价（Free on Board）的基础上调整为出厂价格。

① 直接出口产品的影子价格（SP）：离岸价格（FOB）乘以影子汇率（SER），减去国内运输费用（T_1）和贸易费用（T_{r1}）。其用公式表示为：

$$SP = FOB \times SER - (T_1 + T_{r1})$$

② 间接出口产品（内销产品，替代其他货物而使其他货物增加出口）的影子价格（SP）：离岸价格乘以影子汇率，减去原供应厂到口岸的运输费用（T_2）及贸易费用（T_{r2}），加上原供应厂到用户的运输费用（T_3）及贸易费用（T_{r3}），再减去拟建项目到用户的运输费用（T_4）及贸易费用（T_{r4}）。其用公式表示为：

$$SP = FOB \times SER - (T_2 + T_{r2}) + (T_3 + T_{r3}) - (T_4 + T_{r4})$$

原供应厂和用户难以确定时，可按直接出口考虑。

③ 替代进口产品（内销产品，以产顶进，减少进口）的影子价格（SP）：原进口货物的到岸价格（CIF）乘以影子汇率，加口岸到用户的运输费用（T_5）及贸易费用（T_{r5}），再减去拟建项目到用户的运输费用及贸易费用。其用公式表示为：

$$SP = CIF \times SER + (T_5 + T_{r5}) - (T_4 + T_{r4})$$

具体用户难以确定时，可按到岸价格计算。

第二，投入物。一般要求在到岸价基础上调整为到项目所在地的价格。

① 直接进口产品的影子价格（SP）：到岸价格（CIF）乘以影子汇率，加国内运输费用和贸易费用。其用公式表示为：

$$SP = CIF \times SER + (T_1 + T_{r1})$$

② 间接进口产品（国内产品，以前进口过，现在也大量进口，且由于本项目建设增加了该货物的需要量，而使其他原有用户需进口来满足需求）的影子价格（SP）：到岸价格乘以影子汇率，加口岸到原用户的运输费用及贸易费用，减去供应厂到用户的运输费用及贸易费用，再加上供应厂到拟建项目的运输费用（T_6）及贸易费用（T_{r6}）。其用公式表示为：

$$SP = CIF \times SER + (T_6 + T_{r6}) - (T_3 + T_{r3}) + (T_5 + T_{r5})$$

若供应厂和用户难以确定时，可按直接进口考虑。

③ 占用出口产品的影子价格（SP）：离岸价格乘以影子汇率，减去供应厂到口岸

的运输费用及贸易费用，再加上供应厂到拟建项目的运输费用及贸易费用。其用公式表示为：

$$SP = FOB \times SER - (T_2 + T_{r2}) + (T_6 + T_{r6})$$

供应厂难以确定时，可按离岸价格计算。

2. 非外贸货物影子价格的调整确定

非外贸货物是指其生产和使用不影响国家进出口的货物。除了所谓“天然”的非外贸货物，如施工、国内运输、国内电信、商业等基础设施的产品和服务外，还有由于运输费用过高或受国内外贸易政策和其他条件的限制不能进行外贸的货物。

(1) 非外贸货物影子价格确定的原则和方法。

第一，产出物。

① 增加供应数量满足国内消费的产出物。供求均衡的，按财物价格定价；供不应求的，参照国内市场价格并考虑价格变化的趋势定价，但不应高于相同质量产品的进口价格；无法判断供求情况的，取上述两价格中较低者。

② 不增加国内供应数量，只是替代其他相同或类似企业的产出物，致使被替代企业停产或减产的，质量与被替代产品相同的，应按被替代企业相应的产品可变成本分解定价；提高质量的，原则上应按被替代产品的可变成本加提高产品质量而带来的国民经济效益定价，其中，提高产品质量带来的效益，可近似地按国际市场价格与被替代产品的价格之差确定。

③ 产出物按上述原则定价后，再计算出厂价格。

第二，投入物。

① 能通过原有企业挖潜(即不增加投资)增加供应的，按可变成本分解定价。

② 在拟建项目计算期内需要通过增加投资扩大生产规模来满足拟建项目需要的，按全部成本(包括可变成本和固定成本)分解定价。当难以获得分解成本所需要的资料时，可参照国内市场价格定价。

③ 项目计算期内无法通过扩大生产规模增加供应的(减少原用户的供应量)，参照国内市场价格、国家统一价格加补贴(如有时)中较高者定价。

④ 投入物按上述原则定价后，再计算到厂价格。

(2) 非外贸货物的成本分解。

用成本分解法对某种货物进行分解，得到该货物的分解成本，这是确定非外贸货物影子价格的一种重要方法。成本分解原则上应是对边际成本而不是平均成本进行分解，但如果缺乏资料，也可以分解平均成本。当然，在进行成本分解时，应注意某些非外贸货物(如水、电、交通运输和建筑工程等)的影子价格可以直接按国家测定的换算系数来确定，而对于那些必须用新增投资来增加所需投入物供应的，应按其全部成本进行分解。可以发挥原有企业生产能力的，应按其可变成本分解。其步骤为：

① 按费用要素列出某种非外贸货物的财务成本、单位货物的固定资产投资额及

流动资金，并列出该货物生产厂家的建设期限、建设期各年的投资比例。

② 剔除上述数据中包括的税金。

③ 对原材料、燃料、动力等投入物进行调整。其中，有些可以直接使用给定的影子价格或换算系数，而对于重要的非外贸货物可留待第二轮分解。有条件时，也应对投资中某些比例大的费用要素进行调整。

④ 将折旧费用调整为单位固定资产投资回收费用。具体步骤如下：

首先，对财务评估下各年的固定资产投资额按国民经济评估的要求进行调整，再将其用社会折现率换算为建设期末的终值。其用公式表示为：

$$I_F = \sum_{t=1}^{m} I_t (1+i_s)^{m-t}$$

式中：I_t 表示调整后的建设期各年的投资额，m 表示建设期年份数，i_s 表示社会折现率，I_F 表示等值计算到生产期初（建设期末）的固定资产投资额。

其次，用固定资产资金回收费用替代财务评估中的折旧费。具体步骤如下：

第一步，要将固定资产的残值转化为生产期初的现值，即：

$$P_c = P_V\left(\frac{P}{F}, i_s, t\right)$$

式中：P_c 表示固定资产残值等值计算到生产期初的现值，P_V 表示固定资产的残值（余值），t 表示项目的生产期。

第二步，求出生产期中每年应回收的固定资产价值，即：

$$M_A = (I_F - P_C)\left(\frac{A}{P}, i_s, t\right)$$

第三步，利用上述计算的年回收固定资产价值除以项目的年生产能力，即可求得单位产品的固定资产投资的回收费用。

例如，某项目的初始固定资产投资为 1 000 万元，预计使用期限为 12 年，预计残值率为 4%，社会折现率为 8%，年设计生产能力为 100 万件，则单位产品的固定资产投资费用为：

$$M = \left[1\ 000 - 40\left(\frac{P}{F}, 8\%, 12\right)\right] \times \frac{\left(\frac{A}{P}, 8\%, 12\right)}{100} = 1.306(\text{元 / 件})$$

当然，在实际工作中，也可以近似地采用如下公式：

$$\text{单位产品固定资产投资费用} = \text{单位产品占用固定资产价值} \times \text{资金回收系数}$$

$$\text{单位产品占用固定资产价值} = \frac{\text{单位产品折旧费}}{\text{预计年折旧率}}$$

另外，单位产品无形资产投资回收费用也可参照单位产品固定资产投资回收费用的计算方法进行。

⑤ 用流动资金回收费用(M_w)替代财务成本中的流动资金利息。

流动资金回收费用的计算公式为：

$$M_w = Wi_s$$

式中：W 表示单位货物占用的流动资金额。

(二) 政府调控价格货物的影子价格

有些货物或者服务不完全由市场机制形成价格，而是由政府调控价格，例如，由政府发布指导价、最高限价和最低限价等。这些货物或者服务的价格不能完全反映其真实价值。在进行国民经济评估时，应对这些货物或者服务的影子价格采用特殊方法确定。确定影子价格的原则：投入物按机会成本分解定价，产出物按消费者支付意愿定价。

(1) 电价作为项目投入物的影子价格，一般按完全成本分解定价，电力过剩时按可变成本分解定价。电价作为项目产出物的影子价格，可按电力对当地经济的边际贡献率定价。

(2) 铁路运价作为项目投入物的影子价格，一般按完全成本分解定价，对运能富裕的地区，按可变成本分解定价。

(3) 水价作为项目投入物的影子价格，按后备水源的边际成本分解定价，或者按恢复水功能的成本定价。水价作为项目产出物的影子价格，按消费者支付意愿定价或者按消费者承受能力加政府补贴计算。

(三) 特殊投入物的影子价格

项目的特殊投入物是指项目在建设、生产运营中使用的土地、劳动力和自然资源等。

1. 土地影子价格

土地是一种重要的经济资源，项目占用的土地无论是否需要实际支付财务成本，均应根据土地用途的机会成本原则或消费者支付意愿的原则计算其影子价格。土地影子价格反映土地用于该拟建项目后，不能用于其他目的所放弃的国民经济效益，以及国民经济为其增加的资源消耗。土地影子价格按生产性用地和非生产性用地分别计算。

(1) 生产性土地的影子价格。

生产性用地主要是指农业、林业、牧业、渔业及其他生产性用地，按照这些生产性用地未来可以提供的产出物的效益及因改变土地用途而发生的新增资源消耗进行计算。

生产性土地影子价格 = 土地机会成本 + 新增资源消耗费用

其中，土地的机会成本应按照社会对这些生产用地未来可以提供的消费产品的支付意愿价格进行分析计算，一般按照项目占用土地在“无项目”情况下的“最佳替代用途”的生产性产出的净效益现值进行计算；新增资源消耗应按照在“有项目”情况下土地的征用造成原有地上附属物财产的损失及其他资源耗费来计算，其中土地平整等开发成本应计算工程建设成本，在土地经济成本估算中不再重复计算。

土地机会成本按照拟建项目占用土地而使国民经济为此放弃的该土地“最佳替代用途”的净效益测算，原则上应根据具体投资项目的情况，由评估人员自行测算。

另外，在计算土地的机会成本时，项目评价人员应根据投资项目占用土地的种类，分析、考虑项目计算期内技术、环境、政策、适宜性等多方面的约束条件，选择该土地最可行的替代用途2～3种(包括现行用途)进行比较，以其中最大者为基础。其具体计算公式为：

$$OC = \sum_{t=1}^{n} NB_0 (1+g)^t \times (1+i_s)^{-t}$$

式中：OC 表示土地的机会成本；n 表示项目占用土地的期限，一般为项目的计算期；NB_0 表示基年土地的“最佳替代用途”的单位面积年净效益(占用前3年净效益的平均值)；g 表示土地“最佳替代用途”的年平均净效益增长率；i_s 表示社会折现率。

(2) 非生产性土地的影子价格。

非生产性用地如住宅、休闲用地等，应按照支付意愿的原则，根据市场交易价格测算其影子价格。

(3) 土地影子价格的调整计算方法。

在经济费用效益分析或国民经济评估中，应根据项目计算期内未来土地用途的可能变化，合理预测项目占用土地的影子价格。具体包括：

① 通过政府公开招标取得的国有土地出让使用权，以及通过市场交易取得的已出让国有土地使用权的，应按市场交易价格计算其影子价格。

② 未通过正常交易市场取得土地使用权的，应分析价格扭曲或优惠情况，参照当地正常情况下的市场交易价格，调整或类比计算其影子价格。

③ 无法通过正常交易市场价格类比确定土地影子价格时，应采用收益现值法或以土地开发成本加开发投资应得收益确定。

④ 由于土地利用或开发规划可能会对土地市场的价格产生影响，为此，土地价值的估算应反映实际的或潜在的规划批准情况，应分析规划得到批准的可能性及其对地价的影响。如果土地用途受到限制，其影子价格就会被压低，故还需分析这些限制被解除的可能性，以及解除限制对土地价值的影响。

⑤ 项目征用农村用地，应按土地征用费调整计算其影子价格。其中，耕地补偿费及青苗补偿费应作为土地机会成本，地上建筑物补偿费及安置补偿费应视为新增资源消耗。这些费用如果与农民进行了充分协商并获得认可，可直接按财务成本计算其影

子价格；若存在征地优惠，或在征地中没有进行充分协商导致补偿和安置补助费低于市场定价，不能保证农民利益的，应按当地正常征地补偿标准调整计算土地的影子价格。而在征地过程中收取的征地管理费、耕地占用税、耕地开垦费、土地管理费、土地开发费等各种税费，应视为转移支付，不再列入土地经济费用的计算。

（4）农业用土地机会成本计算举例。

例如，某投资项目建设期为两年，生产期为18年，占用农田500亩。根据评估人员的调查，该农田的最佳替代用途为种植水稻。该农田占用前3年平均每亩产量为1吨，且该地区水稻单产预计可以每年递增3%。每吨稻谷的生产成本为600元。稻谷系外贸货物，按直接出口处理，其出口离岸价为300美元/吨。项目所在地到口岸的距离为300千米，稻谷运费为0.10元/吨千米，贸易费用为货价（假定）的6%，影子汇率换算系数为1.08，官方牌价为6.83，社会折现率为8%，货物的影子费用换算系数为2（假设）。则：

① 每吨稻谷按口岸价格计算的影子价格为：

$$SP = 300 \times 6.83 \times 1.08 - 300 \times 0.1 \times 2 - 300 \times 6.83 \times 1.08 \times 6\% = 2\ 020.145(\text{元})$$

② 该地区每亩稻谷的净收入：

$$2\ 020.145 - 600 = 1\ 420.145(\text{元})$$

③ 投资项目占用20年内每亩稻田的净收入现值为：

$$\sum_{t=1}^{20} 1\ 420.145 \times 1 \times \left(\frac{1+3\%}{1+8\%}\right)^t = 17\ 919.666(\text{元})$$

④ 投资项目占用500亩20年内的净收入现值为：

$$17\ 919.666 \times 500 = 8\ 959\ 833(\text{元})$$

将以上计算出的土地机会成本再加上新增的资源消耗费用，即可作为项目在国民经济评估时的无形资产投资支出。

2. 人力资源影子价格

（1）影子工资的含义。

影子工资是体现国家和社会为拟建投资项目使用劳动力而付出的代价。影子工资一般由劳动力的边际产出（即是指一个投资项目占用的劳动力，在其他使用机会下可能创造的最大效益）和新增资源消耗两部分组成。其中，劳动力机会成本是指拟建项目占用的人力资源由于在本项目中使用而不能再用于其他地方或享受闲暇时间而被迫放弃的价值，应根据项目所在地的人力资源市场及劳动力就业状况，按如下原则进行分析确定：①过去受雇于别处，由于本项目的实施而转移过来的人员，其机会成本应是其放弃过去就业机会的工资（含工资性福利）及支付的所得税之和。②对于自愿失业人员，其机会成本应等于本项目的使用所支付的税后净工资额，以反映共投入以劳动力市场所必须支付的边际工资额。③非自愿失业劳动力的机会成本应反映其为了工作而放弃休闲愿意接受的最低工资额，其数值应低于本项目的使用所付出的税后净工资，但应高于其最低生活保障收入。当缺少信息时，可以按非自愿失业人员接受的最低生活保障收入和税后净工资的平均值近似测算。而新增资源消耗是指劳动力在本项目新就业或由其他就业岗位转移到本项目而发生的经济资源消耗，而这种消耗与劳动者生活水平的提高无关，应根据其就业的转移成本进行分析测算。在国民经济评估中影子工资作为费用计入项目的经营成本。

(2) 影子工资换算系数。

影子工资换算系数是投资项目国民经济评估通用参数，是影子工资与财务评估中的名义工资(财务评估中的职工个人实得货币工资及按规定提取的福利费之和)之比。即：

$$\text{影子工资} = \text{财务工资} \times \text{影子工资换算系数}$$

影子工资主要应根据我国劳动力的状况、结构及就业水平等因素来确定。现阶段，技术性工种劳动力的影子工资换算系数为1，非技术性工种劳动力的影子工资换算系数一般取值为0.25～0.8，具体可根据当地的非技术劳动力供求状况确定，在非技术劳动力较为富余的地区可取较低值，不太富余的地区可取较高值，中间状况的可取0.5。

3. 自然资源影子价格

自然资源是指自然形成的，在一定的经济、技术条件下可以被开发利用以提高人们生活福利水平和生存能力，并同时具有某种“稀缺性”的实物性资源的总称，包括土地资源、森林资源、矿产资源、水资源等。项目经济费用效益分析中往往将其划分为资产性资源和非资产性资源，而在影子价格的计算中只考虑资产性资源。

资产性资源是指所有权已经界定，或者随着项目的实施可以界定，所有者能够有效控制并能够在目前或可预见的将来产生预期经济效益的自然资源。资产性资源属于经济资产范畴。在项目的经济费用效益分析中，项目的建设与运营需要投入一定量的自然资源，这是项目投资所需要付出的代价，而对这些代价要用资源的经济价值而非市场价格表示，即可以用项目投入物的替代方案的成本或对这些资产性资源用于其他用途的机会成本等进行分析测算。

第五节　项目国民经济评估报表和经济效果分析及评价

一、项目国民经济评估报表

在国民经济评估中，一般要求在剔除转移支付的基础上，按影子价格、影子工资、影子汇率等评价参数调整编制以下基本报表。

(1) 对于一般投资项目均应编制“项目投资经济费用效益流量表”(见表10-4)。

表 10-4　**项目投资经济费用效益流量表**　单位：万元

序　号	项　目	合　计	计算期				
			1	2	3	…	n
1	效益流量						
1.1	项目直接投资						
1.2	资产余值回收						
1.3	项目间接效益						
2	费用流量						
2.1	建设投资						
2.2	维持运营投资						
2.3	流动资金						
2.4	经营费用						
2.5	项目间接费用						
3	净效益流量(1—2)						

计算指标：经济内部收益率(%)，经济净现值(万元)。

表 10-4 不分投资资金来源，用以综合反映项目计算期内各年按全部投资口径计算的国民经济各项效益与费用流量及净效益流量，并依此计算全部投资的国民收入净增值、经济净现值、经济净现值率、经济内部收益率、社会净收益、投资净收益率等评价指标，进行国民经济效益的分析与评估。

(2) 对于有利用外资的投资项目，除了要编制“项目投资经济费用效益流量表”之外，还需要编制“国内投资经济费用效益流量表”，具体可见表 10-5。

表 10-5　**国内投资经济费用效益流量表**　单位：万元

序　号	项　目	合　计	计算期				
			1	2	3	…	n
1	效益流量						
1.1	项目直接效益						
1.2	资产余值回收						
1.3	项目间接效益						
2	费用流量						
2.1	建设投资中的国内资金						
2.2	维持运营投资中的国内资金						

续表

序　号	项　目	合　计	计算期				
			1	2	3	…	*n*
2.3	流动资金中的国内资金						
2.4	经营费用						
2.5	流到国外的资金						
2.5.1	国外借款本金偿还						
2.5.2	国外借款利息支付						
2.5.3	其他						
2.5	项目间接费用						
3	国内投资净效益流量(1－2)						

计算指标：经济内部收益率(%)，经济净现值(万元)。

表10-5是以国内投资为计算基础，反映国外借款利息和本金的偿还、外国资金的股息和红利的支付等，并综合反映按国内投资口径计算的国民经济各项效益与费用流量及净效益流量，且根据上述资料情况计算国内投资的各项国民经济评价指标，如经济内部收益率、经济净现值等，作为利用外资项目经济评价和方案比较判断的依据。该表与“项目国民经济效益费用流量表”的不同之处在于“费用流量”。

(3) 对于涉及产品出口创汇及替代进口节汇的项目，还应编制“国内资源流量表”(见表10-6)和“经济外汇流量表”(见表10-7)，用于计算国内资源的现值和国民经济外汇效果指标。

表10-6　　**国内资源流量表**　　单位：万元

项目＼年份	计　算　期										合计
	1	2	3	4	5	6	7	8	…	*n*	
生产负荷(%)											
1. 建设投资中的国内资金											
2. 流动资金投资中的国内资金											
3. 经营费用中的国内费用											
4. 其他国内投入											
5. 国内资源流量现值											
6. 出口产品国内投入现值											

注：当部分产品出口时，可根据项目出口产品占销售收入或成本的实际情况而定。

表 10-7　　　　经济外汇流量表　　　　单位：万美元

项目＼年份	计算期									合计
	1	2	3	4	5	6	7	8	…	n	
生产负荷(%)											
1. 外汇流入											
产品销售外汇收入											
外汇借款											
其他外汇收入											
2. 外汇流出											
固定资产投资中外汇支出											
进口原材料											
进口零部件											
技术转让费											
偿付外汇借款本息											
其他外汇支出											
3. 净外汇流量(1－2)											
4. 产品替代进口收入											
5. 净外汇效果(3＋4)											

计算指标：经济外汇净现值，经济换汇成本或经济节汇成本。

注：技术转让费是指生产期支付的技术转让费。

二、项目国民经济效果分析与评价

国民经济效果分析主要是对国民经济盈利能力和外汇效果的分析，另外还应对那些难以量化的外部效果做定性分析与评估。

(一) 国民经济盈利能力分析

投资项目国民经济盈利能力的分析，主要是计算经济内部收益率、经济净现值和经济效益费用比等指标。另外，也可以根据项目特点的具体情况的需要适当增加某些指标的计算。如在进行多方案经济效益的比较选择时，可采用经济净现值率、差额投资内部收益率等指标对不同的投资项目进行比较；在项目初选时，可以进行投资净收益率和投资净增值率等静态指标的计算。

1. 经济内部收益率

经济内部收益率(Economic Internal Rate of Return，EIRR)是指在项目的生命期(或计算期)内各年累计的经济净现值等于零时的折现率。它是反映项目对国民经济贡献的一个相对指标，是项目进行国民经济评估的主要判别依据。其用公式表示为：

$$\sum_{t=1}^{n}(B-C)_t(1+EIRR)^{-t}=0$$

式中：B 表示效益流入量，C 表示费用流出量，$(B-C)_t$ 表示第 t 年的净效益流量，n 表示项目计算期。

当然，与投资项目的财务评估中财务内部收益率的计算方法一样，经济内部收益率的计算也是采用试差法来进行。其用公式表示为：

$$EIRR=I_1+(I_2-I_1)\times\frac{ENPV_1}{ENPV_1+|ENPV_2|}$$

为了保证经济内部收益率值的准确性，在计算时需要注意：选择计算的两个折现率的数值不能超过5%。

一般情况下，项目的经济内部收益率等于或大于社会折现率，表明项目对国民经济的净贡献达到或超过了要求的水平，这时应认为该项目是可以考虑接受的。

2. 经济净现值

经济净现值(Economic Net Present Value，ENPV)是反映项目对国民经济净贡献的绝对指标。它是指用社会折现率将项目计算期内各年的净效益流量折算到建设期初的现值之和。其用公式表示为：

$$ENPV=\sum_{t=1}^{n}(B-C)_t\times(1+i_s)^{-t}$$

式中：i_s 表示社会折现率。

经济净现值等于或大于零，表示国家为拟建项目付出代价后，可以得到符合社会折现率的社会盈余，或除了得到符合社会折现率的社会盈余外，还可以得到以现值计算的超额社会盈余，这时应认为该项目是可以考虑接受的。

3. 经济效益费用比

经济效益费用比(R_{BC})是指项目在计算期内效益流量的现值与费用流量的现值之比。其用公式表示为：

$$R_{BC}=\sum_{t=1}^{n}B_t\times\frac{(1+i_s)^{-t}}{C_t\times(1+i_s)^{-t}}$$

式中：B_t 表示第 t 期的经济效益，C_t 表示第 t 期的经济费用。

如果经济效益费用比大于1，表明项目资源配置的经济效率达到了可以被接受的水平，但该指标是一个辅助性指标，一般不单独使用。

（二）国民经济外汇效果分析

对于涉及产品出口创汇及替代进口节汇的投资项目，还需进行外汇效果的分析。外汇效果主要是通过经济外汇净现值、经济换汇成本、经济节汇成本等指标来反映。

1. 经济外汇净现值

经济外汇净现值(Economic Net Present Value of Foreign Exchange，$ENPV_F$)是指生产出口产品的项目外汇流入和外汇流出的差额，采用影子价格和影子工资计算按规定的折现率(国外贷款平均利率或社会折现率)折算到基年的现值之和。它可用来分析评价拟建项目实施后对国家的外汇净贡献程度，也可作为分析评价项目实施后对国家外汇收支影响的重要指标。一般地，该指标可通过经济外汇流量表直接求得。其用公式表示为：

$$ENPV_F = \sum_{t=1}^{n}(FI - FO)_t(1+i_s)^{-t}$$

式中：$ENPV_F$表示项目的经济外汇净现值(在整个生命期内)，FI 表示生产出口产品的外汇流入(包括外汇贷款、出口产品的收入、替代进口的价值)，FO 表示生产出口产品的外汇流出(包括以外汇形式支付的原材料、设备、外籍人员工资、技术转让费、外汇借款本息等)，$(FI-FO)_t$ 表示第 t 年的净外汇流量，i_s 表示社会折现率，n 表示项目的计算期。

一般情况下，要求经济外汇净现值指标大于零。

2. 经济换汇成本

经济换汇成本也称换汇率。它是分析评价项目实施后生产的出口产品在国际上的竞争能力和判断产品能否出口的一项重要指标，主要适用于生产出口产品的投资项目。

经济换汇成本是指用影子价格、影子工资调整计算，并用社会折现率折现的项目为生产出口产品而投入的国内资源现值与出口产品的经济外汇净现值之比。它表示换回 1 美元的外汇(现值)所需要投入的人民币金额(现值)。其用公式表示为：

$$\text{经济换汇成本} = \frac{\sum_{t=1}^{n} DR_t(1+i_s)^{-t}\,(\text{人民币})}{\sum_{t=1}^{n}(FI - FO)_t(1+i_s)^{-t}\,(\text{美元})} \leqslant \text{影子汇率}$$

或：
$$\text{经济换汇成本} = \frac{\text{生产出口产品的国内资源投入现值}}{\text{生产出口产品的经济外汇净现值}} \leqslant \text{影子汇率}$$

式中：DR_t 表示项目在第 t 年为生产出口产品投入的国内资源(包括国内投资、原材料投入和劳务工资、其他投入和贸易费用)，FI 表示生产出口产品的外汇流入(美元)，FO 表示生产出口产品的外汇流出(美元)。

3. 经济节汇成本

经济节汇成本主要用于生产替代进口产品项目的外汇效果评价，它是节约 1 美元的外汇所投入的人民币金额，即它等于项目计算期内生产替代进口产品所需投入的国内资源现值与生产替代进口产品的经济外汇净现值(均需按影子价格等参数调整并用

社会折现率折现)之比。其用公式表示为:

$$\text{经济节汇成本}=\frac{\sum_{t=1}^{n}DR'_t(1+i_s)^{-t}\,(\text{人民币})}{\sum_{t=1}^{n}(FI'-FO')_t(1+i_s)^{-t}\,(\text{美元})}\leqslant\text{影子汇率}$$

式中:DR'_t表示项目在t年为生产替代进口产品而投入的国内资源(元),FI'表示生产替代进口产品所节约的外汇(美元),FO'表示生产替代进口产品的外汇流出(美元)。

经济换汇成本(元/美元)或经济节汇成本都应小于或等于影子汇率,此时才表明该拟建投资项目产品出口或替代进口是有利的、可以考虑接受的。

本章小结

项目国民经济评估是指按照资源合理配置的原则,从国家整体角度和社会需要出发,采用影子价格、影子汇率、影子工资、社会折现率等经济评价参数(或称国家参数),计算和分析国民经济为投资项目所付出的代价(费用)及投资项目对国民经济所做出的贡献(效益),以评价投资项目在经济上的合理性。在现阶段,我国只对那些不能由市场力量自行调节行业的投资项目,比如,国家及地方政府参与投资的项目,国家给予财政补贴或者减免税费的项目,主要的基础设施项目(包括铁路、公路、航道整治疏浚等交通基础设施建设项目),较大的水利水电项目,国家控制的战略性资源开发项目,动用社会资源和自然资源较大的中外合资项目,主要产出物和投入物的市场价格不能反映其真实价值的项目等进行国民经济评估。

国民经济评估是项目经济评价的关键,是经济评价的主要组成部分,也是项目投资决策的重要依据。因此,在进行项目的经济评价时,必须十分注重国民经济评估。

项目的国民经济评估使用基本的经济评价理论,采用费用-效益分析方法,即费用与效益比较的理论方法,寻求以一定的投入(费用)获取最大的产出(效益)。国民经济评估采取"有无对比"方法识别项目的效果,而项目的效果可分为直接效果和间接效果。项目的直接效果是指由项目直接产生的经济效果,项目的间接效果是指由项目引起而没有在直接效果中得到体现的那部分效果。项目的间接效果的计量应遵循一定的原则,确定合理的范围,对可定量计算的进行定量计算,对不可定量计算的,要作定性说明。

项目的国民经济评估既可以在财务评估基础上进行,也可以直接进行。项目在需要同时进行财务评估和国民经济评估时,应以国民经济评估的结论作为主要决策依据。另外,在进行项目国民经济评估过程中,应注意用影子价格和国民经济评估参数来对有关数据进行调整或直接计算,并需注意剔除其中的转移支付。

国民经济评估采用影子价格理论方法估算各项费用与效益。影子价格是指资源在最优利用情况下的单位效益增量价格(也称单位边际贡献)。影子价格是一种比市场价格更能反映资源使用效率,比交换价格更合理的虚拟价格。现实中,对货物的影子价格的确定主要采用近似调整方法。货物影子价格调整一般分为市场定价货物(包括外贸货物、非外贸货物、特殊投入物)影子价格的调整和政府调控价格货物影子价格的调整。其中,外贸货物影子价格的计算主要是以口岸价(离岸价和到岸价)为基础,将其换算成影子汇率,并加上或减去相应的影子运费和贸易费用来进行的。而非外贸货物、政府调控价格货物与特殊投入物的影子价格则按相关规定进行调整。

国民经济评估是采用特定的评价参数来进行的。国民经济评估参数主要有社会折现率、影子汇率、影子工资、贸易费用率等。其中，社会折现率是用以衡量资金时间价值和机会成本的重要参数，代表社会资金被占用应获得的最低收益率，并作为计算经济净现值的折现率和判断经济内部收益率的主要判据。影子汇率是指外汇的影子价格，主要用于外汇与人民币之间的换算并通过影子汇率换算系数进行。影子工资主要是指劳动力的影子价格，包括劳动力的机会成本和其在就业转移过程中发生的新增资源消耗。现实中，劳动力的影子价格是通过劳动力的财务工资与影子工资换算系数相乘求得的。

国民经济评估采用效益费用流量分析方法，使用报表分析，采用内部收益率、净现值等经济营利性指标进行定量的经济效益分析。国民经济评估中主要通过项目国民经济效益费用流量表计算经济净现值、经济内部收益率等指标，考察项目全部投资的盈利能力，而后者是以国内投资作为分析对象，考察项目国内投资部分的盈利能力。

国民经济评估的主要工作包括识别国民经济的费用与效益、测算和选取影子价格、编制国民经济评估报表、计算国民经济评估指标并进行方案比选，必要时还可以进行有关的外汇效果分析与评价。

复习思考题

一、简答题

1. 国民经济评估的含义及主要特点是什么？
2. 国民经济评估的步骤及其主要内容有哪些？
3. 项目的经济费用与经济效益的计算原则是什么？
4. 项目国民经济评估的对象有哪些？
5. 什么是社会折现率？它对项目的经济评价有什么作用？
6. 影子价格的含义是什么？外贸货物、非外贸货物的影子价格是如何调整的？
7. 国民经济评估中间接效果主要有哪些？如何确定项目的间接效果？
8. 经济评估指标有哪些？它们是如何编制的？
9. 国民经济评估的指标有哪些？它们的主要作用是什么？
10. 土地的影子费用主要包括哪些内容？土地的机会成本是怎样计算的？

二、计算分析题

习题一

1. 目的：熟悉非外贸货物影子价格的调整方法。

2. 资料：

(1) 某拟建项目生产用原料，系非外贸货物，可通过挖潜及增加投资扩大生产规模两种方式来增加供应。经测算，这种原料每单位全部成本为500元，它的构成要素如下：

原料1　耗用量0.1吨，每吨1 500元	150元
原料2　耗用量0.05吨，每吨2 000元	100元
其他材料	20元
电力　消耗量100度，每度0.7元	70元
工资及福利费	100元
折旧费	20元
无形资产摊销	10元
流动资金利息	5元
其他费用	25元

(2) 原料1为直接出口产品，离岸价格为250美元/吨，影子汇率为1美元等于7.4元人民币。产地到口岸的距离为200千米，影子运费为0.5元/吨千米，贸易费用率假定为货价的6%；原料2为

直接进口产品，到岸价为 300 美元/吨，口岸到项目所在地的距离为 400 千米，影子运费为 0.5 元/吨千米，贸易费用率假定为货价的 6%。

(3) 电力影子价格的换算系数为 1。

(4) 该项目年平均折旧率为 12%，固定资产经济生命期为 8 年；无形资产的有效使用年限为 8 年，摊销率为 12.5%，社会折现率为 8%。

(5) 该项目流动资金占用额为 400 万元，年产量为 4 万单位。

(6) 其他材料、工资及福利费、其他费用等不作调整。

3. 要求：根据上述资料，试分别计算在两种方式(挖潜、增加投资扩大生产规模)下该原料的单位影子价格。

习题二

1. 目的：熟悉掌握财务评估及在财务评估基础上进行国民经济评估的方法。

2. 资料：

(1) 某地区为了充分利用当地资料，拟投资建设一个年产某产品 10 万吨的项目。该项目为新设法人项目。该投资项目计划在两年内建成，第三年投产，经济生命期为 10 年，预计投产当年即可达到设计生产能力。

(2) 该项目的行业基准投资收益率为 15%(融资前税前)，12%(融资前税后)。

(3) 该拟建项目在建设期间的固定资产投资支出及其构成如下表所示：

单位：万元

费用名称	合　计	第一年	第二年
建筑工程费	2 000	1 000	1 000
设备购置费	2 000	1 000	1 000
安装工程费	200		200
工程其他费用	400	250	150
合　计	4 600	2 250	2 350

在项目的建设投资资金来源中，其中 2 600 万元为资本金投入，由 A、B 两单位各出资 70%与 30%组成，而设备购置费 2 000 万元为银行借款，借款年利率为 10%，以年为计息期，并与银行商定在投产后分 5 年等额偿还。

固定资产折旧采用直线折旧法，在寿命结束时回收固定资产余值 205 万元。

(4) 该项目占用农用土地 500 亩，共计需要支付一次性征用费 900 万元，在生产期内平均摊入产品生产成本。

该项目所需流动资金 1 000 万元，在第二年年末向银行借入并投入，借款年利率为 10%，以年为计息期，并与银行商定在经济寿命结束时偿还本金。

(5) 该项目产品的销售单价为 1 000 元/吨(不含增值税)。该项目的销售税金及附加为销售收入的 6%。

(6) 该项目达到设计生产能力时每吨产品的经营成本及其构成如下：

原材料	350 元
其中：耗用某种原料 1.5 吨	
每吨 200 元	300 元
电力　每吨消耗量 200 度 每度 0.5 元	100 元
工资及福利费	150 元
其他费用	50 元

计算其销售成本时的固定资产折旧、无形资产摊销、投资借款利息根据前面有关资料计算。

(7) 该项目的所得税税率为 25%。该项目如有税后利润可在提取 10%的法定盈余公积金及在偿还投资借款本金后，按年度可供分配利润的 100%依投资比例在投资各方进行分配。用税后利润偿还投资借款本金时，可先用固定资产折旧和无形资产摊销进行偿还，如有不足时予以弥补。项目的盈余资金可在项目结束时，依投资比例在投资各方进行分配。另假设项目在项目计算期内无其他业务和投资收益发生。

以上是有关财务评估的资料，在进行国民经济评估时，对其应按以下有关资料进行调整。

(8) 社会折现率为 8%。

(9) 该项目固定资产投资支出中，建筑安装工程费的调整系数为 1.1，设备为外贸货物，其出口离岸价格为 250 万元，影子汇率为 1 美元等于 7.4 元人民币(下同)，从产地到口岸的距离为 200 千米，从产地到项目所在地的距离为 100 千米，影子运费为 50 元/千米，贸易费用率为货价的 6%，其他不作调整。

(10) 该项目占用的土地为农田，其最佳替代用途为生产稻谷，该土地过去 3 年平均亩产为 1 吨，预计该地区稻谷单产年递增率为 3%，每吨稻谷的生产成本为 500 元。稻谷为外贸货物，其出口离岸价格为每吨 250 美元，项目所在地离口岸的距离为 100 千米，影子运费为 0.20 元/吨千米，贸易费用率为货价的 6%。

(11) 该项目生产的产品系出口产品，其出口离岸价为 200 美元/吨，项目所在地距离口岸 100 千米，影子运费为 0.20 元/吨千米，贸易费用率为货价的 6%。另外，在产品成本中，该项目生产产品所消耗的某种原料为外贸产品，其出口离岸价为 50 美元/吨。原料产地到项目的距离为 100 千米，到口岸的距离为 200 千米。该原料的影子运费为 0.20 元/千米，贸易费用率为货价的 6%。电力的换算系数为 1。工资及福利费、其他费用不作调整。固定资产折旧和无形资产摊销按调整后的投资支出重新计算，其中，固定资产在生命期结束时的净残值率为 5%。

(12) 通过预测，该拟建项目建成后可为当地带来每年 50 万元的净间接效益。

3. 要求：

根据以上资料，为该拟建项目：

(1) 编制有关财务评估报表(利润和利润分配表、资金来源与运用表、项目财务现金流量表、项目资本金财务现金流量表、投资各方财务现金流量表)；

(2) 编制有关国民经济评估报表(项目国民经济效益费用流量表、国内投资国民经济效益费用流量表)；

(3) 计算财务净现值、财务内部收益率、投资回收期、资本金收益率和投资各方收益率；

(4) 分别计算经济净现值和经济内部收益率；

(5) 对以上计算结果作必要的说明。

第十一章　项目的社会评估

对投资项目而言，其效益不仅只体现在经济效益上，而且还应体现在社会效果上，也就是说，项目的社会效果是项目总效果的一个重要组成部分，项目的社会评估是项目评价中一个必不可少的工作阶段和环节，其社会可行性是项目可行性的必要组成部分。为此，有必要对其进行单独的阐述和说明。

第一节　项目社会评估概述

一、项目社会评估的概念

目前，项目的社会评估在我国还处于起步和逐步规范阶段，其理论和方法有待进一步完善与发展。但就投资项目评价理论的完整性和投资项目评价工作的实际应用来看，项目的社会评估应是项目评价和项目方案比选中重要的一个环节。

自 20 世纪 60 年代末、70 年代初起，项目的社会评估逐渐在欧美一些国家兴起。例如，美国在"国家环境政策条例"(NEPA，1969 年公布)中规定要及时对项目进行社会影响评价(Social Impact Assessment)，后来政府还专门发布过有关行政令，强调要进行项目的社会效果评价；英国及欧共体推行环境评价(Environment Assessment，EA)，其中包括对自然资源的评价和对社会环境的评价；加拿大推行的社会评价包括分配效果、环境质量和国防能力等多方面的影响分析；世界银行在其投资项目中，要求社会影响评价分析不仅用于开发性项目的可行性研究阶段，还可用于部分项目的后评估；世界银行、亚洲开发银行等国际金融机构对发展中国家进行援助的某些项目也要进行社会评估(也可称为社会分析)，并且对社会评估的内容、程序和步骤有着原则上的要求。由此可见，社会评估的重要性和必要性正越来越为社会所认同。

当然，国内外至今对投资项目的社会评估尚无统一的认识，无论是在名称、内容，还是在方法、评价指标体系上都存在着较大的区别。一般地，任何一个投资项目的建设和运营，不仅可以形成一定的经济效益，还可以形成一定的社会效益和环境效益。对项目的经济效益进行考察和评价，是项目的经济评价；对项目的环境影响进行考察，则是环境评价；而对项目的社会影响的考察就形成社会评估。社会评估旨在系统调查和预测拟建项目的建设、运营产生的社会影响与社会效益，分析项目所在地区的社会环境对项目的适应性和可接受程度。通过分析项目涉及的各种社会因素，评价项目的社会可行性，提出项目与当地社会协调关系，促进项目顺利实施，保持社会稳定的方案。因此，社会评估的概念可以表述为：社会评估是分析拟建项目对当地社会（或全社会）的影响和当地社会条件对项目的适应性和可接受程度，评价项目的社会可行性。

二、项目社会评估的特点

项目社会评估相对于财务评估和国民经济评估而言，具有以下几个特点：

（一）宏观性和长期性

对投资项目进行社会评估所依据的是社会发展目标，考察投资项目建设和运营对实现社会发展目标的作用和影响及对社会发展目标的促进作用。而社会发展目标本身是依据国家和地区的宏观经济与社会发展需要来制定的，包括经济增长目标、国家安全目标、人口控制目标、就业目标、减少贫困目标、环境保护目标等，涉及社会生活的各个方面。虽然不是每一个投资项目的社会效益都覆盖了以上社会目标的所有领域，但在进行投资项目的社会评估时却要认真考察与项目建设相关的各种可能的影响因素，无论是正面影响还是负面影响，是直接影响还是间接影响。这种分析和考察是全面的，是全社会性质的，因而比财务评估和国民经济评估更具广泛性和宏观性。所以，社会评估应着眼大局，把握整体，权衡社会效益的利弊。同时，社会评估也是长期性的。一般地，项目进行经济评价时只需要考察投资项目不超过 20 年的经济效果，而社会评估通常要考虑一个国家、一个地区的中期和远期发展规划和要求，涉及对有些领域的影响或效益可能不是短短的几十年，而是上百年，甚至是关系到几代人。如建设三峡工程这样的投资项目，在考察项目对生态环境、人民生活、国家发展的影响时，考察的时间跨度势必是几代人。

（二）评价目标的多样性和复杂性

财务评估和国民经济评估的目标通常比较单一，主要是衡量财务盈利能力高低和对国民经济净贡献的大小；而社会评估的目标则是多样和复杂的。社会评估的目标分析首先是多层次的，是针对国家、地方和当地社区各层次的发展目标，以及各层次的社会政策为基础所展开的。通常较低层次的社会目标是依据较高层次的社会目标制定的，但各层次在就业、扶贫、妇女的参与程度以及地位、文化、教育、卫生保健等方面可能存在不同情况，要求和侧重点也不尽相同。因此，社会评估需要从国家、地方、社区三个不同的层次进行分析，做到宏观分析与微观分析相结合。其次，社会评估的目标分析也是多样性的，它需要综合考虑社会生活的各个领域与项目之间的相互关系和影响，必须分析多个社会发展目标、多种社会政策、多种社会效益和多样的人文因素和环境因素。需要分析各个不同的社会发展目标对项目的影响程度及其重要程度，要结合项目的性质和特点，具体问题具体分析。因此，综合考察项目的社会可行性，通常要采用多目标综合评价法。

（三）评价指标和评价标准的差异性

在投资项目的经济评价中，每个行业和不同投资者都有自己的评价指标和相应的评价标准。如财务评估通常采用同行业平均投资收益率、基准投资回收期、加权平均资金成本或行业部门基准收益率等作为财务评估指标的评价标准；国民经济评估通常采用社会折现率作为经济内部收益率的评价标准。社会评估由于涉及的社会因素多种多样，比较复杂，社会目标多元化和社会效益本身的多样性使得难以使用统一的评价指标和标准来计算和比较社会效益，因而在不同行业和不同地区的项目评价中差异明显，评价指标的设定往往因项目而异。同时，社会评估中的各个影响因素，有的可以定量计算，但更多的社会因素是难以定量计算的，如项目对项目所在地文化的影响，对当地社会稳定的影响，以及当地居民对项目的支持程度等。这些难以量化的影响因素，通常要使用定性分析的方法来进行。因此，社会评价中，通用评价指标少，专用指标多；定量指标少，定性指标多。这就要求在具体项目的社会评价中，应充分发挥评价人员的主观能动性。

三、项目社会评估的范围和层次

并不是任何环境下的所有项目都需要进行社会评估。社会评估有助于将项目建设方案设计和实施与区域性社会发展结合起来，力求找到经济与社会之间的有机联系，减少社会风险，并有利于促进社会稳定。社会评估适用于那些社会因素较为复杂、社会影响较为深远、社会效益较为显著、社会矛盾较为突出、社会风险较大的投资项目。其中主要包括需要大量移民搬迁或者占用农田较多的水利项目、交通运输项目、矿产和油气田开发项目、扶贫项目、农村区域开发项目，以及文化教育、卫生等公益性项目。

根据项目周期的阶段划分，可将社会评估分为三个层次：

（一）初级社会评估

初级社会评估主要通过实地考察，确定项目利益主体，筛选主要的社会因素和风险，确定负面影响。

（二）详细社会分析

详细社会分析主要描述影响发展项目诸方面的社会形式和过程，通过弱势群体和广泛利益主体的参与，交流信息，为项目的实施做准备。

（三）建立监控和评估机制

在项目实施阶段，测量投入与产出，以此作为衡量项目成功进展的尺度，并随时间的发展衡量项目的社会影响。

四、项目社会评估的作用

项目社会评估旨在系统调查和预测拟建项目的建设、运营产生的社会影响与社会效益，分析项目所在地的社会环境对项目的适应性和可接受程度。通过分析项目涉及的各种社会因素，评价项目的社会可行性，提出项目与当地社会协调关系、规避社会风险、促进项目顺利实施、保持社会稳定的方案。具体来说，项目社会评估的作用主要表现在以下几个方面：

（一）有利于国民经济发展目标与社会发展目标协调一致，防止单纯追求项目的财务效益

对于那些应该进行社会评估的投资项目，如果在项目投资建设前没有做社会评估，项目的社会、环境问题未能在实施前解决，将会阻碍项目预期目标的实现。例如，有些项目的经济效益不错，但可能对生态环境污染严重；有些项目建成了，社会安全问题解决不好，将会严重影响项目的投产运营；有些项目在少数民族地区建设，可能因没有充分了解当地的风俗习惯而导致当地居民和有关部门的不配合；有些项目由于移民安置没有解决好，会导致人民生活水平下降；等等。实践证明，社会影响较大的投资项目将直接关系到国家和当地的经济发展目标和社会发展目标的协调一致。在项目评价中，进行必要的社会评估，可以使项目建设与社会发展相协调，可以促进经济发展目标的实现和社会效益的提高，从而使国家和地区发展相得益彰。

（二）有利于项目与所在地区利益协调一致，减少社会矛盾和纠纷，防止可能产生不利的社会影响和后果，促进社会稳定

投资项目在客观上一般都会对所在地区产生有利影响和不利影响。有利影响与所在地区利益相协调，对地区社会发展和人民生活水平起到促进和推动作用，不利影响则会对地区的局部利益或社会环境带来一定的损害。分析有利影响和不利影响的作用范围，判断有利影响和不利影响在项目作用中的程度，是社会评估中判断一个项目好坏的标准。如一个水利工程项目，有利影响包括防洪、发电、灌溉和水产养殖等，不利影响包括由于库区建设而导致的移民和对周围生态环境的改变等。如果库区迁移人口安置不当，致使当地人民生活水平下降，生活习惯改变，难以适应新的生活环境，从而引起移民的不满或者过激行为，则会对当地社会稳定和项目的顺利进行产生不利的后果。另外，如果在水利工程建设中没有处理好生态环境的保护，而造成对生态环境的破坏，则也会给项目的顺利实施及可持续发展带来不利的影响。因此，在进行社会评估的过程中，应该始终把项目建设同当地人民的生活和发展联系起来，对可能预计到的项目建设的不利影响，应预先采取适当的措施，使其可能引起的社会震荡降到最低程度。

（三）有利于避免或减少项目建设和运营的社会风险，提高投资效益

项目建设和运营的社会风险是指由于在项目评估阶段忽视社会评估工作，致使在项目的建设和运营过程中与当地社区发生种种矛盾，因长期得不到解决，导致工期拖延、投资超计划、经济效益低下等与当初的经济评价结论相背离的可能性。这就要求项目评价人员在进行社会评估时要侧重于分析项目是否适合当地人民的文化生活需要，包括文化教育、卫生健康、宗教信仰、风俗习惯等；考察当地人民的需求如何，对项目的态度如何，是支持还是反对。同时，也要求社会分析要广泛深入并应结合实际，提出合理的针对性建议以降低项目的社会风险。只有消除了项目的不利影响，避免了社会风险，使项目与当地居民的需求相一致，才能保证项目的顺利实施，持续发挥项目的投资效益。

五、项目社会评估的原则和要求

一般地，项目社会评估具有如下原则和要求：

(1) 认真贯彻国家经济建设和社会发展的方针政策、战略规划，遵循有关法律及规章制度。

(2) 以国民经济与社会发展计划的发展目标为依据，以近期目标为重点，兼顾远期各项社会发展目标，并考虑项目与当地社会环境的关系，力求分析评价能够全面反映项目投资引发的各项社会效益与影响、当地社区及人民对项目的不同反应，促进项目与当地社区、人民相互适应，共同发展。

(3) 依据客观规律，从实际出发，实事求是，采用科学、适用的评价方法。

(4) 坚持可比原则。在进行社会影响分析和有关数据对比及方案比选时，无论定量分析还是定性分析，均应注意可比性。

(5) 按目标的重要程度进行排序的原则。每个项目的建设都有其预先期望达到的主要社会目标和次要社会目标，由于项目建设对各个目标的贡献程度不同，因此，应依据其重要程度进行排序，并以之作为进行综合社会评价的基础。

(6) 贯彻以人为本的原则。在考虑国家及地方利益的前提下，把对人民负责和对国家负责统一起来，对项目的利益与当地人民的利益同等重视，尽力做到两者兼顾，并在涉及人民切身利益的问题上，把人民利益摆在首位。深入了解人民的意见和要求，积极采取措施，提高人民参与项目的程度，以保证项目与当地社会协调发展。

(7) 遵循"有无对比"原则。"有无对比"原则在社会评估中同样适用。

(8) 要深入调查，摸清基本情况，提高分析评价的科学性和准确性。

(9) 社会评估人员必须以公正、客观、求是的态度从事社会评估工作。评估工作不应受到任何的人为干扰，力求使分析评价结果反映客观实际。

第二节 项目社会评估的主要内容

一、项目社会评估的框架

项目社会评估的主要内容包括社会影响分析、相互适应性分析、社会风险分析等内容，其评估的框架体系可见图 11-1。

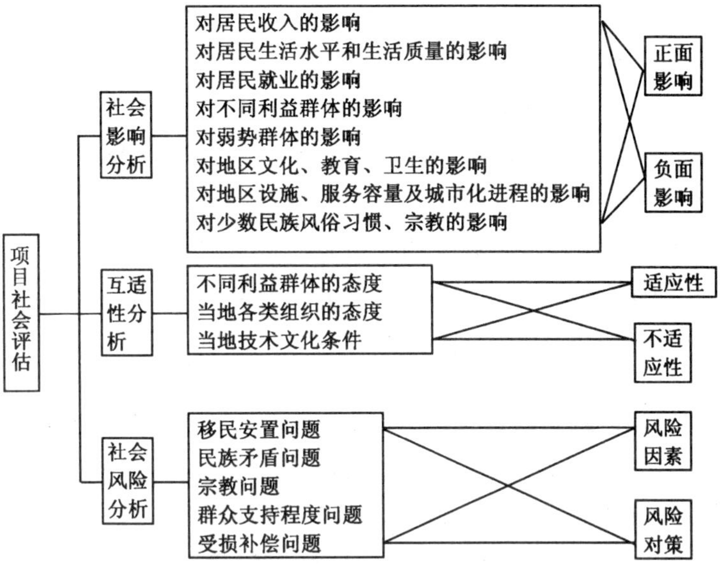

图 11-1 项目社会评估框架体系

二、项目社会评估的主要内容

项目社会评估从以人为本的原则出发，研究内容包括项目的社会影响分析、项目与所在地的互适性分析和社会风险分析。

(一) 社会影响分析

项目的社会影响分析旨在分析与预测项目可能产生的正面影响（通常称为社会效益）和负面影响。

1. 项目对所在地居民收入的影响

主要分析与预测由于项目实施可能造成当地居民收入增加或者减少的范围、程度及其原因；收入分配是否公平，是否扩大贫富收入差距，并提出促进收入公平分配的措施与建议。扶贫项目，应着重分析项目实施后，能在多大程度上减轻当地居民的贫困和帮助多少贫困人口脱贫。

2. 项目对所在地居民生活水平和生活质量的影响

主要分析与预测项目实施后居民居住水平、消费水平、消费结构、人均寿命的变化及其原因。

3. 项目对所在地居民就业的影响

分析与预测项目的建设、运营对当地居民就业结构和就业机会的正面影响和负面影响。其中，正面影响是指可能增加的就业机会和就业人数，负面影响是指可能减少的原有就业机会和就业人数，以及由此引发的社会矛盾。

4. 项目对所在地区不同利益群体的影响

分析与预测项目的建设、运营使哪些人受益或受损，以及对受损群体的补偿措施和途径。一般地，兴建露天矿区、水利工程、交通运输项目、城市基础设施等都会引起非自愿移民，应特别加强此方面内容的分析。

5. 项目对所在地区弱势群体利益的影响

分析与预测项目的建设、运营对当地妇女、儿童、残疾人员利益的正面影响和负面影响。

6. 项目对所在地区文化教育、卫生的影响

分析与预测项目的建设、运营期间是否引起当地文化教育水平、卫生健康程度的变化以及对当地人文环境的影响，提出减小不利影响的措施与建议。公益性项目应特别加强此方面内容的分析。

7. 项目对当地基础设施、社会服务容量和城市化进程等的影响

分析与预测项目的建设、运营期间，是否可能增加或者占用当地的基础设施，包括道路、桥梁、供电、给排水、供气、服务网点，以及产生的影响。

8. 项目对所在地区少数民族风俗习惯和宗教的影响

分析与预测项目的建设、运营是否符合国家的民族和宗教政策，是否充分考虑了当地民族的风俗习惯、生活方式或者当地居民的宗教信仰，是否会引发民族矛盾、宗教纠纷，影响当地社会安定。

通过以上分析，对项目的社会影响做出评价，并编制项目社会影响分析表，如表11-1所示。

表 11-1　　项目社会影响分析

序　号	社会因素	影响的范围、程度	可能出现的后果	措施与建议
1	对居民收入的影响			
2	对居民生活水平和生活质量的影响			
3	对居民就业的影响			
4	对不同利益群体的影响			
5	对弱势群体利益的影响			
6	对文化教育、卫生的影响			
7	对基础设施、社会服务容量和城市化进程等的影响			
8	对少数民族风俗习惯和宗教的影响			

（二）互适性分析

互适性分析主要是分析与预测项目能否为当地的社会环境、人文条件所接纳，以及当地政府、居民支持项目存在与发展的程度，考察项目与当地社会环境的相互适应关系。

（1）分析与预测与项目直接相关的不同利益群体对项目建设和运营的态度及参

与程度,选择可以促使项目成功的各利益群体的参与方式,对可能阻碍项目存在与发展的因素提出防范措施。

(2) 分析与预测项目所在地区的各类组织对项目建设和运营的态度,可能在哪些方面、在多大程度上对项目予以支持和配合。对需要由当地提供交通、电力、通信、供水等基础设施条件,粮食、蔬菜、肉类等生活供应条件,医疗、教育等社会福利条件的,当地是否能够提供,是否能够保障。国家重大建设项目要特别注重这方面的工作。

(3) 分析与预测项目所在地区现有技术、文化状况能否适应项目建设和发展。主要为发展地方经济,改善当地居民生产生活条件兴建的水利项目、公路交通项目、扶贫项目,应分析当地居民的教育水平能否适应项目要求的技术条件,能否保证实现项目既定目标。通过项目与所在地的互适性分析,就当地社会对项目适应性和可接受程度做出评价。编制社会对项目适应性和可接受程度分析表,如表 11-2 所示。

表 11-2　　社会对项目适应性和可接受程度分析

序　号	社会因素	适应程度	可能出现的问题	措施与建议
1	不同利益群体			
2	当地组织机构			
3	当地技术文化条件			

(三) 社会风险分析

项目的社会风险分析是对可能影响项目的各种社会因素进行识别和排序,选择影响面大、持续时间长,并容易导致较大矛盾的社会因素进行预测,分析可能出现这种风险的社会环境和条件。那些可能诱发民族矛盾、宗教矛盾的项目要注重这方面的分析,并提出防范措施,编制项目社会风险分析表,具体如表 11-3 所示。

表 11-3　　项目社会风险分析

序　号	风险因素	持续时间	可能导致的后果	措施与建议
1				
2				
3				
4				
5				

第三节　项目社会评估的步骤与方法

一、项目社会评估的步骤

项目社会评估一般分为调查社会资料、识别社会因素、论证比选方案三个步骤。

（一）调查社会资料

调查了解项目所在地区的社会环境等方面的资料。调查的内容包括项目所在地区的人口统计资料；基础设施与服务设施状况；当地的风俗习惯、人际关系；各利益群体对项目的反应、要求与接受程度；各利益群体参与项目活动的可能性，如项目所在地区干部、群众对参与项目活动的态度和积极性，可能参与的形式、时间，妇女在参与项目活动方面有无特殊情况等。社会调查可采用多种调查方法，如查阅历史文献、统计资料，问卷调查，现场访问、观察、开座谈会等。

（二）识别社会因素

分析社会调查获得的资料，对项目涉及的各种社会因素进行分类。一般可分为三类：影响人类生活和行为的因素，影响社会环境变迁的因素，影响社会稳定与发展的因素。从中识别与选择影响项目实施和项目成功的主要社会因素，作为社会评估的重点和论证比选方案的内容之一。

（三）论证比选方案

对项目可行性研究拟订的建设地点、技术方案和工程方案中涉及的主要社会因素进行定量分析与定性分析，通过比选推荐社会正面影响大、社会负面影响小的方案。主要步骤如下：

1. 确定评价目标与评价范围

根据投资项目建设的目的、功能以及国家和地区的社会发展战略，对与项目相关的各社会因素进行分析研究，找出项目对社会环境可能产生的影响，确定项目评估的目标，并找出主要目标和次要目标。

分析评价的范围，包括项目影响涉及的空间范围和时间范围。空间范围是指项目所在的社区、县市。有的大型项目如水利项目，影响区域可涉及多个省市。时间范围是指项目的生命期或预测可能影响的年限。

2. 选择评价指标

根据评价的目标，选择适当的评价指标。评价指标包括各种效益及影响的定性指标和定量指标。一般地，所选指标不宜过多（在50个以内），且要便于收集数据和进行评定。

3. 确定评价标准

在广泛调查研究和科学分析的基础上，收集项目本身及评价空间范围内社会、经济、环境等各方面的信息，并预测在评价和项目建设阶段有无可能发生变化，然后确定评价的标准。定量指标的评价标准一定要明确给出。

4. 列出备选方案

根据项目的建设目标、不同的建设地点、不同的资金来源、不同的技术方案等，理清可供选择的方案，并采取拜访、座谈、实地考察等方式，了解项目影响区域范围内地方政府与群众的意见，将这些意见纳入方案比较的过程中。

5. 进行项目评价

根据调查和预测的资料，对每一个备选方案进行定量评价和定性评价。首先，对能够定量计算的指标，依据调查和预测资料进行测算，并根据一定标准评价其优劣。其次，对不能定量计算的社会因素进行定性分析，判断各种定性指标对项目的影响程度，揭示项目可能存在的社会风险。再次，分析判断各定性指标和定量指标对项目实施和社会发展目标的重要程度，对各指标进行排序并赋予一定的权重。对若干重要的指标，特别是不利影响的指标进行深入的分析研究，制定降低不利影响的措施，研究存在的社会风险的性质与重要程度，提出规避风险的措施。最后，计算各指标得分和项目综合目标值，并对备选方案进行排序，得分高者为优；若出现得分相同情况，则以权重最大的某项指标为准，以该指标优者为佳。

6. 专家论证

根据项目的具体情况，可召开相应规模的专家论证会，将选出的最优方案提交专家论证，对中选方案进行详细分析，就其不利因素、不良影响和存在的问题提出改进建议和解决办法，进一步补充和完善该方案。

7. 评价总结，编制“项目社会评估报告”

将对所评价项目的调查、预测、分析、比较的过程和结论，以及方案中的重要问题和有争议的问题写成一定格式的书面报告。在提出方案优劣的基础上，提出项目是否具有社会可行性的结论与建议，形成项目社会评估报告或者篇章，作为项目决策者的决策依据之一。

二、项目社会评估的方法

项目涉及的社会因素、社会影响和社会风险不可能用统一的指标、量纲和判据进行评价，因此，社会评估应根据性能的具体情况采用灵活的评估方法。在项目前期准备阶段，采用的社会评估方法主要有快速社会评估法和详细社会评估法。

(一) 快速社会评估法

快速社会评估法是在项目前期阶段进行社会评估常用的一种简捷方法，通过这一方法可以大致了解拟建项目所在地区社会环境的基本状况，识别主要社会影响因素，粗略地预测可能出现的情况及其对项目的影响程度。快速社会评估法主要分析现有资料和现有状况，着眼于负面社会影响的分析判断，一般以定性描述为主。快速社会评估法的步骤如下：

1. 识别主要社会因素

对影响项目的社会因素分组，可以按其与项目之间关系和预期影响程度划分为影响一般、影响较大和影响严重三级。应侧重分析评价那些影响严重的社会因素。

2. 确定利益群体

对项目所在地区的受益、受损利益群体进行划分，重点分析受损严重群体的人数、结构,以及他们对项目的态度和可能发生的矛盾。

3. 估计接受程度

大体分析当地现有经济条件、社会条件对项目存在与发展的接受程度,一般分为高、中、低三级。应侧重对接受程度低的因素进行分析,并提出项目与当地社会环境相互适应的措施与建议。

(二) 详细社会评估法

详细社会评估法是在可行性研究阶段广泛应用的一种评价方法。其功能是在快速社会评估的基础上,进一步研究与项目相关的社会因素和社会影响,进行详细论证,并预测风险程度。结合项目备选的技术方案、工程方案等从社会分析的角度进行优化。详细社会评估采用定量与定性分析相结合的方法,进行过程分析。主要步骤如下:

1. 识别社会因素并排序

对社会因素按其正面影响与负面影响,持续时间长短,风险度大小,风险变化趋势(减弱或者强化)分组。应着重对那些持续时间长、风险度大、可能激化的负面影响进行论证。

2. 识别利益群体并排序

对利益群体按其直接受益或者受损、间接受益或者受损、减轻或者补偿受损的代价分组。在此基础上详细论证各受益群体与受损群体之间,利益群体与项目之间的利害关系,以及可能出现的社会矛盾。

3. 论证当地社会环境对项目的适应程度

详细分析项目建设与运营过程中可以从地方获得支持与配合的程度,按好、中、差分组。应着重研究地方利益群体、当地政府和非政府机构的参与方式及参与意愿,并提出协调矛盾的措施。

4. 比选方案

将上述各项分析的结果进行归纳、比选,推荐合理方案。

在进行详细社会评估时一般采用参与式评价,即吸收项目所在地居民参与评价项目的技术方案、工程方案等。这种方式有利于提高项目方案的透明度,有助于取得项目所在地各有关利益群体的理解、支持与合作,有利于提高项目的成功率,预防不良社会后果。一般地,公众参与程度越高,项目的社会风险越小。参与式评价可采用如下三种方式进行:(1)咨询式参与。由社会评估人员将项目方案中涉及当地居民生产生活的有关内容,直接交给居民讨论,征询意见。这种方式经常采用问卷调查法。(2)邀请式参与。由社会评估人员邀请不同利益群体中有代表性的人员座谈,注意听取反对意见,并进行分析。(3)委托式参与。由社会评估人员将项目方案中特别需要当地居民支持、配合的问题,委托给当地政府或机构,组织有关利益群体讨论,并收集反馈意见。

第四节　项目社会效果评估指标

一、宏观经济效果的总量与结构指标

（一）总量指标

项目对宏观经济影响的总量指标主要包括增加值、净产值、社会纯收入等经济指标。

增加值是指项目投产后对国民经济的贡献值，即每年形成的国内生产总值。对项目来说，按收入法计算增加值较为方便。其用公式表示为：

增加值 ＝ 项目范围内全部劳动者报酬 ＋ 固定资产折旧 ＋ 生产税净额 ＋ 营业盈余

净产值是指项目全部效益扣除各项费用（不包括工资及附加费）后的余额。

社会纯收入是指净产值扣除工资及附加费后的余额。

增加值、净产值和社会纯收入的年值可分别由各自的总现值折算。在项目评估时，应重点对这些总量指标进行计算与分析，以评价项目对宏观经济的贡献程度。

（二）结构指标

项目对社会经济影响的结构指标主要包括影响力系数、产业结构、就业结构等指标。

1. 影响力系数

影响力系数又称带动度系数，是指其所在的行业，当它增加产出满足社会需求，每增加一个单位最终需求时，对国民经济各部门产生的增加产出的影响程度。其计算公式为：

$$\text{影响力系数} = \frac{\sum_{i=1}^{n} b_{ij}}{\left(\frac{\sum_{j=1}^{n}\sum_{i=1}^{n} b_{ij}}{n}\right)}$$

式中：b_{ij} 表示列昂惕夫逆矩阵系数，即完全消耗系数，表示生产第 j 个部门的一个最终产品对第 i 个部门的完全消耗量，n 表示国民经济的产业部门数。

影响力系数如果大于 1，则表示该产业部门增加产出对其他产业部门产出的影响程度超过社会平均水平，其数值越大，该产业部门对其他产业部门的带动作用越大，对经济增长的影响越大。

2. 产业结构

产业结构可以用各自产业增加值计算，反映各自产业在国内生产总值中所占份额的大小。

3. 就业结构

就业结构包括就业的产业结构、就业的知识结构等。其中就业的产业结构是指各产业就业人数的比例，就业的知识结构是指不同知识层次就业人数的比例。

二、社会效果影响指标

(一) 就业效果指标

实现社会充分就业是宏观经济致力于实现的重要目标之一。评价项目的就业效果对存在大量过剩劳动力的我国尤其具有现实意义。劳动力就业效果一般用项目单位投资带来的新增就业人数来表示。其用公式表示为：

$$单位投资就业效果=\frac{新增总就业人数(包括本项目与相关项目)}{项目总投资(包括直接投资与间接投资)}$$

总就业效果可分为直接投资所产生的直接就业效果和与该项目直接相关的其他项目的投资所产生的间接就业效果。其用公式表示为：

$$直接就业效果=\frac{本项目新增的就业人数}{本项目的直接投资}$$

$$间接就业效果=\frac{相关项目新增就业人数}{相关项目投资}$$

从实现就业的角度来说，项目单位投资的就业效果指标应高于社会平均水平，且越大越好，但应结合行业或项目的具体性质与特点来分析与评价该指标。

(二) 收益分配效果指标

收益分配效果主要用于检验项目收益在国家、地方、企业与职工间的分配比重是否合理。其用公式表示为：

$$国家收益分配比重=\frac{项目上缴国家的收益}{项目总收益}\times 100\%$$

$$地方收益分配比重=\frac{项目上缴地方的收益}{项目总收益}\times 100\%$$

$$企业收益分配比重=\frac{企业的收益}{项目总收益}\times 100\%$$

$$职工收益分配比重=\frac{职工的收益}{项目总收益}\times 100\%$$

为体现国家对老、少、边、穷等贫困地区的重视与鼓励政策，为使这类地区的项目优先通过审批，也可设置贫困地区收益分配指标，通过对贫困地区赋予较高的权益分配权重，判定其对贫困地区收益分配的贡献。

(三) 资源影响效果指标

项目对资源的影响效果指标主要有节能效果指标、节约耕地效果指标、节约时间效果指标、节约水资源效果指标等。

1. 节能效果指标

它主要以项目的综合能耗水平(可折成“年吨煤消耗”)来反映。其计算公式为:

$$项目的综合能耗水平=\frac{项目的综合能耗}{项目的净产值}$$

如果项目的综合能耗水平低于社会平均能耗水平,则说明项目具有较好的节能效果。

2. 节约耕地效果指标

它主要以项目单位投资占用土地面积来表示。其计算公式为:

$$单位投资占用土地面积=\frac{项目占用耕地面积}{项目总投资}(平方米/万元)$$

项目单位投资占地面积指标如果低于社会平均水平,则表明项目具有较好的节约耕地效果。

3. 节约时间效果指标

此指标分析应结合具体项目进行,对交通运输与城市轨道交通类项目具有特别意义。对于表现为时间节约的项目效果,应按照有无对比的原则分析“有项目”和“无项目”情况下的时间耗费情况,区分不同人群、货物,根据项目具体特点测算时间节约的价值。具体存在如下两种情况:(1)出行时间节约的价值是为了得到这种节约受益者所愿意支付的货币数量,则在评估中应根据所节约时间的性质分别测算。如果所节约的时间是用于工作,则时间节约的价值应为将节约的时间用于工作所带来的产出增加,由企业负担的所得税前工资、保险、退休金及有关的其他劳动力成本综合分析计算;如果所节约的时间用于闲暇,应从受益者个人的角度,综合考虑个人家庭情况、收入水平、对闲暇的偏好等因素,采用意愿调查评估的方法进行估算。(2)货物时间节约的价值是指为得到这种节约受益者所愿意支付的货币数量,应根据不同货物对时间的敏感程度测算其时间节约价值。

4. 节约水资源效果指标

该指标以项目单位产值(产品)耗水量来反映。其计算公式为:

$$项目单位产值耗水量=\frac{项目总耗水量}{项目总产值(立方米/元)}$$

项目单位产值耗水量与国家或地区规定的定额比较,可判定项目的节水效果。对生产性项目应分别计算单位产品生产用水和项目人均耗水量,单位产品耗水量应与行业规定的定额进行比较。

三、环境效果指标

(一) 环境保护费用指标

环境保护费用是环境保护措施方案比选的重要依据之一。一般地,在项目的环境保护措施方案中，应以环保费用最低且达到符合国家环保标准与目标的方案为优。其计算公式为：

$$C=C_0+\sum_{t=1}^{n}C_t\left(\frac{P}{F},i,t\right)+C_k\left(\frac{P}{A},i,n\right)$$

式中：C 表示项目环保措施费用，C_0 表示项目初始环保投资，C_t 表示第 t 年的追加投资，C_k 表示每年的环保经常费用，n 表示项目的投产期。

（二）环境质量指数

1. 简易计算法

该方法主要采用对各项环境污染治理的指数的算术平均值。其计算公式为：

$$\text{环境质量指数}=\frac{\sum_{i=1}^{n}Q_i}{Q_{ic}n}$$

式中：n 表示项目排出的污染环境的有害物质的种类，如废气、废水、噪声等；Q_i 表示第 i 种污染物排放量；Q_{ic} 表示国家或地方规定的第 i 种污染物的最大允许排放量。

2. 加权平均数法

如果项目对环境影响很大，也比较复杂，则对各类污染物对环境影响的程度分别给予不同的权重，然后再求其平均值。其计算公式为：

$$\text{环境质量指数}=\frac{\sum_{i=1}^{n}\left(\frac{Q_iW_i}{Q_{ic}}\right)}{\sum_{i=1}^{n}W_i}$$

式中：W_i 表示第 i 种污染物对环境影响的权重，既可以是系数或百分比，也可以为整数、级数、指数等。

在项目的社会评估或环境影响评估中，对环境质量指数的评估，主要是分析项目的主要污染物的排放是否达到国家的有关标准，是否达标排放，是否存在危害人们生命财产及自然、经济、社会及特殊环境的情况。

本章小结

社会评估是指分析拟建项目对当地社会（或全社会）的影响和当地社会条件对项目的适应性和可接受程度，从而评价项目的社会可行性。它旨在系统调查和预测拟建项目的建设、运营产生的社会影响与社会效益，分析项目涉及的各种社会因素，评价项目的社会可行性，促使项目规避社会风险而得以顺利实施。社会评价应依据一定的原则，按一定的要求进行。

项目的社会评估与项目的财务评估及国民经济评估相比，具有宏观性与长期性、评价目标的多样性与复杂性、评价指标和评价标准的差异性等特点。

社会评估主要适用于社会因素较为复杂、社会影响较为久远、社会效益较为显著、社会矛盾较为突出、社会风险较大的投资项目。项目的社会评估一般可以分为项目识别(初级社会评估)、项目准备(详细社会分析)及项目实施(建立监控和评估机制)三个层次。

社会评估从以人为本的原则出发,其研究内容包括项目的社会影响分析、项目与所在地区的互适性分析及社会风险分析三个方面的内容。其中,项目的社会影响分析包括项目对所在地区居民收入、生活水平、生活质量及就业的影响,对所在地区不同利益群体的影响,对所在地区弱势群体的影响,对所在地区文化教育、卫生的影响,对当地基础设施、社会服务容量和城市化进程的影响,对所在地区少数民族风俗习惯和宗教的影响。项目与所在地区互适性分析主要包括当地不同利益群体及各类组织对项目的态度,当地文化技术条件对项目的满足程度与状况等;社会风险分析的内容主要包括移民安置、民族矛盾及宗教、受损补偿等问题。

社会评估一般可分为社会调查、识别社会因素和论证比选方案三个步骤。

社会评估方法主要包括快速社会评估法和详细社会评估法两种。其中,快速社会评估法是在项目决策分析与评价的初期阶段采用的一种以定性描述和分析为主的简便方法,主要包括识别主要社会因素、确定利益群体、估计接受程度三个步骤;详细社会评估法是在项目决策分析与评价的可行性研究阶段广泛采用的一种以定性分析与定量分析相结合的过程分析法,主要包括识别社会因素并排序、识别利益群体并排序、论证当地社会环境对项目的适应程度和比选方案四个步骤。

社会评估的定量分析主要是通过宏观经济效果的总量与结构指标,社会效果中的就业效果、收益分配效果、资源影响效果,环境效果中的环保费用及环境质量指数等指标进行。

复习思考题

1. 项目社会评估的含义是什么?为什么要进行社会评估?
2. 项目社会评估有什么特点?
3. 项目社会评估中社会影响分析的主要内容有哪些?
4. 项目社会评估中互适性分析的主要内容有哪些?
5. 项目的社会评估是按什么步骤进行的?
6. 什么是快速社会评估法?它是按什么方法与步骤进行的?
7. 什么是详细社会评估法?它是按什么方法与步骤进行的?
8. 项目的社会评估的定量分析指标有哪几类?它们是如何进行分析的?

第十二章　项目的环境影响评估

项目的效益应是经济效益、社会效益与环境效益的统一。当人类社会发展到今天，绿色低碳发展、可持续发展问题已成为一个现实而迫切需要解决的问题，而经济发展与环境生态的协调则是其中非常重要的课题，这是因为，环境对人类生活及经济发展的影响尤其是负面影响越来越明显。为此，对项目的评价工作，不仅要做好项目的经济评估工作、项目的社会评估工作，还需做好项目的环境影响评估工作。

第一节　项目环境影响评估概述

一、环境影响与环境影响评估

环境影响是指人类活动(包括经济活动和社会活动)对环境的作用和因此导致的环境变化，以及由此引发的对人类社会和经济发展的影响。环境影响评价必须客观、公开、公正，综合考虑规划或者建设项目实施后对各种环境因素及其所构成的生态系统可能造成的影响，为决策提供科学依据。投资项目的实施一般会对环境产生影响，且这种影响的后果有时会十分严重。因此，在投资项目实施之前，应该进行环境影响评价(EIA)，充分调查涉及的各种环境因素，据此识别、预测和评价该项目可能对环境带来的影响，并按照社会经济发展与环境保护相协调的原则提出预防或降低不良环境影响的具体措施。国家加强环境影响评价的基础数据库和评价指标体系建设，鼓励和支持对环境影响评价的方法、技术规范进行科学研究，建立必要的环境影响评价信息共享制度，提高环境影响评价的科学性。

为了实施可持续发展战略，预防因规划和投资项目实施后对环境造成不良影响，促进经济、社会和环境的协调发展，我国实施了环境影响评估制度，并制定了严格的环境影响评估管理程序，对建设项目的环境保护实行分类管理。环境影响评估已成为投资项目前期工作的一项必不可少的内容，相关的法规主要有《中华人民共和国环境保护法》(1989 年 12 月 26 日，第七届全国人民代表大会常务委员会第十一次会议通过，2014 年 4 月 24 日，第十二届全国人民代表大会常务委员会第八次会议修订，自 2015 年 1 月 1 日施行)、《建设项目环境保护条例》(国务院 1998 年发布)、《关于建设项目环境影响评价制度有关问题的通知》(原国家环保总局 1999 年发布)、《中华人民共和国环境影响评价法》(2002 年发布,2016 年 7 月 2 日第一次修正、2018 年 12 月 29 日第二次修正)。根据这些法规的规定,在中华人民共和国领域和中华人民共和国管辖的其他海域内建设对环境有影响的项目,都应依法进行环境影响评估。环境影响评价必须客观、公开、公正,综合考虑规划和建设项目实施后对各种环境因素及其所构成的生态系统可能造成的影响,为决策提供科学依据。为了严肃和规范环境影响评估工作,相关法规做了一系列具体规定,主要如下:

(1) 国务院有关部门、设区的市级以上地方人民政府及其他相关部门,对其编制的土地利用规划、区域、流域、海域的建设开发利用规划,应当在规划编制过程中组织进行环境影响评估,编写该规划有关环境影响的篇章或者说明;对其组织编制的工业、农业、畜牧业、林业、能源、水利、交通、城市建设、旅游、自然资源开发的有关专项规划,应当在该专项规划草案上报前,组织进行环境影响评价,并向审批该项规划的机关提出环境影响报告书。

(2) 国家根据建设项目对环境的影响程度,对建设项目的环境影响评价实行分类管理:

① 建设项目可能造成重大环境影响的,应当编制环境影响报告书,对环境的影响进行全面评价。

② 建设项目可能造成轻度环境影响的,应当编制环境影响报告表,对所产生的环境影响进行专项分析或者专项评价。

③ 建设项目对环境影响很小,不需要进行环境影响评估的,应当填制环境影响登记表。

(3) 除某些规定的行业外,建设单位一般应当在建设项目可行性研究阶段报批建设项目环境影响报告书、环境影响报告表或者环境影响登记表。

(4) 国家对从事建设项目环境影响评估工作的单位实行资格评审制度。从事项目环境影响评估工作的单位,必须取得国家环境保护行政主管部门颁发的资格证书,按照资格证书规定的等级范围,从事项目环境影响评估工作,并对评价结论负责。

(5) 国家对建设项目环境影响评价的管理规定了较为严格的程序,具体可以概括如下:

① 对需要按规定报批项目建议书的投资项目,在项目建议书批准后,建设单位应根据项目环境影响分类管理名录,确定项目环境影响评估类别;不需要报批项目建议书的投资项目应在可行性研究阶段进行。

② 应当编制环境影响报告书的项目,需要先编写环境影响评估大纲,经有审批权的环境保护行政主管部门负责组织对评价大纲的审查,审查批准后的评价大纲作为环境影响评估的工作依据。

③ 环境影响报告书应当按照国务院的有关规定报有审批权的环境保护行政主管

部门审批，有行业主管部门的应当先报其预审。未经批准的，该项目审批部门不得批准其建设，建设单位不得开工。

④ 建设项目的环境影响评估文件经批准后，建设项目的性质、规模、地点、采用的生产工艺或者防治污染、防止生态破坏的措施发生重大变动的，建设单位应当重新报批建设项目的环境影响评估文件。

⑤ 项目在建设过程中，建设单位应当同时实施环境影响评估文件及其审批意见中提出的环境保护对策和措施。

由此可见，环境影响评估独立于项目建议书和可行性研究报告等的编制而自成体系，是投资项目决策分析与评价阶段中非常重要的一环。

二、项目环境影响评估的目的与作用

对项目实施环境影响评估的目的与作用主要有：

1. 保障和促进国家可持续发展战略的实施

当前，实施可持续发展战略已成为我国国民经济和社会发展的基本指导方针。实施可持续发展战略的一个重要途径，就是把环境保护纳入综合决策，转变传统的经济增长模式。国家制定环境影响评估的法规，建立健全环境影响评估制度，就是为了在建设项目实施前就能够综合考虑到环境保护问题，从源头上预防或减轻对环境的污染和对生态的破坏，从而保障和促进可持续发展战略的实施。

2. 预防因建设项目实施而对环境造成不良影响

预防为主，是环境保护的一项基本原则。如果等环境已经被污染后再去治理，不但在经济上要付出重大代价，而且更多情况是，环境污染一旦发生，即使花费很大代价，也难以恢复。因此，对建设项目进行环境影响评估，使其在动工兴建之前，就能根据环境影响评估的要求，修改和完善建设设计方案，提出相应的环保对策和措施，从而预防和减轻项目实施对环境造成的不良影响。

3. 促进经济、社会和环境的协调发展

经济的发展和社会的进步要与环境相协调。为了实现经济和社会的可持续发展，必须将经济建设、城乡建设与环境建设同资源保护同步规划、同步实施，以达到经济效益、社会效益和环境效益的统一。对建设项目进行环境影响评估在于避免和降低环境问题对经济和社会的发展可能造成的负面影响，达到促进经济、社会和环境协调发展的目的。

三、项目环境影响评估的要求

(一) 环境影响评估的原则

建设项目应注意保护场址及其周围地区的水土资源、海洋资源、矿产资源、森林植被、文物古迹、风景名胜等自然环境和社会环境。项目环境影响评估应坚持以下原则：

(1) 符合国家环境保护法律、法规和环境功能规划的要求；

（2）坚持污染物排放总量控制和达标排放的要求；

（3）坚持“三同时”原则，即环境治理设施应与项目的主体工程同时设计、同时施工、同时投产使用；

（4）力求环境效益与经济效益相统一，在研究环境保护治理措施时，应从环境效益与经济效益相统一的角度进行分析论证，力求环境保护治理方案技术可行和经济合理；

（5）注重资源综合利用，对环境治理过程中项目产生的废气、废水、固体废弃物，应提出回收处理和再利用方案。

（二）环境影响评估的政策要求

我国为了实施可持续发展战略，制定了一系列政策法规，为环境影响评估提供了政策依据。

1. 实行环境与经济协调发展的政策

所谓“协调发展”，是指经济建设与环境和资源保护相协调，其主要含义可以归纳为“三建设、三同步、三统一”，即经济建设、城乡建设与环境建设必须同步规划、同步实施、同步发展，以实现经济效益、社会效益和环境效益的统一。协调发展的政策是对发展方式提出的要求，其目的是保证经济社会的健康、持续发展。这种发展思想要求既不能片面地追求经济效益而忽视环境损害的严重后果，也不能超越现实经济的承受能力，提出过高的环境保护要求。在发展经济中解决环境问题，在环境问题的解决中求得经济的健康而全面的发展。

2. 实行预防为主、防治结合的政策

这个政策的含义：在环境与资源保护中，采取各种预防性手段和措施，防止环境问题的产生或将其限制在最低程度，尽量在生产过程中解决环境问题，而不是等环境污染和资源破坏后再去想办法治理。它是在对已走过的“先污染、后治理”环境治理道路的深刻教训总结的基础上提出的。在现实生活中，一旦环境污染和破坏的问题发生，其在经济上要付出很大代价的同时，往往还不能有效恢复，所以必须持谨慎的态度，以预防的手段避免这些问题的发生。

3. 实行污染者负担、受益者补偿、开发者恢复的政策

污染者负担是指凡是造成环境污染和危害的单位或个人，都负有治理环境污染和补偿损害的责任。实行“谁污染谁负责”原则，其目的：一是在于提高企业单位治理污染的责任感和紧迫感，二是把环境保护责任与经济责任结合起来。受益者补偿是指受益于环境治理和生态建设的单位和个人，有责任按照有关的法律规定要求进行补偿。这是因为，生态环境是一个有机的整体，任何一个局部环境的改善，不仅可以使当地受益，而且也会使周边地区、下游地区等相关地区受益。开发者恢复是指对环境和自然资源进行开始利用的单位和个人，有责任对其进行恢复、整治、更新和养护。

（三）环境影响评估的工作要求

在具体的环境影响评估工作中，应根据政策，体现出政策性、针对性和科学性的

要求。

1. 环境影响评估要符合政策

政策性是建设项目环境影响评估工作的灵魂，评估工作必须根据国家和地方颁布的有关方针政策、标准、规范以及规划进行，提出切合实际的环境保护措施与对策，使其达到必须执行的政策标准，也就是说应符合国家环境保护法律法规和环境功能规划的要求。具体包括：

（1）对于项目的选址要根据行业政策，并结合总体规划去评价其布局的合理性。

（2）对于项目用地要结合国家的土地政策和生态环境条件去评价其节约用地的必要性。

（3）对于所选工艺和污染物的排放状况要结合能源和资源利用政策去评价其技术经济指标的先进性。要求工艺设计积极采用无毒无害或者低毒低害的原料，采用不产生或少产生污染的新技术、新工艺、新设备，最大限度地提高资源、能源的利用水平，尽可能地在生产过程中把污染物减少到最低限度，实现清洁生产的要求。

（4）对于环境保护措施和装备水平要结合现行技术政策去评价其经济效益、社会效益和环境效益的统一。并从效益统一的角度进行分析论证，力求环境保护治理方案在技术上可行、经济上合理。

（5）对于环境质量要结合环境功能规划和质量指标去评价其保证性或保证程度。要坚持污染物排放总量控制，达到国家或当地有关部门颁发的排放标准的要求。

（6）注重资源的综合利用，对项目产生的废气、废水、固体废弃物，应尽可能提出回收利用方案，提高资源的利用价值。

2. 环境影响评估工作要有针对性

环境影响评估工作必须针对项目的特性和所在地区的环境特征进行深入分析，并抓住危害环境的主要因素，以确保环境影响评估报告真正能起到为主管部门提供决策依据、为设计工作制定防治措施、为环境管理提供科学依据的基本功能与作用。

3. 环境影响评估应具有科学性

环境影响评估是一项非常复杂的工作，是一门由多学科组成的综合技术，其工作内容主要是针对开发建设项目预测其未来对环境的影响。由于这项工作在时间上具有超前性，所以在开展这项工作时，从现状调查、评价因子筛选到专题设置、监测布点、测试、取样分析、数据处理、预测模型以及评价结论都应坚持科学态度，认真完成各项任务。

第二节　项目环境影响评估的程序与内容

一、项目环境影响评估的工作程序

项目环境影响评估工作是在项目建设前期进行的，且应与项目的可行性研究分别进行，必要时，要先于项目的可行性研究报告完成并作为项目可行性研究的编制依据和项目决策的主要依据之一。

项目决策分析与评价阶段的环境影响评估工作程序大体上可以分为如下三个阶段：

（一）准备阶段

这一阶段的主要内容是研究有关文件，进行初步的工程分析和环境现状调查，筛选重点评价项目，确定建设项目环境影响评估的工作等级，编制评价工作大纲。

（二）正式工作阶段

这一阶段的主要工作是进一步做好工程分析和环境现状调查，进行环境影响预测和评价环境影响。

（三）报告书编制阶段

这一阶段的主要工作是在汇总、分析前一阶段工作所得到的各种资料、数据的基础上，做出评价结论，完成环境影响报告书的编制。

二、项目环境影响评估的工作内容

建设项目环境影响评估的工作内容取决于建设项目对环境所产生的影响程度，由于建设项目的类型多种多样，所以其对环境的影响也呈现出多种多样的特性。但是无论如何，项目的环境影响评估在基本内容上还是一致的。根据国家对建设项目的环境影响评估实行分类管理的有关规定，建设项目应根据要求分别编制和报批环境影响评估报告书、环境影响评估报告表或环境影响登记表。

（一）环境影响评估的基本内容

1. 环境条件调查

环境条件调查主要包括以下几方面的内容：

（1）自然环境。

调查项目所在地的大气、水体、地貌、土壤等自然环境状况。其中，大气环境主要包括风、沉降物、温度、大气质量等方面的内容；水环境主要包括地表水的来源、总量、结构比例及其与动植物之间的关系，地下水状况、排水形式，以及水体质量等方面的内容；地貌环境主要包括项目所在地的地形、地势等方面的内容；土壤环境主要包括土壤特征、土壤利用状况等方面的内容。

（2）生态环境。

调查项目所在地的森林、草地、湿地、动物栖息、水土保持等生态环境状况。

（3）社会经济环境。

调查项目所在地居民生活、文化教育卫生、风俗习惯等社会环境状况；调查项目周围地区的城乡分布及发展规划要点，居民人口数量与密度、收入分配、就业与失业情况、人均收入水平与需求水平，项目所在地区的交通运输条件等。

(4) 特殊环境。

调查项目周围地区名胜古迹、风景区、自然保护区等环境状况。

2. 影响环境因素分析

影响环境因素分析，主要是分析项目建设过程中破坏环境、生产运营过程中污染环境，从而导致环境质量恶化的主要因素。

(1) 污染环境因素分析。

分析生产过程中产生的各种污染源，计算排放污染物数量及其对环境的污染程度。

① 废气。分析气体排放点，计算污染物产生量和排放量、有害成分和浓度，研究排放特征及其对环境危害程度并编制废气排放一览表。

② 废水。分析工业废水(废液)和生活污水的排放点，计算污染物产生量和排放量、有害成分和浓度，研究排放特征及其对环境危害程度并编制废水排放一览表。

③ 固体废弃物。分析计算固体废弃物产生量和排放量、有害成分及其对环境的污染程度并编制固体废弃物排放一览表。

④ 噪声。分析噪声源位置，计算声压等级，研究噪声特征及其对环境危害程度并编制噪声源一览表。

⑤ 粉尘。分析粉尘排放点，计算产生量和排放量，研究组成成分与特征、排放方式及其对环境造成的危害程度并编制粉尘排放一览表。

⑥ 其他污染物。分析生产过程中产生的电磁波、放射性物质等污染物发生的位置、特征，计算强度值及其对周围环境的危害程度。

(2) 破坏环境因素分析。

分析项目建设施工和生产运营对环境可能造成的破坏因素，预测其破坏程度，主要包括以下方面：

① 对地形、地貌等自然环境的破坏；

② 对森林草地植被的破坏，如引起的土壤退化、水土流失等；

③ 对社会环境、文物古迹、风景名胜区、水源保护区的破坏。

3. 环境影响因素的确定与影响程度的分析

在全面分析项目所在地环境信息的基础上，就可以根据项目类型、性质来分析与预测该项目对环境的影响，从中找出主要影响因素，并进行环境影响程度分析。

(1) 项目对自然环境的影响。

项目对自然环境的影响主要表现为对水、大气、土壤等环境要素的影响。第一，对水的影响。包括对地下水和地表水的影响。许多项目需要大量的水用于生产或冷却，这会严重影响水文特征。另外，还需要考虑由于项目兴建带来的服务业，特别是人口的增长，都会带来水的供求矛盾等。第二，对大气环境质量的影响。主要是指排放的气体污染物对人类和动物的健康和生产力带来的不利影响。第三，对土壤质量的影响。这种影响主要表现在三个方面：一是污染影响，二是可能引起的土壤沙化，三是造成土壤和土地资源破坏。

(2) 项目对生态环境的影响。

项目对生态环境的影响主要表现为对动植物种类的分布和丰富度造成的影响。维持生物物种的多样性，应是项目设计及选择项目方案所必须考虑的一个重要方面。

(3) 项目对美学的影响。

这主要是指项目对与美感有关事物的作用与影响。美感是人们对具有审美价值的客体(环境质量)，从感官开始，通过想象、情感、道德等多种心理因素的相互作用，综合而成的一种心理感受状态。如项目的建设是否影响了原有清新的空气、美丽的水景、和谐的自然景观及空气的能见度，等等。

(4) 项目对社会经济环境的影响。

这种影响主要是指项目建设与运营可能对经济、社会、人类健康和福利等产生的直接影响和通过改变环境因素而带来的间接影响。它主要可以从以下四个方面进行：第一，对人口的影响。由于从事项目工人的移入而引起项目所在地区人口大量增加，使人口的组成、分布等发生变化，以至于影响劳动力市场，影响本地居民就业。第二，对地区服务设施的影响。项目的投资建设与运营，无疑会加剧项目所在地各种服务设施的供求矛盾。第三，对经济的影响。这种影响主要表现为项目所带来的经济利益是如何进行分配的，社会的受益、受害程度如何。第四，对价值观的影响。这种影响主要表现在对生活方式和生活质量的影响。由于受项目建设的经济活动影响，可能使项目附近的居住、文化水平及生活方式发生改变，生活质量发生变化。

在进行上述环境影响因素和影响程度分析之后，即可编制环境影响因素一览表。具体可见表 12-1。

表 12-1　　环境影响因素一览表

环境类别	影响因素	拟建项目考虑的典型事项
自然环境	水	(1) 无组织排放的污染源是什么？(2)项目附近河流是否受到影响？(3)悬浮颗粒物经过处理的结果如何？是否达到了规定标准？(4)废物处置对地下水有无影响
	土地	(1) 将会发生什么样的土地风化？原因是什么？(2)项目是否符合当地的土地利用条例和地区标准？(3)项目的液体和固体废物的处理方法及其安全性如何
	空气	(1) 项目周围的空气质量如何？将受到项目怎样的影响？(2)兴建项目造成人口迁移引起的劳动力需求增加，会引起二氧化碳的排放量增加吗
	噪声	项目兴建所增加的噪声对环境的自然声音及周围地区的日常生活秩序有什么影响

续表

环境类别	影响因素	拟建项目考虑的典型事项
生态环境	物种与种群	(1) 项目兴建对该地区的动植物生存有何不利影响？(2)项目的排放物会损害水生物吗
	种群与生态	(1) 项目引起的物种迁移是否会影响和破坏当地生态系统？(2)是否会引起珍稀和濒危物种生存环境的破坏
	生态系统	(1) 项目废水带入的营养物质是否会引起附近水质的富营养化？(2)项目的兴建是否对植被造成破坏而引起整个生态系统的能量流动
美学	土地	(1) 项目所带来的都市化是否会引起地区地貌的变化？(2)项目进行的场地清理及树木砍伐是否会影响当地的自然景观
	空气	项目是否排放气味排放物
	水	项目的排放物是否会改变当地的水质
	生物	项目所需的土地开发是否会引起植物种类的变异
	人造景观	(1) 项目的设计造型与现有景观协调吗？(2)项目的进一步开发与现有环境协调吗
社会环境	个人环境利益	项目会破坏历史背景及其连续性吗
	个人福利	项目的排放物对人类健康的短期与长期影响如何
	社会相互影响	(1) 项目会引起大规模的人口迁移吗？(2)项目带来的经济与社会发展前景如何？(3)人们现有的生活方式会有什么变化
	集体福利	(1) 项目以何种方式影响集体福利？(2)居民区的整体环境受项目的影响程度如何

4. *环境保护措施*

在分析环境影响因素及其影响程度的基础上，按照国家有关环境保护法律、法规的要求，研究提出治理方案。

(1) 治理措施方案。

应根据项目的污染源和排放污染物的性质，采取不同的治理措施。

① 废气污染治理，可采用冷凝、吸附、燃烧和催化转化等方法。

② 废水污染治理，可采用物理法(如重力分离、离心分离、过滤、蒸发结晶、高磁分离等)、化学法(如中和、化学凝聚、氧化还原等)、物理化学法(如离子交换、电渗析、反渗透等)、生物法(如自然氧池、生物滤化等)等方法。

③ 固体废弃物污染治理，有毒废弃物可采用防渗漏池堆存；放射性废弃物可采用封闭固化；无毒废弃物可采用露天堆存；生活垃圾可采用卫生填埋、堆肥、生物降解或者焚烧处理；利用无毒害固体废弃物加工制作建筑材料或者作为建材添加物，进行综合利用。

④ 粉尘污染治理,可采用过滤除尘、湿式除尘、电除尘等方法。

⑤ 噪声污染治理,可采用吸声、隔音、减震、隔震等措施。

⑥ 建设和生产运营引起环境破坏的治理。对岩体滑坡、植被破坏、地面塌陷、土壤劣化等,应提出相应治理方案。

在可行性研究中,应在环境治理方案中列出所需的设施、设备和投资。

(2) 治理方案比选。

对环境治理的各局部方案和总体方案进行技术经济比较,并做出综合评价。比较评价的主要内容包括:

① 技术水平对比。分析对比不同环境保护治理方案所采用的技术和设备的先进性、实用性、可靠性与可得性。

② 治理效果对比。分析对比不同环境保护治理方案在治理前和治理后环境指标的变化情况,以及能否满足环境保护法律法规的要求。

③ 管理及监测方式对比。分析对比各环境保护治理方案采用的管理和监测方式的优缺点。

④ 环境效益对比。将环境保护治理所需投资和环境保护运行费用与所获得的收益相比较。效益费用比值较大的方案为优。

治理方案经比选后,提出推荐方案,并编制环境保护治理设施和设备表。

(二) 环境影响评估报告书的主要内容

根据有关规定,建设项目环境影响评估报告书主要应包括如下内容:

(1) 建设项目概况;

(2) 建设项目周围环境现状;

(3) 建设项目对环境可能造成影响的分析与预测;

(4) 建设项目环境保护措施及经济、技术论证;

(5) 建设项目对环境影响的经济损益分析;

(6) 对建设项目实施环境监测的建议;

(7) 环境影响评估结论。

另外,根据规定,专项规划的环境影响报告书的主要内容包括:

(1) 实施该规划对环境可能造成影响的分析、预测和评估;

(2) 预防或者减轻不良环境影响的对策和措施;

(3) 环境影响评估的结论。

(三) 环境影响报告表的主要内容

环境影响报告表的格式由我国生态环境部统一监制,其主要内容包括:建设项目基本情况,建设项目所在地自然环境及社会环境简况,环境质量状况,主要环境保护目标,评估适用标准,工程内容及规模,与本项目有关的原有污染情况及主要环境问题,项目主要污染物产生及预计排放情况,环境影响分析,建设项目拟采取的防治措施及预期效果，结论与建议等。

（四）环境影响登记表的主要内容

环境影响登记表的格式由我国生态环境部统一监制，包括四个表：表一为项目基本情况，表二为项目地理位置示意图和平面布置示意图，表三为周围环境概况和工艺流程与污染流程，表四为项目排污情况及环境保护措施简述。

第三节 项目环境影响的效益-费用评价方法

环境影响报告书要求进行环境影响的经济损益分析，目前尚无统一规范的分析方法，实践中常见的是综合描述的方法。在此主要介绍几种评价环境质量变化效益-费用方法，即根据使用环境商品带来的效益与所花费的费用，辅以效益-费用分析原理，来完成对环境保护方案或措施的比较与选择。

根据考虑问题的不同，衡量环境质量价值可以从效益与费用两个方面去进行评价：一是从环境质量的效用，即从其满足人类需要的能力，以及人类从中得到好处的角度进行评价；二是从环境质量遭到污染并进行治理所需要花费的费用进行评价。

根据消费环境商品带来的效用来确定环境价值，又可以分为直接根据市场价值或劳动生产率来确定环境价值和应用替代物或相应货物的市场价值来确定环境价值两种，两者使用的评价方法分别为：市场价值法、人力资本法、资产价值法、工资差额法；而根据补偿环境恶化的费用来确定环境价值的评价方法主要有防护费用法和恢复费用法。两者的详细分类内容可见表 12-2。

表 12-2 环境影响的效益-费用评价方法分类

分类标准		适用评价方法
根据消费环境商品带来的效用来确定环境价值	直接根据市场价值或劳动生产率	市场价值法
		人力资本法
	应用替代物或相应货物的市场价值	资产价值法
		工资差额法
根据补偿环境恶化的费用来确定环境价值		防护费用法
		恢复费用法

一、直接法

市场价值法和人力资本法这两种方法是直接效益-费用分析法（在此简称直接法），重点描述污染物对自然系统或对人工系统影响的效益与费用。

(一) 市场价值法

市场价值法将环境质量当作一个生产要素，环境质量的变化导致生产率和生产成本的变化，从而影响生产或服务的利润和产出水平，而产品或服务的价值、利润是可以利用市场价格来计量的。市场价值法就是利用环境质量变化而引起的产品或服务产量及利润的变化来评价环境质量变化的经济效果的。其用公式表示为：

$$S = V\sum_{i=1}^{n}\Delta R_i$$

式中：S 表示环境污染或生态破坏的价值损失；V 表示受污染或破坏物种的市场价格；ΔR_i 表示某种产品或服务受污染或破坏程度的损失数量；i 表示环境污染或破坏的程度，分别表示轻度污染、严重污染或遭到破坏。

ΔR_i 的计算方法与环境要素的污染或损失过程有关。如计算农田受污染损失时可按下式计算：

$$\Delta R_i = M_i(R_0 - R_1)$$

式中：M_i 表示某类污染程度的面积，R_0 表示某类污染程度的单产，R_1 表示未受污染或类比区的单产。

(二) 人力资本法

环境作为人类社会发展的最重要的资源之一，其质量变化对人类健康有很大影响。如果人类生存环境受到污染或破坏，使原来的环境功能下降，就会给人类的生活质量及健康带来损失，这不仅会使人们的劳动能力水平下降，而且还会给社会带来负担。人力资本法就是对这种损失的一种估算方法。对人类健康方面所造成的损失主要包括：过早死亡、疾病或病休所造成的收入损失，医疗费用的增加，精神或心理上的代价等。

当然，在这里，为了分析上的方便，可将环境污染引起的经济损失分为直接经济损失和间接经济损失两部分。其中，直接经济损失包括预防和医疗费用、死亡丧葬费；间接经济损失包括病人耽误工作造成的经济损失，非医护人员护理、陪住影响工作造成的经济损失等。评价的具体步骤：通过污染区和非污染区的流行病学进行调查和对比分析，确定环境污染因素在发病原因中占多大比重，调查患病和死亡人数，以及病人和陪住人员耽误的劳动总工作日数，来计算环境污染对人类健康影响的经济损失。

二、替代市场法

对于所讨论的物品或劳务及服务品不能用市场价格表示时，则可采用替代市场法来进行评价分析，即用替代的物品和劳务或服务品的市场价格来作为该物品和劳务及服务价值的依据。

(一) 资产价值法

资产价值法与市场价值法的区别在于，它不是利用受环境质量变化所影响的商品或劳务及服务品的直接市场价格来估计环境效益，而是利用替代或相应物品的价格，来估计无市场价格的环境商品或劳务。如清洁空气的价值、不同水平下的环境舒适性价值，都可成为销售商品或所提供劳务价格中的一个因素。另外，又如在建设项目环境影响评估中，经常考虑由于建设项目引起周围环境质量发生变化，则附近的房地产价格也受其影响，由此使人们对房产的支付意愿或房地产的效益都发生了变化。因此，在其他条件相同时，污染后的房价要低于未污染时的房价。其计算公式为：

$$\Delta B = \sum_{i=1}^{n} a_i (Q_{i2} - Q_{i1})$$

式中：ΔB 表示效益的变化值，可以是由于项目引起房产效益减少，也可以是污染防治使房产效益增加；a_i 表示边际支付意愿，若第 i 个替代产品的价格为 P_i，相应的环境质量水平为 Q_i，则 $a_i = \frac{aP_i}{aQ_i}$。Q_{i1}、Q_{i2} 分别为污染前和污染后的环境质量水平。

（二）工资差额法

利用环境质量不同条件下工人工资的差异来估计环境质量变化造成的经济损失或带来的经济效益。工人的工资受很多因素的影响，如工作性质、技术水平、风险程度、工作期限、周围环境质量等。在现实中也存在着这样一种情况，即往往用高工资吸引人们到污染地区工作，如果工人可以自由调换工作，则此工资的差异部分即可归因于工作地点的环境质量。因此，工资差异的水平可用来估计环境质量变化带来的经济损失或经济效益，即我们可以把类似工作的工资差额看作与工作地点的工作条件、生产条件相关的职业属性的函数，如果可以估计工资水平和上述职业属性之间的函数关系，则隐价格就可以确定（与资产价值法一样）。假定隐价格为一常数，则它可以反映从事较低（高）水平特征属性的职业，收入较高（低）水平的工资的边际支付（或接受）意愿，并进而评定职业属性水平改善的效益。

影响工资差额的许多职业属性是可以识别的。大多数实例都涉及这两种属性，生命或健康的风险和城市舒适程度，特别是空气污染。空气污染属性的隐价格提供了一个空气质量与收入之间的权衡价值。

三、环境补偿法

前面介绍的几种方法是完全依赖于以意愿为基础的环境质量效益评价方法，但是在很多情况下，要全面估计保护和改善环境质量和经济效益是件很困难的事情。这是因为，一方面受研究技术和资料的限制，另一方面受支付意愿理论不完整的限制。实际上，许多有关环境质量评价是在没有对效益进行货币估算的情况下做出的，是用一些特定目标或某种数量指标来代替货币效益的，如排放总量等。下面介绍根据计算出替代被破坏的环境所需的费用来评价环境质量的方法。

（一）防护费用法

防护费用法是生产者和消费者愿意承担防护费用时所显示的环境质量效益所得

的隐含价值。根据所包含的费用，按照所使用那些资源的经济价值，就提供了产生效益的最低估计。防护费用已被广泛应用于环境影响评估中。

（二）恢复费用法

由于建设项目或环境管理措施不当造成环境质量下降以及由此造成其他生产性资产受到损害，而将环境质量或生产性资产恢复到初始状态所需费用作为估计环境效益损失的最低期望值的方法就称为恢复费用法。如水污染引起农、渔业的损失，开矿引起地面下沉而造成建筑物损失的恢复费用，就是这种方法的具体应用。

本章小结

项目的环境影响评估是指充分调查项目涉及的各种环境因素，据以识别、预测和评价该项目可能对环境带来的影响，并按照社会经济发展与环境保护相协调的原则提出预防或降低不良环境影响的具体措施。目前，我国对建设项目实行环境评价制度，并制定了严格的环境影响评估管理程序。

环境影响评估的政策要求主要包括实行环境与经济协调发展的政策，实行预防为主、防治结合的政策，实行污染者负担、受益者补偿、开发者恢复的政策。在环境影响评估工作中要坚持政策性、针对性和科学性。

环境影响评估的工作程序一般包括准备阶段、正式工作阶段和报告书编制阶段三个阶段。

环境影响评估的工作内容主要包括：环境条件调查，即对自然环境、生态环境、社会经济环境及特殊环境等的调查；影响环境因素分析，包括污染环境因素分析和破坏环境因素分析；环境影响因素确定与影响程度分析，包括项目对自然环境的影响，项目对生态环境的影响，项目对美学的影响，项目对社会经济环境的影响等；环境保护措施，包括治理措施方案、治理方案比选等内容。

我国对建设项目实行环境影响评估制度，并对其实行分类管理，即根据其对环境影响的程度，要求在决策分析与评价阶段（或可行性研究阶段）应按规定要求与格式分别报批环境影响报告书、环境影响报告表和填制环境影响登记表。环境影响报告书、环境影响报告表和环境影响登记表的格式与内容由我国生态环境部统一制定。

环境影响的效益-费用评价方法主要可从两方面进行：一是从环境质量的效用，即从其满足人类需要的能力以及人类从中得到的好处的角度进行，主要包括市场价值法、人力资本法、资产价值法和工资差额法四种方法。其中，前两种方法为直接法，后两种方法为替代市场法。二是从环境质量遭到污染，对其进行治理所需的费用角度进行，即环境补偿法，主要包括防护费用法和恢复费用法。

复习思考题

1. 我国对环境影响评估工作主要有哪些具体规定？
2. 环境影响评估有哪些政策要求和工作要求？
3. 环境影响评估有哪些工作程序？
4. 环境影响评估的基本内容有哪些？
5. 环境影响报告书有哪些主要内容？
6. 环境影响评估的效益-费用评价方法主要有哪几类？它们是如何进行评价的？

第十三章　项目的不确定性与风险评估

客观事物发展多变的特点以及人们对客观事物认识的局限性，使得对客观事物的预测结果可能偏离人们的预期而具有不确定性，投资项目也不例外。尽管在投资项目决策分析与评价工作中已就项目市场、技术、设备、环境保护、配置条件、投融资和投入产出因素等方面做了尽可能详尽的研究，但项目经营的未来状况仍然可能与设想状况发生偏离，项目实施后的实际结果可能与预测的基本方案发生偏差，也即投资项目在面临不确定性的同时，也有可能存在潜在的风险。这是由于在项目评价工作中所采用的数据都是根据历史数据和经验通过对将来相当长一段时期的预测而得到的，而预测本身也具有不确定性，因此，必然导致项目评价数据与评价结果具有不确定性，故有必要对投资项目进行不确定性与风险分析。

第一节　项目的不确定性评估

一、项目不确定性评估概述

（一）不确定性评估的含义

在市场经济条件下，市场上的因素时时都有可能发生变化，故在投资项目的实施过程中，某些因素的变动就会对项目的经济效益指标产生影响，从而使它们偏离原来的预测值。然而，这些因素是否会出现，出现的概率有多大，却是不能确定的。为了测算不确定性因素对项目效益影响的程度，运用一定的方法对影响项目效益指标的不确定性因素进行计算分析的过程就称为不确定性评估。

（二）不确定性评估的作用

对项目进行不确定性评估，其目的是估计出项目效益的变动幅度和范围，提高项目决策水平及决策的可靠性和科学性。一般地，不确定性评估具有如下几方面的作用：

（1）明确不确定因素对项目效益指标的影响范围，从而确定项目效益指标的变动幅度。不确定因素多种多样，其对项目效益指标的影响程度各不相同，通过不确定性评估可以确定这些因素对项目效益指标的影响程度及效益指标的变化范围，从而可以为现实工作提供管理、控制的依据。

（2）可以确定项目经济评价结论的有效范围，提高项目经济评价结论的可靠性。通过不确定性评估，依据不确定因素变动对项目效益影响程度的大小和指标变动范围，可以确定项目经济评价结论的有效范围，调整项目评价结论，以提高项目经济评估结论的可靠性。

（3）明确项目效益指标所能允许的因素变化的极限值。如果项目的效益指标值发生从可行到不可行的本质变化，则此效益指标值就被视作达到了临界点，而与这一临界点相对应的因素变化值就是该因素允许变化的极限值。寻找这一临界点和极限值，有助于投资者在项目实施过程中将这些因素的变化幅度控制在一定范围内，以避免影响项目效益的可行性。

二、项目经济评价中的不确定因素

投资项目的经济评价中所采用的数据，如投资支出、建设工期、年设计生产能力（产品的产量）、销售价格、产品成本、经济生命期等，大部分来自预测和估算，在一定程度上存在着不确定性。这样，事前得出的评价指标与评价结论就不一定与项目建设和投产后的实际情形相吻合，有时会因因素的变动而影响到项目评价的结论，甚至导致项目决策的失误。所以，在对投资项目进行投资经济效益的分析、评价时，应同时对投资项目的不确定因素加以分析。

影响投资项目财务效益和国民经济效益的不确定性因素很多，综合起来，主要有以下几种因素：

（一）物价

物价变动有多种情况：一是对项目总投资的影响。由于项目都有一定的建设期，建设期间设备、建材等价格的变动都会对总投资产生影响。二是对拟建投资项目的成本影响。拟建项目投产后所需的原材料、燃料、动力等的价格变动会直接影响到拟建项目的生产成本。三是对产品销售价格的影响。在拟建项目的生命期内，产品售价将因市场、产品成本等因素变化而变化，而产品单位售价的变化，将直接影响到拟建项目的经济效益和评价指标。对物价变动的分析是项目不确定性分析中的主要内容，因为它是影响投资效益水平的一个重要指标（既影响收入、成本费用、投资，又进而影响项目经济效益的静态收益指标和动态评价指标）。

（二）项目的生产能力

由于现实中的市场供求状况是在不断地发生变化的，因而有可能发生项目生产的产品销售量减少的情况，从而使项目的生产能力受到影响并有可能降低。另外，也有可能由于项目在建设过程中存在的一些问题，使项目生产能力达不到设计标准，这些都会使项目的规模效益下降，减少项目的盈利或对国民经济的净贡献，甚至会使项目发生财务亏损。

(三) 工艺技术方案和技术装备

在项目执行过程中或投产后，项目的工艺技术方案和技术装备也有可能发生更改、变化，这些都会对企业的经济效益和经营成本带来影响，从而引起投资效益指标的变化。

(四) 项目的计算期

建设工期延长会增加项目投资借款的利息，提高建设成本。投产期发生变化(主要是推迟)会影响达到设计生产能力的年限。项目经济生命期发生变化尤其是生命期的缩短，会对项目的许多效益指标产生影响。如财务(经济)净现值、财务(经济)内部收益率等指标都是以项目的经济生命期作为计算基础的。在项目的经济生命期缩短的情况下，势必会减少项目的投资收益，减少项目的财务(经济)净现值和降低财务(经济)内部收益率，从而影响评价结论的准确性。

(五) 投资项目资金结构

投资项目的建设资金或经营资金结构发生变动，如自有资金比重降低，债务资金比重上升等，会对项目的建设成本和生产经营成本产生影响，并最终反映在投资效益指标上。

(六) 利率或汇率

在使用银行借款(国内或国外)资金的投资项目中，利率或汇率的变动都会影响项目实际支付的利息支出，从而影响项目的总成本。

(七) 政策因素

对项目产生影响的政策性因素主要包括：国家的产业政策、财税政策和体制改革等。

另外，在不确定性分析中，还可以分析指标估算误差对项目经济效益的影响。这是因为，在项目经济评价中，存在着评价工作手段不够完善、缺乏可靠的数据资料、所采用的数据发生变化等情况，不可避免地产生估算上的误差，这些都影响着总投资和成本估算及其他基础数据估算的准确性。

三、项目不确定性评估的方法和内容

既然市场需求的变化、物价的变动、技术的进步、建设实施的进度、项目投产后生产能力的发挥以及政策因素甚至自然灾害等，都会对项目的投资和经营带来一定程度的风险。为此，在评价过程中，就需要进行不确定性分析，以选择可靠的投资项目和投资方案，使项目的实施做到有备无患。

不确定性评估就是分析可能有的不确定因素对经济评价指标的影响，从而估计项目可能承担的风险，确定项目在经济上的可靠性。不确定性分析主要包括盈亏平衡分析、敏感性分析。其中，盈亏平衡分析只用于财务评估，敏感性分析可以同时用于财务评估和国民经济评估。

另外，在实际工作中，还需要根据投资项目的具体特点和可行性研究、项目经济评价的要求，确定对投资项目进行不确定性分析的内容、方法和深度。一般的做法是由浅入深、由易到难，先进行盈亏平衡分析，再进行敏感性分析。

(一) 盈亏平衡分析

盈亏平衡分析是通过盈亏平衡点(Break Even Point，BEP)分析项目成本与收益的平衡关系的一种方法，也就是根据投资项目正常生产年份的产量、成本、产品售价和税金等数据，计算分析产量、成本和盈利三者之间的关系，确定销售总收入等于生产总成本，即保本时生产量的一种方法。在保本点上，项目既无盈利，也无亏损。在不确定性分析中，投资者需要知道这一保本点处于何种水平上，据以判断项目的风险程度。

盈亏平衡分析的表示形式可以用产品产量、单位产品售价、销售收入等绝对值，也可以用生产能力利用率等某些相对指标衡量。

用盈亏平衡分析方法进行不确定性分析时，有一定的前提：(1)将产品的生产成本划分成固定成本和变动成本；(2)产品品种单一；(3)假定项目的产量与销售量相等。由于盈亏平衡分析是根据现行的财税制度和价格进行分析计算，故一般只在财务分析中使用。

盈亏平衡分析按照分析的方法可以分为图解法和数学计算法；按分析要素之间的函数关系可以分为线性盈亏平衡分析和非线性盈亏平衡分析；按是否考虑资金的时间价值，可以分为静态盈亏平衡分析和动态盈亏平衡分析。

1. 线性盈亏平衡分析

线性盈亏平衡分析是假定销售收入、变动费用与项目产品的生产量(销售量)成线性关系，且在分析的范围内，固定费用不随着产量的变化而发生变化。线性盈亏平衡分析通常采用图解法和数学计算法，下面分别加以说明。

(1) 图解法。

图解法主要是通过绘制盈亏平衡图的方法来分析产量、成本和盈利之间的关系，找出盈亏平衡点(保本点)(见图 13-1)。

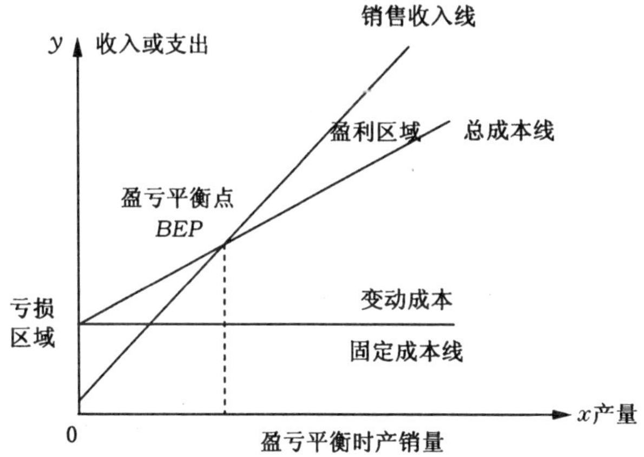

图 13-1　盈亏平衡图

在图 13-1 中，成本线和收入线的交叉点就是盈亏平衡点，该点所对应的产量即为盈亏平衡时的产销量，该点所对应的收入和成本相等。

(2) 数学计算法。

数学计算法是用代数方法进行盈亏平衡分析，它所涉及的主要变量有四个，即产销量、产品销售单价、成本和税收。其中，成本又分为固定成本和变动成本。它们之间的关系如下：

$$\begin{aligned}\text{销售净收入} &= \text{产(销)量}\times(\text{产品单位售价}-\text{单位产品税金})\\ \text{销售成本} &= \text{固定成本}+\text{变动成本}\\ &= \text{固定成本}+\text{产(销)量}\times\text{单位产品变动费用}\end{aligned}$$

根据以上变量之间的关系，可以用代数进行盈亏平衡分析。

① 以产(销)量表示的盈亏平衡点。

$$\text{产(销)量}\times(\text{产品单位售价}-\text{单位产品税金})=\text{固定成本}+\text{产(销)量}\times\text{单位产品变动费用}$$

即：
$$\text{盈亏平衡时的产(销)量}=\frac{\text{固定成本}}{(\text{单位产品售价}-\text{单位产品变动成本}-\text{单位产品税金})}$$

其中，“单位产品售价－单位产品变动成本－单位产品税金”又可称为单位产品边际收益。

② 以销售收入表示的盈亏平衡点。

因有边际收益率$=\dfrac{\text{单位产品边际收益}}{\text{单位产品售价}}$，则以销售收入表示的盈亏平衡点就可表示为：

$$\text{以销售收入表示的盈亏平衡点}=\frac{\text{固定成本总额}}{\text{边际收益率}}$$

③ 以生产能力利用率表示的盈亏平衡点。

$$\begin{aligned}\text{盈亏平衡时生产能力利用率} &= \frac{\text{盈亏平衡时的产(销)量}}{\text{设计年产量}}\times 100\%\\ &= \frac{\text{固定成本总额}}{(\text{年产品销售收入}-\text{年变动成本总额}-\text{年销售税金})}\times 100\%\end{aligned}$$

④ 以产品单位售价表示的盈亏平衡点。

在盈亏平衡时，有销售收入等于销售成本，即：

$$\text{产(销)量}\times\text{产品单价}\times(1-\text{税率})=\text{产(销)量}\times\text{单位产品变动成本}+\text{固定成本总额}$$

于是有：

$$\text{盈亏平衡时的产品单价}=\frac{\text{变动成本总额}+\text{固定成本总额}}{\text{产(销)量}}\times(1-\text{税率})$$

⑤ 以单位产品变动成本表示的盈亏平衡点。在盈亏平衡时，有：

$$\begin{aligned}\text{销售净收入} &= \text{固定成本总额} + \text{变动成本总额} \\ &= \text{固定成本总额} + \text{产(销)量} \times \text{单位产品变动成本}\end{aligned}$$

即：
$$\text{单位产品变动成本} = \frac{\text{销售净收入} - \text{固定成本总额}}{\text{产(销)量}}$$

(3) 线性盈亏平衡分析举例。

设某项目生产某产品的年设计生产能力为 10 万件，每件产品的售价为 4 000 元，该项目投产后年固定成本总额为 3 000 万元，单位产品变动成本为 1 500 元，单位产品所负担的销售税金为 500 元，若产销率为 100%，试对该项目进行盈亏平衡分析。

盈亏平衡分析：

$$\text{盈亏平衡时的产销量} = \frac{3\ 000}{(4\ 000 - 1\ 500 - 500)} = 1.5(\text{万件})$$

盈亏平衡时的销售收入＝4 000×1.5＝6 000(万元)

$$\text{盈亏平衡时的生产能力利用率} = \frac{1.5}{10} \times 100\% = 15\%$$

$$\text{盈亏平衡时的单位产品售价} = \frac{10 \times 1\ 500 + 3\ 000}{10} \times (1 - 8\%) = 1\ 656(\text{元})$$

$$\text{盈亏平衡时的单位产品变动成本} = \frac{[10 \times 4\ 000 \times (1 - 8\%) - 3\ 000]}{10} = 3\ 380(\text{元})$$

以上计算结果表明，产量只要达到 1.5 万件(相当于项目设计生产能力的 15%)，销售额达到 6 000 万元，或按设计年产量销售时，产品售价为 1 656 元/件(只相当于产品单位售价 4 000 元的 41.4%)，单位产品变动成本为 3 380 元(相当于预测单位产品变动成本 1 500 元的 2.25 倍)，该项目即可保本。由此说明，该拟建项目的风险较小。

用盈亏平衡分析法进行分析时，主要是通过计算出的各项指标来判断项目的抗风险能力和适应能力。一般地，盈亏平衡点越低，表明项目适应市场的能力越大，抗风险能力越强。同时，在方案(或项目)比较中，一般应选用生产能力利用率作为判断依据。如果达到盈亏平衡的生产能力利用率较低，那么该方案就能比较容易地实现盈利，应是较好的方案。

2. 非线性盈亏平衡分析

上述的线性盈亏平衡分析只是盈亏平衡分析法的一种特例，在现实经济生活中，产品成本与产量之间往往并不呈比例变化，销售收入与销售量之间也会受市场的影响而不成线性关系，这就要求进一步作非线性盈亏平衡分析(见图 13-2)。

(1) 非线性盈亏平衡点的计算。

当产量、成本和盈利之间不存在线性关系时，可能出现两个以上的平衡点(见图 13-2)，而这两个平衡点都可以称为盈利限制点。产量只有保持在 Q_1 与 Q_2 之间时才

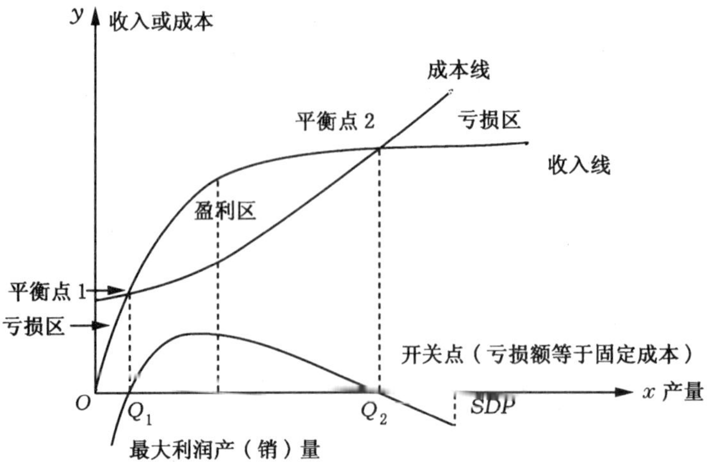

图 13-2 非线性盈亏平衡分析图

出现盈利，如果达不到点 Q_1 或超过点 Q_2 以后就要出现亏损。当收入等于变动成本时，就达到开关点（*SDP*）。这时销售收入只够补偿变动成本，亏损额正好等于固定成本。开关点是表明在产量达到这一点时，若继续提高产量，那么其造成的亏损就大于停产的亏损。

项目投产后的产量、收入和成本之间的非线性关系，可以用二次曲线的函数式表示：

$$f(x) = ax^2 + bx + c$$

式中：x 表示产量。

在求盈亏平衡点的产（销）量时，应假设销售利润方程式为零，即销售收入总额减去成本总额等于零，以求得达到盈亏平衡时的产量。

$$\begin{aligned} f(x) &= f(R) = f(s) - f(c) = f(px) - f(F + vx) \\ &= f(px - F - vx) = 0 \end{aligned}$$

式中：R 表示销售利润，s 表示销售收入，c 表示生产成本总额，p 表示单位产品价格，F 表示固定成本总额，v 表示单位产品变动成本。

运用二次方程求根公式，可解得产量 x：

$$x = \frac{-b \pm \sqrt{b^2 - 4ac}}{2a}$$

由此解得的两个根分别为盈亏平衡点的最低产量和最高产量。在这两个平衡点之间，存在着最大利润点，在这个点的左边，利润上升；在这个点的右边，利润下降，这种与产量的变动相关的利润变化率就是边际利润。在最高利润点上，利润变化率应为零。要找到这个点，就应对利润方程求导，并令其导数等于零，以求解出与其对应的产量。

由于 $R=S-C$，$S=px$，$C=F+vx$

所以有：

$$\frac{dR}{dx}=\frac{d(s-c)}{dx}=\frac{d(px-F-vx)}{dx}=\frac{dpx}{dx}-\frac{d(F+vx)}{dx}=0$$

$$\frac{dpx}{dx}=\frac{d(F+vx)}{dx}$$

由上式可知，当达到最高利润点时，每多销售一个单位产品所带来的收入等于多生产一个单位产品所增加的费用，即边际收入等于边际费用。若产量继续上升，则会出现边际费用大于边际收入、利润下降的情况，直到第二个平衡点。到第二个平衡点时，若产量仍继续增加，则开始出现亏损。当产量达到开关点时，年亏损额正好等于年固定费用额。

(2) 非线性盈亏平衡分析应用举例。

例如，某项目生产某种型号的电视机，预计每年的销售收入为 $S=800x-0.03x^2$，年固定费用总额为 $F=400\ 000$ 元，年变动成本为 $vx=200x+0.03x^2$，年总成本为 $C=400\ 000+200x+0.03x^2$。试对该项目进行盈亏平衡分析。

解：项目的利润方程式为：

$$R=(800x-0.03x^2)-(400\ 000+200x+0.03x^2)$$
$$=600x-0.06x^2-400\ 000$$

令上式 $R=0$，则

$X_1=718$(台)

$X_2=9\ 282$(台)

令 $\frac{dR}{dx}=\frac{d(600x-0.06x^2-400\ 000)}{dx}=0$，得：

$X=5\ 000$(台)

再看利润方程的二阶导数，若其小于 0，则一阶导数等于 0 时的产量即为该项目产品最大盈利时的产量。

$$\frac{d^2R}{dx^2}=-0.12<0$$

因此，当 $X=5\ 000$ 台时该项目的盈利达到最大值。

若要进一步计算开关点，则应存在如下等式：

$$R=600x-0.06x^2-400\ 000=-400\ 000$$

令 $R=0$，得：

$X_1=0$

$X_2=10\ 000$(台)

即当项目产量达到 10 000 台时，亏损正好等于全年的固定成本，与企业处于停产状态一样，若继续提高产量，则亏损大于停产。

（二）敏感性分析

敏感性分析是指在经济评价过程中，从众多不确定性因素中找出对投资项目经济效益指标有重要影响的敏感因素，并分析、测算其对项目经济效益指标的影响程度和敏感程度的一种分析方法。

在投资项目的可行性研究及项目经济评价中，最有说服力的依据莫过于各种投资效益指标。但是这些效益指标都是通过预测的数据计算出来的，因此，它们的可靠性和稳定性如何就成为项目投资者和项目审批者进行项目投资决策共同关心的问题，即实际情况与预测情况是否会有偏差、这种偏差发生时对项目的效益指标会有什么样的影响、项目所能承受这种影响的最大限度是多大等问题。而所有这些都有赖于进行敏感性分析。

敏感性分析的任务就是要建立起主要变量因素与经济效益指标之间的对应关系，并预测项目经济效益指标变化的临界值。同时进行敏感性分析的目的，是要通过寻找敏感性因素，分析其对项目的影响程度，了解项目可能出现的风险程度和抗风险能力，以便项目投资者集中注意力，重点研究敏感性因素发生变化的可能性，并采取相应的措施和对策，降低投资项目的风险，提高项目决策的可靠性，使项目能在投产后达到预期的投资经济效果。

敏感性分析可按分析的因素数分为单因素敏感性分析和双因素敏感性分析。单因素敏感性分析是分析某一因素发生变化时（假定其他因素不变）对投资项目经济效益指标的影响程度；双因素敏感性分析则是分析、测算两个因素同时变化对投资项目经济效益指标的影响程度。下面，分别说明单因素敏感性分析和双因素敏感性分析的分析方法。

1. 单因素敏感性分析

单因素敏感性分析的方法和步骤如下：

（1）确定敏感性分析的研究对象。

敏感性分析的研究对象就是投资项目的投资效果指标，即投资项目的静态分析指标和动态分析指标。当然，在对具体投资项目进行分析时，应根据项目所处的阶段和指标的重要程度选取不同的效益指标。一般地，在项目的建议书阶段（或是投资项目的初步可行性阶段）可选取投资收益率和投资回收期等指标作为分析对象；而在可行性研究阶段，可选用净现值（财务净现值、经济净现值）和内部收益率（财务内部收益率、经济内部收益率）等指标作为分析对象。

（2）选定进行分析的不确定性因素。

影响投资项目经济效益指标的不确定性因素有很多，但我们不可能对所有的因素都作敏感性分析，而是选取那些对投资效益指标影响较大的不确定性因素来进行。一般地，对投资项目经济效益指标有较大影响的不确定性因素主要有投资支出、固定成本和变动成本、产品的销售单价、产品的生产产量、投资回收期和项目生命期等。

（3）计算分析变量因素对投资项目的效益指标的影响程度。

变量因素对投资项目的效益指标的影响程度可用绝对值、相对值及敏感度系数来表示。用绝对值来表示就是变量因素以相同的变化率对项目效益指标的影响值，用相对值来表示就是用效益指标的变化值与因素变化的变化率之比来表示，敏感度系数是指项目评价指标变化的百分率与不确定因素变化的百分率之比。敏感度系数越高，表明项目效益指标对该不确定因素的敏感程度越高。

（4）绘制敏感性曲线图，找出敏感性因素。

将上述因素变化对项目投资效益指标的影响程度绘制成敏感性曲线图或列表，并通过计算出的效益指标变化的绝对值和相对值来寻找敏感性因素。一般地，效益指标变化的绝对值和相对值数值越大，此影响因素就越敏感。敏感性曲线图的绘制可见图13-3、图13-4（如以融资前税前净现金流量来计算项目的财务净现值、财务内部收益率时，则项目财务评估中的效益指标与因素变化之间存在线性关系。图13-3、图13-4是以内部收益率、净现值分别作为分析对象）。

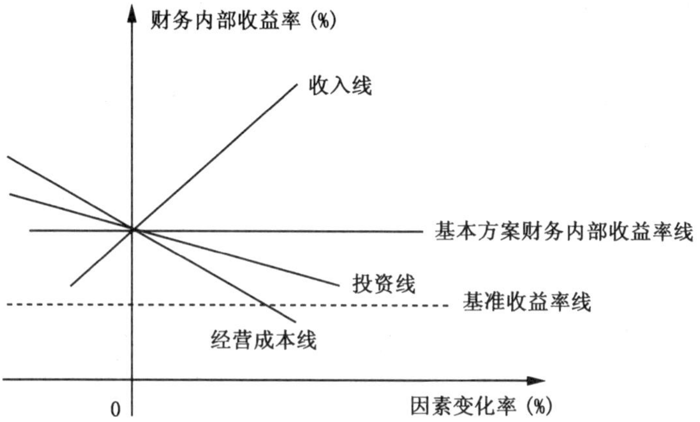

图13-3　敏感性分析（以财务内部收益率为分析对象）

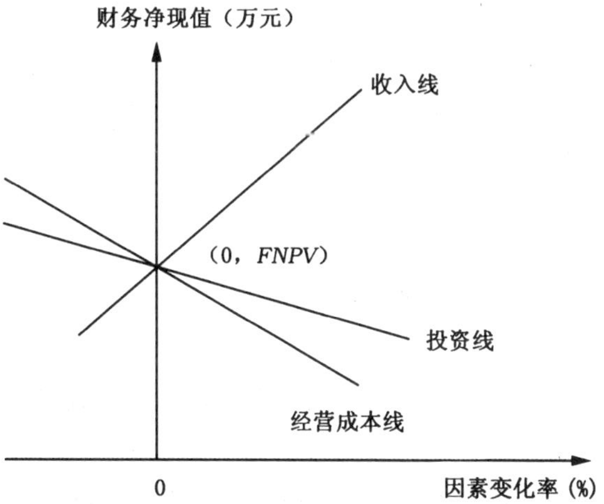

图13-4　敏感性分析（以财务净现值为分析对象）

（5）明确敏感性因素变化的最大极限值。

敏感性因素可能发生最大变化的终极点(即使项目的效益指标值由可行开始变为不可行时)就称为最大极限值。与因素变化的最大极限值所对应的是效益指标的临界值。在确定了项目因素变化的最大极限值(或最大允许极限值)和项目效益指标的临界点后，一方面可很快地找出敏感性因素，另一方面也便于投资者可在投资项目投产后的正常生产经营过程中采取必要的防范措施，限制其超过允许的极限值。

2. 双因素敏感性分析

双因素敏感性分析又称敏感面分析，它是分析研究两个因素同时发生变化时对研究对象产生的影响程度。在项目的实际生产经营过程中，往往存在着多个敏感性因素同时发生作用的情况，而单因素敏感性因素分析却忽略了这种多因素相互作用的可能性。

当然，多因素敏感性分析比较复杂，在这里只选择双因素敏感性分析来加以说明。其分析方法和步骤如下：

（1）先要设定敏感性分析的研究对象，即要确定某种经济效益指标作为分析的对象；

（2）从众多的不确定因素中，选择两个最敏感的因素作为分析变量；

（3）列出敏感面分析的方程式，并按分析的期望值要求，将方程式转化为不等式；

（4）做出敏感性分析的平面图，以横轴和纵轴分别代表两种因素的变化率，并将不等式等于零的一系列结果描绘在平面图上，由代表这些结果的一条线将平面图划分为两半，该直线就称为临界线，在直线的一边表示投资项目的效益指标在双因素同时发生变化的情况下仍能达到规定的要求，而直线的另一边则表示项目的效益指标是不可行的(即净现值小于零或内部收益率小于基准投资收益率、社会折现率)。

3. 敏感性分析的局限性

通过敏感性分析，不仅可以了解不确定因素对投资项目经济效益的影响程度的大小，有助于找出敏感性因素，而且还可以测定项目效益临界点时敏感因素的最大允许变动幅度。但敏感性分析实际上还是一种定性分析，它仍无法测定不确定性因素发生的可能性有多大，更不能对项目效益指标的影响程度做出定量分析结果，因此，其局限性还必须通过概率分析即风险分析来加以解决，具体可参见风险分析的有关内容。

第二节　项目的风险评估

投资项目风险评估是在市场预测、技术方案、工程方案、融资方案和社会评估论证中已进行的初步风险分析的基础上，进一步综合分析识别拟建项目在建设和运营中潜在的主要风险因素，揭示风险来源，判别风险程度，提出规避风险的对策，降低风险损失。

一、不确定性与风险的关系

风险与不确定性既有紧密的联系，也有明显的区别。两者的关系表现为如下几个方面：

（一）两者的联系

1. 不确定性是风险的起因

人们对未来事物认识的局限性、可获信息的不完全性以及未来事物本身的不确定性使得未来经济活动的实际结果偏离预期目标，这就形成了经济活动结果的不确定性，从而使经济活动的主体可能得到高于或低于预期的效益，甚至遭受一定的损失，导致经济活动“有风险”。

2. 不确定性与风险相伴而生

正是由于不确定性是风险的起因，不确定性与风险总是相伴而生。如果不是从定义上去刻意区分，往往会将两者混为一谈。即使从理论上刻意区分，现实中这两个名词也常混合使用。

（二）两者的区别

不确定性的结果可以优于预期，也可能低于预期。而普遍的认识是把结果可能低于预期，甚至遭受损失称为“有风险”。另外，还可以用是否得知发生的可能性来区分不确定性与风险，即不知发生的可能性时，称之为不确定性；而已知发生的可能性时，就称之为有风险。

（三）不确定性分析与风险分析

不确定性分析与风险分析的主要区别在于两者的分析内容、方法和作用不同。不确定性分析只是对投资项目受各种不确定因素的影响进行分析，并不可能知道这些不确定因素可能出现的各种状况及其产生影响发生的可能性；而风险分析则是通过预知不确定因素（以下简称“风险因素”）可能出现的各种状况发生的可能性，求得其对投资项目尤其是对经济效益指标影响发生的可能性，进而对风险程度进行判断。

不确定性分析与风险分析之间也存在着一定的联系。由敏感性分析可以得知影响项目效益指标的敏感因素和敏感程度，但不知这种影响发生的可能性，如需得知可能性，就必须借助于概率分析；同时，通过敏感性分析所找出的敏感因素又可以作为概率分析风险因素确定的依据。

二、项目的风险分析评估

（一）风险因素识别

风险因素识别首先要认识和确定项目究竟可能会存在哪些风险因素，这些风险因素会给项目带来的影响及其原因，同时结合风险程度的估计，找出项目的主要风险因素。

1. 投资项目风险基本特征和识别原则

(1) 具有不确定性和可能造成损失是风险最基本的特征，因此，在实际中，应从这个基本特征去识别风险因素。

(2) 投资项目风险具有阶段性，即在项目周期的各个不同阶段存在的主要风险有所不同，因此，在进行风险因素识别过程中，应注意这一特征。

(3) 投资项目风险依行业和项目的性质不同而具有特殊性，因此，风险因素的识别要注意针对性，对具体项目应进行具体分析。

(4) 投资项目风险具有相对性，即对项目的有关各方，不同的风险管理主体可能会有不同的风险，或者同样的风险因素对不同方面体现出的影响程度可能有所不同。因此，识别风险因素时，应注意这种相对性。

2. 影响项目的常见风险因素

项目风险分析贯穿于建设和生产运营的全过程。在项目评估和可行性研究阶段应着重识别以下风险：

(1) 市场风险。

市场风险一般来自三个方面：一是市场供需实际情况与预测值发生偏离；二是项目产品市场竞争力或者竞争对手情况发生重大变化；三是项目产品和主要原材料的实际价格与预测价格发生较大偏离。另外，由于市场需求的变化、竞争对手的竞争策略调整、项目产品销路不畅、产品价格低迷等，以致产量和销售(营业)收入达不到预期的目标，给项目预期收益带来损失。

(2) 资源风险。

资源风险主要是指资源开发项目，如金属矿、非金属矿、石油、天然气等矿产资源的储量、品位、可采储量、开拓工程量及采选方式等与预测发生较大偏离，导致项目开采成本增加、产量降低或者开采期缩短等造成较大的损失。另外，在水资源短缺地区的投资项目，也可能受水资源勘测不明、气候不正常等因素的影响，而对于农业灌溉项目还可能存在水资源分配的问题。

(3) 技术风险。

项目采用技术(包括引进技术)的先进性、可靠性、适用性和可得性与预测方案发生重大变化，导致生产能力利用率降低而达不到设计要求，生产成本增加，产品质量达不到预期要求等。

(4) 工程风险。

工程风险包括工程地质条件、水文地质条件与预测发生重大变化，工程设计发生重大变化导致工程量增加、投资增加、工期拖长；由于前期准备工作方面的原因，也可能导致项目实施阶段实施方案的变化；工程设计方案不合理，可能给项目的生产运营带来影响等。

(5) 资金风险。

资金风险包括项目资金来源的可靠性、充足性和及时性不能保证，由于工程量预计不足或设备材料价格上升导致投资增加，由于计划不周或外部条件等因素导致建设工期拖延，资金供应不足或者来源中断导致项目工期拖期甚至被迫终止，利率、汇率变化导致融资成本升高。

(6) 政策风险。

政策风险主要是指国内外政治经济条件发生重大变化或者政府政策做出重大调整，项目原定目标难以实现甚至无法实现。如税收、金融、环保、产业政策等的调整变化，利率、税率、汇率、通货膨胀率的变化都会对项目的经济效益带来影响。

(7) 外部协作条件风险。

交通运输、供水、供电等主要外部协作配套条件发生重大变化，给项目建设和运营带来困难。

(8) 环境与社会风险。

对于许多项目，一般会受到外部环境因素包括自然环境和社会环境因素的影响。如项目选址不当，项目对社区的影响、生态环境的影响估计不足，或是项目环境保护措施不当，在项目建成后，可能对社区和生态带来严重影响，导致社区居民的反对，造成直接经济损失等。

(9) 组织管理风险。

这方面的风险主要是指由于项目组织结构不当、管理机制不完善或是主要管理者能力不足等，导致项目不能按计划建成投产，投资超出预算；或在项目投产后，未能制定有效的企业经营与竞争策略，在市场竞争中处于不利地位等。

(10) 其他风险。

对于某些项目，还需考虑其特有的风险因素。如对农业投资项目，应考虑气候、土壤、水利等条件的变化对农作物收成不利影响的风险因素等。

(二) 风险评估方法

1. 风险等级划分

风险等级的划分既要考虑风险因素出现的可能性，又要考虑风险出现后对项目的影响程度，有多种表示方法，如可将其分为一般风险、较大风险、严重风险和灾难性风险四个等级。其中，一般风险，风险发生的可能性不大，或者即使发生，造成的损失较小，一般不影响项目的可行性。较大风险，风险发生的可能性较大，或者发生后造成的损失较大，但造成的损失程度是项目可以承受的。严重风险，有两种情况：一是风险发生的可能性大，风险造成的损失大，使项目由可行变为不可行；二是风险发生后造成的损失严重，但是风险发生的概率很小，采取有效的防范措施，项目仍然可以正常实施。灾难性风险，风险发生的可能性很大，一旦发生将产生灾难性后果，项目无法承受。而在可行性研究和项目评估实际中，一般应选择矩阵列表法划分风险等级。矩阵列表法简单直观，即是将风险因素出现的可能性及对项目的影响程度构造成一个矩阵，表中每一个单元对应一种风险的可能性及影响程度，具体可见表 13-1。该表是以风险应对的方式来表示风险的综合等级，所示风险也可采用数学推导和专家判断相结合的方式确定。

表 13-1 综合风险等级分类

综合风险等级		风险影响的程度			
		严重	较大	适度	低
风险的可能性	高	K	M	R	R
	较高	M	M	R	R
	适度	T	T	R	I
	低	T	T	R	I

根据表 13-1，综合风险等级可分为 K、M、T、R、I 五个等级：K(Kill)表示项目风险很强，出现这类风险就要放弃项目；M(Modify Plan)表示项目风险强，需要修正拟议中的方案，通过改变设计或采取补偿措施等；T(Trigger)表示风险较强，设定某些指标的临界值，指标一旦达到临界值，就要变更设计或对负面影响采取补偿措施；R(Review and Reconsider)表示风险适度(较小)，适当采取措施后不影响项目；I(Ignore)表示风险弱，可忽略。

2. 风险评估方法

风险评估可采用多种方法。可行性研究阶段应根据项目的具体情况和要求选用以下方法：

(1) 简单估计法。

简单估计法一般包括以下几种方法：

① 专家评估法。这种方法是以发函、开会或其他形式向专家咨询，对项目风险因素及其风险程度进行评定，将多位专家的经验集中起来形成分析结论。为减少主观性和偶然性，评估专家的人数一般不少于 10 位。具体操作上，可先请每位专家凭借经验，独立对各类风险因素的风险程度做出判断，然后将每位专家的意见归集起来进行分析，将风险程度按高、强、适度、低进行分类，估计这些风险因素出现对项目的影响程度，并编制项目风险因素和风险程度分析表，如表 13-2 所示。

表 13-2 项目风险因素和风险程度分析

序　号	风险因素名称	出现的可能性				出现后对项目的影响程度			
		高	强	适度	低	高	强	适度	低
1	市场风险								
1.1	市场需求量								
1.2	竞争能力								
1.3	价格								

续表

序　号	风险因素名称	出现的可能性				出现后对项目的影响程度			
		高	强	适度	低	高	强	适度	低
2	资源风险								
2.1	资源储量								
2.2	品位								
2.3	采选方式								
2.4	开拓工程量								
3	技术风险								
3.1	先进性								
3.2	适用性								
3.3	可靠性								
3.4	可得性								
4	工程风险								
4.1	工程地质								
4.2	水文地质								
4.3	工程量								
5	资金风险								
5.1	利率								
5.2	汇率								
5.3	资金来源中断								
5.4	资金供应不足								
6	政策风险								
6.1	政治条件变化								
6.2	经济条件变化								
6.3	政策调整								
7	外部协作条件风险								
7.1	交通运输								
7.2	供水								
7.3	供电								
8	社会风险								
9	其他风险								

② 风险因素取值评定法。这种方法是通过估计风险因素的最乐观值、最悲观值和最可能值，计算期望值，将期望值的平均值与已确定方案的数值进行比较，计算两者

的偏差值和偏差程度，据以判别风险程度。偏差值和偏差程度越大，风险程度越高。具体方法如表 13-3 所示。

表 13-3　　**××风险因素取值评定表**　　已确定方案值：

专家号	最乐观值 (A)	最悲观值 (B)	最可能值 (C)	期望值(D) $D=\frac{[(A)+4(C)+(B)]}{6}$
1				
2				
3				
…				
n				
期望平均值				
偏差值				
偏差程度				

注：(1) 表中期望平均值 $=\frac{[\sum_{i=1}^{n}(D)_i]}{n}$，式中：$i$ 表示专家号，n 表示专家人数；

(2) 表中，偏差值＝期望平均值－已确定方案值；

(3) 表中，偏差程度＝$\frac{偏差值}{已确定方案值}$。

简单估计法只能对单个风险因素判断其风险程度，若需要研究风险因素发生的概率和对项目的影响程度，应进行概率分析。

(2) 层次分析法。

层次分析法(The Analytic Hierarchy Process，AHP)是美国著名运筹学家 T.L. Saaty 于 20 世纪 70 年代中期提出的一种定性与定量相结合的决策分析方法，简称 AHP 法。层次分析法是一种多准则决策分析方法，在风险分析中它有两种用途：一是将风险因素逐层分解识别，直至最基本的风险因素，也称正向分解；二是比较同一层次风险因素的重要程度，列出该层风险因素的判断矩阵，判断矩阵的特征根就是该层次各个风险因素的权重，利用权重与同层次风险因素概率分布的组合，求得上一层次风险的概率分布，直至求出总目标的概率分布，也称反向合成。

运用层次分析法解决实际问题一般可分为如下五个步骤：第一，建立所研究问题的递阶层次结构；第二，构造两两比较判断矩阵；第三，由判断矩阵计算被比较元素的相对权重；第四，计算各层元素的组合权重；第五，将各子项的权重与子项的风险概率分布加权叠加，即得出项目的经济风险概率分布。

(3) 概率分析。

概率分析是运用概率方法和数理统计方法，对风险因素的概率分布和风险因素评价指标的影响进行定量分析的一种方法。因概率分析在风险分析中有着非常重要的意义，故本书将其单独作为一节来讲述，具体可见本章第三节的有关内容。

三、风险防范对策

风险分析的目的是研究如何降低风险程度或者规避风险，减少风险损失，在预测主要风险因素及其风险程度后，应根据不同风险因素提出相应的规避和防范对策，以期减小可能的损失。在可行性研究阶段可能提出的风险防范对策有以下几种：

（一）风险回避

风险回避是彻底规避风险的一种做法，即阻断风险的来源。它对投资项目可行性研究而言，意味着可能彻底改变方案甚至否定项目建设。例如，风险分析显示产品市场存在严重风险，若采取回避风险的对策，应做出缓建或者放弃项目的建议。需要指出的是，回避风险对策，在某种程度上意味着丧失项目可能获利的机会，因此只有当风险因素可能造成的损失相当严重或者采取措施防范风险的代价过于昂贵，得不偿失的情况下，才应采用风险回避对策。

（二）风险控制

风险控制是对可控制的风险，提出降低风险发生的可能性和减少风险损失程度的措施，并从技术和经济相结合的角度论证拟采取控制风险措施的可行性与合理性。

（三）风险转移

风险转移是将项目可能发生风险的一部分转移出去的风险防范方式。风险转移可分为保险转移和非保险转移。保险转移是向保险公司投保，将项目部分风险转移给保险公司承担；非保险转移是将项目的一部分风险转移给项目承包方，如项目技术、设备、施工等可能存在风险，可在签订合同中将部分风险损失转移给合同方承担。

（四）风险自担

风险自担是将可能的风险损失留给拟建项目自己承担。这种方式适用于已知有风险存在，但可获高利回报且甘愿冒险的项目，或者风险损失较小，可以自行承担风险损失的项目。

第三节　概率分析

一、概率分析概述

（一）概率分析的含义

概率是指事件的发生所产生某种后果的可能性的大小。概率分析是借助现代技术，运用概率论和数理统计，对风险因素的概率分布进行定量计算的分析方法。概率分析是在选定不确定因素的基础上，通过估计其发生变动的范围，然后根据已有资料或经验等情况，估计出变化值下的概率，并根据这些概率的大小，来分析测算事件变动对项目经济效益带来的结果和所获结果的稳定性。它是一种定量分析方法。同时,又因为概率的发生具有随机性,故概率分析又称简单风险分析。

在项目可行性研究和项目评估中,风险分析是研究分析产品(服务)的销售量、销售价格、产品成本、投资、计算期等风险变量可能出现的各种状态及概率分布,计算项目评价指标如内部收益率、净现值等的概率分布,以确定项目偏离预期指标的程度和发生偏离的概率,判断项目的风险程度,从而为项目投资决策提供依据。

进行概率分析,先要预测风险因素发生的概率,将风险因素作为自变量,预测其取值范围和概率分布;然后再将选定的评价指标作为因变量,预测评价指标的相应取值范围和概率分布,计算评价指标的期望值,以及项目成功的概率。

(二) 常见的概率分布类型

1. 离散概率分布

当输入变量可能值为有限个数,这种随机变量称为离散随机变量,其概率分布则称为离散分布。

2. 连续概率分布

当一个变量的取值范围为一个区间,无法按一定次序一一列出来时,这种变量称为连续变量,其概率分布用概率密度函数表示。常用的连续概率分布包括:

(1) 正态分布。

它是一种最常见的概率分布,特点是其密度函数以均值为中心对称分布。其均值为 $\bar{X}$,方差为 σ^2,用 $N(\bar{X},\sigma^2)$表示。当 $\bar{X}=0$, $\sigma=1$时,这种分布为标准正态分布,用 $N(0, 1)$表示,适用于描述一般经济变量的概率分布,如销售量、销售单价、产品成本等。

(2) 三角分布。

它的特点是密度函数,由悲观值、最可能值和乐观值构成的对称的或不对称的三角形。它适用于描述计算期、投资等不对称分布的输入变量,也可用于描述产量、成本等对称分布的输入变量。

(3) β分布。

它的特点是密度函数在最大值两边呈不对称分布,适用于描述工期等不对称分布的输入变量。

(4) 阶梯分布。

在不同的数值范围内,变量具有不同的概率,但在变量的变化界限内,变量为连续分布。

(5) 梯形分布。

它是三角分布的特例,在确定变量的乐观值和悲观值后,对最可能值却难以判定,只能确定一个最可能值的范围,这时可用梯形分布进行描述。

(6) 直线分布。

它可看作是阶梯分布的特例,当只能了解变量变化范围,但不能判定在变量每一区间分布的概率时，可用直线分布进行描述。

（三）概率分析的步骤

概率分析一般可按下列步骤进行：

（1）选定一个或几个评价指标。通常是将财务内部收益率、财务净现值等作为评价指标。

（2）选定需要进行概率分析的风险因素。风险因素通常有产品价格、销售量、主要原材料价格、投资额，以及外汇汇率等。针对项目的不同情况，通过敏感性分析，选择最为敏感的因素进行概率分析。

（3）预测风险因素变化的取值范围及概率分布。一般分为两种情况：一是单因素概率分析，即设定一个自变量因素变化，其他因素均不变化，进行概率分析；二是多因素概率分析，即设定多个自变量因素同时变化，进行概率分析。

（4）根据测定的风险因素值和概率分布，计算评价指标的相应取值和概率分布。

（5）计算评价指标的期望值和项目可接受的概率。

（6）分析计算结果，判断其可接受性，研究减轻和控制风险因素的措施。

风险因素概率分布的测定是概率分析的关键，也是进行概率分析的基础。例如，将产品售价作为概率分析的风险因素，需要测定产品售价的可能区间和在可能区间内各价位发生变化的概率。风险因素概率分布的测定方法，应根据评价需要，以及资料的可得性和费用条件来选择，或者通过专家调查法，或者用历史统计资料和数理统计分析方法进行测定。

评价指标的概率分布可用数理统计分析方法或者模拟计算方法。风险因素概率服从离散型的，可采用理论计算法，即根据数理统计原理，计算出评价指标的相应数值、概率分布、期望值方差、标准差等；当随机变量的风险因素较多，或者风险因素变化值服从连续分布，不能用理论计算法计算时，可采用模拟计算法，即以有限的随机抽样数据，模拟计算评价指标的概率分布，如蒙特卡洛模拟法。

二、期望值计算和分析步骤

（一）期望值计算的一般公式

期望值也称数学期望，它是随机事件的各种变量与相应概率的加权平均值。不确定因素可能发生的变化值为随机变量，其可能出现的可能性大小为随机变量的概率。一系列随机变量所发生的概率排列称为概率分布，一个事件发生的全部概率分布的总和为1，期望值就代表了不确定因素在实际中最可能出现的数值。

随机变量可分为离散型随机变量和连续型随机变量。离散型随机变量是指事件发生的可能性变化为有限次数，并且每次发生的概率值为确定的随机变量。其计算公式为：

$$E(x) = \sum_{i=1}^{n} X_i P_i$$

式中：$E(x)$表示期望值；i 表示随机变量的序数，等于 1，2，3，…，n；X_i 表示随机变量值；P_i 表示随机变量发生的概率。

连续型随机变量是指事件发生的可能变化在有限区间内可以有无限次数，且其概率的总和为 1 的随机变量。其期望值的计算公式为：

$$E(x)=\int_{-\infty}^{+\infty} f(x)\mathrm{d}x$$

式中：$f(x)$表示随机变量的变化函数。

在项目的经济评价中，任一不确定因素的变化一般为有限次数，故在分析计算时，只使用离散型变量情况下的期望值计算公式。

（二）期望值的计算步骤

期望值的计算步骤为：

（1）选取一个不确定性因素为随机变量，将其可能出现的结果一一列出，并分别计算各种可能结果下的效益值（X_i）。

（2）分别计算各种可能结果出现的可能性（P_i）。

（3）根据以上资料，计算在不确定因素影响下的效益值的期望值。

效益值的期望值的计算公式为：

$$E(x)=\sum_{i=1}^{n} X_i P_i$$

式中：符号的含义与前面离散型变量下期望值公式中各符号的含义一致。

（4）计算标准偏差和变异系数。标准偏差也称“均方差”。其计算公式为：

$$\sigma=\sqrt{\sum_{i=1}^{n} P_i[X_i-E(x)]^2}$$

式中：σ 表示标准偏差，P_i 表示第 i 次事件发生的概率，X_i 表示第 i 次事件发生的变量值。

标准偏差（σ）是表示事件发生的变量与期望值的偏离程度，即该指标越小，说明实际发生的可能情况与期望值越接近，期望值的稳定性也越高，项目的风险就小；反之亦然。因此，一个好的项目应该具有较高的期望值和较小的标准偏差。

在进行概率分析中，一般可以根据期望值与标准偏差确定其效益水平及获得这一水平的可能性：

$E(x)+\sigma$ 的可能性为 68.27％，

$E(x)+2\sigma$ 的可能性为 95.45％，

$E(x)+3\sigma$ 的可能性为 99.73％。

另外，在概率分析中，仅用标准偏差来衡量项目的风险也有其局限性。这是因为标准偏差仅仅是一个绝对值指标，在项目的投资额很大的情况下，一般也存在着在不同方案下的期望值和作为绝对指标的标准偏差很大的情况。这时，用标准偏差来判断就不能准确地说明项目有风险。为此，就应采用变异系数来估算项目的相对风险。变异系数的计算公式为：

$$U=\frac{\sigma}{E(x)}$$

式中：U 表示变异系数。

一般情况下，U 越小，项目的相对风险越小；反之，项目的相对风险就越大。

总之，在用概率分析来选择项目的最优方案时，既应比较期望值的大小，也应用标准偏差和变异系数来衡量风险的大小。一般情况下，若项目的风险基本相同，则应选择期望值大的方案；若项目的期望值相同，则应选择风险小的方案。下面举例说明概率分析法。

例如，某拟建项目在市场需求为好、中、差的情况下可能出现的收益值及概率如表 13-4 所示。

表 13-4　　某拟建项目在不同需求情况下的收益值及概率　　单位：万元

需求情况	好	中	差
收益值	400	250	100
概率	0.5	0.3	0.2

则项目收益值的期望值为：

收益期望值 $=400\times0.5+250\times0.3+100\times0.2=295$(万元)

标准偏差为：

$$\sigma=\sqrt{0.5\times(400-295)^2+0.3\times(250-295)^2+0.2\times(100-295)^2}$$
$$=117.15(\text{万元})$$

这样就可知道该拟建项目的收益值和概率为：

412.15 万元——177.85 万元的可能性为 68.27%；

529.30 万元——60.70 万元的可能性为 95.45%；

646.45 万元——−56.45 万元的可能性为 99.73%。

变异系数 U 为：

$$\frac{117.15}{295}=0.397$$

以上计算结果表明，市场的需求变化对拟建项目收益值稳定性的影响程度较小(或该拟建项目收益值小于零的可能性较小)，且项目的风险及相对风险较小，该拟建项目是值得投资建设的。

(三) 期望值的分析应用

1. 净现值期望值的计算

运用概率分析方法可以计算拟建项目净现值的期望值，以估算不同的方案或项目可能出现的风险程度。下面以具体实例进行说明。

例如，某拟建项目建设期为 2 年，生产期为 12 年，在不确定因素的影响下，其投资、现金流入量和现金流出量可能发生如表 13-5、表 13-6、表 13-7 所示的变化及其概率情况。

表 13-5　　投资的变化及其发生的概率　　单位：万元

年　份	1		2	
发生的情况	A	B	A	B
概率	0.8	0.2	0.7	0.3
数值	1 000	1 100	1 500	1 100

表 13-6　　现金流入量的变化及其发生的概率　　单位：万元

年　份	3～14		
发生的情况	A	B	C
概率	0.4	0.4	0.2
数值	1 800	2 000	2 500

表 13-7　　现金流出量的变化及其发生的概率　　单位：万元

年　份	3～14		
发生的情况	A	B	C
概率	0.3	0.4	0.3
数值	1 200	1 500	1 600

试计算该拟建项目在折现率为 15%情况下净现值的期望值。

具体的计算步骤如下：

第一步，计算各年净现金流量的期望值。

第一年净现金流量的期望值：

$-1\ 000\times0.8-1\ 100\times0.2=-1\ 020$(万元)

第二年净现金流量的期望值：

$-1\ 500\times0.7-1\ 100\times0.3=-1\ 380$(万元)

第 3～14 年净现金流量的期望值：

$1\ 800\times0.4+2\ 000\times0.4+2\ 200\times0.2-1\ 400\times0.4-1\ 500\times0.4-1\ 600\times0.3=580$(万元)

第二步，计算在折现率为 15%情况下财务净现值的期望值。

$$E(FNPV)=-1\ 020\times0.869\ 6-1\ 380\times0.756\ 1+580\times5.420\times0.756\ 1$$
$$=446.50\text{(万元)}$$

由上述的计算结果可以看出，该拟建投资项目财务净现值的期望值大于零，可考虑接受。

2. 净现值大于等于零的累计概率的计算

设某拟建项目的初始投资为 2 000 万元。据分析与预测，该项目在生产期内的年所得税前净现金流量有三种情况，即 400 万元、500 万元、600 万元，它们出现的概率分别为 0.3、0.4、0.3。项目的生产期有 8 年、10 年、12 年三种可能，其发生的概率分别为0.2、0.5、0.3，项目的折现率为 15%。试计算项目财务净现值大于等于零的累计概率。

具体的分析步骤如下：

第一步，计算项目财务净现值的期望值。

在年净现金流量为 400 万元、生产期为 8 年的情况下，事件的概率为 0.3×0.2＝0.06。

其净现值和加权净现值为：

净现值＝－2 000＋400×4.487 3＝－205.08(万元)

加权净现值＝－205.08×0.06＝－12.304 8(万元)

同理，可计算出其他情况下的净现值的期望值：

在年现金流量为 400 万元、生产期为 10 年情况下的净现值和加权净现值为：

净现值＝－2 000＋400×5.018 8＝7.52(万元)

加权净现值＝7.52×0.3×0.5＝1.128(万元)

在年现金流量为 400 万元、生产期为 12 年情况下的净现值和加权净现值为：

净现值＝－2 000＋400×5.420 6＝168.24(万元)

加权净现值＝168.24×0.3×0.3＝15.141 6(万元)

在年现金流量为 500 万元、生产期为 8 年情况下的净现值和加权净现值为：

净现值＝243.65(万元)

加权净现值＝243.65×0.4×0.2＝19.492(万元)

在年现金流量为 500 万元、生产期为 10 年情况下的净现值和加权净现值为：

净现值＝509.4(万元)

加权净现值＝509.4×0.4×0.5＝101.88(万元)

在年现金流量为 500 万元、生产期为 12 年情况下的净现值和加权净现值为：

净现值＝710.3(万元)

加权净现值＝710.3×0.4×0.3＝85.236(万元)

在年现金流量为 600 万元、生产期为 8 年情况下的净现值和加权净现值为：

净现值＝692.38(万元)

加权净现值＝692.38×0.3×0.2＝41.542 8(万元)

在年现金流量为 600 万元、生产期为 10 年情况下的净现值和加权净现值为：

净现值=1 011.28(万元)

加权净现值=1 011.28×0.3×0.5=151.692(万元)

在年现金流量为600万元、生产期为12年情况下的净现值和加权净现值为：

净现值=1 252.36(万元)

加权净现值=1 252.36×0.3×0.3=112.712 4(万元)

合计加权净现值为：

−12.304 8+1.128+15.141 6+19.492+101.88+85.236+41.542 8+151.692+112.712 4=516.52(万元)

计算结果表明，项目的净现值在年现金流量为400万元、500万元和600万元的情况下基本上可达到基准投资收益水平，且项目的累计净现值为516.52万元。

第二步，计算净现值大于等于零的累计概率。

将上述计算出的加权概率累计相加，即可得到净现值的期望值大于等于零的累计概率，如表13-8所示。

表13-8　　净现值期望值累计概率

加权净现值(万元)	概率分布	累计概率
−12.304 8	0.06	0.06
1.128	0.15	0.21
15.141 6	0.09	0.30
19.492	0.08	0.38
41.542 8	0.06	0.44
85.236	0.12	0.56
101.88	0.20	0.76
112.712 4	0.09	0.85
151.692	0.15	1.00

净现值大于等于零的累计概率为：

$$1-\left[0.06+(0.21-0.06)\times\frac{12.304\,8}{(12.304\,8+1.128)}\right]=0.804$$

同时，根据前面的计算结果及表13-8中的结果，可计算出项目的方差为178 799.482 9万元，标准差为422.847，离散系数为0.818 6$\left(\frac{422.847}{516.52}\right)$。

上述计算结果表明，项目的净现值期望值大于零，说明项目有效益，净现值大于零的累计概率为0.804，标准差为422.847，离散系数为0.818 6，项目存在的风险较小。

第三步，画出净现值累计概率图。

以加权净现值为纵坐标，累计概率为横坐标，画出净现值累计概率图，如图13-5

所示。图 13-5 比较形象地反映出项目获利的机会大小和可能存在的风险情况。

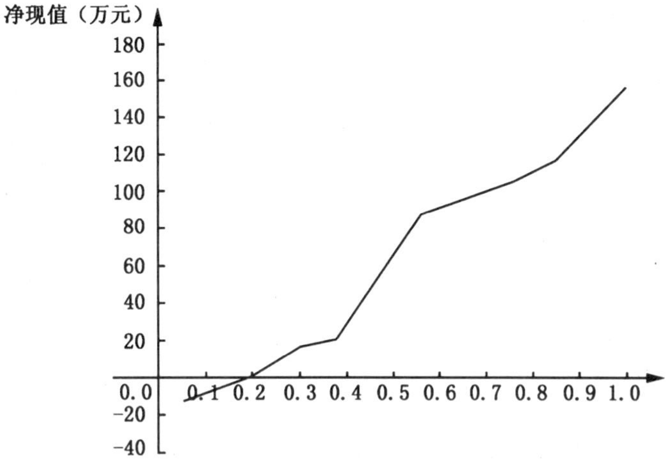

图 13-5　净现值累计概率

三、蒙特卡洛模拟法

蒙特卡洛模拟技术，是用随机抽样的方法抽取一组满足输入变量的概率分布特征的数值，输入这组变量计算项目评估指标，通过多次抽样计算可获得评价指标的概率分布及累计概率分布、期望值、方差、标准差，计算项目可行或不可行的概率，从而估计项目投资所承担的风险程度。

蒙特卡洛模拟的步骤为：

（1）通过敏感性分析，确定风险变量；

（2）构造风险变量的概率分布模型；

（3）为各输入风险变量抽取随机数；

（4）将抽取的随机数转化为各输入变量的抽样值；

（5）将抽样数值组成一组项目评价指标值；

（6）根据基础数据计算出评价指标值；

（7）整理模型结果所得评价指标的期望值、方差、标准差及其概率分布与累计概率分布，绘制累计概率图，计算出项目可行或不可行的概率。

由于蒙特卡洛模拟的计算量非常大，必须借助于计算机来进行，故在此不再举例说明。

本章小结

项目的不确定性分析是指测算不确定性因素对项目效益影响的程度，运用一定的方法对影响项目效益指标的不确定性因素进行计算分析的过程。

不确定性分析具有明确不确定因素对项目效益指标的影响范围，确定项目效益指标的变动幅度；可确定项目经济评价结论的有效范围，提高项目经济评价结论的可靠性；明确项目效益指标所能允许的因素变化的极限值等方面的作用。

影响项目效益的不确定性因素主要有物价、项目的生产能力、工艺技术方案和技术装备水平、项目计算期、项目的资金结构、利率与汇率、政策因素等。

项目不确定性分析的方法主要包括盈亏平衡法和敏感性分析法。其中，盈亏平衡分析只用于财务评估，主要有线性和非线性盈亏平衡分析。敏感性分析可同时用于财务评估和国民经济评估，主要包括单因素敏感性分析和多因素敏感性分析。敏感性分析中的单因素敏感性分析在实际中的应用较为普遍，它的分析步骤主要包括：确定敏感性分析的研究对象，一般根据要求选取项目的效益指标；选定进行分析的不确定性因素，即选取价格、收入、成本、投资支出及项目的计算期；计算分析变量因素对项目效益指标的影响程度，一般可从绝对值和相对数两方面进行；绘制敏感性曲线图，找出敏感性因素；明确敏感性因素变化的最大极限值等。

不确定性与风险，不确定性分析与风险分析存在着一定的联系，也有较为明显的差别。

在项目评估与可行性研究阶段，影响项目的风险因素主要有市场风险、资源风险、技术风险、工程风险、资金风险、政策风险、外部协作条件风险、社会风险等。在风险分析过程中，一般按风险因素对项目影响程度和风险发生的可能性大小来进行风险等级划分。风险等级包括一般风险、较大风险、严重风险和灾难性风险。综合风险等级一般可分为 K、M、T、R、I 五级。

项目的风险评估方法主要包括简单估算法和概率分析法。其中，简单估算法又包括专家评估法和风险因素取值评定法。概率分析法则是运用概率方法和数理统计方法，对风险因素的概率分布和风险因素对评价指标的影响进行定量分析的方法。概率分析主要通过计算期望值概率分布、方差及标准差等数值情况来判断项目存在的风险程度。

风险分析的目的是研究如何降低风险程度或者规避风险，减少风险损失，在预测主要风险因素及其风险程度后，应根据不同风险因素提出相应的规避和防范对策，以期减少可能的损失。在可行性研究阶段可能提出的风险防范对策主要有风险回避、风险控制、风险转移和风险自担等。

复习思考题

一、简答题

1. 什么是项目的不确定性分析？它有什么作用？
2. 影响投资项目经济效益的不确定因素主要有哪些？
3. 项目的不确定性分析中盈亏平衡分析主要通过什么方法进行？它们各有什么特点？
4. 什么是敏感性分析？它是通过什么样的步骤进行的？
5. 什么是概率分析？它在实际中有哪些具体应用？
6. 项目风险分析的含义是什么？项目的风险因素主要有哪些？
7. 项目风险分析方法主要有几种？它们是如何进行的？
8. 项目风险防范的对策主要有哪些？

二、计算分析题

习题一

1. 目的：练习单因素敏感性分析方法

2. 资料：

(1) 见第八章习题一。

(2) 假设该项目的敏感因素为投资量、销售收入及变动成本，并假定这些因素的变化率为±5%。

3. 要求：根据以上资料，为该项目作必要的单因素敏感性分析。

习题二

1. 目的：练习概率分析法中的净现值期望值的计算

2. 资料：某拟建项目建设期为 2 年，生产期为 12 年，在不确定因素的影响下，其投资、现金流入量和现金流出量可能发生如下表所示的变化及其概率情况。

投资的变化及其发生的概率　　单位：万元

年　份	1		2	
发生的情况	A	B	A	B
概率	0.6	0.4	0.7	0.3
数值	800	1 000	1 200	1 500

现金流入量的变化及其发生的概率　　单位：万元

年　份	3～14		
发生的情况	A	B	C
概率	0.4	0.4	0.2
数值	1 500	1 800	2 000

现金流出量的变化及其发生的概率　　单位：万元

年　份	3～14		
发生的情况	A	B	C
概率	0.3	0.4	0.3
数值	1 000	1 100	1 200

3. 要求：根据以上资料，计算该拟建项目在折现率为 15%情况下净现值的期望值。

习题三

1. 目的：练习概率分析法中的财务净现值大于等于零的累计概率的计算

2. 资料：某拟建项目的初始投资为 5 000 万元。据分析与预测，该项目在生产期内的年所得税前净现金流量有三种情况，即 1 000 万元、1 200 万元、1 500 万元，它们出现的概率分别为 0.2、0.5、0.3。项目的生产期有 10 年、12 年、15 年三种可能，其发生的概率分别为 0.2、0.5、0.3，项目的折现率为 15%。

3. 要求：根据以上资料，计算项目财务净现值大于等于零的累计概率。

第十四章　项目后评估

项目后评估是项目投资建设程序中一项非常重要的工作阶段，是对项目投资建设成果及一定时期的生产运营情况进行的总结性评价。在目前有关完善我国投资管理体制的相关内容中，就有关于要在有关投资项目中推行并开展项目后评估的意见与建议，这是因为，项目的后评估工作一方面可以反映项目投资实施的实际效果及完成情况，另一方面也为相关项目的投资决策及管理实践活动提供经验教训，故本书仍然将其作为一个独立部分内容来加以讲解。

第一节　项目后评估概述

一、项目后评估的概念

投资项目后评估又称事后评估。它是指在投资项目建成投产并运行一段时间(一般为 2 年或达到设计生产能力年份)后，对项目立项、准备、决策、实施直到投产运营全过程的投资活动进行总结评价，对投资项目取得的经济效益、社会效益和环境效益进行综合评估，从而作为判别项目投资目标实现程度的一种方法。投资项目的后评估是对项目决策前的评价报告及其设计文件中规定的技术经济指标进行再评价，并通过对整个投资项目建设过程各阶段工作的回顾，对项目投资建设的全过程的实际情况(施工、建设、投产经营等)与预计情况进行比较研究，衡量和分析实际情况与预测情况发生偏离的程度，说明项目成功和失败的原因，全面总结投资项目管理的经验教训。再将总结的经验教训反馈到将来的项目中去，作为其参考和借鉴，为改善项目管理工作和制定合理科学的投资计划及各项规定提供重要的信息依据和改进措施，以达到提高项目投资决策水平、管理水平和提高投资效益的目的。所以，投资项目后评估不仅是投资项目程序中的一个重要工作阶段，而且还是项目投资管理工作中不可缺少的组成部分和重要环节。

二、项目后评估的特点

(一) 项目后评估的特点

投资项目后评估不同于项目投资决策前的可行性研究和项目评估(即前评估)。

由于评估时点的不同(见图 14-1),它与前评估相比,具有如下特点:

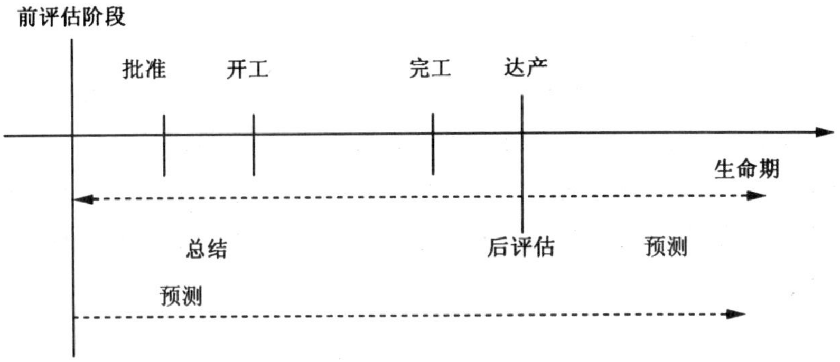

图 14-1 项目后评估与前评估比较

1. 现实性

投资项目后评估是对投资项目投产后一段时间所发生的情况的一种总结评价。它分析研究的是项目的实际情况,所依据的数据资料是现实发生的真实数据或根据实际情况重新预测的数据,总结的是现实存在的经验教训,提出的是实际可行的对策措施。项目后评估的现实性决定了其评估结论的客观可靠性。而项目前评估分析研究的是项目的预测情况,所用的数据都是预测数据。

2. 独立公正性

投资项目的后评估工作主要是以投资运行的监督管理机构或单设的后评估机构或决策的上一级机构为主,组织主管部门会同计划、财政、审计、银行、设计、质量等有关部门进行的,摆脱了项目利益的束缚和局限,可以更为公正地做出评估结论。

3. 全面性

投资项目后评估的内容具有全面性,即不仅要分析项目的投资过程,而且还要分析其生产经营过程;不仅要分析项目的投资经济效益,而且还要分析其社会效益、环境效益。另外,它还要分析项目经营管理水平和项目发展的后劲和潜力。

4. 反馈性

投资项目后评估的目的在于对现有情况的总结和回顾,并为有关部门反馈信息,以利提高投资项目决策和管理水平,为以后的宏观决策、微观决策和项目建设提供依据和借鉴。而项目前评估的目的在于为有关部门对项目的投资决策提供依据。

(二) 项目后评估与前评估的区别

投资项目后评估的特点决定了它与“前评估”有较大的差别。主要表现如下:

1. 评估主体不同

投资项目的前评估是由投资主体(投资者)、贷款决策机构、项目审批部门等组织实施的;而投资项目的后评估则是以投资运行的监督管理机构或单设的后评估机构或决策的上一级机构为主,组织主管部门会同计划、财政、审计、银行、设计、质量等有关部门进行。这样一方面可以保证投资项目后评估的全面性，另一方面也可以确保后评估工作的公正性和客观性。

2. 评估的侧重点不同

投资项目的前评估主要是以定量指标为主侧重于项目的经济效益分析与评估，其作用是直接作为项目投资决策的依据；而后评估则要结合行政和法律、经济和社会、建设和生产、决策和实施等各方面的内容进行综合评价。它是以现有事实为依据，以提高经济效益为目的，对项目实施结果进行鉴定，并间接作用于未来项目的投资决策，为其提供反馈信息。

3. 评估的内容不同

投资项目的前评估主要通过项目建设的必要性、可行性、合理性及技术方案和生产建设条件等评估，对未来的经济效益和社会效益进行科学预测；而后评估除了对上述内容进行再评估外，还要对项目决策的准确程度和实施效率进行评估，对项目的实际运行状况进行深入细致的分析。

4. 评估的依据不同

投资项目的前评估主要依据历史资料和经验性资料，以及国家和有关部门颁发的政策、规定、方法、参数等文件为依据；而项目的后评估则主要依据建成投产后项目实施的现实资料，并把历史资料与现实资料进行对比分析，其准确程度较高，说服力较强。

5. 评估的阶段不同

投资项目的前评估是在项目决策前的前期工作阶段进行，是项目前期工作的重要内容之一，是为项目投资决策提供依据的评价；而后评估则是在项目建成投产后一段时间里，对项目全过程(包括项目的投资实施期和生产期)的总体情况进行的评价。

总之，投资项目的后评估不是对项目前评估的简单重复，而是依据国家政策和制度规定，对投资项目的决策水平、管理水平和实施结果进行的严格检验和评价。它是在与前评估比较分析的基础上，总结经验教训，发现存在的问题并提出对策措施，促使项目更快更好地发挥效益和健康地发展。

三、项目后评估的作用

从上述的投资项目后评估的定义、特点及与前评估的差别中可以看出，投资项目的后评估对于提高项目决策的科学化水平、改进项目管理水平、监督项目的正常生产经营、降低投资项目的风险和提高投资等方面发挥着非常重要的作用。具体地说，投资项目后评价的作用主要表现在以下几个方面：

(一) 总结投资建设项目管理的经验教训，对项目本身有监督和促进作用

投资项目管理是一项十分复杂的综合性的工作，它涉及计划和主管部门、银行、物资供应部门、勘察设计部门、施工单位、项目和有关地方行政管理部门等较多单位。项

目能否顺利完成并取得预期的投资经济效果，不仅取决于项目自身因素，而且还取决于这些部门能否相互协调、密切合作、保质保量地完成各项任务和工作。投资项目后评估通过对已建成项目的分析研究和论证，较全面地总结项目管理各个环节的经验教训，指导未来项目的管理活动。不仅如此，通过投资项目后评估，针对项目实际效果所反映出来的项目建设全过程（从项目的立项、准备、决策、设计实施和投产经营）各阶段存在的问题提出切实可行的、相应的改进措施和建议，促使项目运营状况正常化，使项目尽快实现预期的效益、效果和目标，更好地发挥项目的效益。同时，也可以对一些因决策失误，或投产后经营管理不善，或环境变化造成生产、技术或经济状况处于困境的项目，通过后评估为其找出生存和发展的途径，这也会对现有投资项目起到一定的监督作用。

（二）提高项目投资决策的科学化水平，对项目决策有着示范和参考作用，有利于降低项目的投资风险程度

投资项目的前评估是项目投资决策的依据，但前评估中所作的预测和结论是否准确，需要通过项目的后评估来检验。因此，通过建立和完善项目的后评估制度和科学的方法体系，一方面可以使决策者和执行者预先知道自己的行为和后果要受到事后的审查和评价，从而增强他们的责任感，促使评价和决策人员努力做好前评估工作，提高项目预测的准确性；另一方面，可以通过项目后评估的反馈信息，及时纠正项目决策中存在的问题，从而提高未来投资项目决策的准确程度和科学化水平，并对相同类型或相似的投资项目决策起到参考和示范作用。

（三）为国家制定投资计划、产业政策和技术经济参数提供重要依据，强化与完善国家建设项目的投资管理工作

通过投资项目的后评估能够发现宏观投资管理中存在的某些问题，从而使国家可以及时修正某些不适合经济发展的技术经济政策，修订某些已经过时的指标参数。同时，国家还可以根据项目后评估所反馈的信息，合理确定投资规模和投资流向，协调各产业、各部门之间及其内部的各种比例关系。此外，国家还可以充分运用法律的、经济的和行政的手段，建立必要的法规、制度和机构，促进投资管理的良性循环。

第二节　项目后评估的内容

一、世界银行贷款项目后评估简介

在介绍投资项目后评估基本内容之前，有必要先对世界银行的后评估体系作一个简单的介绍。在世界各国、各种经济组织的投资项目后评估工作和体系中，世界银行的后评估体系无疑是最完善的，其后评估工作也开展得相当成功。我国的投资项目后评估工作是在世界银行的帮助下逐渐开展的。我国的项目后评估工作主要是从 20 世纪 90 年代在国家重点建设项目中开始进行的（由原国家计委所属的重点建设部门主持),其中,第一部有关投资项目后评估工作的法规是由原国家计委于1990年1月24日颁布的《关于开展1990年国家重点建设项目后评估工作的通知》。在项目后评估方面,世界银行及亚洲开发银行对我国的帮助较多,因此,我国的项目后评估体系与世界银行的体系有一定程度的相承性。

世界银行在20世纪70年代初就开始了贷款项目的后评估工作,到现在已经形成了一整套完整的评估制度和方法。世界银行的项目后评估一般分为两个阶段进行:第一阶段是由贷款项目的银行主管人员在贷款发放完毕后的6～12个月内编制一份"项目完成报告(PCR)";第二阶段是由执行董事会主席指定专职董事负责的"业务评价局"(Operation Evaluation Department, OED,成立于1973年)对项目进行比较全面深刻的总结评价。其中,第一阶段的"项目完成报告"的内容一般应包括以下几个方面:(1)项目背景,是指项目的提出、项目的准备和项目进行的依据、项目目标的范围和内容等;(2)项目管理机构的设置、咨询专家的聘用及其实绩;(3)项目实施的时间进度、实际进度与预测进度的偏差及其产生的原因;(4)在物资、财务管理等方面存在的问题及其产生的原因,为了解决这些问题或减轻其造成的影响而采取的措施及其实际效果;(5)对项目做出重大修改及修改的原因;(6)发放贷款过程中出现的不正常情况,这些不正常情况与贷款条件、贷款协议或贷款程序有何联系;(7)双方在培训工作人员过程中可总结的经验教训;(8)违约事件的发生及其所采取的措施,如未采取任何措施,要写明原因;(9)采购、供应商和承包商的情况分析;(10)财务评估,包括财务收益率、财务成果(包括流动资金分析)、财务实绩与财务目标的比较分析;(11)经济评价,包括国民经济效益、社会效益的分析与评价以及与预期效益的比较分析;(12)机构体制方面的实绩,包括组织方面的成绩、组织管理措施及其经验教训;(13)结论,包括项目总评估和可作为类似项目参考和借鉴的经验教训。

项目后评估的工作人员在审阅"项目完成报告"的基础上,通过查阅档案、实地调查等多种评价方法,独立地对项目进行全面、系统的评估,写出"项目执行情况审核备忘录",连同"项目完成报告"一起提交执行董事会和银行行长。"项目执行情况审核备忘录"一般应包括如下几个方面的内容:(1)对项目的背景、目标、实施过程和结果所作的一个简单描述;(2)对项目目标完成情况做出评估,重点回答项目目标是否正确合理,目标是否达到,如没有达到,其原因是什么;(3)在项目选定和准备阶段预计到的不利条件是否已经消除、减轻或改变?如果没有,要说明其原因;(4)列出主要结论、主要经验教训和有特殊意义的问题,包括改动建议和补救措施;(5)说明审核单位在多大程度上接受"项目完成报告"的观点和结论,并提出审核报告与完成报告有分歧的意见;(6)重点阐述"项目完成报告"中未提及或含糊敷衍的有关项目某些方面存在的问题。

另外,亚洲开发银行也较早地开展了项目的后评估工作,且在开展项目的后评估工作方面,有其独到的特点[亚洲开发银行的项目后评估工作主要由其后评估局(PED)进行,成立于1978年]。在1997年,亚洲开发银行向我国政府提供了技术援助项目——“增强中国后评估能力”(期限从1997年到1998年,这是由于我国从20世纪80年代中后期开始,由原国家计委重点建设司开展了对一些国家重点建设项目的后评估工作,并且总结出我国在“八五”期间进行的重点建设项目中约有20%部分的效益不理想,为此,我国向亚洲银行提出了此技术援助项目),并与我国有关单位(原国家计委重点建设司、国家开发银行、中国国际工程咨询公司等)开展了较有成效的后评估研究、培训工作。

世界银行与亚洲开发银行的项目后评估工作在某些方面有相似之处,也有不同之处,在此不再详述。

二、我国项目后评估的内容

我国投资项目后评估体系是在参照世界银行后评估体系的基础上,结合我国的实际情况而确定的。就内容而言,不同类型的投资项目,后评估的内容应相应地有所侧重。一般地,投资项目的后评估的基本内容有两大方面。

(一) 与项目前评估相对应的项目后评估的主要内容

1. 项目建设必要性的后评估

即从后评估时国内外市场的供求状况和项目产品的实际销售能力,验证项目前评估时所作的市场需求预测是否正确。包括分析产品销售量、产品的市场占有率、产品销售价格和市场竞争能力等变化情况,并对未来产品销售做出新的趋势预测。如果项目的实施结果偏离预测结论太远,则应提出有针对性的措施和建议。

2. 项目生产建设条件的后评估

即分析项目建成投产后的实际生产条件和建设条件是否与前评估的预测相符及其发生变化的原因。

3. 项目技术方面的后评估

即对项目的生产工艺技术方案、工程设计方案和项目实施方案进行再评估。具体来说,就是从项目的实际构成、生产技术组成、主要生产工艺流程、设备选型、引进国外的技术和设备、建筑工程量、施工技术方案、总平面布置、项目实施进度、成本与质量等各方面与项目前评估的各类预定方案进行对比分析和再评价。

4. 项目经济效益方面的后评估

即从经济的角度分析和总结项目实施全过程的经验和教训,包括对项目投产后的财务效益、经济效益、社会效益和环境效益及对环境的影响等进行再评估,并与项目前评估的结论进行比较分析,进一步对项目未来的发展趋势和变化情况进行预测,最后在对各种经济因素进行综合分析、论证的基础上,提出项目后评估的总体结论和建议。

(二) 与投资建设项目全过程相结合时的主要内容

1. 投资项目前期工作的后评估

投资项目建设的前期工作是建设项目从酝酿决定到开工建设这一段时间内进行

的各项工作，是项目建设全过程的一个重要组成部分。一个建设项目成功与否，主要取决于立项决策的前期工作质量的好坏。因此，这一阶段的工作具有影响项目建设和运营全局的决定性作用。投资项目前期工作的后评估是整个项目后评估的重点。

项目前期工作的后评估内容主要包括项目立项条件后评估、项目决策程序和方法后评估、项目决策阶段的经济后评估、项目勘察设计的后评估和项目前期工作管理后评估。

(1) 项目立项条件后评估。

它是从实际情况出发，回顾分析当初认可的立项条件和决策目标是正确或是失实，对产品方案、建设方案、工艺流程、设备方案、资源、原材料、能源、动力和运输条件等是否适应项目需要的评估分析。

(2) 项目决策程序和方法的后评估。

项目决策程序和方法的后评估是指分析研究项目决策的政策依据、决策的程序及决策方法、决策体系体制是否科学和完整，决策的效率怎样；项目决策程序和方法是否符合我国现行的有关制度和规定的要求。由于它涉及了项目决策正确性的保障体系和监督机制，所以，项目决策程序和方法的后评估应是项目前期工作后评估的重点内容。

(3) 项目决策阶段的经济后评估。

这一阶段的主要内容包括：在项目决策前，是否对投资项目的经济方面进行了认真的可行性研究工作；在项目决策时，经济评估结论意见是否作为重要依据；根据投产运营后的实际情况，检验决策时采纳或未被采纳的经济评估结论意见的正确性程度。

(4) 项目勘察设计的后评估。

项目勘察后评估的内容主要包括：承担项目勘察设计任务的单位的资格审查情况；签订设计合同情况；设计的质量和效率；设计依据、标准、规范、定额、取费标准(费率)是否符合国家的有关规定，是否满足建设单位和施工的实际需要；设计方案在技术上的可行性和经济上的合理性程度如何；可行性研究与设计工作的关系是否协调。

(5) 项目前期工作管理后评估。

项目前期工作管理后评估主要是对项目筹建工作、决策工作、征地拆迁工作、安置补偿工作、勘察设计工作、招投标工作、委托施工工作、“三通一平”(有的称“六通一平”“七通一平”)工作、资金落实和物资落实工作等各方面的管理进行的后评估。

2. 项目实施工作的后评估

项目实施阶段主要是指从项目开工到竣工验收的一段时期。它是项目周期中延续时间较长的一个时期，也是投资资金集中发生和使用的时期。前期工作深度、工程竣工质量、资金到位情况以及影响项目投资发挥效益的各方面原因，一般都能在项目实施阶段得到反映和体现。

按照项目实施的工作程序，项目实施工作的后评估应包括：项目实施管理后评估，项目施工准备工作后评估，项目施工方式及项目施工管理的后评估，项目竣工验收和试生产后评估，项目生产准备后评估等。内容应包括项目变更情况、施工管理、建设资金的供应和使用、建设工期、建设成本、项目工程质量和安全情况、项目竣工验收、配套项目和辅助设施项目的建设、项目生产能力和单位生产能力投资等的评价。重点应放在对在项目目标实现过程中发生的诸如超工期、超概算、工程质量差、效益低等原因的查找和说明上。

3. 项目运营后评估

项目运营阶段是项目投资建设阶段的延续，是实现项目投资经济效益和项目投资回收的关键时期。它包括从项目竣工投产到项目进行后评估时的一段时期。通过项目运营阶段的后评估，可以综合项目的实际投资效益，系统地总结出项目投资的经验教训，以指导未来项目的投资活动，并可以提出一些补救措施和对策方法，以利于提高项目运营的实际效果。因此，项目运营阶段的后评估体现了项目后评估的目的，是项目后评估的关键部分。

项目运营阶段后评估的内容包括：项目生产经营管理的后评估，项目生产条件后评估，项目达产情况后评估，项目投产对环境影响情况的后评估，项目投产引起的社会效果情况后评估，项目的可持续发展情况后评估，项目资源投入和产出情况后评估，项目经济后评估等。其中，项目经济后评估是项目运营后评估的核心，这是因为项目效益的好坏是评估项目成败的关键标志。项目效益状况的后评估，主要应评估生产经营和市场情况以及产品品种、质量和数量是否与项目前评估所作的预测相符；项目的财务效益、经济效益与项目前评估所作结论的对比分析。此外，还应重新提出对项目前景的预测和提出进一步提高项目经济效益的具体建议和切实可行的对策措施。另外，对于利用外资的项目，还应适当增加对引进技术、设备的使用、消化和吸收情况的后评估。

第三节　项目后评估的程序与方法

一、项目后评估工作的要求

根据投资项目的内在规律和项目后评估工作的实践，以及国家有关的项目后评估工作的法规、文件规定，投资项目后评估工作应做到如下要求：

（1）应从国家的整体利益出发，结合项目的产业和行业特点进行后评估工作。

（2）项目后评估工作应科学全面、细致认真地进行。

（3）项目后评估报告中既要有定性分析，又要有定量分析，所采用的资料必须完整，依据必须准确，分析必须客观，方法必须正确，结论必须公正，并具有权威性、适用性和科学性。

二、项目后评估工作的程序

根据我国现行的项目管理体制和项目审批程序，国家规定我国重点建设项目的项目后评估工作（因为我国的项目后评估工作最早是在国家重点建设项目中进行的）可按三个阶段进行。

（一）项目建设单位进行自我评估阶段

建设单位开展项目的后评估工作，应负责编制项目后评估报告，按隶属关系报送行业或地方主管部门，同时上报国家发展改革委备案。

在项目建设单位自我评估阶段，须经过如下几个工作步骤：

1. 提出问题，明确后评估的任务

提出要进行项目后评估的单位既可以是国家计划部门、金融部门、各主管部门，也可以是企业（项目）本身。

2. 建立后评估机构，筹划准备

项目后评估的提出单位可以委托具有相应资质的咨询公司等单位进行后评估；也可以自行组织实施。而接受任务的承办单位则应在接受委托后组织后评估小组进行筹备工作，制订出项目后评估的详细实施计划，其中包括项目后评估工作人员的配备、组织机构、时间进度、内容、范围、评估方法、预算安排等内容。

3. 深入调查、收集资料

根据后评估初稿计划所规定的内容和任务要求，深入实际，收集实际基础资料。项目后评估资料应包括项目的立项、决策、建设实施、建成投产后的效益等。

4. 整理分析资料数据，提出改进措施和建议

对实际资料和数据的完整性和准确性进行核实、测算和审查；并依据核实后的资料数据进行比较分析研究和论证；采用一些定量和定性分析相结合的科学方法，合理评估项目的实际成果；找出存在的问题，总结经验教训，提出今后的改进措施和建议。

5. 编制项目后评估报告

将分析研究的结果进行汇总，编写出项目后评估报告，提交委托单位和上级有关部门。

（二）行业或地方主管部门对项目后评估报告进行初步审查阶段

这一阶段主要由主管部门对项目后评估报告和项目建设的实际情况进行深入考察，结合行业或地方建设反映出来的共性问题和特点、经验，站在国家的立场，从行业或地方的角度，提出对项目后评估报告的初步审查意见。这就是主管部门一方面对具体项目的后评估工作进行评价，另一方面也为改进行业部门或地方有关工作作一个简单的经验总结，最后由主管部门完成项目后评估审查报告报送国家发展改革委，并抄送有关部门和单位。

（三）项目后评估报告的复审阶段

由国家有关部门组织有关方面，或聘请有关专家学者，对主管部门的项目后评估

审查报告和项目单位的项目后评估报告进行复核审查。其要求是要站在国家整体利益的立场上，从微观与宏观相结合的角度提出项目后评估复审报告，并报国家相关主管机构和发至有关部门和单位。

上述三个阶段的后评估工作程序，有利于保证国家重点建设项目后评估工作的广泛性、全面性和公开性要求，也有利于实现评估结论的公正性、科学性和可靠性的原则。

三、项目后评估工作的方法

项目后评估方法的基本原理是比较法(也可称为对比法)。就是将项目投产后的实际情况、实际效果等与决策时期的目标相比较，从中找出差距、分析原因、提出改进措施和建议，进而总结经验教训。项目后评估的分析方法一般有如下四种：

(一) 效益评估法

效益评估法又称指标计算法，是指通过计算反映项目准备、决策、实施和运营各阶段实际效益的指标，以此来衡量和分析项目投产后实际所取得的效益。效益评估法是把项目实际产生的效益或效果，与项目实际发生的费用或投入加以比较，进行盈利能力分析。在项目后评估阶段，效益指标(包括财务效益、经济效益和社会效益)的计算完全是以统计的实际值为依据来进行统计分析，并相应地使用项目前评估中曾使用过的相同的经济评估参数来进行效益计算，以便在有可比性和计算口径一致的情况下判断项目的决策是否正确。

(二) 影响评估法

影响评估法又称指标对比法，是通过对项目完成后产生的客观影响与立项时预期的目标进行对照，即将项目后评估指标与决策时的预测指标进行对比，以衡量项目实际效果同预测效果或其他同类项目效果之间的偏差，从差异中发现项目中存在的问题，从而判断项目决策的正确性。

(三) 过程评估法

过程评估法是把项目从立项决策、设计、采购直到建设实施各程序环节的实际进程与事先制订好的计划、目标相比较。通过全过程的分析评估，找出主观愿望与客观实际之间的差异，从而发现导致项目成败的主要环节和原因，提出有关的建议的措施，使以后同类项目的实施计划和目标制定得更切合实际和更可行。过程评估一般有工作量大、涉及面广的特点。

过程评估按投资项目建设程序可划分四个阶段：(1)前期工作中的决策过程评估；(2)设计和施工准备过程评估；(3)建设实施到竣工验收阶段的评估；(4)投产、交付使用后生产经营和效益的评估。

(四) 系统评估法

系统评估法是指在项目后评估工作中将上述三种评估方法有机地结合起来，进行系统的分析和评估的一种方法。在上述三种方法中,效益评估法是从成本-效益的角度来判断决策目标是否正确;影响评估法则是评估项目产生的各种影响因素,其中最大的影响因素便是项目效益;过程评估法是从项目建设过程来分析造成项目的产出和投入与预期目标产生差异的原因,是效益评估和影响评估的基础。另外,项目的效益又与设计、施工质量、工程进度、投资估算等密切相关,因此,需要将三种评估方法结合起来,以便得出最佳的评估结论。

总之,项目后评估的各种方法之间存在着密切的联系,只有全面理解和综合应用,才能符合项目后评估的客观、公正和科学的要求。

第四节 项目经济后评估

一、项目经济后评估概述

(一) 项目经济后评估的任务和作用

1. 项目经济后评估的主要任务

与项目经济前评估不同,项目经济后评估的主要任务包括:

(1) 评价项目决策经济目标的正确性;

(2) 分析鉴定项目实际的经济效益情况;

(3) 分析与预测项目未来的经济前景和发展趋势;

(4) 检验经济评估方法和评估参数的适用情况,总结经济评估的经验教训,以提高项目可行性研究的质量和项目决策的正确性;

(5) 推荐可能的优化方案或提出可行的改进意见,以提高项目的经济效益;

(6) 提出综合评估结论,编制项目经济后评估报告。

2. 项目经济后评估的作用

项目经济后评估的作用是由它的任务所决定的。项目经济后评估的主要作用:将可行性研究阶段对项目生命期内投入产出所作的预测,与项目投产后的实际情况以及未来阶段的经重新修正的预计情况相对比,从经济角度分析和总结项目投资的成功和失败之处,并用得出的经验和教训,为项目的进一步优化和今后类似项目的投资决策和管理提供参考。

(二) 项目经济后评估的主要内容

项目经济后评估的主要内容包括:

1. 收集和审查后评估资料

经济后评估的主要依据和资料由项目的投资者提供或自行收集。即应该完成对有关项目的立项、决策和建设资料、项目建成后的经济效益资料及其他有关资料的收集,并在这些资料的基础上对其完整性和准确性进行审查评估。

2. 项目的投资估算及资金来源的后评估

在这一后评估过程中，主要是对拟建投资项目的实际总投资、资金筹集和运用情况，以及利用外资情况（包括吸收外资情况和技术引进情况）进行再评估。

3. 项目建成投产后的经济效益分析评估

主要是对项目建成后产品的实际生产成本、销售收入、税金的缴纳及利润情况进行分析评估，并在此基础上对项目的财务效益、经济效益和社会效益进行综合分析和后评估。

4. 项目实际效益指标与预期指标的对比分析

主要是对项目的投资经济效果指标和各项综合经济效益指标（静态指标及动态指标）进行对比分析（实际指标与预期指标），以检验决策目标的实现程度。

5. 替代方案的经济效益分析和后评估

替代方案的经济效益分析和后评估是对项目可行性研究中的备案方案、落选方案与项目实施中的更改方案进行模拟分析对比与后评估。这样做的目的是有利于总结经验和改进、完善原实施方案，有利于提高实施方案的管理水平和效益水平。

6. 经济后评估的综合结论与建议

按照后评估规定的有关要求，在对各种经济、社会因素进行综合分析与后评估后，应提出经济后评估的总体结论与对存在问题的改进建议。

二、项目后评估的实际基础数据

（一）项目后评估主要依据的资料的收集与审查

项目后评估主要依据的资料包括：

1. 项目立项、决策和建设资料

项目立项、决策和建设资料主要包括：

（1）批准的项目建议书和可行性研究报告；

（2）项目评估报告及初步设计与批文；

（3）项目的国际、国内招投标资料及合同文件；

（4）项目开工报告，有关的设计、施工资料，竣工验收报告，重大设计变更与批文；

（5）施工图预算及竣工决算；

（6）有关审计资料；

（7）资金实际来源资料；

（8）建设期各年度实际用款金额、设备材料到货清单及价格资料；

（9）编制可行性研究报告及办理工程价款结算所采用的国家、地区（行业或部门）制定的有关经济法规、经济参数、设备材料价格、其他费用等资料。

2. 项目建成后的效益资料

它主要包括项目建成投产使用后的经济效益和社会效益资料。如年度财务报告、统计报表、成本资料、经济活动分析、重大增产节约措施,对促进国家安定团结、经济发展、科技进步、就业和对收入分配、社会文化、教育、卫生、体育等方面发展有较大影响的指标。

3. 其他有关资料

如国内外有关的经济政策、国外经济法规等有关资料。

4. 自评报告和复评报告

在行业主管部门初审和国家主管部门复审阶段,还必须分别备有投资建设单位的自评报告和主管部门的复评报告。

(二) 实际财务数据的测算与评估

1. 投资估算及资金来源的评估

(1) 项目实际总投资评估。

项目实际总投资评估主要包括:

① 对竣工决算的正确性进行分析与评估;

② 对项目直接投资、间接投资、配套设施(项目)投资、筹建费用,以及后续项目的准备费用等情况进行评估,并说明浪费与节约的情况;

③ 对项目工程概预算的准确程度和审定概预算的估算费用,与实际支付时的余缺情况进行对比和原因分析;

④ 对项目无效投资部分费用的分析;

⑤ 对设计及采购的经济性、投资构成比例和投资变化的合理性进行的评估。

(2) 资金筹措和运用情况评估。

资金筹措和运用情况评估主要包括:

① 评估资金来源渠道是否符合国家的有关规定;

② 评估各项资金来源与项目的前评估相对比是否有变化;

③ 评估资金筹措方式和数额能否满足项目的实际需要;

④ 评估外汇资金来源及国内配套资金的实际落实情况;

⑤ 评估资金的使用安排是否适当;

⑥ 评估流动资金占用量和周转期是否合理,并将项目前评估数据与投产后实际数据进行对比,分析发生变化的原因。

(3) 利用外资情况评估。

利用外资情况评估主要包括:

① 评估外资利用的方式、范围和规模的合理性;

② 评估资金筹措方式和集资的经验教训;

③ 评估因贷款种类不同而产生的筹资成本、汇率风险、使用条件等。

2. 项目产品实际生产成本费用的分析与评估

首先，将项目前评估所预测的产品生产成本与投产后实际的生产成本进行对比分析，以检验预测的生产成本及其各项费用是否与实际情况相符；其次，分析与预测成本与实际生产成本两者之间的差距及其发生变化的原因；最后，再根据项目投产后的情况，重新预测项目在剩下的寿命期内的生产成本的发展变化趋势。

3. 项目的销售收入和利润的分析与评估

（1）将项目前评估预测的年销售收入情况与实际的年销售收入比较，以检验产品预期的销售价格和产品生产量的确定是否与投产后的现实情况及预测变化趋势相符合；分析实际销售收入与预期销售收入之间的差距变化及其原因；根据项目投产后的实际情况，重新预测项目在寿命期的未来时期内销售收入的发展变化趋势。

（2）将项目前评估中预测的计算期内各年所获得的净利润额与投产后实际的净利润额，以及后评估中重新预测的净利润变化情况进行对比，以分析影响净利润的因素及净利润发生变化的原因。

（三）实际经济数据的测算与评价

1. 收集与测算实际经济数据所需要的有关基础资料

实际经济数据所需要的有关基础资料主要有项目产出物与投入物的品种和数量，国家近期颁发的用于项目国民经济评估的有关国家参数，如影子价格、社会折现率、影子汇率、影子工资和贸易费用率等。

2. 项目投入物与产出物中各项指标的调整与分析

在财务评估的基础上，将项目的投入物和产出物划分为外贸货物、非外贸货物和特殊投入物三种类型，并按各类型货物影子价格的调整原则进行价格调整。分析各项指标的调整是否符合项目建成投产后的实际情况，如发生较大变化，则需要研究、评估产生变化的原因，并在此基础上提出改进措施和预测项目在剩余寿命期内的经济价格变化趋势。

3. 项目经济费用与效益的调整与分析

根据核实的经济价格，按照项目费用和效益划分的范围，对项目固定资产投资、流动资金、产品生产成本与销售收入等财务数据进行调整。

三、项目投产后经济效益的分析与评估

（一）项目经济后评估的基本报表

与项目前评估一样，项目经济后评估须根据投产后的实际数据，从企业财务和国民经济两个角度分别编制利润和利润分配表、现金流量表、资产负债表及项目投资经济费用效益流量表等，并在此基础上编制一张综合对照表，即后评估和可行性研究基本数据及评估指标对照表（见表 14-1）。

表 14-1　后评估和可行性研究基本数据及评估指标对照表

序　号	名　称	单　位	可行性研究报告	自评报告	初审报告	复审报告	备注
一	基本数据						
1	年产量(业务量)						
	其中：						
2	总投资	万元					
	其中：固定资产投资 无形资产投资 物价上涨因素 建设期利息 流动资金	万元					
3	总占地面积	平方米					
4	建筑面积						
5	职工总人数 其中：生产工人	人					
6	总产值(正常年) 总产值(达产年)	万元					
7	年营业收入(正常年) 年营业收入(达产年)						
8	年营业利润(正常年) 年营业利润(达产年)						
9	年增值税金(正常年) 年增值税金(达产年)						
10	利润总额(正常年) 利润总额(达产年)						
11	总成本费用(正常年) 总成本费用(达产年)						
12	工厂成本(正常年) 工厂成本(达产年)						
13	经营成本(正常年) 经营成本(达产年)						
二	经济评估指标						
1	财务内部收益率	%					

续表

序　号	名　称	单　位	可行性研究报告	自评报告	初审报告	复审报告	备注
2	财务净现值	万元					
3	资本金内部收益率	%					
4	投资各方内部收益率	%					
5	投资利润率	%					
6	投资回收期	年					
7	借款偿还期	年					
8	财务外汇净现值	万美元					
9	财务换汇成本	元/美元					
10	经济内部收益率	%					
11	经济净现值	万元					
12	经济外汇净现值	万美元					
13	经济换汇成本	元/美元					
14	经济节汇成本	万美元					
三	技术经济指标						
1	单位新增生产能力投资	万元					
2	单位新增生产能力能耗量 其中：煤 电 石油等						
3	单位新增生产能力耗水量						
4	单位新增生产能力耗材量 主要材料消耗 其中：钢材 水泥等						
5	实物劳动生产率(职工)	产量/人年					
6	全员劳动生产率(职工)	元/人年					
7	建设工期	年					
8	万元投资三大材料消耗 钢材 木材 水泥						

(二) 项目后评估的实际经济效益指标

1. 项目财务后评估

项目财务后评估，是根据国家现行的财税制度和国家主管部门认可的评估方法，重新分析与预测已建成项目的费用和效益，考虑项目的实际获利能力、偿还能力及外汇效果等财务状况。

财务后评估的主要指标有财务内部收益率、财务净现值、投资收益率、投资回收期、投资借款偿还期、利息备付率、偿债备付率等。

2. 项目国民经济后评估

项目国民经济后评估是从国家整体角度出发，考虑已建成项目投产后的效益和费用，用影子价格、影子汇率、影子工资、土地影子费用和社会折现率等计算分析项目给国民经济带来的实际净效益，评估已建成项目在经济上的合理性。一般地，财务后评估的结论应服从于国民经济后评估的结论，国民经济效益是判别项目优劣和进行项目最终决策的主要依据。项目国民经济后评估的主要指标有经济内部收益率、经济净现值等。

项目后评估的实际经济效益指标的计算方法与项目前评估基本相似。不同之处：项目后评估所采用的影子价格、影子汇率、影子工资、社会折现率等参数都应该是国家新近颁布的，或是根据实际情况测定的；项目后评估时点以前的价格、投资成本构成情况、生产能力、销售收入等都是实际发生的数据，后评估时点以后的有关数据，则是在实际数据的基础上经过重新预测加以确定的。

(三) 项目前、项目后评估效益指标的对比分析

1. 对比指标的设置

投资项目后评估要评估投资效益，必须借助于各种指标。指标的设置，一般应遵循如下要求：

(1) 评估指标应具有全面性，即既要有反映投资经济效益的指标，也要有反映投资社会效益和环境效益的指标。同时，在反映投资经济效益指标中，既要有反映投资财务效益的指标，也要有反映国民经济效益的指标。

(2) 评估指标应是阶段性评估指标与全过程性评估指标相结合，即既要有反映投资项目建设阶段的投资经济效益指标，也要有反映投资项目全过程的投资经济效益指标。

(3) 评估指标中应既有反映实际效益与预期效益偏离的绝对值指标(如成本降低额、投资节约额或效益指标的增减额等)，也要有反映两者之间变化程度的相对值指标。

2. 对比指标的分析

项目后评估与前评估效益指标的对比指标主要有建设工期、单位生产能力投资、达产年限、投资回收期、净现值和内部收益率等。

（1）实际建设工期。

实际建设工期是指投资项目从开工之日起到竣工验收交付使用或投入生产所实际经历的时间。它是反映项目实际建设速度的指标。其相对变化指标为：

$$\text{实际建设工期变化率}=\frac{\text{实际建设工期}-\text{设计建设工期}}{\text{设计建设工期}}\times 100\%$$

如果该指标大于零，则表明实际建设工期大于设计建设工期；反之，就小于设计建设工期。

建设工期发生变化（缩短或延长），可能会由此带来经济效益的提前（推迟）实现，进而影响项目的静态分析和动态分析指标。

（2）实际单位生产能力投资。

实际单位生产能力投资是反映竣工项目实际投资效果的一个综合指标。它是项目实际投资额与竣工项目实际形成的生产能力的比值。比值越小，表明投资效果越好；反之，投资效果就越差。其用公式表示为：

$$\text{实际单位生产能力投资}=\frac{\text{竣工验收项目实际投资总额}}{\text{竣工验收项目实际形成的生产能力}}$$

其变化率指标为：

$$\text{实际单位生产能力投资变化率}=\frac{\text{实际单位生产能力投资}-\text{设计单位生产能力投资}}{\text{设计单位生产能力投资}}\times 100\%$$

若实际单位生产能力投资变化率大于零，表明实际单位生产能力投资大于设计单位生产能力投资；若小于零，则表明小于设计单位生产能力投资。

（3）实际达产年限。

实际达产年限是指从投产之日起到实际产量达到设计生产能力为止所需经历的时间。它是衡量和考核投产项目实际投资效益的一项重要指标。这是因为，一般生产性投资项目建成投产后，不仅要求其迅速形成新的生产能力，而且还要求其生产能力尽快达到设计生产能力。只有这样，项目才能发挥出较好的投资经济效益。

但是，如果在项目后评估时点，该项目仍未达到设计生产能力，则应分步计算：首先，计算项目投产后各年实际达到的生产能力水平；其次，计算项目投产后生产能力的年均增长率；再次，根据测定的生产能力年均增长率，计算投产项目可以达到设计生产能力的年限。其计算公式为：

$$\text{设计生产能力}=\text{第一年实际生产能力}\times[1+(\text{年均生产能力增长率})^{n-1}]$$

式中：n 表示实际达产年限。

实际达产年限变化率指标的计算公式为：

$$\text{实际达产年限变化率}=\frac{\text{实际达产年限}-\text{设计达产年限}}{\text{设计达产年限}}\times 100\%$$

实际达产年限变化率是反映不定期达产年限与设计规定的达产年限偏离程度的一个指标。如果该变化率大于零，表明实际达产年限大于设计达产年限；反之，则表明小于设计达产年限。项目实际达产年限大于(或小于)设计达产年限，会对项目的经济效益指标产生影响。

(4) 实际投资回收期。

实际投资回收期是项目实际产生的年度净收益或根据实际情况重新预测的项目年度净收益来抵偿实际投资总额所需要的时间。它有动态投资回收期和静态投资回收期之分。实际静态投资回收期是以各年项目的实际净收益来回收实际投资总额所需的时间。其用公式表示为：

$$\sum_{t=1}^{P_{rt}}(RCI-RCO)_t=0$$

式中：P_{rt}表示项目的静态投资回收期，RCI 表示实际现金流入量，RCO 表示实际现金流出量。

实际动态投资回收期是以项目各年净收益现值来回收实际投资总额所需要的时间。其用公式表示为：

$$\sum_{t=1}^{n}(RCI-RCO)_t(1+i_R)^{-t}=0$$

式中：i_R表示实际折现率。

实际投资回收期指标变化率的计算公式为：

$$\text{实际投资回收期变化率}=\frac{\text{实际投资回收期}-\text{预测投资回收期}}{\text{预测投资回收期}}\times 100\%$$

上述指标是衡量实际投资回收期与预测投资回收期，或与部门(行业)基准投资回收期偏离程度的指标。其变化率越小越好。

(5) 净现值和内部收益率。

净现值和内部收益率是考虑资金时间价值的两个反映项目投资全过程的投资经济效益指标。其计算公式与项目前评估时所采用的计算公式一样，只是所采用的净现金流量、折现率、计算期等有所不同。项目后评估时所采用的净现金流量是评估时点前的实际净现金流量及重新预测的净现金流量(在评估时点之后)；而折现率、计算期则是经重新测定后确定的。其计算公式为：

$$\text{净现值变化率}=\frac{\text{实际净现值}-\text{预测净现值}}{\text{预测净现值}}\times 100\%$$

$$\text{内部收益率变化率}=\frac{\text{实际内部收益率}-\text{预测内部收益率}}{\text{预测内部收益率}}\times 100\%$$

如果上述两个变化率均大于零，表明项目的实际净现值、实际内部收益率都大于预测值；反之，就小于预测值。

同样也可以测算实际投资利润率及有关经济效益指标的变化率。

3. 指标对比方法

（1）实际指标与可行性研究（或项目前评估）中所预测的方案指标进行对比。

（2）实际指标与主管部门确定的行业标准进行对比。

（3）实际指标与国内外同类项目所能达到的最佳指标进行对比。

对比时可采用绝对数、相对数或增减情况等形式进行。

当然，在进行指标对比时应充分考虑指标之间的可比性及前后指标计算方法、口径、范围的一致性；且实际指标的计算可以根据具体情况，剔除各种意外和不可抗拒等非项目因素对项目的影响。

4. 指标对比结果的评估

对指标对比的结果，一般须采用合目的性准则与合规范性准则相结合的方法进行分析评估。

（1）合目的性评估。

合目的性评估是指计算实际指标达到或超过可行性研究所定方案指标的百分比，以考察项目预期目标的实现程度。可行性研究所确定的方案指标是合目的性评估的基准。

（2）合规范性评估。

合规范性评估是指判别项目实际经济效益的优劣程度。其基准是部门或行业规定的基准投资收益率和基准投资回收期等定额指标。

第五节 综合评估结论及后评估报告

一、综合评估结论和建议

项目后评估综合评估结论和建议应突出重点、简明扼要、观点明确。一般地，综合评估和建议主要包括如下内容：

（1）对项目决策的正确性、实现预期目标的程度、实际经济效益和优化方案的评估意见。

（2）评估中发现的问题，经验教训的总结以及对类似项目以后决策应注意的问题和建议。

（3）对建设单位的自评报告和地方、行业主管部门的初评意见提出再评估意见。

二、项目后评估报告（以工业项目为例）

一般工业项目后评估报告主要包括如下内容：

（一）总论

说明项目后评估的目的、后评估工作的组织机构及管理、后评估报告编制单位情况、后评估工作的开始和完成时间、后评估资料的来源及依据、后评估方法和建设项目实施总体概况。

（二）项目前期工作后评估

（1）对项目前期筹备工作的后评估。其主要包括筹备单位名称、组织机构、筹备计划及筹备工作效率等。

（2）对项目决策工作的后评估。其主要包括：项目可行性研究承担单位名称、资格，项目可行性研究的编制依据，可行性研究起始和完成时间；项目决策单位、决策程序、决策效率等。

（3）对项目征地拆迁工作的后评估。其主要包括，征地拆迁工作进度，安置补偿标准等是否符合国家有关规定。

（4）对项目委托设计与施工的后评估。其主要包括：设计单位名称及资格审查，委托设计方式，设计费用，设计方案的技术可行性和经济合理性，设计标准与设计质量；委托施工方式，施工企业资格审查情况及施工合同等。

（5）对建设物资、资金等落实情况的后评估。

（三）项目实施后评估

项目实施后评估的主要内容包括：

（1）项目开工评估。

（2）对项目变更的评估。如项目范围变更、设计变更，变更的原因及其影响。

（3）对施工管理的评估，即对施工组织方式、实际施工进度、施工工程成本、质量的控制与监理、施工技术与方案等进行的评估。

（4）对项目建设资金供应情况的评估。

（5）对项目建设工期的评估。主要评估实际建设工期及工期提前或延迟的原因。

（6）对项目建设成本的评估，即对项目实际建设成本及超支或节约原因的评估。

（7）对项目工程质量的评估。

（8）对项目竣工验收与试生产的评估。

（9）对项目建成投产后的实际生产能力与单位生产能力投资的评估。

（四）项目生产经营后评估

项目生产经营后评估的主要内容包括：

（1）项目达到设计生产能力情况的后评估。

（2）项目产出物的种类与数量、产品销售情况的评估。

（3）项目获取利润情况的后评估。

（4）企业经营管理的评估。主要对机构设置、管理人员配备及素质、管理规章制度、管理效率等进行的评估。

（5）劳动定员评估。

（6）职工培训评估。

（五）项目经济后评估

1. 项目财务后评估

项目财务后评估主要包括项目财务状况及预测，项目实际财务效益指标，主要财务指标的对比与分析，财务状况的发展变化趋势及对策措施等。

2. 项目国民经济后评估

项目国民经济后评估主要包括项目国民经济效益状况及预测，项目国民经济效益指标与计算，评估指标的对比分析等。

（六）综合结论

主要是对上述各项评估内容的基本结论。它一般包括以下内容：项目准备、决策、实施和生产经营各个阶段的主要经验教训，对项目可行性研究及决策水平的综合评估，项目在评估时点后的发展前景，提高项目在未来时期经济效益水平的主要对策和措施。

总之，项目后评估报告应按照国家有关部门规定的条例和格式要求进行编制。

本章小结

投资项目的后评估是指在投资项目建成投产并运行一段时间（一般为2年或达到设计生产能力年份）后，对项目立项、准备、决策、实施直到投产运营全过程的投资活动进行总结评估，对投资项目取得的经济效益、社会效益和环境效益进行综合评估，从而作为判别项目投资目标实现程度的一种方法。它是投资项目程序中的一个重要工作阶段。

项目的后评估与前评估相比，在具有现实性、独立公正性、全面性、反馈性等特点的同时，还在评估主体，评估的侧重点，评估的内容、依据以及评估的阶段等方面有所不同。

项目后评估的主要内容可以从两方面来理解：一是与前评估相对应时的后评估内容，二是与项目的具体阶段相结合时的后评估内容。与前评估相对应时的后评估内容主要包括项目投资建设必要性的后评估，即用后评估时国内外市场的供求状况和项目产品的实际销售能力来验证项目前评估时所做的市场需求预测是否正确；项目生产建设条件的后评估，即分析项目建成投产后的实际生产条件和建设条件是否与前评估的预测相符及其发生变化的原因；项目技术方面的后评估及项目效益方面的后评估，后者包括投资前期条件的后评估，主要有项目立项条件、项目决策程序和方法、项目决策阶段的经济、项目勘察设计和项目前期工作管理等的后评估；项目实施阶段工作的后评估，主要包括项目实施管理、项目施工准备工作、项目施工方式及项目施工管理、项目竣工验收和试生产、项目生产准备等的后评估；项目运营阶段后评估，内容包括项目生产经营管理、项目生产条件、项目达产情况、项目投产对环境影响情况、项目投产引起的社会效果情况、项目的可持续发展情况、项目资源投入和产出情况、项目经济等的后评估，而在这其中，项目经济后评估是项目运营后评估的核心。

项目的后评估工作是按一定的程序来进行的。其工作程序主要包括三个阶段：项目投资者进行自我评估阶段并形成项目后评估报告、项目主管部门对项目后评估报告的初审阶段和复审阶段。

项目后评估方法的基本原理是比较法，其评估方法主要包括效益评估法、影响评估法、过程评估法及系统评估法等。

投资项目后评估工作中最主要的部分还是经济后评估。经济后评估是通过取得项目的实际基础数据，通过对项目实施前后指标的计算与对比，来判断并反映项目效益目标的实现程度。

项目的综合评估及后评估报告(以工业项目为例)一般包括总论、项目前期工作后评估、项目实施后评估、项目生产运营的后评估、项目经济后评估及综合结论等方面内容。

复习思考题

1. 项目后评估的含义是什么？它有哪些特点和作用？
2. 我国投资项目后评估的基本内容有哪些？
3. 投资项目后评估是以怎样的程序进行的？
4. 投资项目后评估有哪些评估方法？各种评估方法之间有什么关系？
5. 投资项目后评估的实际经济效益指标有哪些？它们是怎样与项目前评估的评估指标进行对比和计算的？
6. 项目的后评估报告的主要内容是什么？

附录

附录1　某新设法人投资项目经济评价案例

案例说明

(1) 本拟建投资项目为新设法人项目即新建项目。

(2) 本拟建投资项目经济评价案例是按现行财会制度、财税制度及项目经济评价方法等有关规定编制的，若现行制度有变，则应以新的规定或制度为准。

(3) 本拟建项目按现行规定需分别进行项目的财务评价和国民经济评价。

(4) 本拟建项目经济评价案例只代表该拟建项目的评价结果，对其他项目的经济评价不具有规定性。在项目评估与可行性研究的实际工作中，对拟实施项目应根据项目的具体情况和要求，进行必要的经济评价，不受本案例的限制与约束。

(5) 本项目财务评价案例的编制依据为：①《投资项目可行性研究指南(试用版)》，中国电力出版社2002年版；②《建设项目经济评价方法与参数》，原建设部、发展改革委发布，中国计划出版社2006年版等。

一、概述

该拟建投资项目为新设法人项目，且其经济评价是在可行性研究报告阶段(即完成市场需求预测，项目生产方案、工艺方案及设计方案选择，项目生产规模选择，原材料、燃料及动力供应，建厂条件和场址方案，公用工程和辅助设施，环境影响评估，项目组织机构设置和人力资源配置等多方面的分析论证和多方案比较并确定了最佳方案)进行的。

该拟建投资项目生产的产品是在国内外市场上比较畅销的产品，即有市场需求保证。

该项目拟占地(农田)250亩，且交通较为便利。其原材料、燃料、动力等的供应均有必要的保证。

该拟建投资项目主要设施包括生产车间，与工艺生产相适应的辅助生产设施、公用工程以及有关的管理与生产福利设施。

二、基础数据

(一) 生产规模

该拟建投资项目的年设计生产能力为 23 万件。

(二) 实施进度

该拟建投资项目的建设期为 3 年,从第四年开始投产。其中第四年的达产率为 80%,第五年的达产率为 90%,第六年以后均为 100%。项目的生产期为 15 年。

(三) 总投资估算及资金来源

1. 建设投资估算

(1) 固定资产投资额是根据概算指标估算法进行的,而基本预备费是根据工程费用及工程建设其他费用的百分比(5.5%)提取的(为计算方便,取整数 2 000 万元),涨价预备费应根据物价指数进行具体计算,而本例中的数据作了一些必要的调整,取整数 3 200 万元。根据概算指标估算法估算的固定资产投资额为 42 200 万元。

(2) 项目建设期投资借款利息按投资借款计划及估算公式估算为 4 650 万元(为计算方便,借款年利率假定为 10%)。即:

$$\text{建设期第一年的投资借款利息}=\frac{10\ 000}{2}\times 10\%=500(\text{万元})$$

$$\text{建设期第二年的投资借款利息}=\left(10\ 500+\frac{9\ 000}{2}\right)\times 10\%=1\ 500(\text{万元})$$

$$\text{建设期第三年的投资借款利息}=\left(10\ 500+10\ 500+\frac{11\ 000}{2}\right)\times 10\%=2\ 650(\text{万元})$$

固定资产投资估算的具体情况可见附表 1。

附表 1　　**固定资产投资估算表**　　单位:万元

序　号	工程或费用名称	估算价值				
		建筑工程	设备购置	安装工程	其他费用	总值
1	固定资产投资	3 400	22 300	8 600	2 700	37 000
1.1	第一部分 工程费用	3 400	22 300	8 600		35 300
1.1.1	主要生产项目	1 031	17 443	7 320		26 794
1.1.2	辅助生产车间	383	1 021	51		1 455
1.1.3	公用工程	383	2 488	956		3 827
1.1.4	环境保护工程	185	1 100	225		1 510
1.1.5	总图运输	52	248			300
1.1.6	厂区服务性工程	262				262
1.1.7	生产福利工程	1 104				1 104

续表

序 号	工程或费用名称	估算价值				
		建筑工程	设备购置	安装工程	其他费用	总值
1.1.8	厂外工程			38		38
1.2	第二部分其他费用				2 700	2 700
	第一、第二部分费用合计	3 400	22 300	8 600	2 700	37 000
1.3	预备费用				5 200	5 200
1.3.1	基本预备费				2 000	2 000
1.3.2	涨价预备				3 200	3 200
2	建设期利息				4 650	4 650
3	合计(1+2)	3 400	22 300	8 600	12 550	46 850

(3) 无形资产投资的估算。该拟建项目无形资产投资主要是取得土地使用权所需支付的费用,且此费用需在项目建设期的第一年里投入。其估算额为 1 800 万元(且假设其全部使用资本金投入,其摊销期与项目的生产期一致)。

2. 流动资金估算

流动资金估算,按分项详细估算法进行(估算表中的有关数字做了必要的调整),估算总额为 7 000 万元。

流动资金估算的具体情况可见附表 2。

项目的总投资=建设投资(固定资产投资+无形资产投资+建设期投资借款利息)+流动资金=42 200+4 650+1 800+7 000=55 650(万元)

3. 资金来源与使用计划

项目资本金投入 16 000 万元,由 A、B 两公司各按 60%、40%的比例投入,其余全部为银行借款。其中,第一年投入资本金 3 000 万元,借入建设投资借款 10 000 万元;第二年投入资本金 8 000 万元,借入建设投资借款 9 000 万元;第三年投入资本金 3 000万元,借入建设投资借款 11 000 万元;第四年投入资本金 2 000 万元,借入流动资金借款 3 600 万元;第五年、第六年分别借入流动资金借款 700 万元、700 万元。其中建设投资借款、流动资金借款的年利率均为 10%(假设),以年为计息期。建设投资借款本金的偿还,以项目预计生产年份所实现的净利润在扣除必要的留存后(即需提取 10%的盈余公积金,假定项目在生产期不再提取任意公积金),及项目所提取的固定资产折旧和无形资产摊销额[假定该项目可用 100%的折旧及摊销额(共计 3 120 万元,具体可见"三(二)"部分内容)归还项目的投资借款本金],且先用固定资产折旧和无形资产摊销偿还,不够部分以可用于偿还投资借款本金的净利润抵偿。流动资金借款本金假设在项目结束时归还,利息每年偿还。建设投资借款还款计算(具体可用于偿还投资借款本金的利润额可见附表 5)如附表 3 所示。

附表 2

流动资金估算表

单位：万元

序号	名 称	最低周转次数	周转天数	投产期		达到设计生产能力期												
				4	5	6	7	8	9	10	11	12	13	14	15	16	17	18
1	流动资产			6 440	7 245	8 050	8 050	8 050	8 050	8 050	8 050	8 050	8 050	8 050	8 050	8 050	8 050	8 050
1.1	应收账款	18	20	1 600	1 800	2 000	2 000	2 000	2 000	2 000	2 000	2 000	2 000	2 000	2 000	2 000	2 000	2 000
1.2	存货			4 800	5 400	6 000	6 000	6 000	6 000	6 000	6 000	6 000	6 000	6 000	6 000	6 000	6 000	6 000
1.3	现金	18	20	40	45	50	50	50	50	50	50	50	50	50	50	50	50	50
2	流动负债			840	945	1 050	1 050	1 050	1 050	1 050	1 050	1 050	1 050	1 050	1 050	1 050	1 050	1 050
2.1	应付账款			840	945	1 050	1 050	1 050	1 050	1 050	1 050	1 050	1 050	1 050	1 050	1 050	1 050	1 050
3	流动资金(1—2)	18	20	5 600	6 300	7 000	7 000	7 000	7 000	7 000	7 000	7 000	7 000	7 000	7 000	7 000	7 000	7 000
4	流动资金增加额			5 600	700	700	0	0	0	0	0	0	0	0	0	0	0	0

附表 3 **建设投资借款还款计划表(从生产期开始)** 单位：万元

年 份	年初借款余额	本年应计利息	本年还本数	年末借款余额
4	34 650	3 465	5 171.325	29 478.675
5	29 478.675	2 947.868	6 484.289	22 994.386
6	22 994.386	2 299.439	7 885.879	15 108.507
7	15 108.507	1 510.851	8 418.176	6 690.331
8	6 690.331	669.033	6 690.331	0
合 计		10 892.191	34 650	

根据附表 3 可计算出项目的借款偿还期为 7.762 年。

(四) 工资及福利费估算

项目全厂定员为 1 000 人，工资及福利费按每人 11 400 元估算(其中工资为 10 000元/年，福利费按工资的 14%计提)，全年工资及福利费为 1 140 万元(其中生产性工人的工资为 920 万元，其他为 220 万元，且在后面的分析中假设生产工人的工资是变动成本，即工资数额与项目的达产率保持一致)。

(五) 财务评价参数

项目的基准收益率为 15%(融资前税前)、12%(融资前税后)，项目投资者的期望收益率为 16%

三、财务基础数据及财务评估

(一) 年销售收入及年税金的估算

通过预测，该项目产品的销售单价(不含增值税)为 1 600 元，年销售收入估算值在正常年份为 36 800 万元。

年销售税金及附加按国家有关规定计提缴纳。估计销售税金及附加在正常年份为 2 500 万元(其中第四年、第五年的销售税金及附加分别为 2 000 万元、2 250 万元)。项目所得税税率为 25%。

(二) 生产成本的估算

经估算，拟建项目产品的单位变动成本(假设其单位成本即为单位变动成本)为 840 元，其单位成本估算情况可见附表 4。另外，不包括固定资产折旧、无形资产摊销及借款利息的年固定成本为 2 000 万元。

另外，固定资产年折旧为 3 000 万元，无形资产摊销为 120 万元[两者均按使用平均年限法计提，且考虑固定资产的残值为 1 850 万元，即固定资产年折旧 $=\frac{46\ 850-1\ 850}{15}=3\ 000$(万元)；无形资产年摊销 $=\frac{1\ 800}{15}=120$(万元)]。

附表 4 **单位产品生产成本估算表** 单位：万元

序 号	名 称	单 位	消耗定额	单 价	金 额
1	原材料、化工料及辅料				
	A	件	1	450	450
	B	件	1	160	160
	C	件	0.8	20	16
	D	件	0.1	240	24
	小计				650
2	燃料及动力				
	水	吨	150	0.4	60
	电	度	100	0.2	20
	煤	吨	0.05	200	10
	小计				90
3	工资及福利费				40
4	制造费用				60
5	单位生产成本(1+2+3+4)				840

(三) 利润总额及其分配

$$\text{利润总额} = \text{产品销售收入} - \text{产品变动成本} - \text{产品固定成本} - \text{产品销售税金及附加}$$

$$\text{净利润} = \text{利润总额} - \text{应交所得税}$$

$$\text{应交所得税} = \text{利润总额} \times \text{所得税税率}$$

利润分配按有关财务会计制度进行，且假设在项目借款没有全部偿还的年份不进行向投资者支付利润等有关利润分配的业务。而假定在还清借款年份及以后年份，项目的净利润在提取法定的公积金后的可供分配利润可全部用来进行利润分配，利润分配按投资者的投资比例进行。

另外，在项目的结束年份，项目的累计盈余资金及回收部分资金可全部按投资者的投资比例进行分配。

利润及利润分配情况可见附表 5。

(四) 财务盈利能力分析

1. 财务评价报表

项目财务现金流量表(见附表 6)

项目资本金现金流量表(见附表 7)

投资各方财务现金流量表(见附表 8、附表 9)

财务计划现金流量表(见附表 10)

附表 5

利润及利润分配表

单位：万元

序号	项 目	合 计	计 算 期									
			1	2	3	4	5	6	7	8	9	10～17	18
1	营业收入	540 960				29 440	33 120	36 800	36 800	36 800	36 800	36 800	36 800
2	税金及附加	36 750				2 000	2 250	2 500	2 500	2 500	2 500	2 500	2 500
3	总成本费用	378 986.191				24 401	25 885.868	27 239.439	26 450.851	25 609.033	24 940	24 940	24 940
4	补贴收入												
5	利润总额(1－2－3＋4)	125 213.134				3 039	4 984.132	7 060.561	7 849.149	8 690.967	9 360	9 360	9 360
6	弥补以前年度亏损												
7	应纳税所得额(4－5)	125 223.809				3 039	4 984.132	7 060.561	7 849.149	8 690.967	9 360	9 360	9 360
8	所得税	31 305.952				759.75	1 246.033	1 765.14	1 962.287	2 172.742	2 340	2 340	2 340
9	净利润(5－8)	93 917.857				2 279.25	3 738.099	5 295.421	5 886.862	6 518.225	7 020	7 020	7 020
10	期初未分配利润												
11	可供分配的利润(9＋10)												
12	提取法定盈余公积金	9 391.786				227.925	373.81	529.542	588.686	651.823	702	702	702
13	偿还投资借款本金	19 050				2 051.325	3 364.289	4 765.879	5 298.176	3 570.331	0	0	0
14	可供投资者分配的利润(11－12)	65 476.071								2 296.071	6 318	6 318	6 318
15	应付优先股股利												
16	提取任意盈余公积金												
17	应付普通股股利												
18	各投资方利润分配	65 476.071				0	0	0	0	2 296.071	6 318	6 318	6 318
	其中：												
	A 公司									1 377.643	3 790.8	3 790.8	3 790.8
	B 公司	39 285.643								918.428	2 527.2	2 527.2	2 527.2
		26 190.428											
19	未分配利润(13－14－15－17)	0				0	0	0	0	0	0	0	0
20	息税前利润	143 406				6 864	8 362	9 860	9 860	9 860	9 860	9 860	9 860
21	息税折旧摊销前利润(息税前利润＋折旧＋摊销)	190 206				9 984	11 482	12 980	12 980	12 980	12 980	12 980	12 980

附表 6 **项目财务现金流量表** 单位：万元

序号	项　目	合　计	计算期										
			1	2	3	4	5	6	7	8	9	10～17	18
1	现金流入	549 810				29 440	33 120	36 800	36 800	36 800	36 800	36 800	45 650
1.1	营业收入	540 960				29 440	33 120	36 800	36 800	36 800	36 800	36 800	36 800
1.2	补贴收入												
1.3	回收固定资产余值	1 850											1 850
1.4	回收流动资金	7 000											7 000
1.5	其他现金流入												
2	现金流出	401 754	13 000	17 000	14 000	25 056	22 338	24 520	23 820	23 820	23 820	23 820	23 820
2.1	建设投资	44 000	13 000	17 000	14 000								
2.2	维持运营投资												
2.3	流动资金	7 000				5 600	700	700					
2.4	经营成本	314 004				17 456	19 388	21 320	21 320	21 320	21 320	21 320	21 320
2.5	增值税	0				0	0	0	0	0	0	0	0
2.6	税金及附加	36 750				2 000	2 250	2 500	2 500	2 500	2 500	2 500	2 500
2.7	维持运营投资												
3	所得税前净现金流量(1−2)	148 056	−13 000	−17 000	−14 000	4 384	10 782	12 280	12 980	12 980	12 980	12 980	21 830
4	调整所得税	37 014				1 793.5	2 168	2 542.5	2 542.5	2 542.5	2 542.5	2 542.5	2 542.5
5	所得税后净现金流量	111 042	−13 000	−17 000	−14 000	2 590.5	8 614	9 737.5	10 437.5	10 437.5	10 437.5	10 437.5	19 287.5

计算指标：
融资前税前指标：
财务内部收益率（*FIRR*）为 19.68%；
财务净现值（*FNPV*）（15%）为 10 945.63 万元；
投资回收期为 7.28 年。
融资前税后指标：
财务内部收益率（*FIRR*）为 15.81%；
财务净现值（*FNPV*）（12%）为 10 249.55 万元；
投资回收期为 8.21 年。

附表 7

项目资本金现金流量表

单位：万元

序号	项目	合计	计算期										
			1	2	3	4	5	6	7	8	9	10～17	18
1	现金流入	549 810				29 440	33 120	36 800	36 800	36 800	36 800	36 800	45 650
1.1	营业收入	540 960				29 440	33 120	36 800	36 800	36 800	36 800	36 800	36 800
1.2	补贴收入	0											
1.3	回收固定资产余值	1 850											1 850
1.4	回收流动资金	7 000											7 000
1.5	其他现金流入												
2	现金流出	455 892.143	3 000	8 000	3 000	31 212.075	32 746.19	36 270.458	36 211.314	33 852.106	26 660	26 660	31 660
2.1	资本金	16 000	3 000	8 000	3 000	2 000							
2.2	借款本金偿还	39 650				5 171.325	6 484.289	7 885.879	8 418.176	6 690.331	0	0	5 000
2.3	借款利息支付	18 182.191				3 825	3 377.868	2 799.435	2 010.851	1 169.033	500	500	500
2.4	经营成本	314 004				17 456	19 388	21 320	21 320	21 320	21 320	21 320	21 320
2.5	增值税	0				0	0	0	0	0	0	0	0
2.6	税金及附加	36 750				2 000	2 250	2 500	2 500	2 500	2 500	2 500	2 500
2.7	所得税	31 305.952				759.75	1 246.033	1 765.14	1 962.287	2 172.742	2 340	2 340	2 340
2.8	维持运营投资												
3	净现金流量(1－2)	93 917.857	－3 000	－8 000	－3 000	－1 772.075	373.81	529.542	588.686	2 947.894	10 140	10 140	13 990

计算指标：资本金收益率为 20.48%。

附表 8 **投资各方现金流量表——A 公司** 单位：万元

序号	项　目	合　计	计　算　期							
			1	2	3	4	5～7	8	9～17	18
1	现金流入	65 950.715					0	1 377.643	3 790.8	30 455.872
1.1	利润(股利)分配	39 285.643						1 377.643	3 790.8	3 790.8
1.2	资产处置收益分配	26 665.072								26 665.072
1.3	租赁费收入									
1.4	技术转让收入									
1.5	其他现金流入									
2	现金流出	9 600								
2.1	股权投资	9 600	1 800	4 800	1 800	1 200				
2.2	租赁资产支出									
2.3	其他现金流出									
3	净现金流量(1—2)	56 350.715	—1 800	—4 800	—1800	—1 200	0	1 377.643	3 790.8	30 455.872

计算指标：投资各方(A 公司)收益率为 17.29%。

附表 9　　**投资各方现金流量表——B公司**　　单位：万元

序号	项　目	合　计	计　算　期							
			1	2	3	4	5～7	8	9～17	18
1	现金流入	43 967.142					0	918.428	2 527.2	20 303.914
1.1	利润(股利)分配	26 190.428						918.428	2 527.2	2 527.2
1.2	资产处置收益分配	17 776.714								17 776.714
1.3	租赁费收入									
1.4	技术转让收入									
1.5	其他现金流入									
2	现金流出									
2.1	股权投资	6 400	1 200	3 200	1 200	800				
2.2	租赁资产支出									
2.3	其他现金流出									
3	净现金流量(1－2)	37 567.142	－1 200	－3 200	－1 200	－800	0	918.428	2 527.2	20 303.914

计算指标：投资各方(B公司)收益率为17.29%。

附表 10 **财务计划现金流量表** 单位：万元

序号	项目	合计	计算期									
			1	2	3	4	5	6	7	8	9	10～17	18
1	经营活动净现金流量	167 750.048				9 224.25	10 235.967	11 214.86	11 020.213	10 807.427	10 640	10 640	19 490
1.1	现金流入	549 810				29 440	33 120	36 800	36 800	36 800	36 800	36 800	45 650
1.1.1	营业收入	540 960				29 440	33 120	36 800	36 800	36 800	36 800	36 800	36 800
1.1.2	增值税销项税额												
1.1.3	补贴收入												
1.1.4	其他流入	8 850											8 850
1.2	现金流出	382 059.952				20 215.75	22 884.033	25 585.14	25 779.787	25 992.573	26 160	26 160	26 160
1.2.1	经营成本	314 004				17 456	19 388	21 320	21 320	21 320	21 320	21 320	21 320
1.2.2	增值税进项税额												
1.2.3	税金及附加	36 750				2 000	2 250	2 500	2 500	2 500	2 500	2 500	2 500
1.2.4	增值税												
1.2.5	所得税	31 305.952				759.75	1 246.033	1 765.140	1 962.287	2 172.742	2 340	2 340	2 340
1.2.6	其他流出												
2	投资活动净现金流量	−51 000											
2.1	现金流入												
2.2	现金流出		13 000	17 000	14 000	5 600	700	700					
2.2.1	建设投资	44 000	13 000	17 000	14 000								

续表

序号	项 目	合 计	计 算 期										
			1	2	3	4	5	6	7	8	9	10～17	18
2.2.2	维持运营投资												
2.2.3	流动资金	7 000				5 600	700	700					
2.2.4	其他流出												
3	筹资活动净现金流量	—72 308.262											
3.1	现金流入	51 000	13 000	17 000	14 000	5 600	700	700					
3.1.1	项目资本金投入	16 000	3 000	8 000	3 000	2 000							
3.1.2	建设投资借款	30 000	10 000	9 000	11 000								
3.1.3	流动资金借款	5 000				3 600	700	700					
3.1.4	债券												
3.1.5	短期借款												
3.1.6	其他流入												
3.2	现金流出	123 308.262				8 996.325	9 862.157	10 685.318	10 429.027	10 155.435	6 818	6 818	11 818
3.2.1	各种利息支出	18 182.187				3 825	3 377.868	2 799.439	2 010.851	1 169.033	500	500	500
3.2.2	偿还债务本金	39 650				5 171.325	6 484.289	7 885.879	8 418.176	6 690.331	0	0	5 000
3.2.3	应付利润	65 476.071	0	0	0	0				2 296.071	6 318	6 318	6 318
3.2.4	其他流出												
4	净现金流量	44 441.786				227.925	373.81	529.542	588.686	651.823	3 822	3 822	7 672
5	累计盈余资金	44 441.786				227.925	373.81		588.686	651.823	3 822	3 822	7 672

2. 指标分析

根据利润及利润分配表及投资估算情况计算：

$$总投资报酬率=\frac{息税前利润}{总投资额}\times 100\%=\frac{9\ 860}{55\ 650}\times 100\%=17.718\%$$

$$资本金净利润率=\frac{年净利润额}{资本金}\times 100\%=\frac{7\ 020}{16\ 000}\times 100\%=43.875\%$$

(五) 偿债能力分析

因本案例采用的是直接预测计算项目的借款偿还期，而没有说明项目与借款银行约定的借款偿还期及偿还方式，故无法计算利息备付率及偿债备付等指标，只能计算借款偿还期指标。根据前面的计算结果，项目的借款偿还期为 7.762 年。此结果表明，项目是具有较好的偿债能力的。

(六) 不确定性分析

1. 盈亏平衡分析

以产量表示的盈亏平衡点，其计算公式为：

$$BEP=\frac{年固定成本}{单位产品边际收益}=\frac{5\ 620}{651.3}=8.63(万件)$$

达到盈亏平衡时的产销量占项目所设计生产能力的比率(或生产能力利用率)为：

$$\frac{8.63}{23}\times 100\%=37.52\%$$

以上计算结果表明，该项目只要达到设计生产能力的 37.52%，也就是年产量达到 8.63 万件，就可以保本，由此可见该项目风险较小。

盈亏平衡分析图如附图 1 所示。

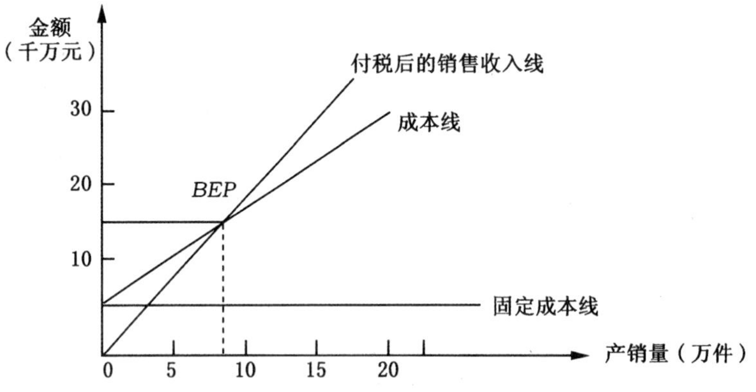

附图 1　盈亏平衡分析

2. 敏感性分析

下面选取项目的财务内部收益率及净现值(以融资前税前分析为例)作为敏感性

分析的研究对象，选取项目的营业收入(产量或价格)、经营成本及投资作为敏感因素来进行单因素敏感性分析。

假定营业收入(产量或价格)、经营成本、投资的变化率各为±10%，考察项目的财务内部收益率及净现值的变化情况。项目财务内部收益率及财务净现值的变化情况具体可见附表 11。

附表 11　　因素变化情况下财务净现值及内部收益率的增减情况

因素变动情况	财务净现值(万元)	净现值变化情况(万元)	财务内部收益率(%)	内部收益率变化情况(%)
基本方案	10 945.63		19.68	
营业收入+10%	24 490.51	+13 544.88	24.84	+5.16
营业收入−10%	−2 599.25	−13 544.88	13.80	−5.88
经营成本+10%	3 065.63	−7 880	16.36	−3.32
经营成本−10%	18 825.63	+7 880	22.75	+3.07
投资+10%	7 223.99	−3 721.65	17.87	−1.81
投资−10%	14 667.28	+3 721.65	21.78	+2.1

根据附表 11 的结果，可计算出项目的净现值针对销售收入、经营成本与投资的敏感度系数分别为 12.37、7.20、3.40，说明项目的净现值对销售收入因素的敏感程度最高，经营成本次之，投资最低。

根据上述计算结果，画出敏感性分析曲线图，具体可见附图 2(以净现值为研究对象)及附图 3(以内部收益率为研究对象)。

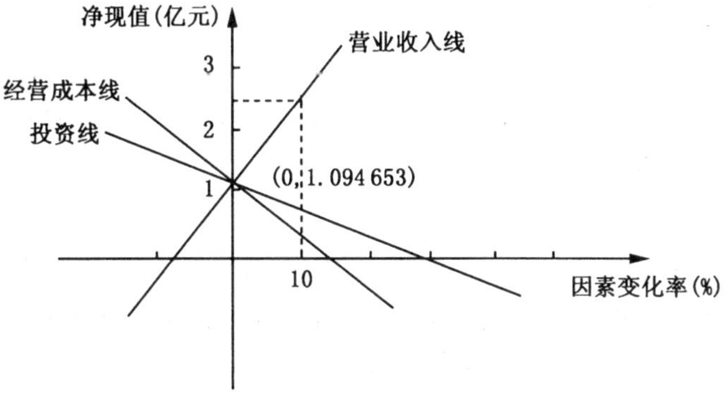

附图 2　敏感性分析曲线(以净现值为研究对象)

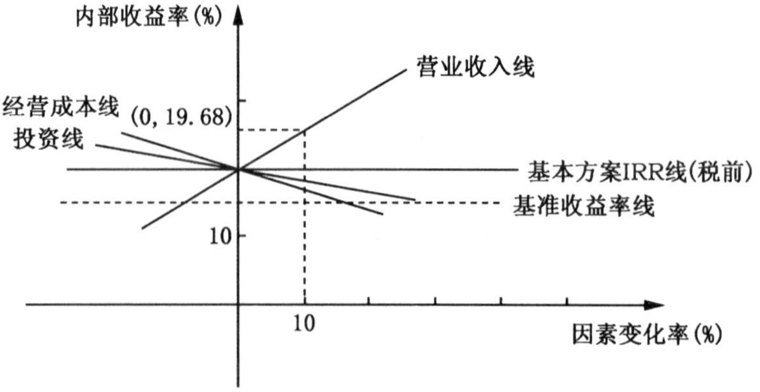

附图3 敏感性分析曲线(以内部收益率为研究对象)

从敏感性曲线图中可以得知,项目效益指标允许收入变化的极限值为减少8.10%,允许经营费用变化的极限值为增加13.89%,允许投资变化的极限值为增加29.41%。

通过以上分析,可以对所选取的三个敏感因素进行排序(按其对项目效益指标影响程度从大到小),依次为收入、经营成本及投资。

四、国民经济评估

本案例的拟建投资项目按规定需进行国民经济评估,且其国民经济评估是在财务评估的基础上进行的,并采用《建设项目经济评价方法与参数》(第三版)中的规定参数。另外,项目主要投入物和产出物的影子价格是按定价原则自行测算的。

(一) 效益和费用范围的调整

1. 转移支付的处理

以下几项费用属国民经济内部转移支付,在国民经济评估时不作为项目的费用:

(1) 税金及附加;

(2) 投资借款利息。

2. 关于项目间接效益和间接费用的计量

该项目的间接效益由于计量困难,因此不作定量计算,只作定性描述。

(二) 效益和费用数值的调整

1. 对投资的调整

固定资产投资由46 850万元调整为39 340万元,具体调整及计算情况如下:

① 建筑工程费用的调整。按影子价格换算系数1.1对财务评估中的建筑工程费用进行调整,由3 400万元调整为3 740万元。

② 设备购置费的调整。由于该项目所采用的设备均属国内设备,故影子价格换算系数取1,且其中的运费也不做调整。

③ 安装工程费同设备购置费一样也不进行调整。

④ 其他费用中除涨价预备费外,其他不做调整。

无形资产由 1 800 万元调整为 1 660 万元,具体调整过程如下:

(1) 土地机会成本的计算。

由于该项目占用的土地为一般农田,且其最佳替代用途为种植经济作物。经测算,其在项目占用前三年的年均净收益为 2 590.30 元/亩,且年递增率为 3%。则该项目占用 250 亩土地在 18 年里的机会成本为:

$$OC=\sum_{t=1}^{18}2\ 590.30\times 250\times(1+3\%)^{t}\times(1+8\%)^{-t}=7\ 656\ 600(\text{元})$$

(2) 新增资源消耗的计算。

经测算新增资源消耗的费用约为 8 943 400 元。

(3) 流动资金的调整。

项目的流动资金由 7 000 万元调整为 6 300 万元(剔除其中没有形成新增资源消耗的部分,共 700 万元)。

调整后的分年投资计划见附表 12。

附表 12 **调整后的分年投资计划** 单位:万元

名　称	第一年	第二年	第三年	第四年	第五年	第六年
固定资产投资	10 340	16 000	13 000			
无形资产投资	1 660					
流动资金				5 040	630	630
合　计	12 000	16 000	13 000	5 040	630	630

2. 项目经营成本的调整

根据投入物影子价格的定价原则,对附表 4 投入物中占比重较大的物品进行了调整。具体调整计算过程如下:

第一,外购原料 A 为非外贸货物,由于该货物只需发挥原有企业生产能力就能满足项目供应,故可按其可变成本进行分解,以确定原料 A 的影子价格。原料 A 的单位可变成本和调整后的耗用金额具体可见附表 13。

调整说明和分解步骤如下:

(1) 原料 1 为非外贸货物,在国内属短线产品,经测算其影子价格换算系数为 1.2,调整为 300 元。

(2) 原料 2 为外贸货物,其到岸价为 20 美元/件,影子汇率为 6.7 元/美元(6.2×1.08,下同),贸易费用率为 6%,用影子价格重新计算的成本为:20×6.7×1.06×1=142(元)(不考虑运费因素并取整数)。

(3) 外购动力。该地区电力的影子价格为 0.24 元/度,用影子价格计算的电费为 50×0.24=12(元)。

水和其他费用不做调整。

通过上面各步骤计算,可得到原料 A 的影子价格为 470 元/件,由于原料 A 由商家直接供货,不经商贸部门,所以不考虑运费和贸易费用。

附表 13　　原料 A 分解成本计算(可变成本)　　单位:元

名　称	单　位	耗用量	财务成本	分解成本
原材料				
原料 1	件	2.5	250	300
原料 2	件	1.5	174	142
其他			8	8
燃料、动力				
水	吨	20	8	8
电	度	50	10	12
可变成本合计			450	470

第二,原料 B 为外贸货物(直接进口货物),其到岸价为 26.75 美元/件,由于项目地处港口,运费忽略不计,贸易费用率为 6%,所以原料 B 经调整后的影子价格为 26.75×6.7×1.06=190(元/件)。

原料 C、原料 D 由于在产品单位成本中所占比重较小,故不做调整。

第三,电费调整为 24 元(100×0.24)。

第四,煤的影子价格调整为 320 元/吨,故煤费相应调整为 0.05×320=16(元)。

水费、工资及福利费、制造费用等不做调整。

通过上面的调整计算,可得到调整后的单位产品成本为 900 元/件。

项目的单位产品成本按影子价格调整计算的具体情况可见附表 14。

附表 14　　单位产品成本调整计算　　单位:元

名　称	单　位	消耗定额	单　价	金　额
原材料				
A	件	1	470	470
B	件	1	190	190
C	件	0.8	20	16
D	件	0.1	240	24
小计				700

续表

名 称	单 位	消耗定额	单 价	金 额
燃料及动力				
水	吨	150	0.40	60
电	度	100	0.24	24
煤	吨	0.05	320	16
小计				100
工资及福利费				40
制造费用				60
单位生产成本				900

项目经营成本中的其他费用(不包括固定资产折旧、无形资产摊销、投资借款利息)不做调整。项目的年经营费用调整情况可见附表15。

附表15　　国民经济评估经营费用调整计算

名 称	单 位	年消耗量	单价(元)	达产80%(万元)	达产90%(万元)	达产100%(万元)
原材料						
A	件	230 000	470	8 648	9 729	10 810
B	件	230 000	190	3 496	3 933	4 370
C	件	184 000	20	294.4	331.2	368
D	件	23 000	240	441.6	496.8	552
小计				12 880	14 490	16 100
燃料及动力						
水	万吨	3 450	0.40	1 104	1 242	1 380
电	万度	2 300	0.24	441.6	496.8	552
煤	吨	11 500	320	294.4	331.2	368
小计				1 840	2 070	2 300
工资及福利费				736	828	920
制造费用				1 104	1 242	1 380
其他费用				2 000	2 000	2 000
经营费用合计				18 560	20 630	22 700

3. 销售收入的调整

项目所生产的产品为外贸货物(替代进口产品)。根据外贸货物的定价原则,该产品影子价格的调整过程如下:

该产品的到岸价格为200.15美元,由于难以确定具体用户,故直接用下面公式计算:

产品的影子价格=到岸价格×影子汇率=200.15×6.74=1 341(元/件)

国民经济评估营业收入调整计算见附表16。

附表16　国民经济评估营业收入调整计算

名　称	年销售量	单　价(元)	第4年达产率80%(万元)	第5年达产率90%(万元)	第6～18年达产率100%(万元)
财务评估	230 000	1 600	29 440	33 120	36 800
国民经济评估	230 000	1 341	24 674.40	277 758.70	30 843

(三) 国民经济评估

根据以上调整后的数据,可编制项目国民经济效益费用流量表,具体情况可见附表17。

计算结果表明,项目的经济内部收益率(*EIRR*)为12.84%,高于社会折现率8%,且在社会折现率为8%时,项目的经济净现值为15 427.60万元,大于零,说明国家为该拟建投资项目付出代价后,除了得到符合社会折现率的社会盈余后,还可得到15 427.60万元现值的超额社会盈余,说明项目在经济上是比较合理的。

五、评估结论

(一) 财务评估结论

财务评估项目财务内部收益率(*FIRR*)分别为19.68%(融资前税前)、15.81%(融资前税后),高于基准投资收益率15%,项目财务净现值(*FNPV*)分别为10 945.63万元(融资前税前)、10 249.55万元(融资前税后),投资回收期为7.28年(融资前税前,从建设期算起)或8.21年(融资前税后,从建设期算起),项目资本金收益率为20.48%,投资方(A方)收益率为17.29%,投资方(B方)收益率为17.29%,均高于投资者的期望收益率16%,投资报酬率为17.72%$\left(\frac{9\ 860}{55\ 650}\times100\%\right)$,资本金净利润率为43.875%$\left(\frac{7\ 020}{16\ 000}\times100\%\right)$,项目的借款偿还期为7.762年。项目在计算期内各年的净现金流量没有出现小于零的年份,且项目具有数量较大的盈余资金,项目具有较好的财务生存能力。因此,从总体上看,项目具有较强的财务盈利能力、较好的偿债能力和财务生存能力,在财务上是可行的。

附表 17　　**项目经济费用效益流量**　　单位：万元

序号	项目	合计	计算期							
			1	2	3	4	5	6	7～17	18
1	效益流量									
1.1	项目直接效益	453 392.1				24 674.4	27 758.7	30 843	30 843	308 43
1.2	回收固定资产余值	1 553								1 553
1.3	回收流动资金	6 300								6 300
1.4	项目间接效益									
	效益合计	461 245.1				24 674.4	27 758.7	30 843	30 843	38 696
2	费用流量									
2.1	建设投资	41 000	12 000	16 000	13 000					
2.2	流动资金	6 300				5 040	630	630		
2.3	经营费用					18 560	20 630	22 270	22 270	22 270
2.4	项目间接费用									
	费用合计	381 590	12 000	16 000	13 000	23 600	21 260	23 330	22 700	22 700
3	净效益流量(1—2)	79 655.1	—12 000	—16 000	—13 000	1 074.4	6 498.7	7 513	8 143	15 966

计算指标：

经济内部收益率(*EIRR*)为 12.84%；

经济净现值(*ENPV*)(8%)为 15 427.60 万元；

经济效益费用比(*RBC*)为 1.44。

（二）国民经济评估结论

国民经济评估项目经济内部收益率（$EIRR$）为12.84%，高于社会折现率8%，且在社会折现率为8%时，项目的经济净现值为15 427.60万元，大于零，经济效益费用比（R_{BC}）为1.44，大于1。因此，从总体上看，该项目从国民经济角度来看是合理的。

附录 2 时间价值系数表

一、复本利系数表

复本利系数表

n \ i	1%	3%	4%	5%	6%	8%
1	1.010 0	1.030 0	1.040 0	1.050 0	1.060 0	1.080 0
2	1.020 1	1.060 9	1.081 6	1.102 5	1.123 6	1.166 4
3	1.030 3	1.092 7	1.124 9	1.157 6	1.191 0	1.259 7
4	1.040 6	1.125 5	1.169 9	1.215 5	1.262 5	1.360 5
5	1.051 0	1.159 3	1.216 7	1.276 3	1.388 2	1.469 3
6	1.061 5	1.194 1	1.265 3	1.340 1	1.418 5	1.586 9
7	1.072 1	1.229 9	1.315 9	1.407 1	1.503 6	1.713 8
8	1.082 9	1.266 8	1.368 6	1.477 5	1.593 8	1.850 9
9	1.093 7	1.304 8	1.423 3	1.551 3	1.689 5	1.999 0
10	1.104 6	1.343 9	1.480 2	1.628 9	1.790 8	2.158 9
11	1.115 7	1.384 2	1.539 5	1.710 3	1.898 3	2.331 6
12	1.126 8	1.425 8	1.601 0	1.795 9	2.012 2	2.518 2
13	1.138 1	1.468 5	1.665 1	1.885 6	2.132 9	2.719 6
14	1.149 5	1.512 6	1.731 7	1.979 9	2.260 9	2.937 2
15	1.161 0	1.558 0	1.800 9	2.078 9	2.396 6	3.172 2
16	1.172 6	1.6047	1.873 0	2.182 9	2.540 4	3.425 9
17	1.184 3	1.652 8	1.947 9	2.292 0	2.692 8	3.700 0
18	1.196 1	1.702 4	2.025 8	2.406 6	2.854 3	3.996 0
19	1.208 1	1.753 5	2.106 8	2.527 0	3.025 6	4.315 7
20	1.220 2	1.806 1	2.191 1	2.653 3	3.207 1	4.661 0
21	1.232 4	1.860 3	2.278 8	2.786 0	3.399 6	5.033 8
22	1.244 7	1.916 1	2.369 9	2.925 3	3.603 5	5.436 5
23	1.257 2	1.973 6	2.464 7	3.071 5	3.819 7	5.871 5
24	1.269 7	2.032 8	2.563 3	3.225 1	4.048 9	6.341 2
25	1.282 4	2.093 8	2.665 8	3.386 4	4.291 9	6.848 5
26	1.295 3	2.156 6	2.772 5	3.555 7	4.549 4	7.396 4
27	1.308 2	2.221 3	2.883 4	3.733 5	4.822 3	7.988 1
28	1.321 3	2.287 9	2.998 7	3.920 1	5.111 7	8.627 1
29	1.334 5	2.356 6	3.118 7	4.116 1	5.418 4	9.317 3
30	1.347 8	2.427 3	3.243 4	4.321 9	5.743 5	10.062 7
35	1.416 6	2.813 9	3.946 1	5.516 0	7.686 1	14.785 3
40	1.488 9	3.262 0	4.801 0	7.040 0	10.285 7	21.724 5
45	1.564 6	3.781 6	5.841 2	8.985 0	13.764 6	31.920 4
50	1.644 6	4.383 9	7.106 7	11.467 4	18.420 2	46.901 6
60	1.816 7	5.891 6	10.519 6	18.679 2	32.987 7	101.257 1
70	2.006 8	7.917 8	15.571 6	30.426 4	59.075 9	218.606 4
80	2.216 7	10.640 9	23.049 8	49.561 4	105.796 0	471.954 8

(*F*/*P*,*i*,*n*)

10%	12%	15%	20%	25%	30%	*i* / *n*
1.100 0	1.120 0	1.150 0	1.200 0	1.250 0	1.300 0	1
1.210 0	1.254 4	1.322 5	1.440 0	1.562 5	1.690 0	2
1.331 0	1.404 9	1.520 9	1.728 0	1.953 1	2.197 0	3
1.464 1	1.573 5	1.749 0	2.073 6	2.441 4	2.856 1	4
1.610 5	1.762 3	2.011 4	2.488 3	3.051 8	3.712 9	5
1.771 6	1.973 8	2.313 1	2.986 0	3.814 7	4.826 8	6
1.948 7	2.210 7	2.660 0	3.583 2	4.768 4	6.274 9	7
2.143 6	2.476 0	3.059 0	4.299 8	5.960 5	8.157 3	8
2.357 9	2.773 1	3.517 9	5.159 8	7.450 6	10.604 5	9
2.593 7	3.105 8	4.045 6	6.191 7	9.313 2	13.785 8	10
2.853 1	3.478 5	4.652 4	7.430 1	11.641 5	17.921 6	11
3.138 4	3.896 0	5.350 3	8.916 1	14.551 9	23.298 1	12
3.452 3	4.363 5	6.152 8	10.699 3	18.189 9	30.287 5	13
3.797 5	4.887 1	7.075 7	12.839 2	22.737 4	39.373 8	14
4.177 2	5.473 6	8.137 1	15.407 0	28.421 7	51.185 9	15
4.595 0	6.130 4	9.357 6	18.488 4	35.527 1	66.541 7	16
5.054 5	6.866 0	10.761 3	22.186 1	44.408 9	86.504 2	17
5.559 9	7.690 0	12.375 5	26.623 3	55.511 2	112.455 4	18
6.115 9	8.612 8	14.231 8	31.948 0	69.388 9	146.192 0	19
6.727 5	9.646 3	16.366 5	38.337 6	86.736 2	190.049 6	20
7.400 2	10.803 8	18.821 5	46.005 1	108.420 2	247.064 5	21
8.140 3	12.100 3	21.644 7	55.206 1	135.525 3	321.183 9	22
8.954 3	13.552 3	24.891 5	66.247 4	169.406 6	417.539 1	23
9.849 7	15.178 6	28.625 2	79.496 8	211.758 2	542.800 8	24
10.834 7	17.000 1	32.919 0	95.396 2	264.697 8	705.641 0	25
11.918 2	19.040 1	37.856 8	114.475 5	330.872 2	917.333 3	26
13.110 0	21.324 9	43.535 3	137.370 6	413.590 3	1 192.533 3	27
14.421 0	23.883 9	50.065 6	164.844 7	516.987 9	1 550.293 3	28
15.863 1	26.749 9	57.575 5	197.813 6	646.234 9	2 015.381 3	29
17.449 4	29.959 9	66.211 8	237.376 3	807.793 6	2 619.995 6	30
28.102 4	52.799 6	133.175 5	590.668 2	2 465.190 3	9 727.860 4	35
45.259 3	93.051 0	267.863 5	1 469.771 6			40
72.890 5	163.987 6	538.769 3	3 657.262 0			45
117.390 9	289.002 2	1 083.657 4	9 100.438 2			50
304.481 6						60
789.747 0						70
2 048.400 2						80

二、折现系数表

折现系数表

n \ i	1%	3%	4%	5%	6%	8%	10%
1	0.990 1	0.970 9	0.961 5	0.952 4	0.943 4	0.925 9	0.909 1
2	0.980 3	0.942 6	0.924 6	0.907 0	0.890 0	0.857 3	0.826 4
3	0.970 6	0.915 1	0.889 0	0.863 8	0.839 6	0.793 8	0.751 3
4	0.961 0	0.888 5	0.854 8	0.822 7	0.792 1	0.735 0	0.683 0
5	0.951 5	0.862 6	0.821 9	0.783 5	0.747 3	0.680 6	0.620 9
6	0.942 0	0.837 5	0.790 3	0.746 2	0.705 0	0.630 2	0.564 5
7	0.932 7	0.813 1	0.759 9	0.710 7	0.665 1	0.583 5	0.513 2
8	0.923 5	0.789 4	0.730 7	0.676 8	0.627 4	0.540 3	0.466 5
9	0.914 3	0.766 4	0.702 6	0.644 6	0.591 9	0.500 2	0.424 1
10	0.905 3	0.744 1	0.675 6	0.613 9	0.558 4	0.463 2	0.385 5
11	0.896 3	0.722 4	0.649 6	0.584 7	0.526 8	0.428 9	0.350 5
12	0.887 4	0.701 4	0.624 6	0.556 8	0.497 0	0.397 1	0.318 6
13	0.878 7	0.681 0	0.600 6	0.530 3	0.468 8	0.367 7	0.289 7
14	0.870 0	0.661 1	0.577 5	0.505 1	0.442 3	0.340 5	0.263 3
15	0.861 3	0.641 9	0.555 3	0.481 0	0.417 3	0.315 2	0.239 4
16	0.852 8	0.923 2	0.533 9	0.458 1	0.393 6	0.291 9	0.217 6
17	0.844 4	0.605 0	0.513 4	0.436 3	0.371 4	0.270 3	0.197 8
18	0.836 0	0.587 4	0.493 6	0.415 5	0.350 3	0.250 2	0.179 9
19	0.827 7	0.570 3	0.474 6	0.395 7	0.330 5	0.231 7	0.163 5
20	0.819 5	0.553 7	0.456 4	0.376 9	0.311 8	0.214 5	0.148 6
21	0.811 4	0.537 5	0.438 8	0.358 9	0.294 2	0.198 7	0.135 1
22	0.803 4	0.521 9	0.422 0	0.341 8	0.277 5	0.183 9	0.122 8
23	0.795 4	0.506 7	0.405 7	0.325 6	0.261 8	0.170 3	0.111 7
24	0.787 6	0.491 9	0.390 1	0.310 1	0.247 0	0.157 7	0.101 5
25	0.779 8	0.477 6	0.375 1	0.295 3	0.233 0	0.146 0	0.092 3
26	0.772 0	0.463 7	0.360 7	0.281 2	0.219 8	0.135 2	0.083 9
27	0.764 4	0.450 2	0.346 8	0.267 8	0.207 4	0.125 2	0.076 3
28	0.756 8	0.437 1	0.333 5	0.255 1	0.195 6	0.115 9	0.069 3
29	0.749 3	0.424 3	0.320 7	0.242 9	0.184 6	0.107 3	0.063 0
30	0.741 9	0.412 0	0.308 3	0.231 4	0.174 1	0.099 4	0.057 3
35	0.705 9	0.355 4	0.253 4	0.181 3	0.130 1	0.067 6	0.035 6
40	0.671 7	0.306 6	0.208 3	0.142 0	0.097 2	0.046 0	0.022 1
45	0.639 1	0.264 4	0.171 2	0.111 3	0.072 7	0.031 3	0.013 7
50	0.608 0	0.228 1	0.140 7	0.087 2	0.054 3	0.021 3	0.008 5
60	0.550 4	0.169 7	0.095 1	0.053 5	0.030 3	0.009 9	0.003 3
70	0.498 3	0.126 3	0.064 2	0.032 9	0.016 9	0.004 6	0.001 3
80	0.451 1	0.094 0	0.043 4	0.020 2	0.009 5	0.002 1	0.000 5

(P/F,i,n)

12%	15%	20%	25%	30%	35%	40%	i / n
0.892 9	0.869 6	0.833 3	0.800 0	0.769 2	0.740 7	0.714 3	1
0.797 2	0.756 1	0.694 4	0.640 0	0.591 7	0.548 7	0.510 2	2
0.711 8	0.657 5	0.578 7	0.512 0	0.455 2	0.406 4	0.364 4	3
0.635 5	0.571 8	0.482 3	0.409 6	0.350 1	0.301 1	0.260 3	4
0.567 4	0.497 2	0.401 9	0.327 7	0.269 3	0.223 0	0.185 9	5
0.506 6	0.432 3	0.334 9	0.262 1	0.207 2	0.165 2	0.132 8	6
0.452 3	0.375 9	0.279 1	0.209 7	0.159 4	0.122 4	0.094 9	7
0.403 9	0.326 9	0.232 6	0.167 8	0.122 6	0.090 6	0.067 8	8
0.360 6	0.284 3	0.193 8	0.134 2	0.094 3	0.067 1	0.048 4	9
0.322 0	0.247 2	0.161 5	0.107 4	0.072 5	0.049 7	0.034 6	10
0.287 5	0.214 9	0.134 6	0.085 9	0.055 8	0.036 8	0.024 7	11
0.256 7	0.186 9	0.112 2	0.068 7	0.042 9	0.027 3	0.017 6	12
0.229 2	0.162 5	0.093 5	0.055 0	0.033 0	0.020 2	0.012 6	13
0.204 6	0.141 3	0.077 9	0.044 0	0.025 4	0.015 0	0.009 0	14
0.182 7	0.122 9	0.064 9	0.035 2	0.019 5	0.011 1	0.006 4	15
0.163 1	0.106 9	0.054 1	0.028 1	0.015 0	0.008 2	0.004 6	16
0.145 6	0.092 9	0.045 1	0.022 5	0.011 6	0.006 1	0.003 3	17
0.130 0	0.080 8	0.037 6	0.018 0	0.008 9	0.004 5	0.002 3	18
0.116 1	0.070 3	0.131 3	0.014 4	0.006 8	0.003 3	0.001 7	19
0.103 7	0.061 1	0.026 1	0.011 5	0.005 3	0.002 5	0.001 2	20
0.092 6	0.053 1	0.021 7	0.009 2	0.004 0	0.001 8	0.000 9	21
0.082 6	0.046 2	0.018 1	0.007 4	0.003 1	0.001 4	0.000 6	22
0.073 8	0.040 2	0.015 1	0.005 9	0.002 4	0.001 0	0.000 4	23
0.065 9	0.034 9	0.012 6	0.004 7	0.001 8	0.000 7	0.000 3	24
0.058 8	0.030 4	0.010 5	0.003 8	0.001 4	0.000 6	0.000 2	25
0.052 5	0.026 4	0.008 7	0.003 0	0.001 1	0.000 4	0.000 2	26
0.046 9	0.023 0	0.007 3	0.002 4	0.000 8	0.000 3	0.000 1	27
0.041 9	0.020 0	0.006 1	0.001 9	0.000 6	0.000 2		28
0.037 4	0.017 4	0.005 1	0.001 5	0.000 5	0.000 2		29
0.033 4	0.015 1	0.004 2	0.001 2	0.000 4	0.000 1		30
0.018 9	0.007 5	0.001 7	0.000 4	0.000 1			35
0.010 7	0.003 7	0.000 7	0.000 1				40
0.006 1	0.001 9	0.000 3					45
0.003 5	0.000 9	0.000 1					50
0.001 1	0.000 2						60
0.000 4	0.000 1						70
0.000 1							80

三、年金终值系数表

年金终值系数表

n \ i	1%	3%	4%	5%	6%	8%
1	1.000 0	1.000 0	1.000 0	1.000 0	1.000 0	1.000 0
2	2.010 0	2.030 0	2.040 0	2.050 0	2.060 0	2.080 0
3	3.030 1	3.090 9	3.121 6	3.152 5	3.183 6	3.246 4
4	4.060 4	4.183 6	4.246 5	4.310 1	4.374 6	4.506 1
5	5.101 0	5.309 1	5.416 3	5.525 6	5.637 1	5.866 6
6	6.152 0	6.468 4	6.633 0	6.801 9	6.975 3	7.335 9
7	7.213 5	7.662 5	7.898 3	8.142 0	8.393 8	8.922 8
8	8.285 7	8.892 3	9.214 2	9.549 1	9.897 5	10.636 6
9	9.368 5	10.159 1	10.582 8	11.026 6	11.491 3	12.487 6
10	10.462 2	11.463 9	12.006 1	12.577 9	13.180 8	14.486 6
11	11.566 8	12.807 8	13.486 4	14.206 8	14.971 6	16.645 5
12	12.682 5	14.192 0	15.025 8	15.917 1	16.869 9	18.977 1
13	13.809 3	15.617 8	16.626 8	17.713 0	18.882 1	21.495 3
14	14.947 4	17.086 3	18.291 9	19.598 6	21.015 1	24.214 9
15	16.096 9	18.598 9	20.023 6	21.578 6	23.276 0	27.152 1
16	17.257 9	20.156 9	21.824 5	23.657 5	25.672 5	30.324 3
17	18.430 4	21.761 6	23.697 5	25.840 4	28.212 9	33.750 2
18	19.614 7	23.414 4	25.645 4	28.132 4	30.905 7	37.450 2
19	20.810 9	25.116 9	27.671 2	30.539 0	33.760 0	41.446 3
20	22.019 0	26.870 4	29.778 1	33.066 0	36.785 6	45.762 0
21	23.239 2	28.676 5	31.969 2	35.719 3	39.992 7	50.422 9
22	24.471 6	30.536 8	34.248 0	38.505 2	43.392 3	55.456 8
23	25.716 3	32.452 9	36.617 9	41.430 5	46.995 6	60.893 3
24	26.973 5	34.426 5	39.082 6	44.502 0	50.815 6	66.764 8
25	28.243 2	36.459 3	41.645 9	47.727 1	54.864 5	73.105 9
26	29.525 6	38.553 0	44.311 7	51.113 5	59.156 4	79.954 4
27	30.820 9	40.709 6	47.084 2	54.669 1	63.705 8	87.350 8
28	32.129 1	42.930 9	49.967 6	58.402 6	68.528 1	95.338 8
29	33.450 4	45.218 9	52.966 3	62.322 7	73.639 8	103.965 9
30	34.784 9	47.575 4	56.084 9	66.438 8	79.058 2	113.283 2
35	41.660 3	60.462 1	73.652 2	90.320 3	111.434 8	172.316 8
40	48.886 4	75.401 3	95.025 5	120.799 8	154.762 0	259.056 5
45	56.481 1	92.719 9	121.029 4	159.700 2	212.743 5	386.505 6
50	64.463 2	112.796 9	152.667 1	209.348 0	290.335 9	573.770 2
60	81.669 7	163.053 4	237.990 7	353.583 7	533.128 2	1 253.213 0
70	100.676 3	230.594 1	364.290 5	588.528 5	967.932 2	2 720.080 0
80	121.671 5	321.363 0	551.245 0	971.228 8	1 746.600	5 886.935 0

(F/A,i,n)

10%	12%	15%	20%	25%	30%	i / n
1.000 0	1.000 0	1.000 0	1.000 0	1.000 0	1.000 0	1
2.100 0	2.120 0	2.150 0	2.200 0	2.250 0	2.300 0	2
3.310 0	3.374 4	3.472 5	3.640 0	3.812 5	3.990 0	3
4.641 0	4.779 3	4.993 4	5.368 0	5.765 6	6.187 0	4
6.105 1	6.352 8	6.742 4	7.441 6	8.207 0	9.043 1	5
7.715 6	8.115 2	8.753 7	9.929 9	11.258 8	12.756 0	6
9.487 2	10.089 0	11.066 8	12.915 9	15.073 5	17.582 8	7
11.435 9	12.299 7	13.726 8	16.499 1	19.841 9	23.857 7	8
13.579 5	14.775 7	16.785 8	20.798 9	25.802 3	32.015 0	9
15.937 4	17.548 7	20.303 7	25.958 7	33.252 9	42.619 5	10
18.531 2	20.654 6	24.349 3	32.150 4	42.566 1	56.405 3	11
21.384 3	24.133 1	29.001 7	39.580 5	54.207 7	74.327 0	12
24.522 7	28.029 1	34.351 9	48.496 6	68.759 6	97.625 0	13
27.975 0	32.392 6	40.504 7	59.195 9	86.949 5	127.912 5	14
31.772 5	37.279 7	47.580 4	72.035 1	109.686 8	167.286 3	15
35.949 7	42.753 3	55.717 5	87.442 1	138.108 5	218.472 2	16
40.544 7	48.883 7	65.075 1	105.930 6	173.635 7	235.013 9	17
45.599 2	55.749 7	75.836 4	128.116 7	218.044 6	317.518 0	18
51.159 1	63.439 7	88.211 8	154.740 0	273.555 8	483.973 4	19
57.275 0	72.052 4	102.443 6	186.688 0	342.944 7	630.165 5	20
64.002 5	81.698 7	118.810 1	225.025 6	429.680 9	820.215 1	21
71.402 7	92.502 6	137.631 6	271.030 7	538.101 1	1067.279	22
79.543 0	104.602 9	159.276 4	326.236 9	673.626 4	1388.463	23
88.497 3	118.155 2	184.167 8	392.484 2	843.032 9	1086.002	24
98.347 1	133.333 9	212.793 0	471.981 1	1 054.791	2 348.803	25
109.181 8	150.333 9	245.712 0	567.377 3	1 319.489	3 054.444	26
121.099 9	169.374 0	283.568 8	681.852 8	1 650.361	3 971.778	27
134.209 9	190.698 9	327.104 1	819.223 3	2 063.952	5 164.311	28
148.630 9	214.582 8	377.169 7	984.068 0	2 580.939	6 714.604	29
164.494 0	214.332 7	434.745 1	1 181.882	3 227.174	8 729.986	30
271.024 4	431.663 5	881.170 2	2 948.341	9 856.761	32 422.87	35
442.592 6	767.091 4	1 779.090 0	7 343.858			40
718.904 8	1 358.230 0	3 585.129 0	18 281.31			45
1 163.909	2 400.018 0	7 217.716 0	45 497.19			50
3 034.816						60
7 887.470						70
20 474.00						80

四、资金年存系数表

资金年存系数表

n \ i	1%	3%	4%	5%	6%	8%
1	1.000 0	1.000 0	1.000 0	1.000 0	1.000 0	1.000 0
2	0.497 5	0.492 6	0.490 2	0.487 8	0.485 4	0.480 8
3	0.330 0	0.323 5	0.320 3	0.317 2	0.314 1	0.308 0
4	0.246 3	0.239 0	0.235 5	0.232 0	0.228 6	0.221 9
5	0.196 0	0.188 4	0.184 6	0.181 0	0.177 4	0.170 5
6	0.162 5	0.154 6	0.150 8	0.147 0	0.143 4	0.136 3
7	0.138 6	0.130 5	0.126 6	0.122 8	0.119 1	0.112 1
8	0.120 7	0.112 5	0.108 5	0.104 7	0.101 0	0.094 0
9	0.106 7	0.098 4	0.094 5	0.090 7	0.087 0	0.080 1
10	0.095 6	0.087 2	0.083 3	0.079 5	0.075 9	0.069 0
11	0.086 5	0.078 1	0.074 1	0.070 4	0.066 8	0.060 1
12	0.078 8	0.070 5	0.066 6	0.062 8	0.059 3	0.052 7
13	0.072 4	0.064 0	0.060 1	0.056 5	0.053 0	0.046 5
14	0.066 9	0.058 5	0.054 7	0.051 0	0.047 6	0.041 3
15	0.062 1	0.053 8	0.049 9	0.046 3	0.043 0	0.036 8
16	0.057 9	0.049 6	0.045 8	0.042 3	0.039 0	0.033 0
17	0.054 3	0.046 0	0.042 2	0.038 7	0.035 4	0.029 6
18	0.051 0	0.042 7	0.039 0	0.035 5	0.032 4	0.026 7
19	0.048 1	0.039 8	0.036 1	0.032 7	0.029 6	0.024 1
20	0.045 4	0.037 2	0.033 6	0.030 2	0.027 2	0.021 9
21	0.043 0	0.034 9	0.031 3	0.028 0	0.025 0	0.019 8
22	0.040 9	0.032 7	0.029 2	0.026 0	0.023 0	0.018 0
23	0.038 9	0.030 8	0.027 3	0.024 1	0.021 3	0.016 4
24	0.037 1	0.029 0	0.025 6	0.022 5	0.019 7	0.015 0
25	0.035 4	0.027 4	0.024 0	0.021 0	0.018 2	0.013 7
26	0.033 9	0.025 9	0.022 6	0.019 6	0.016 9	0.012 5
27	0.032 4	0.024 6	0.021 2	0.018 3	0.015 7	0.011 4
28	0.031 1	0.023 3	0.020 0	0.017 1	0.014 6	0.010 5
29	0.029 9	0.022 1	0.018 9	0.016 0	0.013 6	0.009 6
30	0.028 7	0.021 0	0.017 8	0.015 1	0.012 6	0.008 8
35	0.024 0	0.016 5	0.013 6	0.011 1	0.009 0	0.005 8
40	0.020 5	0.013 3	0.010 5	0.008 3	0.006 5	0.003 9
45	0.017 7	0.010 8	0.008 3	0.006 3	0.004 7	0.002 6
50	0.015 5	0.008 9	0.006 6	0.004 8	0.003 4	0.001 7
60	0.012 2	0.006 1	0.004 2	0.002 8	0.001 9	0.000 8
70	0.009 9	0.004 3	0.002 7	0.001 7	0.001 0	0.000 4
80	0.008 2	0.003 1	0.001 8	0.001 0	0.000 6	0.000 2

$(A/F,i,n)$

10%	12%	15%	20%	25%	30%	i / n
1.000 0	1.000 0	1.000 0	1.000 0	1.000 0	1.000 0	1
0.476 2	0.471 7	0.465 1	0.454 5	0.444 4	0.434 8	2
0.302 1	0.296 3	0.288 0	0.274 7	0.262 3	0.250 6	3
0.215 5	0.209 2	0.200 3	0.186 3	0.173 4	0.161 6	4
0.163 8	0.157 4	0.148 3	0.134 4	0.121 8	0.110 6	5
0.129 6	0.123 2	0.114 2	0.100 7	0.088 8	0.078 4	6
0.105 4	0.099 1	0.090 4	0.077 1	0.066 3	0.056 9	7
0.087 4	0.081 3	0.072 9	0.060 6	0.050 4	0.041 9	8
0.073 6	0.067 7	0.059 6	0.048 1	0.038 8	0.031 2	9
0.062 7	0.057 0	0.049 3	0.038 5	0.030 1	0.023 5	10
0.054 0	0.048 4	0.041 1	0.031 1	0.023 5	0.017 7	11
0.046 8	0.041 4	0.034 5	0.025 3	0.018 4	0.013 5	12
0.040 8	0.035 7	0.029 1	0.020 6	0.014 5	0.010 2	13
0.035 7	0.030 9	0.024 7	0.016 9	0.011 5	0.007 8	14
0.031 5	0.026 8	0.021 0	0.013 9	0.009 1	0.006 0	15
0.027 8	0.023 4	0.017 9	0.011 4	0.007 2	0.004 6	16
0.024 7	0.020 5	0.015 4	0.009 4	0.005 8	0.003 5	17
0.021 9	0.017 9	0.013 2	0.007 8	0.004 6	0.002 7	18
0.019 5	0.015 8	0.011 3	0.006 5	0.003 7	0.002 1	19
0.017 5	0.013 9	0.009 8	0.005 4	0.002 9	0.001 6	20
0.015 6	0.012 2	0.008 4	0.004 4	0.002 3	0.001 2	21
0.014 0	0.010 8	0.007 3	0.003 7	0.001 9	0.000 9	22
0.012 6	0.009 6	0.006 3	0.003 1	0.001 5	0.000 7	23
0.011 3	0.008 5	0.005 4	0.002 5	0.001 2	0.000 6	24
0.010 2	0.007 5	0.004 7	0.002 1	0.000 9	0.000 4	25
0.009 2	0.006 7	0.004 1	0.001 8	0.000 8	0.000 3	26
0.008 3	0.005 9	0.003 5	0.001 5	0.000 6	0.000 3	27
0.007 5	0.005 2	0.003 1	0.001 2	0.000 5	0.000 2	28
0.006 7	0.004 7	0.002 7	0.001 0	0.000 4	0.000 1	29
0.006 1	0.004 1	0.002 3	0.000 8	0.000 3	0.000 1	30
0.003 7	0.002 3	0.001 1	0.000 3	0.000 1	0.000 0	35
0.002 3	0.001 3	0.000 6	0.000 1			40
0.001 4	0.000 7	0.000 3	0.000 1			45
0.000 9	0.000 4	0.000 1	0.000 0			50
0.000 3	0.000 1					60
0.000 1						70
0.000 0						80

五、年金现值系数表

年金现值系数表

n \ i	1%	3%	4%	5%	6%	8%
1	0.990 1	0.970 9	0.961 5	0.952 4	0.943 4	0.925 9
2	1.970 4	1.913 5	1.886 1	1.859 4	1.833 4	1.783 3
3	2.941 0	2.828 6	2.775 1	2.723 2	2.673 0	2.577 1
4	3.902 0	3.717 1	3.629 9	3.546 0	3.465 1	3.312 1
5	4.853 4	4.579 7	4.451 8	4.329 5	4.212 4	3.992 7
6	5.795 5	5.417 2	5.242 1	5.075 7	4.917 3	4.622 9
7	6.728 2	6.230 2	6.002 1	5.786 4	5.582 4	5.206 4
8	7.651 7	7.019 7	6.732 7	6.463 2	6.209 8	5.746 6
9	8.566 0	7.786 1	7.435 3	7.107 8	6.801 7	6.246 9
10	9.471 3	8.530 2	8.110 9	7.721 7	7.360 1	6.710 1
11	10.367 6	9.252 6	8.760 5	8.306 4	7.886 9	7.139 0
12	11.255 1	9.954 0	9.385 1	8.863 3	8.383 8	7.536 1
13	12.133 7	10.635 0	9.985 6	9.393 6	8.852 7	7.903 8
14	13.003 7	11.296 1	10.563 1	9.898 6	9.295 0	8.244 2
15	13.865 1	11.937 9	11.118 4	10.379 7	9.712 2	8.559 5
16	14.717 9	12.561 1	11.652 3	10.837 8	10.105 9	8.851 4
17	15.562 3	13.166 1	12.165 7	11.274 1	10.477 3	9.121 6
18	16.398 3	13.753 5	12.659 3	11.689 6	10.827 6	9.371 9
19	17.226 0	14.323 8	13.133 9	12.085 3	11.158 1	9.603 6
20	18.045 6	14.877 5	13.590 3	12.462 2	11.469 9	9.818 1
21	18.857 0	15.415 0	14.029 2	12.821 2	11.764 1	10.016 8
22	19.660 4	15.936 9	14.451 1	13.163 0	12.041 6	10.200 7
23	20.455 8	16.443 6	14.856 8	13.488 6	12.303 4	10.371 1
24	21.243 4	16.935 5	15.247 0	13.798 6	12.550 4	10.528 8
25	22.023 2	17.413 1	15.982 8	14.093 9	12.783 4	10.674 8
26	22.795 2	17.876 8	15.622 1	14.375 2	13.003 2	10.810 0
27	23.559 6	18.327 0	16.329 6	14.643 0	13.210 5	10.935 2
28	24.316 4	18.764 1	16.663 1	14.898 1	13.406 2	11.051 1
29	25.065 8	19.188 5	16.983 7	15.141 1	13.590 7	11.158 4
30	25.807 7	19.600 4	17.292 0	15.372 5	13.764 8	11.257 8
35	29.408 6	21.487 2	18.664 6	16.374 2	14.498 2	11.654 6
40	32.834 7	23.114 8	19.792 8	17.159 1	15.046 3	11.924 6
45	36.094 5	24.518 7	20.720 0	17.774 1	15.455 8	12.108 4
50	39.196 1	25.729 8	21.482 2	18.255 9	15.761 9	12.233 5
60	44.955 0	27.675 6	22.623 5	18.929 3	16.161 4	12.376 6
70	50.168 5	29.123 4	23.394 5	19.342 7	16.384 5	12.442 8
80	54.888 2	30.200 8	23.915 4	19.596 5	16.509 1	12.473 5

(*P*/*A*,*i*,*n*)

10%	12%	15%	20%	25%	30%	*i* / *n*
0.909 1	0.892 9	0.869 6	0.833 3	0.800 0	0.769 2	1
1.735 5	1.690 1	1.625 7	1.527 8	1.440 0	1.360 9	2
2.486 9	2.401 8	2.283 2	2.105 0	1.952 0	1.816 1	3
3.169 9	3.037 3	2.855 0	2.588 7	2.361 6	2.166 2	4
3.790 8	3.604 8	3.352 2	2.990 6	2.689 3	2.435 6	5
4.355 3	4.111 4	3.784 5	3.325 5	2.951 4	2.642 7	6
4.868 4	4.563 8	4.160 4	3.604 6	3.161 1	2.802 1	7
5.334 9	4.967 6	4.487 3	3.837 2	3.328 9	2.924 7	8
5.759 0	5.328 2	4.771 6	4.031 0	3.463 1	3.019 0	9
6.144 6	5.650 2	5.018 8	4.192 5	3.570 5	3.091 5	10
6.495 1	5.937 7	5.233 7	4.327 1	3.656 4	3.147 3	11
6.813 7	6.194 4	5.420 6	4.439 2	3.725 1	3.190 3	12
7.103 4	6.423 5	5.583 1	4.532 7	3.780 1	3.223 3	13
7.366 7	6.628 2	5.724 5	4.610 6	3.824 1	3.248 7	14
7.606 1	6.810 9	5.847 4	4.675 5	3.859 3	3.268 2	15
7.823 7	6.974 0	5.954 2	4.729 6	3.887 4	3.283 2	16
8.021 6	7.119 6	6.047 2	4.774 6	3.909 9	3.294 8	17
8.201 4	7.249 7	6.128 0	4.812 2	3.927 9	3.303 7	18
8.364 9	7.365 8	6.198 2	4.843 5	3.942 4	3.310 5	19
8.513 6	7.469 4	6.259 3	4.869 6	3.953 9	3.315 8	20
8.648 7	7.562 0	6.312 5	4.891 3	3.963 1	3.319 8	21
8.771 5	7.644 6	6.358 7	4.909 4	3.970 5	3.323 0	22
8.883 2	7.718 4	6.398 8	4.924 5	3.976 4	3.325 4	23
8.984 7	7.784 3	6.433 8	4.937 1	3.981 1	3.327 2	24
9.077 0	7.843 1	6.464 1	4.947 6	3.984 9	3.328 6	25
9.160 9	7.895 7	6.490 6	4.956 3	3.987 9	3.329 7	26
9.237 2	7.942 6	6.513 5	4.963 6	3.990 3	3.330 5	27
9.306 6	7.984 4	6.533 5	4.969 7	3.992 3	3.331 2	28
9.369 6	8.021 8	0.550 9	4.974 7	3.993 8	3.331 7	29
9.426 9	8.055 2	6.566 0	4.978 9	3.995 0	3.332 1	30
9.644 2	8.175 5	6.616 6	4.991 5	3.998 4	3.333 0	35
9.779 1	8.243 8	6.641 8	4.996 6	3.999 5	3.333 2	40
9.862 8	8.282 5	6.654 3	4.998 6	3.999 8		45
9.914 8	8.304 5	6.660 5	4.999 5	3.999 9		50
9.967 2	8.324 0	6.665 1	4.999 9			60
9.987 3	8.330 3	6.666 3				70
9.995 1	8.330 4	6.666 6				80

六、资金回收系数表

资金回收系数表

n \ i	1%	3%	4%	5%	6%	8%
1	1.010 0	1.030 0	1.040 0	1.050 0	1.060 0	1.080 0
2	0.507 5	0.522 6	0.530 2	0.537 8	0.545 4	0.560 8
3	0.340 0	0.353 5	0.360 3	0.367 2	0.374 1	0.388 0
4	0.256 3	0.269 0	0.275 5	0.282 0	0.288 6	0.301 9
5	0.206 0	0.218 4	0.224 6	0.231 0	0.237 4	0.250 5
6	0.172 5	0.184 6	0.190 8	0.197 0	0.203 1	0.216 3
7	0.148 6	0.160 5	0.166 6	0.172 8	0.179 1	0.192 1
8	0.130 7	0.142 5	0.148 5	0.154 7	0.161 0	0.174 0
9	0.116 7	0.128 4	0.134 5	0.140 7	0.147 0	0.160 1
10	0.105 6	0.117 2	0.123 3	0.129 5	0.135 9	0.149 0
11	0.096 5	0.108 1	0.114 1	0.120 4	0.126 8	0.140 1
12	0.088 8	0.100 5	0.106 6	0.112 8	0.119 3	0.132 7
13	0.082 4	0.094 0	0.100 1	0.106 5	0.113 0	0.126 5
14	0.076 9	0.088 5	0.094 7	0.101 0	0.107 6	0.121 3
15	0.072 1	0.083 8	0.089 9	0.096 3	0.103 0	0.116 8
16	0.067 9	0.079 6	0.085 8	0.092 3	0.099 0	0.113 0
17	0.064 3	0.076 0	0.082 2	0.088 7	0.095 4	0.109 6
18	0.061 0	0.072 7	0.079 0	0.085 5	0.092 4	0.106 7
19	0.058 1	0.069 8	0.076 1	0.082 7	0.089 6	0.104 1
20	0.055 4	0.067 2	0.073 6	0.080 2	0.087 2	0.101 9
21	0.053 0	0.064 9	0.071 3	0.078 0	0.085 0	0.099 8
22	0.050 9	0.062 7	0.069 2	0.076 0	0.083 0	0.098 0
23	0.048 9	0.060 8	0.067 3	0.074 1	0.081 3	0.096 4
24	0.047 1	0.059 0	0.065 6	0.072 5	0.079 7	0.095 0
25	0.045 4	0.057 4	0.064 0	0.071 0	0.078 2	0.093 7
26	0.043 9	0.055 9	0.062 6	0.069 6	0.076 9	0.092 5
27	0.042 4	0.054 6	0.061 2	0.068 3	0.075 7	0.091 4
28	0.041 1	0.053 3	0.060 0	0.067 1	0.074 6	0.090 5
29	0.039 9	0.052 1	0.058 9	0.066 0	0.073 6	0.089 6
30	0.038 7	0.051 0	0.057 8	0.065 1	0.072 6	0.088 8
35	0.034 0	0.046 5	0.053 6	0.061 1	0.069 0	0.085 8
40	0.030 5	0.043 3	0.050 5	0.058 3	0.066 5	0.083 9
45	0.027 7	0.040 8	0.048 3	0.056 3	0.064 7	0.082 6
50	0.025 5	0.038 9	0.046 6	0.054 8	0.063 4	0.081 7
60	0.022 2	0.036 1	0.044 2	0.052 8	0.061 9	0.080 8
70	0.019 9	0.034 3	0.042 7	0.051 7	0.061 0	0.080 4
80	0.018 2	0.033 1	0.041 8	0.051 0	0.060 6	0.080 2

(A/P,i,n)

10%	12%	15%	20%	25%	30%	i / n
1.100 0	1.120 0	1.150 0	1.200 0	1.250 0	1.300 0	1
0.576 2	0.591 7	0.615 1	0.654 5	0.694 4	0.734 8	2
0.402 1	0.416 3	0.438 0	0.474 7	0.512 3	0.550 6	3
0.315 5	0.329 2	0.350 3	0.386 3	0.423 4	0.461 6	4
0.263 8	0.277 4	0.298 3	0.334 4	0.371 8	0.410 6	5
0.229 6	0.243 2	0.264 2	0.300 7	0.338 8	0.378 4	6
0.205 4	0.219 1	0.240 4	0.277 4	0.316 3	0.356 9	7
0.187 4	0.201 3	0.222 9	0.260 6	0.300 4	0.341 9	8
0.173 6	0.187 7	0.209 6	0.248 1	0.288 8	0.331 2	9
0.162 7	0.177 0	0.199 3	0.238 5	0.280 1	0.323 5	10
0.154 0	0.168 4	0.191 1	0.231 1	0.273 5	0.317 7	11
0.146 8	0.161 4	0.184 5	0.225 3	0.268 4	0.313 5	12
0.140 8	0.155 7	0.179 1	0.220 6	0.264 5	0.310 2	13
0.135 7	0.150 9	0.174 7	0.216 9	0.261 5	0.307 8	14
0.131 5	0.146 8	0.171 0	0.213 9	0.259 1	0.306 0	15
0.127 8	0.143 4	0.167 9	0.211 4	0.257 2	0.304 6	16
0.124 7	0.140 5	0.165 4	0.209 4	0.255 8	0.303 5	17
0.121 9	0.137 9	0.163 2	0.207 8	0.254 6	0.302 7	18
0.119 5	0.135 8	0.161 3	0.206 5	0.253 7	0.302 1	19
0.117 5	0.133 9	0.159 8	0.205 4	0.252 9	0.301 6	20
0.115 6	0.132 2	0.158 4	0.204 4	0.252 3	0.301 2	21
0.114 0	0.130 8	0.157 3	0.203 7	0.251 9	0.300 9	22
0.112 6	0.129 6	0.156 3	0.203 1	0.251 5	0.300 7	23
0.111 3	0.128 5	0.155 4	0.202 5	0.251 2	0.300 6	24
0.110 2	0.127 5	0.154 7	0.202 1	0.250 9	0.300 4	25
0.109 2	0.126 7	0.154 1	0.201 8	0.250 8	0.300 3	26
0.108 3	0.125 9	0.153 5	0.201 5	0.250 6	0.300 3	27
0.107 5	0.125 2	0.153 1	0.201 2	0.250 5	0.300 2	28
0.106 7	0.124 7	0.152 7	0.201 0	0.250 4	0.300 1	29
0.106 1	0.124 1	0.152 3	0.200 8	0.250 3	0.300 1	30
0.103 7	0.122 3	0.151 1	0.200 3	0.250 1	0.300 0	35
0.102 3	0.121 3	0.150 6	0.200 1	0.250 0	0.300 0	40
0.101 4	0.120 7	0.150 3	0.200 1	0.250 0		45
0.100 9	0.120 4	0.150 1	0.200 0			50
0.100 3	0.120 1	0.150 0	0.200 0			60
0.100 1	0.120 0	0.150 0				70
0.100 0	0.120 0					80

参考文献

[1] 投资项目可行性研究指南编写组编:《投资项目可行性研究指南(试用版)》,中国电力出版社2002年版。

[2] 咨询工程师(投资)执业资格考试教材编写委员会编:《项目决策分析与评价》,中国统计出版社2021年版。

[3] 宋维佳、王立国、王红岩编著:《可行性研究与项目评估》(第五版),东北财经大学出版社有限责任公司2020年版。

[4] 原建设部、发展改革委发布:《建设项目经济评价方法与参数》,中国计划出版社2006年版。

[5] 周惠珍编著:《投资项目评估》,东北财经大学出版社有限责任公司,2013年版。

[6] 杨大楷主编:《中级投资学》,复旦大学出版社2014年版。

[7]《中华人民共和国增值税暂行条例》(2016年修订)。

[8]《中华人民共和国消费税暂行条例》,中华人民共和国国务院令第539号。

[9]《中华人民共和国土地增值税暂行条例》,中华人民共和国国务院令第138号。

[10]《中华人民共和国资源税法》(2019年通过)。

[11]《中华人民共和国城镇土地使用税暂行条例》(2019年修订)。

[12]《中华人民共和国企业所得税法》(2017年修正)。